Vorwort

In den ersten Semestern erlernen Studienanfänger die Grundzüge der gesetzlichen Schuldverhältnisse. Dieses Buch soll ihnen helfen, die Anwendung des Vorlesungsstoffs in der Fallbearbeitung zu trainieren. Die ersten Fälle zu den einzelnen gesetzlichen Schuldverhältnissen sollen jeweils eher den Einstieg ermöglichen und gehen dabei nur auf einfachere Probleme ein. Die weiteren Fälle dienen der Verdeutlichung zusätzlicher Prüfungs- und Problemvarianten, können aber nicht den gesamten Stoff abdecken und wollen insbesondere nicht alle examensrelevanten Konstellationen behandeln, die man erst im Laufe des Studiums erlernt.

Meinen wissenschaftlichen Mitarbeiterinnen und Mitarbeitern *Petra Hoffmann*, *Britta Wankerl* und *Stefan Gloser* danke ich für die Hilfe beim Erstellen der einzelnen Lösungen, den studentischen Mitarbeitern *Bettina Danzer*, *Bardia Kian*, *Fabian Michl* und *Katharina Meyer* für die Erstellung von Verzeichnissen und Korrekturen, meiner Sekretärin *Gabriele Schmitt* für die Betreuung des Manuskripts.

Anregungen und Kritik nehme ich – wie bei den anderen Fallbüchern auch – gerne entgegen, z. B. über fritzsche.lehrstuhl@jura.uni-regensburg.de.

Regensburg, März 2010 *Jörg Fritzsche*

Inhaltsverzeichnis

3. Teil. Geschäftsführung ohne Auftrag

4. Teil. Schwerpunkt Bereicherungsrecht

Abkürzungsverzeichnis

a. A.	anderer Ansicht
a. a. O.	am angegebenen Ort
a. E.	am Ende
a. F.	alte Fassung
a. M.	anderer Meinung
abl.	ablehnend
ABl. EG	Amtsblatt der Europäischen Union bzw. Gemeinschaften
Abs.	Absatz
abw.	abweichend
AcP	Archiv für die civilistische Praxis (Zeitschrift)
AG	Amtsgericht
AGB	Allgemeine Geschäftsbedingungen
AGBG	Gesetz über die Allgemeinen Geschäftsbedingungen
AgrarR	Agrar- und Umweltrecht (Zeitschrift)
allg.	allgemein
allg. M.	allgemeine Meinung
Alt.	Alternative
Anm.	Anmerkung
AP	Arbeitsgerichtliche Praxis (Zeitschrift)
arg	argumentum e
Art.	Artikel
AuA	Arbeit und Arbeitsrecht (Zeitschrift)
Aufl.	Auflage
AuR	Arbeit und Recht (Zeitschrift)
ausf.	ausführlich
BAG	Bundesarbeitsgericht
BAGE	amtliche Entscheidungssammlung des BAG
BauR	Baurecht (Zeitschrift)
BB	Betriebsberater (Zeitschrift)
Bd.	Band
BeckRS	Beck-Rechtsprechung (beck-online)
Begr. zum RegE	Begründung zum Regierungsentwurf
bes.	besonders
BGB	Bürgerliches Gesetzbuch
BGBl.	Bundesgesetzblatt
BGH	Bundesgerichtshof
BGHZ	Entscheidungen des Bundesgerichtshofs in Zivilsachen (zitiert nach Band und Seite)
BR-Drs.	Bundesratdrucksache
BT-Drs.	Bundestagsdrucksache (zitiert nach Legislaturperiode/laufende Nummer)
BVerfG	Bundesverfassungsgericht
BVerfGE	amtliche Entscheidungssammlung des BVerfG
bzgl.	bezüglich
bzw.	beziehungsweise
c. i. c.	culpa in contrahendo (Verschulden bei Vertragsverhandlungen)
ca.	cirka
CR	Computer und Recht (Zeitschrift, zitiert nach Jahr und Seite)
DAR	Deutsches Autorecht (Zeitschrift)
d. h.	das heißt
DB	Der Betrieb (Zeitschrift, zitiert nach Jahr und Seite)
ders.	derselbe
dies.	dieselbe(n)
DSL	Drittschadensliquidation
EG	Europäische Gemeinschaft

EGBGB	Einführungsgesetz zum BGB
entspr.	entsprechend
etc.	et cetera
EuGH	Gerichtshof der Europäischen Gemeinschaften
EuGHE	Sammlung der Rechtsprechung des Gerichtshofs und des Gerichts Erster Instanz der Europäischen Gemeinschaften
EuZW	Europäische Zeitschrift für Wirtschaftsrecht
EWG	Europäische Wirtschaftsgemeinschaft
f.	folgende
ff.	fortfolgende
Fn.	Fußnote
FS	Festschrift
gem.	gemäß
GG	Grundgesetz für die Bundesrepublik Deutschland
ggf.	gegebenenfalls
GmbH	Gesellschaft mit beschränkter Haftung
GoA	Geschäftsführung ohne Auftrag
grdl.	grundlegend
grds.	grundsätzlich
GRUR	Gewerblicher Rechtsschutz und Urheberrecht (Zeitschrift)
HandwO	Handwerksordnung
h. L.	herrschende Lehre
h. M.	herrschende Meinung
HGB	Handelsgesetzbuch
Hrsg.	Herausgeber
Hs.	Halbsatz
i. d. F.	in der Fassung
i. d. R.	in der Regel
i. E.	im Ergebnis
i. S. d.	im Sinne des / im Sinne der
i. V. m.	in Verbindung mit
insb.	insbesondere
JA	Juristische Arbeitsblätter (Zeitschrift)
JR	Juristische Rundschau (Zeitschrift)
Jura	Juristische Ausbildung (Zeitschrift)
JuS	Juristische Schulung (Zeitschrift)
JZ	Juristen-Zeitung (Zeitschrift)
K&R	Kommunikation & Recht (Zeitschrift)
krit.	kritisch
KUG	Kunsturhebergesetz v. 9. 1. 1907
LG	Landgericht
lit.	Littera (Buchstabe)
LM	Nachschlagewerk des Bundesgerichtshofs, herausgegeben von *Lindenmaier/Möhring*
m. Anm.	mit Anmerkung (von . . . [Autorenname])
m. w. N.	mit weiteren Nachweisen
MDR	Monatsschrift für Deutsches Recht (Zeitschrift)
MMR	MultiMedia und Recht (Zeitschrift)
n. F.	neue Fassung
NJW	Neue Juristische Wochenschrift (Zeitschrift)
NJW-RR	Neue Juristische Wochenschrift – Rechtsprechungsreport Zivilrecht
Nr.	Nummer
NZA	Neue Zeitschrift für Arbeitsrecht
NZV	Neue Zeitschrift für Verkehrsgericht
OLG	Oberlandesgericht
OLGR	OLG-Report
OLGZ	Entscheidungen der Oberlandesgerichte in Zivilsachen
PFV (pVV)	positive Forderungsverletzung (Vertragsverletzung)
ProdHaftG	Produkthaftungsgesetz
RdA	Recht der Arbeit (Zeitschrift)
RG	Reichsgericht
RGSt	Entscheidungen des Reichsgerichts in Strafsachen

RGZ	Entscheidungen des Reichsgerichts in Zivilsachen
RL	Richtlinie
Rn.	Randnummer
Rspr.	Rechtsprechung
S.	Satz oder Seite
s.	siehe
SchwarzArbG	Schwarzarbeitbekämpfungsgesetz
s. o.	siehe oben
s. u.	siehe unten
sog.	sogenannt
st. Rspr.	ständige Rechtsprechung
StGB	Strafgesetzbuch
str.	streitig
TMG	Telemediengesetz
Tz.	Textziffer
u. a.	unter anderem
u. U.	unter Umständen
Urt.	Urteil
v.	vom
VersR	Versicherungsrecht (Zeitschrift)
vgl.	vergleiche
Vorbem.	Vorbemerkung
VuR	Verbraucher und Recht (Zeitschrift)
WM	Wertpapiermitteilungen (Zeitschrift)
WRP	Wettbewerb in Recht und Praxis (Zeitschrift)
z. B.	zum Beispiel
ZEuP	Zeitschrift für Europäisches Privatrecht
ZfA	Zeitschrift für Arbeitsrecht
ZGS	Zeitschrift für das gesamte Schuldrecht
ZHR	Zeitschrift für das gesamte Handels- und Wirtschaftsrecht
ZIP	Zeitschrift für Wirtschaftsrecht
ZPO	Zivilprozessordnung
ZRP	Zeitschrift für Rechtspolitik
ZUM	Zeitschrift für Urheber- und Medienrecht
zust.	zustimmend

Literaturverzeichnis

Bamberger/Roth/*Bearbeiter* ..	*Bamberger/Roth,* BGB, Kommentar, 2. Aufl., 2007
Brox/Walker, AS	*Brox/Walker,* Allgemeines Schuldrecht, 34. Aufl., 2010
Brox/Walker, BS	*Brox/Walker,* Besonderes Schuldrecht, 33. Aufl., 2010
Erman/*Bearbeiter*	*Erman,* BGB, Kommentar, 12. Aufl., 2008
Fritzsche, Fälle zum BGB AT	*Fritzsche,* Fälle zum BGB – Allgemeiner Teil, 3. Aufl., 2009
Fritzsche, Fälle zum Schuldrecht I	*Fritzsche,* Fälle zum Schuldrecht, 4. Aufl., 2010
Grigoleit/Auer	*Grigoleit/Auer,* Schuldrecht III: Bereicherungsrecht, 2009
Jauernig/*Bearbeiter*	*Jauernig,* BGB, Kommentar, 13. Aufl., 2009
Köhler	*Köhler,* BGB – Allgemeiner Teil, 34. Aufl. 2010
Kropholler	*Kropholler,* Studienkommentar BGB, 12. Aufl., 2010
Larenz II/1	*Larenz,* Lehrbuch des Schuldrechts, Bd. II Teilbd. 1: Besonderer Teil 1, 13. Aufl., 1986
Larenz/Canaris	*Larenz/Canaris,* Lehrbuch des Schuldrechts, Bd. II Teilbd. 2: Besonderer Teil 2, 13. Aufl., 1994
Looschelders	*Looschelders,* Schuldrecht – Besonderer Teil, 3. Aufl., 2009
Medicus/Lorenz I	*Medicus/Lorenz,* Schuldrecht I – Allgemeiner Teil, 18. Aufl., 2008
Medicus/Lorenz II	*Medicus/Lorenz,* Schuldrecht II – Besonderer Teil, 15. Aufl., 2010
Medicus/Petersen	*Medicus/Petersen,* Bürgerliches Recht, 22. Aufl., 2009
MünchKomm/*Bearbeiter*	Münchener Kommentar zum BGB, 5. Aufl., 2006 ff.
Palandt/*Bearbeiter*	*Palandt,* BGB, Kommentar, 69. Aufl., 2010
Prütting/Wegen/Weinreich/ *Bearbeiter*	*Prütting/Wegen/Weinreich,* BGB, Kommentar, 5. Aufl., 2010
Schwarz/Wandt	*Schwarz/Wandt,* Gesetzliche Schuldverhältnisse, 3. Aufl., 2009
Soergel/*Bearbeiter*	*Soergel,* BGB, Kommentar, 13. Aufl., 1999 ff.
Staudinger/*Bearbeiter*	*Staudinger,* BGB, Kommentar, 13. Bearbeitung, 1993 ff.

1. Teil. Hinweise zur Fallbearbeitung bei gesetzlichen Schuldverhältnissen

A. Der zivilrechtliche Anspruchsaufbau

Die Grundlagen der Gutachtentechnik und des Gutachtenstils werden als bekannt vorausgesetzt; zu ihnen findet sich an anderer Stelle eine Einführung.[1]

Wichtig ist bei jeder Fallbearbeitung, sich den grundsätzlichen Ablauf der zivilrechtlichen Anspruchsprüfung in Erinnerung zu rufen: Oft wäre es insbesondere verfehlt, sofort mit der Prüfung von Ansprüchen aus den gesetzlichen Schuldverhältnissen zu beginnen, die man in einem Sachverhalt erkennt oder zu erkennen glaubt. Denn es gibt sowohl für das Verhältnis von vertraglichen und gesetzlichen Ansprüchen als auch für die Ansprüche aus den unterschiedlichen gesetzlichen Schuldverhältnissen eine auf logischen Erwägungen beruhende Reihenfolge.[2]

Vertragliche Ansprüche stehen stets am Anfang der Prüfung. Oftmals privilegieren Sondervorschriften für einen bestimmten Vertragstyp die Haftung eines Vertragspartners (z.B. § 521 BGB für den Schenker, § 690 BGB für den unentgeltlichen Verwahrer). Würde man die Prüfung mit deliktischen Ansprüchen (z.B. § 823 I BGB) beginnen, müsste man beim Verschulden auf Fragen des Vertragsrecht eingehen, was die Übersichtlichkeit der Anspruchsprüfung nicht gerade erhöhen würde.[3] Auch die gesetzlichen Schuldverhältnisse der Geschäftsführung ohne Auftrag (GoA) und des Bereicherungsrechts legen diese Aufbauregel nahe. Wirksame Verträge sind stets „Auftrag" i.S.d. § 677 BGB und Rechtsgrund i.S.v. § 812 I BGB; die Vertragswirksamkeit dort zu prüfen, würde wiederum die Gefahr einer unübersichtlichen und in der Eile der Klausur fehleranfälligen „Schachtelprüfung" mit sich bringen.

Vertragliche Ansprüche und solche aus GoA muss man wiederum vor den dinglichen Ansprüchen, insbesondere vor §§ 985, 986 BGB sowie §§ 987ff. BGB prüfen. Denn ein Vertrag und eine berechtigte GoA können ein „Recht zum Besitz" i.S.d. § 986 BGB begründen und damit Ansprüche aus den §§ 987ff. BGB ausschließen. Auch insoweit bestünde die Gefahr eines unübersichtlichen und fehlerhaften Aufbaus.

Deliktische Ansprüche kommen gedanklich an vierter Stelle nach Vertrag, GoA und dinglichen Ansprüchen. Denn neben Normen aus dem Vertragsrecht mindert insbesondere auch § 680 BGB den Haftungsmaßstab eines Schädigers. Das Verhältnis des Deliktsrechts zum Eigentümer-Besitzer-Verhältnis klären die §§ 993 I a.E., 992 BGB: Nur wer sich den Besitz einer Sache durch eine Straftat oder durch verbotene Eigenmacht verschafft hat, haftet nach Deliktsrecht. Der verklagte oder bösgläubige Besitzer haftet nach den §§ 989f. BGB; ansonsten haftet der (gutgläubige) Besitzer nach § 993 I a.E. BGB weder auf Nutzungs- noch auf Schadensersatz.

Mit § 993 I a.E. BGB ist zugleich einer der Gründe benannt, welche die Prüfung der §§ 985ff. BGB *zwingend* vor das Bereicherungsrecht schieben. Im Übrigen kann ein bestehendes Vertragsverhältnis „rechtlicher Grund" i.S.d. Bereicherungsrechts sein,

---

[1] *Fritzsche,* Fälle zum BGB AT, 1. Teil Rn. 1ff.

[2] Allgemein zum richtigen Anspruchsaufbau *Medicus/Petersen*, Rn. 8ff.

[3] Vgl. *Medicus/Petersen*, Rn. 7.

ebenso jedenfalls die berechtigte GoA. Ob man bereicherungsrechtliche Ansprüche vor den deliktischen prüft, ist Ansichtssache; die Ansprüche beeinflussen sich gegenseitig nicht, außer wenn eine Leistung deshalb erfolgt, weil der Leistende dem Empfänger nach dem Deliktsrecht zum Schadensersatz verpflichtet ist.

Daraus ergibt sich das folgende Gesamtbild für die Prüfungsreihenfolge:

I. Ansprüche aus Vertrag

1. Primäransprüche auf Erfüllung (Beispiele)

Insbesondere hier sind Fragen der Anspruchsentstehung, also vor allem des Vertragsschlusses und der Einwendungen des Allgemeinen Teils des BGB sowie ggf. des AGB- und Verbraucherschutzrechts zu erörtern.[4]

- § 433 I, II BGB,
- § 488 I 1, 2 BGB,
- §§ 535 I 1, II oder 546 I BGB,
- §§ 598 oder 604 BGB,
- § 611 I BGB,
- § 631 I BGB,
- § 651 a I BGB,
- §§ 662, 666–670 BGB,
- §§ 688 oder 695 BGB.

2. Sekundäransprüche bei gestörten Primärpflichten (Beispiele)

- §§ 437 Nr. 1, 439 I; 437 Nr. 2, 323/326 V, 346 I; 437 Nr. 3, 280 I, III, 281/283/311 a II BGB,
- § 536 a BGB,
- § 600 BGB,
- §§ 634 Nr. 1, 635 I; 634 Nr. 2, 637 I; 634 Nr. 3, 323/326 V, 346 I; 634 Nr. 4, 280 I, III, 281/283/311 a II BGB,
- insbesondere Schadensersatz nach § 280 I BGB.

II. „Vertragsähnliche Ansprüche"

1. Aus der Vertragsanbahnung (negatives Interesse)

Dabei handelt es sich im Grundsatz auch um gesetzliche Ansprüche. Wegen ihrer engen Beziehung zu einem Vertrag, mag dieser auch unwirksam oder im Ergebnis nicht geschlossen sein, erfahren sie aber eine Sonderbehandlung.

- § 122 I BGB,
- § 179 I, II BGB,
- §§ 280 I, 311 II, 241 II BGB – Verschuldenshaftung (culpa in contrahendo).

Die c.i.c. ist insb. wegen des Verschuldenserfordernisses neben §§ 122, 179 BGB anwendbar.

2. Geschäftsführung ohne Auftrag

a) echte, berechtigte GoA

- Herausgabeanspruch des Geschäftsherrn, §§ 681 S. 2, 667 BGB,
- Auskunfts- und Rechenschaftsanspruch des Geschäftsherrn, §§ 681 S. 2, 666 BGB),

[4] Näher *Fritzsche*, Fälle zum BGB AT, 1. Teil Rn. 56–83.

- Anspruch des Geschäftsherrn auf Zinsen, §§ 681 S. 2, 668 BGB,
- Aufwendungsersatzanspruch des Geschäftsführers, §§ 683 S. 1, 670 BGB,
- Sekundäransprüche (§ 280 BGB).

b) echte, nichtberechtigte GoA

- keine Primäransprüche des Geschäftsherrn (bei Genehmigung: §§ 681 S. 2, 667),
- Aufwendungskondiktion des Geschäftsführers gem. § 684 S. 1 i.V.m. §§ 818ff. BGB (bei Genehmigung: §§ 684 S. 2, 683 S. 1, 670 BGB),
- Sekundäransprüche (§§ 677, 678).

c) unechte GoA (§ 687 Abs. 1 i.V.m. §§ 812ff. BGB)

d) Geschäftsanmaßung (§ 687 Abs. 2 BGB)

III. Sonstige Ansprüche (Familien- und Erbrecht usw.)

Z.B. Zugewinnausgleichforderung (§ 1378 I BGB), Unterhaltsansprüche (§§ 1360, 1361, 1570ff., 1601 BGB, Anspruch aus Vermächtnis (§ 2174 BGB).

IV. Dingliche Ansprüche

1. Primäransprüche

a) Herausgabeansprüche

- § 861 BGB,
- § 985 BGB,
- § 1007 I, II BGB,
- § 2018 BGB.

b) Beseitigungs- und Unterlassungsansprüche (Abwehransprüche)

- wegen Besitzstörung, § 862 I 1 und 2 BGB,
- wegen Eigentumsbeeinträchtigung, § 1004 I 1 und 2 BGB.

c) Berichtungsansprüche

- § 894 BGB,
- § 888 I BGB (aus der Vormerkung),
- § 894 BGB analog (gegen die Vormerkung).

d) Verwertungsansprüche

- § 1147 i.V.m. §§ 1192 I, 1200 I BGB.

2. Sekundäransprüche

a) Erbe-Erbschaftsbesitzerverhältnis (§§ 2019ff.)

Vor den §§ 985ff. BGB zu prüfen wegen § 2029 BGB.[5]

---

[5] Vgl. auch *Medicus/Petersen*, Rn. 574g.

b) Eigentümer-Besitzer-Verhältnis (§§ 987ff. BGB)

- Nutzungsersatzanspruch des Eigentümers, § 987 BGB (ggf. i.V.m. § 990 BGB),
- Nutzungsersatzanspruch des Eigentümers, § 988 BGB (ggf. i.V.m. § 990 BGB),
- Schadensersatzanspruch des Eigentümers, § 989 BGB (ggf. i.V.m. § 990 BGB),
- Gegenansprüche des Besitzers, §§ 994ff. BGB, insb. Verwendungsersatz (§§ 994, 996 BGB).

V. Deliktische Ansprüche

1. Gefährdungshaftung

- § 7 I StVG,
- §§ 1 I, 2 I , 3 I HPflG,
- § 1 I ProdhaftG,
- § 833 S. 1 BGB,
- §§ 1, 2 UmweltHG.

2. Haftung für vermutetes Verschulden

- § 18 I StVG,
- §§ 831 I 1, II; 832 I 1, II; 833 S. 2, 834; 836–838 BGB.

3. Verschuldenshaftung

- §§ 823ff. BGB (Haftung für eigenes Verschulden),
- beachte für Verletzung von Immaterialgütern Spezialgesetze, z.B. § 97 II UrhG,
- § 839 BGB i.V.m. Art. 34 GG (Haftung für fremdes Verschulden).

4. Abwehransprüche (Beseitigung und Unterlassung)

- wegen Verletzung des Namensrechts: § 12 BGB,
- wegen Beeinträchtigung des Eigentums: § 1004 I BGB (entsprechende Anwendung beispielsweise gem. §§ 1027, 1065 BGB),
- wegen Verletzung von Immaterialgüterrechten: Spezialgesetze, z.B. § 97 I UrhG,
- wegen Verletzung anderer Rechtsgüter, insb. Persönlichkeitsrechten: § 1004 I analog i.V.m. § 823 I BGB.

VI. Bereicherungsrecht

1. Leistungskondiktionen

- § 812 I 1 Alt. 1 BGB (condictio indebiti),
- § 813 I 1 BGB (condictio indebiti),
- § 812 I 2 Alt. 1 BGB (condictio ob causam finitam),
- § 812 I 2 Alt. 2 BGB (condictio ob rem),
- § 817 S. 1 (condictio ob turpem vel iniustam causam).

2. Nichtleistungskondiktionen

- § 812 I 1 Alt. 2 BGB (allgemeine Eingriffskondiktion),
- § 816 I 1 BGB (entgeltliche Verfügung eines Nichtberechtigten),
- § 816 I 2 BGB (unentgeltliche Verfügung eines Nichtberechtigten),
- § 816 II BGB (befreiende Leistung an eine Nichtberechtigten),
- § 822 BGB (unentgeltliche Verfügung des Empfängers).

B. Anspruchsgrundlagen des Deliktsrechts

Im Folgenden werden nur die wichtigsten Anspruchsgrundlagen in ihrer üblichen Prüfungsreihenfolge vorgestellt und mit einigen Hinweisen für die Klausur erläutert.

§ 823 I BGB 1

1. **Verletzung eines absolut geschützten Rechts**
   Neben den im Gesetz genannten absolut geschützten Rechtsgütern sind als sonstige Rechte anerkannt: der berechtigte Besitz,[6] das allgemeine Persönlichkeitsrecht (Art. 1, 2 I GG)[7] nebst seinen spezielleren Ausprägungen (Namensrecht, § 12 BGB, Recht am eigenen Bild, §§ 22ff. KUG) und das sog. Recht am eingerichteten und ausgeübten Gewerbebetrieb, das aber auch für freiberufliche und künstlerische Betätigungen gilt und deshalb „Recht am Unternehmen" genannt werden kann (str.),[8] nicht hingegen schuldrechtliche Forderungen.
2. **Handlung (Tun/Unterlassen)**
   Grundsätzlich genügt jedes menschliche Verhalten im weitesten Sinne. Ein Unterlassen, also eine Untätigkeit, ist nur dann relevant, wenn eine Pflicht zum Tätigwerden bestand, sei es aus vorherigem gefährlichen Tun (Ingerenz), aus gesetzlicher Anordnung oder Verkehrssicherungspflicht. Letztere besagt, dass jedermann sein Verhalten im Verkehr so einzurichten hat, dass andere nicht gefährdet bzw. geschädigt werden können.
3. **Haftungsbegründende Kausalität** zwischen Handlung und Verletzung (bzw. Zurechnung des Erfolgs)
   Hier können zahlreiche Probleme auftreten, die man mit den folgenden Stichworten bedenkt: Äquivalenz, Adäquanz, Fehlverhalten Dritter, kumulative Kausalität, Reserveursache sowie weitere Aspekte, die aber eher unten 7. eine Rolle spielen.[9] – Ausgangspunkt ist die Äquivalenz aller Ursachen, die man nicht hinwegdenken kann, ohne dass der Erfolg entfiele (conditio sine qua non-Formel). Bei Unterlassungen muss der Erfolg entfallen, wenn man sich die gebotene Handlung hinzudenkt. Alle anderen Aspekte dienen dann der Einschränkung der Zurechnung des Erfolgs.
4. **Rechtswidrigkeit** (Verstoß gegen Verhaltensnormen)
   In der Regel wird die Rechtswidrigkeit durch die Rechtsgutsverletzung indiziert, sodass keine weiteren Ausführungen veranlasst sind. Ausnahmen bestehen bei Verletzungen sog. offener Tatbestände (Persönlichkeitsrechtsverletzung; Eingriff in den eingerichteten und ausgeübten Gewerbebetrieb): Bei ihnen ist die Rechtswidrigkeit positiv festzustellen. Ansonsten entfällt die Rechtswidrigkeit beim Eingreifen eines Rechtfertigungsgrundes (v.a. §§ 227ff., 904 BGB, §§ 33ff. StGB).

---

[6] Näher etwa Palandt/*Sprau*, § 823 Rn. 13.
[7] Näher etwa Palandt/*Sprau*, § 823 Rn. 83ff.
[8] Palandt/*Sprau*, § 823 Rn. 20, 126ff. – Der Eingriff darf das Unternehmen nicht eher zufällig treffen (Stromausfall), sondern muss sich gegen den Betrieb als solchen richten, wie z.B. schädigende Werturteile, Verbreiten abträglicher wahrer Tatsachen, Boykottmaßnahmen, Blockaden und physische Behinderungen oder unberechtigte Schutzbereichsverwarnung,
[9] Näher etwa Palandt/*Grüneberg*, Vor § 249 Rn. 24ff.

5. **Verschulden:** Vorsatz oder Fahrlässigkeit

   Man darf hier nicht auf § 276 I 1 BGB verweisen, weil § 823 I BGB den Maßstab selbst festlegt. Er kann – wie bei § 276 BGB – durch Parteivereinbarung oder gesetzliche Sonderregelung modifiziert sein. Für den Begriff der Fahrlässigkeit gilt § 276 II BGB. Soweit die Person des Schädigers Anlass dazu gibt, ist vorab die Deliktsfähigkeit nach §§ 827, 828 BGB zu prüfen.

6. **Schaden** (dem Grunde nach)

   Auf den Schaden und die weiteren Prüfungspunkte braucht sich das Verschulden nicht zu beziehen. Deshalb ist es falsch, den Schaden vor dem Verschulden zu prüfen (anders bei § 826 BGB).

7. **Haftungsausfüllende Kausalität** zwischen schädigendem Ereignis und eingetretenem Schaden (bzw. Zurechnung der Schadensfolgen)

   Hier treten ähnliche Fragen wie oben bei 3. auf, außerdem noch das rechtmäßige Alternativverhalten, die Vorteilsausgleichung und Schadensanlagen sowie die Lehre vom Schutzzweck der Norm. Letztere begrenzt die Zurechnung durch eine rechtliche Bewertung. Bei § 823 I BGB kommt es entscheidend darauf an, ob der Schädiger eine typische Risikolage geschaffen oder sich nur das allgemeine Lebensrisiko verwirklicht hat.

Rechtsfolge: Ersatzpflicht gem. §§ 249ff. BGB u.a.

Die §§ 249ff. BGB regeln, wenn aus irgendeinem Rechtsgrund eine Verpflichtung zum Schadensersatz besteht, deren genauen Inhalt und Modalitäten. Für den Ersatz immaterieller Schäden („Schmerzensgeld") ist § 253 BGB zu beachten; entgegen dem Gesetzeswortlaut wird er auch bei Verletzungen des Persönlichkeitsrechts gewährt, arg Art. 1, 2 I GG, str.[10] Auch auf das sog. Mitverschulden i.S.v. § 254 BGB (u.a.) ist erst an dieser Stelle einzugehen, denn es wirkt sich auf den Umfang des Ersatzanspruchs aus, nicht auf das Verschulden des Schädigers. – Die §§ 249ff. BGB werden teils durch Spezialregelungen ergänzt und modifiziert, insb. durch die §§ 840ff. BGB, an die man also bei Ansprüchen aus den §§ 823ff. BGB stets denken sollte.

2

§ 823 II BGB

1. **Verletzung eines Schutzgesetzes**
   a) Schutzgesetze sind alle Rechtsnormen i.S.d. Art. 2 EGBGB, welche ein bestimmtes Verhalten gebieten oder verbieten, um hierdurch einzelne Personen oder einen bestimmten Kreis von Personen in ihren rechtlich anerkannten Interessen zu schützen (sog. drittschützende Normen).
   b) Die Verletzung erfordert die vollständige Verwirklichung des Tatbestandes, insbesondere im Strafrecht einschließlich der subjektiven Seite.

2. **Rechtswidrigkeit**

   Wird durch die Schutzgesetzverletzung indiziert bzw. durch Rechtfertigungsgründe beseitigt.

3. **Gegebenenfalls Verschulden**

   Der Verschuldensmaßstab ist vorrangig dem Schutzgesetz zu entnehmen (vgl. § 823 II 2 BGB). Einer gesonderten Prüfung des Verschuldens bedarf es nur, wenn das Schutzgesetz auch ohne Verschulden verletzt werden kann. Sie entfällt daher insb. bei strafrechtlichen Schutzgesetzen.

[10] Palandt/*Sprau*, § 823 Rn. 124; Palandt/*Grüneberg*, § 253 Rn. 10.

4. Schaden
Wie § 823 I BGB.

5. Haftungsausfüllende Kausalität
Kausal- bzw. Zurechnungszusammenhang zwischen Schutzgesetzverletzung und Schaden. Das verletzte Gesetz muss insb. den Schutzzweck haben, vor Schäden der eingetretenen Art zu schützen.

Rechtsfolge: Ersatzpflicht gem. §§ 249ff. BGB usw.

§ 826 BGB 3

1. Sittenwidrige Schädigungshandlung
Sittenwidrig ist, was gegen das Anstandsgefühl aller billig und gerecht Denkenden verstößt. Dies erfordert eine besondere Verwerflichkeit der betreffenden Handlung, die sich aus dem verfolgten Zweck, den eingesetzten Mitteln, der gezeigten Gesinnung oder den eingetretenen Folgen ergeben kann.[11] Dies beinhaltet zugleich die Rechtswidrigkeit. Die Praxis arbeitet mit Fallgruppen,[12] die man sich für das Studium allerdings kaum umfassend merken kann, z.B. die (zumindest examensrelevante) Durchbrechung der Rechtskraft vollstreckungsfähiger Urteile mit Hilfe des § 826 BGB, wenn der Gläubiger den Titel sittenwidrig erschlichen hat oder ihn in dieser Weise ausnutzt.

2. Schaden
Wie § 823 I BGB.

3. Haftungsausfüllende Kausalität
= Kausalzusammenhang zwischen Schädigungshandlung und Schaden.

4. Vorsatz bezüglich Sittenwidrigkeit *und* Schaden
Im Gegensatz zu den anderen Anspruchsgrundlagen verlangt § 826 BGB zumindest bedingten Vorsatz. Dieser muss sich sowohl auf den Schaden als auch auf die Tatsachen beziehen, welche die Sittenwidrigkeit begründen. Der Schädiger muss also die Tatsachen kennen, aus denen die Sittenwidrigkeit folgt.

Rechtsfolge: Ersatzpflicht gem. §§ 249ff. BGB

[11] Palandt/*Sprau*, § 826 Rn. 4.
[12] Vgl. etwa Jauernig/*Teichmann*, § 826 Rn. 13ff.

4

Haftung für Verrichtungsgehilfen, § 831 I BGB

Hinweis: Für die §§ 832, 833 S. 2 und 834 BGB gilt der gleiche Grundaufbau, natürlich an die dortigen Tatbestandsmerkmale angepasst.

1. **Verrichtungsgehilfe des Anspruchsgegners**
   = wer mit Wissen und Wollen des Geschäftsherrn in dessen Pflichtenkreis tätig ist und dessen Weisungen Folge zu leisten hat.
2. **Schädigung des Gläubigers durch rechtswidrige unerlaubte Handlung des Gehilfen i.S.d. §§ 823ff. BGB**
   Ein Verschulden des Gehilfen ist nicht erforderlich! Ansonsten muss man hier prüfen, ob der Gehilfe einen Tatbestand der §§ 823ff. BGB objektiv und rechtswidrig verwirklicht und dadurch den Anspruchsteller geschädigt hat.
3. **In Ausführung der Verrichtung**
   = innerer, sachlicher Zusammenhang zwischen Schädigung und Verrichtung; Schädigung nicht nur bei Gelegenheit der Verrichtung.
4. **Verschulden des Geschäftsherrn**
   Sog. Auswahl- oder Überwachungsverschulden des Geschäftsherrn, das vermutet wird (vgl. § 831 I 2 BGB), aber mit Möglichkeit der Exkulpation, also des Beweises des Gegenteils.

Rechtsfolge: Ersatzpflicht gem. §§ 249ff. BGB

5

Gefährdungshaftung des Kfz-Halters nach § 7 I StVG

Hinweis: Andere Ansprüche – insbesondere nach § 823 I BGB – werden nicht ausgeschlossen, § 16 StVG, und sind im Gutachten deshalb ebenfalls zu prüfen.

1. **Halter (als Anspruchsgegner)**
2. **Rechtsgutsverletzung** (Tötung, Körper-/Gesundheitsverletzung, Sachbeschädigung)
3. **Bei dem Betrieb eines Kraftfahrzeugs oder Anhängers** (Schutzzweck!)
4. **Haftungsbegründende Kausalität**
5. **Kein Haftungsausschluss nach § 7 II StVG**
   Höhere Gewalt = Ereignis von außen, unvorhersehbar, unabwendbar.
   Weitere Haftungsausschlüsse: § 7 III StVG (Entwendung des KfZ), § 8 StVG
6. **Schaden** (wie bei § 823 I BGB)
7. **Haftungsausfüllende Kausalität** zwischen Rechtsgutsverletzung und Schaden
   Es muss sich gerade das Risiko verwirklicht haben, das Anlass für die Anordnung der Gefährdungshaftung ist, hier also die Betriebsgefahr des Kfz.

Rechtsfolge: Ersatz des materiellen und immateriellen Schadens nach §§ 249ff. BGB i.V.m. §§ 9ff. StVG; u.a Mitverschulden nach § 9 StVG, Höchstgrenze des § 12 StVG, Verwirkung bei verspäteter Schadensanzeige, § 15 StVG

Haftung des Fahrzeugführers nach § 18 I StVG 6

Hinweis: Andere Ansprüche – insbesondere nach § 823 I BGB – werden nicht ausgeschlossen, § 18 II StVG, und sind im Gutachten deshalb ebenfalls zu prüfen.

1. **Fahrzeugführer als Anspruchsführer**
   Wer das Kfz verantwortlich in Bewegung setzt, anhält, parkt, nach Fahrtunterbrechung weiterfährt.
2. **Rechtsgutsverletzung** (Tötung, Personenverletzung, Sachbeschädigung)
3. **Beim Betrieb eines Kfz oder Anhängers**
4. **Kein Haftungsausschluss nach § 18 Abs. 1 S. 2 StVG** (fehlendes Verschulden)
   Unterschied zu § 823 I BGB: Beweislast – vermutetes Verschulden nur nach § 18 I 2 StVG
5. **Schaden**
6. **Haftungsausfüllende Kausalität** zwischen Rechtsgutsverletzung und Schaden

Rechtsfolge: Ersatzpflicht nach §§ 249 ff. BGB, 8–15 StVG

Produkthaftung nach § 1 I Produkthaftungsgesetz (ProdHaftG) 7

1. **Anspruchsgegner:** Hersteller, § 4 ProdHaftG
2. **Rechtsgutverletzung,** § 1 I 1, 2 ProdHaftG
3. **Produkt,** § 2 ProdHaftG
4. **Fehler des Produkts,** § 3 ProdHaftG
5. **Haftungsbegründende Kausalität** von 4. für 2.
6. **Kein Haftungsausschluss nach § 1 Abs. 2, 3 ProdHaftG**
7. **Schaden**
8. **Haftungsausfüllende Kausalität** zwischen 2. und 7.

Rechtsfolge: Ersatzpflicht gem. §§ 6 ff. ProdHaftG, 249 ff. BGB

Daneben bleibt § 823 I BGB mit den von der Rspr. entwickelten Grundsätzen über die Produzentenhaftung anwendbar und relevant, weil die Haftung nach dem ProdHaftG nicht gilt für Sachschäden durch gewerblich genutzte Produkte, § 1 I 2 ProdHaftG, für weiterfressende Mängel an der Sache selbst (§ 1 I 1 ProdHaftG), für Schäden jenseits der Haftungshöchstgrenze nach § 10 ProdHaftG und für Bagatellschäden bis 500 € (§ 11 ProdHaftG, Selbstbeteiligung).

C. Anspruchsgrundlagen der Geschäftsführung ohne Auftrag

Man unterscheidet die echte GoA (§§ 677ff. BGB) von der unechten (§ 687 BGB) und innerhalb der echten die berechtigte von der unberechtigten GoA.

I. Echte berechtigte GoA

8 **Aufwendungsersatzanspruch des Geschäftsführers gem. §§ 677, 683, 670 BGB**

1. Geschäftsführung

Jede Tätigkeit rechtsgeschäftlicher oder tatsächlicher Art; nicht bloßes Dulden oder Unterlassen; Geschäftsfähigkeit weder beim Geschäftsführer noch beim Geschäftsherrn erforderlich.

2. Fremdes Geschäft („für einen anderen")

Geschäft, das zumindest auch in den Rechts- und Interessenkreis eines anderen fällt; nicht Geschäft, das ausschließlich Angelegenheit des Handelnden zum Gegenstand hat (selbst bei positivem Reflex für einen anderen).

a) objektiv fremdes Geschäft

Geschäft, das schon nach seinem Inhalt und äußeren Erscheinungsbild einem fremden Rechtskreis zuzurechnen ist[13] (gesetzliche oder vertragliche Güter- und Lastenverteilung als Maßstab), z.B. Tilgung fremder Schuld (§§ 362 I, 267 I BGB).

b) auch-fremdes Geschäft

Gleichzeitige Wahrnehmung eigener und fremder Angelegenheiten (Handeln im Doppelinteresse), z.B. durch sog. pflichtengebundenen Geschäftsführer (Löscharbeiten der Feuerwehr an Privatgebäude in Erfüllung öffentlich-rechtlicher Pflichten),[14] nach der Rspr. grundsätzlich auch bei der Durchführung (unerkannt) nichtiger Verträge (str.)[15] und in weiteren Fällen.

c) subjektiv fremdes Geschäft

Objektiv neutrales Geschäft, das an sich jeden betreffen kann und erst durch Fremdgeschäftsführungswillen zu einem fremden Geschäft wird, z.B. Vertragsschluss für einen anderen.

3. Fremdgeschäftsführungswille

Geschäftsführer muss im Zeitpunkt der Geschäftsführung von der Fremdheit wissen (Fremdgeschäftsführungsbewusstsein) und wollen, dass der Erfolg einem anderen zugute kommt (Fremdgeschäftsführungswille i.e.S.). Ein Irrtum über die Person des Geschäftsherrn ist unbeachtlich, § 686 BGB („Geschäftsführung für den, den es angeht").

a) objektiv fremdes Geschäft und auch fremdes Geschäft

Hier gilt eine (widerlegbare) Vermutung des Fremdgeschäftsführungswillens, die die h.L. aber bei nichtigen Verträgen nicht anerkennt (a.A. Rspr.), da die Erfüllung der eigenen Verbindlichkeit im Vordergrund steht.

---

[13] Palandt/*Sprau*, § 677 Rn. 4.
[14] Vgl. BGHZ 40, 28 – Funkenflug-Urteil.
[15] Vgl. BGHZ 111, 308ff. – Schwarzarbeiter.

b) (nur) subjektiv fremdes Geschäft
Fremdgeschäftsführungswille muss positiv festgestellt werden; § 686 BGB aufgrund der Beschränkung auf die subjektive Komponente nicht anwendbar.

4. Ohne Auftrag oder sonstige Berechtigung, § 677 BGB

Es darf kein Rechtsverhältnis bestehen, das ein Geschäftsführungsrecht gegenüber dem Geschäftsherrn begründet, z.B. §§ 662, 611, 631, 675, 1626ff. BGB oder eine Organstellung in Gesellschaften. Die allgemeine Rechtspflicht zur Hilfeleistung nach § 323c StGB als Verpflichtung gegenüber der Allgemeinheit genügt nicht. – **Beachte:** Berechtigung gegenüber Drittem schließt GoA nicht aus (vgl. pflichtengebundener Geschäftsführer).

5. Berechtigung zur Übernahme, § 683 S. 1 BGB

Die Geschäftsführung muss dem Interesse und dem Willen des Geschäftsherrn entsprechen.

a) Interesse
Objektive Nützlichkeit unter Berücksichtigung der persönlichen Verhältnisse.

b) Wille
Der wahre, hilfsweise der aus dem Interesse zu entnehmende mutmaßliche Wille entscheidet und hat gegebenenfalls Vorrang vor dem Interesse (§ 683 BGB auch bei „unvernünftiger GoA“). Der gute Glaube des Geschäftsführers ist unerheblich. Bei minderjährigem Geschäftsherrn ist der Wille des gesetzlichen Vertreters maßgeblich (Wertung der §§ 107 I, 166 I BGB).

c) Unbeachtlichkeit des entgegenstehenden Willens (§§ 683 S. 2, 679 BGB)
... wenn der Geschäftsführer eine (Rechts-)Pflicht des Geschäftsherrn, deren Erfüllung im öffentlichen Interesse liegt (z.B. Gefahrenabwehr), oder eine gesetzliche Unterhaltspflicht erfüllt, sofern die Pflicht sonst nicht rechtzeitig erfüllt würde. Bei Verhinderung einer Selbsttötung gilt § 679 BGB analog (arg. Art. 2 II GG).

d) Genehmigung (§§ 684 S. 2 BGB)
Nachträgliche Zustimmung des Geschäftsherrn (§ 184 I BGB); auch konkludent (z.B. durch Herausgabeverlangen gem. §§ 681 S. 2, 667 BGB).

6. Rechtsfolge: Aufwendungsersatz gem. § 670 BGB

a) Aufwendungen
Freiwillige Vermögensopfer zum Zweck der Ausführung; problematisch ist die Arbeitskraft des Geschäftsführers, die wegen des Verweises auf § 670 BGB – also das Recht des unentgeltlichen Auftrags – grundsätzlich nicht ersatzfähig ist. Eine Ausnahme gilt bei Tätigkeiten, die zum Beruf oder Gewerbe des Geschäftsführers gehören (§ 1835 III BGB analog).

b) Erforderlichkeit
Es entscheidet die Perspektive eines verständigen Geschäftsführers im Zeitpunkt der Ausführung. Sie fehlt bei Aufwendungen im Rahmen gesetzlich verbotener Tätigkeiten.[16] Die Zweckerreichung ist nicht Voraussetzung; auch im Ergebnis nutzlose Aufwendungen sind ersatzfähig. Auf Beurteilungsfehler bei einer Notgeschäftsführung findet § 680 BGB entsprechende Anwendung.

[16] BGHZ 118, 142, 150.

c) Risikotypische Begleitschäden

Das sind unfreiwillige Vermögensopfer und daher an sich keine Aufwendungen. Gleichwohl sind sie in analoger Anwendung des § 670 BGB ersatzfähig, wenn sich darin nicht das allgemeine Lebensrisiko, sondern ein tätigkeitsspezifisch erhöhtes Schadensrisiko verwirklicht (Gleichsetzung der freiwilligen Übernahme des Schadensrisikos mit freiwilligem Vermögensopfer, Wertung des § 110 I HGB). Sogar ein Anspruch auf angemessenes Schmerzensgeld analog § 253 BGB soll möglich sein (str.). Eine Anspruchskürzung entsprechend § 254 BGB bei Mitverschulden ist möglich; ggf. Haftungsmilderung gem. § 680 BGB.

d) Kein Anspruchsausschluss gem. § 685 BGB

Das Handeln in freigebiger Absicht erfordert die Äußerung eines Verzichtswillens im Zeitpunkt der Übernahme (ausdrücklich oder konkludent); darauf sind §§ 104ff. BGB entsprechend anwendbar.[17] Auslegungsregel in § 685 II BGB.

9 **Ansprüche des Geschäftsherrn auf Herausgabe sowie Auskunft und Rechenschaft gem. §§ 681 S. 2, 667 bzw. 666 BGB**

1. Geschäftsführung

2. fremdes Geschäft

3. Fremdgeschäftsführungswille

4. ohne Auftrag oder sonstige Berechtigung

Rechtsfolge: Haftung des Geschäftsführers nach Auftragsrecht
- Auskunft und Rechenschaft, § 666 BGB
- Herausgabe des Erlangten, § 667 BGB (einschließlich des erzielten Gewinns)
- Verzinsung des verwendeten Geldes, § 668 BGB

10 **Schadensersatzersatzanspruch des Geschäftsherrn wegen Ausführungsverschuldens gem. §§ 280 I, 677 BGB**

1. Anwendbarkeit

Haftungsbeschränkung gem. § 682 BGB bei fehlender Geschäftsfähigkeit des Geschäftsführers.

2. Schuldverhältnis, § 280 I 1 BGB

Echte GoA gem. § 677 BGB als auftragsähnliches gesetzliches Schuldverhältnis.

a) Geschäftsführung
b) Fremdes Geschäft
c) Fremdgeschäftsführungswille
d) Ohne Auftrag oder sonstige Berechtigung

3. Pflichtverletzung, § 280 I 1 BGB

Verletzung der Pflicht zur sorgfältigen Ausführung gem. § 677 BGB; Maßstab: Interesse des Geschäftsherrn (mit Rücksicht auf dessen Willen).

[17] *Schwarz/Wandt*, § 5 Rn. 45.

4. Vertretenmüssen, §§ 280 I 2 BGB

Sog. Ausführungsverschulden, §§ 276ff. BGB. Aber Haftungsprivilegierung gem. § 680 BGB bei Geschäftsführung zur Abwendung dringender Gefahren für den Geschäftsherrn;[18] Erstreckung auf Gefahren für Angehörige des Geschäftsherrn str., ebenso Anwendbarkeit bei Scheingefahr.

Rechtsfolge: Ersatz ausführungsbedingter Schäden gem. §§ 249ff. BGB

II. Ansprüche aus echter unberechtigter GoA

Aufwendungskondiktion des Geschäftsführers gem. §§ 684 S. 1, 818ff. BGB 11

1. Geschäftsführung

2. Fremdes Geschäft

3. Fremdgeschäftsführungswille

4. Ohne Auftrag

5. Fehlende Berechtigung zur Übernahme der Geschäftsführung, § 684 S. 1 BGB

Übernahme im Widerspruch zum Interesse und Willen des Geschäftsherrn, außerdem keine Genehmigung gem. § 684 S. 2 BGB.

Rechtsfolge: Aufwendungsersatz nach Bereicherungsrecht
- Nach h.M. Rechtsfolgenverweis auf die §§ 818ff. BGB, d.h. Geschäftsherr haftet nur i.H.d. noch vorhandenen Bereicherung, § 818 II BGB.
- Beschränkung der Wertersatzpflicht auf tatsächlich realisierte Wertsteigerungen durch die Grundsätze der sog. aufgedrängten Bereicherung (arg. Wertung des § 814 BGB, Entreicherung gem. § 818 III BGB oder subjektives Verständnis des Wertbegriffs in § 818 II BGB)[19]

Ansprüche des Geschäftsherrn auf Herausgabe usw. gem. §§ 681 S. 2, 666–668 BGB 12

S.o. Rn. 9

Schadensersatzanspruch des Geschäftsherrn wegen Übernahmeverschuldens gem. § 678 BGB 13

1. Anwendbarkeit

Haftungsbeschränkung gem. § 682 BGB bei fehlender Geschäftsfähigkeit des Geschäftsführers.

2. Geschäftsführung

3. Fremdes Geschäft

4. Fremdgeschäftsführungswille

[18] Vgl. dazu *Schwarz/Wandt*, § 5 Rn. 68f.

[19] Vgl. dazu *Schwarz/Wandt*, § 12 Rn. 62.

5. Ohne Auftrag

6. Übernahme der Geschäftsführung im Widerspruch zum Willen des Geschäftsherrn, § 678 BGB

7. Übernahmeverschulden

Bezugspunkt ist die Übernahme in Widerspruch zum Willen des Geschäftsherrn (nicht Ausführung oder Schaden!). Erforderlich dafür ist zumindest fahrlässige Unkenntnis des entgegenstehenden Willens (vgl. § 122 II BGB). Unter Umständen Haftungsprivilegierung gem. § 680 BGB.

Rechtsfolge: Ersatz des aus der Geschäftsführung entstehenden Schadens nach §§ 249 ff. BGB

Adäquater Kausalzusammenhang zwischen Übernahme und Schaden genügt; Haftung auch für zufällige Schäden, die trotz sorgfältiger Ausführung entstehen.[20]

14 **Schadensersatzanspruch des Geschäftsherrn wegen Ausführungsverschuldens gem. §§ 280 I, 677 BGB**

S. o. Rn. 10

III. Ansprüche aus unechter GoA

15 **Ansprüche aus irrtümlicher Eigengeschäftsführung, § 687 I i. V. m. §§ 987 ff., 812 ff., 823 ff. BGB**

1. Führung eines objektiv fremden Geschäfts

2. Fehlendes Fremdgeschäftsführungsbewusstsein

Rechtsfolge: §§ 677 ff. BGB unanwendbar; Geltung der allgemeinen Vorschriften: §§ 987 ff., 812 ff., 823 ff. BGB

16 **Ansprüche aus angemaßter Eigengeschäftsführung, § 687 II BGB**

1. Führung eines objektiv fremden Geschäfts

2. Kenntnis der Fremdheit des Geschäfts

3. Eigengeschäftsführungswille

4. Ohne Auftrag oder sonstige Berechtigung

Rechtsfolge: Wahlrecht des Geschäftsherrn

a) Ansprüche des Geschäftsherrn: Wahlrecht, § 687 II 1 BGB
   (1) Ansprüche aus GoA (insbes. §§ 280 I, 677; 678; 681 S. 2, 667 BGB)
      – Rechtsfolgenverweis auf GoA[21]
      – Privilegierungen gem. §§ 679, 680 BGB nicht anwendbar
   (2) allgemeine Vorschriften (§§ 987 ff., 812 ff., 823 ff. BGB)

b) Ansprüche des Geschäftsführers
   Aufwendungskondiktion gem. § 687 II 2 i. V. m. § 684 S. 2 BGB nur bei Geltendmachung von GoA-Ansprüchen durch den Geschäftsherrn, sonst nicht.

---

[20] *Schwarz/Wandt*, § 5 Rn. 78.
[21] *Schwarz/Wandt*, § 6 Rn. 8.

D. Anspruchsgrundlagen des Bereicherungsrechts

I. Leistungskondiktionen 17

§ 812 I 1 Alt. 1 BGB (condictio indebiti),
§ 812 I 2 Alt. 1 BGB (condictio ob causam finitam),
§ 812 I 2 Alt. 2 BGB (condictio ob rem),
§ 813 I 1 BGB (condictio indebiti),
§ 817 S. 1 BGB (condictio ob turpem vel iniustam causam).

§ 812 I 1 Alt. 1 BGB (condictio indebiti) 18

1. Etwas erlangt

Jeder dem Bereicherungsschuldner zugeflossene Vorteil im weitesten Sinne, der tatsächlich in sein Vermögen übergegangen ist (sich dort also manifestiert hat) und zu einer Verbesserung seiner Vermögenslage geführt hat.[22] Dieses erlangte Etwas ist juristisch möglichst genau zu beschreiben.

Beispiele: (1) dingliche Rechtspositionen wie beispielsweise Eigentum und Besitz an einer Sache, sonstige beschränkt dingliche Rechte (Hypothek, Grundschuld, Dienstbarkeiten), (2) Immaterialgüterrechte wie Patent, (3) schuldrechtliche Rechtspositionen wie Forderungen oder Schuldanerkenntnis (vgl. § 812 II BGB). (4) Besitz.

2. Durch Leistung

Eine Leistung ist eine (1) bewusste und (2) zweckgerichtete Mehrung fremden Vermögens.[23] Meist geht es um die Erfüllung einer Verbindlichkeit (Leistung solvendi causa). Ist eine (Hand-) Schenkung Leistungszweck, spricht man von einer Leistung donandi causa.

a) *Zu (1):* zumindest generelles Leistungsbewusstsein (Fälle der Leistung ad incertas personas)

b) *Zu (2):* Leistungszweck: Ermittlung durch Auslegung der meist konkludenten Tilgungsbestimmung (vgl. § 366 I BGB);[24] hilfsweise objektive Betrachtungsweise aus dem Empfängerhorizont nach dem Verständnis einer vernünftigen Person nach Treu und Glauben mit Rücksicht auf die Verkehrssitte.[25]

3. Ohne rechtlichen Grund

Ein rechtlicher Grund fehlt, wenn dem Leistungsempfänger die Zuwendung nach der ihr zugrunde liegenden Rechtsbeziehung nicht oder nicht endgültig zusteht.[26] Ein Rechtsgrund kann sich insbesondere aus schuldrechtlichen Verpflichtungsgeschäften (z.B. Kaufvertrag), aber auch aus gesetzlichen Schuldverhältnissen (Schadensersatzpflicht nach § 823 I BGB) ergeben. An dieser Stelle muss man also ggf. insb. den Vertragsschluss und anschließend rechtshindernde und rechtsvernichtende Einwendungen prüfen. Je nach durchgreifender Einwendung kann der rechtliche Grund von Anfang an fehlen (§ 812 I 1 Alt. 1 BGB) oder nachträglich wegfallen (§ 812 I 2 Alt. 1 BGB). Die Einordnung der Anfechtung (§ 142 I BGB)

---

[22] Jauernig/*Stadler*, § 812 Rn. 8; *Kropholler*, § 812 Rn. 4; Palandt/*Sprau*, § 812 Rn. 8.
[23] St. Rspr., etwa *BGH* NJW 2004, 1169 m.w.N.; Palandt/*Sprau*, § 812 Rn. 14 m.w.N.
[24] Näher Palandt/*Sprau*, § 812 Rn. 14.
[25] *BGH* NJW 2005, 60 – Dirnenlohn.
[26] Vgl. Palandt/*Sprau*, § 812 Rn. 6 und 21.

ist streitig,[27] weil § 142 I BGB eine ex tunc-Wirkung anordnet, sodass der Rechtsgrund von Anfang an nicht besteht (rechtshindernde Einwendung, also § 812 I 1 Alt. 1 BGB), andererseits § 142 I BGB nur eine gesetzliche Fiktion ist und in Wirklichkeit bis zur Anfechtungserklärung ein wirksames Rechtsgeschäft bestand (Anfechtung = rechtsvernichtende Einwendung, also § 812 I 2 Alt. 1 BGB). In der Falllösung müssen nur die Ausführungen zur Wirkung der Anfechtung zur gewählten Anspruchsgrundlage passen; eine genaue Darstellung der Meinungen ist aber wegen identischer Ergebnisse nicht erforderlich.

4. Ausschlussgründe, §§ 814, 817 S. 2 BGB

a) § 814 BGB

aa) Wissen des Leistenden: **positives** Wissen erforderlich; dieses erfordert neben der Kenntnis der Tatumstände die Kenntnis der Nichtschuld. Parallelwertung in der Laiensphäre ist ausreichend.

bb) Leistung entsprach sittlicher Pflicht etc.: Zahlung von Unterhalt an bedürftige nahe Angehörige, die nicht unter §§ 1601, 1589 I 1 BGB fallen (z.B. Geschwister). Kenntnis der Nichtschuld ist hier unerheblich.

b) § 817 S. 2 BGB: Sittenverstoß durch Leistungsannahme

Hinweis: § 817 S. 2 BGB ist der in Klausuren am häufigsten auftretende Kondiktionsausschluss.

aa) § 817 S. 2 BGB ist auch bei nur einseitigen Gesetzesverstößen des Leistenden anwendbar, denn die Verwendung des Wortes „gleichfalls“ hat nur sprachliche, aber nicht inhaltliche Gründe.[28]

bb) § 817 S. 2 BGB bezieht sich nicht nur auf S. 1, sondern schließt auch Leistungskondiktionsansprüche aus § 812 I BGB aus. Andernfalls liefe die vom Gesetzgeber in Fällen von Gesetzesverstößen gewollte Kondiktionssperre fast leer, denn die Leistungskondiktion aus § 817 S. 1 BGB hat nur eine geringe Bedeutung.[29]

cc) Häufig ist noch zu untersuchen, ob das bei einer Anwendung von § 817 S. 2 BGB gefundene Ergebnis der Billigkeit entspricht (§ 242 BGB, Beispiel Schwarzarbeit, dazu Fall 17).

dd) Sonderproblem: Überlassung auf Zeit, beispielsweise wucherische Darlehensverträge. Nach h.M. ist für die Gewährung eines derartigen Darlehens überhaupt kein Zins zu zahlen, auch kein angemessener Betrag.[30] Die Rückforderung des Kapitals ist nicht ausgeschlossen.

5. Inhalt und Umfang des Bereicherungsanspruchs: unten Rn. 28ff.

19 **§ 813 I 1 BGB (condictio indebiti)**

1. Etwas erlangt

2. Durch Leistung

[27] Vgl. Staudinger/*Lorenz*, § 812 Rn. 88 m.w.N.
[28] Näher zu diesem Problem *Kropholler*, § 817 Rn. 4; *Schwarz/Wandt*, § 10 Rn. 35.
[29] BGHZ 50, 90, 91; Bamberger/Roth/*Wendehorst*, § 817 Rn. 11; MünchKomm/*Schwab*, § 817 Rn. 10; Staudinger/*Lorenz*, § 817 Rn. 10.
[30] Vgl. *Schwarz/Wandt*, § 10 Rn. 37.

3. Dauerhafte Einrede gegen Verbindlichkeit

§ 813 I 1 BGB erfasst nur peremptorische (dauerhafte), nicht dilatorische (vorübergehende) **Einreden** (näher Fall 14 Rn. 28). Ausgenommen ist die Einrede der Verjährung, denn gem. § 813 I 2 BGB bleibt § 214 II BGB unberührt, d.h. das auf eine verjährte Forderung Geleistete ist nicht kondizierbar. Rechtshindernde und rechtsvernichtende **Einwendungen** führen hingegen zu Ansprüchen aus § 812 I 1 Alt. 1 BGB und § 812 I 2 Alt. 1 BGB.

4. Ausschlussgründe, §§ 814, 817 S. 2. 813 II BGB

a) §§ 814, 817 S. 2 BGB

b) § 813 II BGB

Bei vorzeitiger Erfüllung einer betagten (gestundeten) Forderung (gleicher Gedanke wie § 272 BGB) ist die Rückforderung ausgeschlossen, um ein Hin- und Herzahlen zu vermeiden.

5. Inhalt und Umfang des Bereicherungsanspruchs: unten Rn. 28ff.

§ 812 I 2 Alt. 1 BGB (condictio ob causam finitam) 20

1. Etwas erlangt

2. Durch Leistung

3. Späterer Wegfall des rechtlichen Grundes

Der anfänglich bestehende rechtliche Grund fällt nach der Leistung weg.

Beispiele: Vertragsaufhebung (vgl. § 311 I BGB), Kündigung (§§ 314, 542, 543, 620 ff., 626 BGB), Eintritt auflösender Bedingung oder Befristung (§§ 163, 158 II BGB); **aber nicht Rücktritt, arg Wortlaut des § 346 I BGB:** Der Rücktritt wandelt ein Schuldverhältnis in ein Rückabwicklungsschuldverhältnis um, dieses bleibt Rechtsgrund für die Vermögensverschiebung. Anwendbar sind die §§ 346 ff., nicht § 812 I 2 Alt. 1 BGB. Dies zu verkennen, ist ein gravierender Fehler. – Zur Anfechtung oben bei § 812 I 1 Alt. 1 BGB.

4. Ausschlussgründe

a) § 814 BGB

§ 814 BGB ist auf den Anspruch aus § 812 I 2 Alt. 1 BGB nicht anwendbar, weil sein Wortlaut eine Kenntnis der Nichtschuld bereits zum Zeitpunkt der Leistung voraussetzt.

b) § 817 S. 2 BGB

5. Inhalt und Umfang des Bereicherungsanspruchs: unten Rn. 28ff.

§ 812 I 2 Alt. 2 BGB (condictio ob rem) 21

1. Etwas erlangt

2. Durch Leistung

3. Nichteintritt des mit der Leistung bezweckten Erfolgs

Es muss feststehen, dass der mit einer Leistung nach dem Inhalt des Rechtsgeschäfts bezweckte (weitere) Erfolg ist nicht eingetreten ist. Den Erfüllungszweck erfasst bereits § 812 I 1 Alt. 1 BGB.

a) Leistung in Erwartung rechtlich nicht geschuldeten Verhaltens
Der Leistende will den Leistungsempfänger durch (nicht geschuldete) Leistung zu einem bestimmtem, rechtlich nicht geschuldetem Verhalten veranlassen (unstr.).

Beispiele:[31] (1) Zahlung des Kaufpreises bei nichtigem Grundstückskaufvertrag (§§ 311 b I, 125 S. 1 BGB) an Verkäufer, um diesen zur Auflassung und damit zur Heilung des Vertrags (§ 311 b I 2 BGB) zu veranlassen; (2) Zahlung eines Teils des Kaufpreises an Verkäufer, um diesen zum Abschluss des Vertrages zu bewegen.

b) Zweckabrede (tatsächliche Einigung über den weiteren Leistungszweck)
aa) Fallgruppe umstritten; nach h. M. erforderlich, weil eine an sich vorrangige Rückabwicklung über Vertragsrecht hier mangels vertraglicher Vereinbarung nicht in Betracht kommen kann.[32]
bb) Tatsächliche Einigung: Eine konkrete Verständigung zwischen den Parteien muss stattgefunden haben. Einseitige Erwartungen (Motive), Beweggründe oder Äußerungen ohne Billigung durch die Gegenseite genügen hier nicht (zu denken ist hier aber an die Leistung in Erwartung rechtlich nicht geschuldeten Verhaltens). Es genügt, wenn der andere Teil die Zweckbestimmung positiv kennt und billigt.[33] – Diese Verständigung darf nicht rechtsgeschäftlicher Natur sein, muss aber mehr als die bloße Geschäftsgrundlage (§ 313 BGB) darstellen. § 313 BGB kann nur dann zur Anwendung kommen, wenn eine Zweckabrede nicht festzustellen ist.[34]

Beispiele für rechtsgeschäftliche Einigung: Gegenleistungen eines Austauschvertrags wie Kaufpreis oder Miete, Bedingungen und Befristungen.

4. Ausschlussgründe
a) § 815 BGB
§ 815 BGB ist nur auf Ansprüche aus § 812 I 2 Alt. 2 BGB anzuwenden. Zwei Alternativen: (1) § 815 Alt. 1 BGB: Der Eintritt des Erfolges war von Anfang an unmöglich, und der Leistende hatte von der Unmöglichkeit positive Kenntnis (wie bei § 814 BGB). (2) § 815 Alt. 2 BGB: Verhinderung des Erfolgseintritts wider Treu und Glauben.
b) § 817 S. 2 BGB (wie oben)

5. Inhalt und Umfang des Bereicherungsanspruchs: unten Rn. 28ff.

22 **§ 817 S. 1 BGB (condictio ob turpem vel iniustam causam)**

Hinweis: Neben § 817 S. 1 BGB ist häufig § 812 I 1 Alt. 1 BGB einschlägig.

1. Etwas erlangt

2. Durch Leistung

3. Gesetzes- oder Sittenverstoß

aa) Objektive Voraussetzungen: (a) Annahme der Leistung ist Gesetzes- oder Sittenverstoß wie i. F. d. §§ 134, 138 BGB; ausreichend ist aber auch (b) einseitiger Verstoß des Empfängers wie beispielsweise i. F. von erpressten Leistungen.

[31] Nach *Schwarz/Wandt*, § 10 Rn. 58.
[32] Vgl. *Schwarz/Wandt*, § 10 Rn. 60.
[33] BGHZ 115, 261, 263; 177, 193 Rn. 34; *Schwarz/Wandt*, § 10 Rn. 62.
[34] BGHZ 177, 193 Rn. 40.

bb) Subjektive Voraussetzungen nach h. M.: positive Kenntnis des Empfängers vom Gesetzesverstoß bzw. Bewusstsein des Sittenverstoßes; (nur) ein leichtfertiges Sich-Verschließen steht gleich.[35]

4. Ausschlussgründe

a) § 814 BGB

Keine Anwendung des § 814 BGB auf § 817 S. 1 BGB wegen systematischen Stellung; zudem erfasst § 814 BGB den Anwendungsbereich des § 817 S. 1 BGB nicht.[36]

b) § 817 S. 2 BGB

5. Inhalt und Umfang des Bereicherungsanspruchs: unten Rn. 28ff.

II. Nichtleistungskondiktionen

§ 816 I 1 BGB (entgeltliche Verfügung eines Nichtberechtigten).
§ 816 I 2 BGB (unentgeltliche Verfügung eines Nichtberechtigten).
§ 816 II BGB (befreiende Leistung an einen Nichtberechtigten).
§ 822 BGB (unentgeltliche Verfügung des Empfängers).
§ 812 I 1 Alt. 2 BGB (allgemeine Eingriffskondiktion).

§ 812 I 1 Alt. 2 BGB (allgemeine Eingriffskondiktion) 23

Hinweis: Wie in der Übersicht zuvor dargestellt, sollte man sie nicht zuerst prüfen, weil die anderen Vorschriften speziellere Formen der Nichtleistungskondiktion enthalten und man sonst häufig Schwierigkeiten mit dem „Vorrang der Leistungsbeziehungen" bekommt.

1. Etwas erlangt

2. In sonstiger Weise auf dessen Kosten

a) Das Tatbestandsmerkmal dient der Bestimmung von Bereicherungsgläubiger und -schuldner.

Zuweisungstheorie (h. M.): Der Bereicherungsschuldner muss in eine durch die Rechtsordnung dem Bereicherungsgläubiger zur ausschließlichen Verfügung zugewiesenen Rechtsposition eingegriffen haben.[37] Die exakte Bestimmung des Umfangs dieser Rechtsposition ist dem Gesetz oder Gewohnheitsrecht zu entnehmen. Für das Eigentum gilt § 903 BGB, den Umfang des Urheberrechts legen beispielsweise die §§ 11ff. UrhG fest.

Beispiele derartiger Rechtspositionen: absolute Rechte wie Sacheigentum, aber auch andere (beschränkt) dingliche (Nutzungs-)Rechte wie der Nießbrauch (vgl. § 1065 BGB); Immaterialgüterrechte (z. B. Urheberrecht, Patent), allgemeines Persönlichkeitsrecht.

b) Die Rspr. stellt vor allem bei der Beteiligung mehrerer Personen unterstützend auf die „Unmittelbarkeit der Vermögensverschiebung" ab, um einen unmittelbaren Durchgriff in Bereicherungsketten auszuschließen. Ein und derselbe Vorgang muss auf der einen Seite (Bereicherter) den Gewinn und auf der anderen Seite (Entreicherter) den Verlust *unmittelbar* (das heißt ohne Umweg über das Vermögen Dritter) herbeiführen.[38]

[35] Palandt/*Sprau*, § 817 Rn. 8; vgl. BGHZ 50, 90, 92; 75, 299, 302.
[36] *BGH* NJW-RR 2001, 1044, 1046.
[37] Palandt/*Sprau*, § 812 Rn. 39.
[38] Vgl. näher *Schwarz/Wandt*, § 11 Rn. 14 m. w. N.

c) Sonderfälle:[39] (a) *Verwendungskondiktion*: selten, nur bei nicht besitzenden Verwendern, ansonsten ist Vorrang des Eigentümer-Besitzer-Verhältnisses zu beachten (§§ 994ff. BGB). – Liegt eine Leistungsbeziehung vor, ist diese vorrangig, bei Vorliegen eines Vertragsverhältnisses allein dieses maßgebend. (b) *Rückgriffskondiktion*: Fälle der Tilgung fremder Verbindlichkeiten; die Rückgriffskondiktion ist gegenüber anderen Regressregeln wie etwa der GoA subsidiär.

3. Ohne rechtlichen Grund

Rechtsgrund können schuld- oder sachenrechtliche Behaltensgründe sein, z.B. Lizenzvertrag, Mietvertrag, gutgläubiger Erwerb (§§ 932ff. BGB).

4. Inhalt und Umfang des Bereicherungsanspruchs: unten Rn. 28ff.

24

§ 816 I 1 BGB (entgeltliche Verfügung eines Nichtberechtigten)

1. Verfügung eines Nichtberechtigten

a) Berechtigter ist der Rechtsinhaber; Nichtberechtigter ist jeder nicht zur Verfügung Berechtigte (vgl. § 185 I BGB). Auch der Rechtsinhaber kann daher Nichtberechtigter sein, etwa weil er Erbe ist und ein Testamentsvollstrecker eingesetzt ist (§ 2211 I BGB).
b) Verfügung ist ein Rechtsgeschäft, durch das ein Recht unmittelbar übertragen, belastet, aufgehoben oder geändert wird.

2. Wirksamkeit der Verfügung gegenüber dem Berechtigten

(1) durch gutgläubigen Rechtserwerb (z.B. §§ 932ff., 892, 2366 BGB) oder (2) durch nachträgliche Genehmigung des Berechtigten (§ 185 II 1 Alt. 1 BGB), z.B. durch Forderung nach Herausgabe des Veräußerungserlöses gem. § 816 I 1 BGB.

3. Entgeltlichkeit der Verfügung

Das Merkmal ergibt sich aus dem Umkehrschluss zu § 816 I 2 BGB.

4. Inhalt und Umfang des Bereicherungsanspruchs: unten Rn. 28ff.
Bei § 816 I 1 BGB ist streitig, ob (1) der erlangte Veräußerungserlös (Theorie der Gewinnhaftung) oder (2) nur der objektive (Markt-)Wert der Sache (Theorie der Werthaftung) herausgegeben werden muss.[40] Für Gewinnherausgabe spricht der Wortlaut des § 816 I 1 BGB sowie die Vermeidung von Beweisschwierigkeiten hinsichtlich des Marktwerts.[41]

25

§ 816 I 2 BGB (unentgeltliche Verfügung eines Nichtberechtigten)

Hinweis: § 816 I 2 BGB gestattet den Durchgriff des Berechtigten auf den Erwerber des Erlangten. Der Berechtigte ist Gläubiger des Anspruchs aus § 816 I 2 BGB, Schuldner ist derjenige, der aufgrund der Verfügung unmittelbar ein Recht erlangt hat.

1. Verfügung eines Nichtberechtigten

2. Wirksamkeit der Verfügung gegenüber dem Berechtigten

---

[39] Ausführlich *Schwarz/Wandt*, § 11 Rn. 59ff.
[40] Näher *Schwarz/Wandt*, § 11 Rn. 37.
[41] Palandt/*Sprau*, § 816 Rn. 20 m.w.N.

3. Unentgeltlichkeit der Verfügung

(1) Unentgeltlichkeit ist vom Standpunkt des Erwerbers aus zu beurteilen. (2) Umstritten ist die gemischte Schenkung (Fall 25 – Abwandlung). (3) Diskutiert werden auch entgeltliche rechtsgrundlose Verfügungen: Verfügt ein Nichtberechtigter entgeltlich, aber rechtsgrundlos, so ist dieser Fall nach h.M. nicht der unentgeltlichen Verfügung gleichzustellen. Der Berechtigte kann gem. § 816 I 1 BGB vom Nichtberechtigten die Abtretung dessen Bereicherungsanspruchs gegen den Dritten verlangen. So bleiben dem Dritten Einwendungen gegen den Nichtberechtigten erhalten (§ 404 BGB). Nach a.A. ist § 816 I 2 BGB anzuwenden.

4. Inhalt und Umfang des Bereicherungsanspruchs: unten Rn. 28ff.

§ 816 II BGB (befreiende Leistung an eine Nichtberechtigten) 26

1. Tatbestand

a) Die Leistung an einen Nichtberechtigten ist dem Berechtigten gegenüber wirksam, z.B. nach §§ 407, 408 (Leistung an Altgläubiger nach Abtretung), 409 (Leistung nach unrichtiger Abtretungsanzeige), 808 I (Leistung an Inhaber bestimmter Namenspapiere), 851 (Schadensersatz an Besitzer), 893 Alt. 1 (Leistung an Buchberechtigten), 1155 (Leistung an Besitzer des Hypothekenbriefs); 2367 Alt. 1 BGB (Leistung an Erbscheinserben).
b) Der Schuldner kann wählen zwischen der Erfüllungswirkung seiner Leistung und der Kondiktion beim Leistungsempfänger gem. § 812 I 1 Alt. 1 BGB.

2. Inhalt und Umfang des Bereicherungsanspruchs: unten Rn. 28ff.

§ 822 BGB (unentgeltliche Verfügung des Empfängers) 27

1. Bereicherungsanspruch des Gläubigers gegen Erwerber

2. Unentgeltliche Zuwendung des Bereicherungsgegenstandes durch Erwerber an Dritten

3. Kein Bereicherungsanspruch des Gläubigers gegen Erwerber wegen § 818 III BGB

Die Bereicherungshaftung des Erwerbers muss aus Rechtsgründen ausgeschlossen sein; bloße Unfähigkeit zur Herausgabe beispielsweise wegen Insolvenz genügt hier nicht.[42]

4. Inhalt und Umfang des Bereicherungsanspruchs: unten Rn. 28ff.

[42] *BGH* NJW 1999, 1026; vgl. *Schwarz/Wandt*, § 11 Rn. 49.

III. Inhalt und Umfang des Bereicherungsanspruchs

1. Primäre Herausgabepflicht

28 In erster Linie ist das erlangte Etwas selbst herauszugeben (vgl. Wortlaut §§ 812 I 1, 2, 816 I, II BGB usw.). Ist z. B. Eigentum und Besitz an einer Sache erlangt, so muss der Empfänger die Sache an den Bereicherungsgläubiger gem. § 929 S. 1 BGB zurück übereignen; dieser erlangt durch die notwendige Übergabe den Besitz (§ 854 BGB) zurück. Forderungen sind abzutreten (§ 398 BGB).

2. Sekundäre Herausgabepflicht

a) Nutzungen (§ 100 BGB)

29 Der Bereicherungsschuldner muss gem. § 818 I Alt. 1 BGB auch gezogene Nutzungen herausgeben. Nutzungen sind gem. § 100 BGB Sach- oder Rechtsfrüchte (§ 99 BGB) sowie Gebrauchsvorteile. Ein einprägsames Beispiel einer Nutzung in Form des Gebrauchsvorteils ist die Fahrt mit einem herauszugebenden Kraftfahrzeug.

b) Surrogate

30 Die Herausgabepflicht umfasst gem. § 818 I Alt. 2 BGB des Weiteren dasjenige, was der Empfänger (Bereicherungsschuldner) aufgrund eines erlangten Rechts oder als Ersatz für die Zerstörung, Beschädigung oder Entziehung des erlangten Gegenstands erwirbt (Surrogate, Ersatzgegenstände).

Beispiel: Versicherungsforderung für eine untergegangene oder beschädigte Sache.

Nach h. M. nicht von § 818 I Alt. 2 BGB erfasst sind rechtsgeschäftliche Veräußerungserlöse (sog. *lucrum ex negotiatione cum re*). Grund ist die von § 285 I BGB abweichende Formulierung des § 818 I Alt. 2 BGB („Ersatz für die Zerstörung, Beschädigung oder Entziehung").

3. Wertersatz

31 Ist Herausgabe in natura nicht möglich, wie etwa stets im Falle von Nutzungen (§ 100 BGB), so muss gem. § 818 II BGB Wertersatz geleistet werden. Die Bemessung erfolgt nach objektivem Wert des herauszugebenden Gegenstands.

4. Wegfall der Bereicherung, § 818 III BGB

a) Allgemeines

32 Entreicherung i. S. d. § 818 III BGB liegt vor, (1) wenn der erlangte Gegenstand ersatzlos weggefallen ist oder (2) wenn er sich noch im Vermögen des Bereicherungsschuldners befindet, aber dieser entreichernde Vermögensnachteile erlitten hat.

aa) Zu (1): Ersatzloser Wegfall des Gegenstands: z. B. Zerstörung, Verbrauch.

Bei Ersparnis eigener Aufwendungen bleibt eine Bereicherung aber erhalten. Auszunehmen sind die Fälle von Luxusaufwendungen, die ohne Bereicherung nicht getätigt worden wären. Hier wurden keine eigenen Aufwendungen erspart.

bb) Zu (2): Entreichernde Vermögensnachteile:

Jedenfalls Aufwendungen auf den Bereicherungsgegenstand sind abzuziehen. Streitig ist, ob alle Vermögensfolgeschäden zu berücksichtigen sind, die mit dem Erwerb in adäquat kausalem Zusammenhang stehen, oder ob nur solche Nachteile zu berücksichtigen sind, die Bereichertem im Vertrauen auf Endgültigkeit des Erwerbs entstanden sind.[43] Der Erwerbspreis des Bereicherungsschuldners ist bei Leistungskondiktionen i.R.d. Saldo- bzw. Zweikondiktionentheorie zu berücksichtigen. Bei der Eingriffskondiktion kommt eine Berücksichtigung nicht in Frage. Der Bereicherungsschuldner muss sich an seinen Vertragspartner halten.

b) Rückabwicklung gegenseitiger Verträge

Sehr streitig ist die Rückabwicklung gegenseitiger Verträge. Im Wesentlichen werden hierzu drei Auffassungen vertreten: 33

aa) Strenge Zweikondiktionentheorie: Jede Partei hat eigenen Kondiktionsanspruch.

bb) Saldotheorie (Rspr.): Kraft Gesetzes erfolgt eine Saldierung gleichartiger Bereicherungsansprüche, bei ungleichartigen Leistungen eine Herausgabe Zug-um-Zug. Einschränkungen:[44] Keine Anwendung der Saldotheorie (a) zulasten nicht voll Geschäftsfähiger, (b) zulasten arglistig Getäuschter oder Bedrohter, (c) zulasten durch Wucher oder Sittenwidrigkeit (§ 138 I BGB) Benachteiligter, (d) zulasten des Käufers bei Sachmangel, für den Verkäufer einzustehen hätte.

cc) Eingeschränkte Zweikondiktionentheorie: Es erfolgt eine normative Einschränkung des § 818 III BGB unter Berücksichtigung der gesetzlichen Risikoverteilung, wie sie sich insbesondere aus dem Rücktrittsrecht (§§ 346ff. BGB) ergibt.

5. Verschärfte Bereicherungshaftung

a) § 818 IV BGB

Die Vorschrift verlangt die Rechtshängigkeit (= Zustellung, §§ 253 I, 261 I ZPO) der Herausgabeklage des Bereicherungsgläubigers gegen den Empfänger. 34

b) § 819 I BGB

Kenntnis bedeutet positive Kenntnis, grob fahrlässige Unkenntnis reicht nicht. Der Empfänger muss gerade den Mangel des rechtlichen Grundes kennen. Bei Stellvertretern ist § 166 BGB zu beachten. Probleme bereitet die Bösgläubigkeit Minderjähriger (vgl. Fall 14). 35

c) § 820 I BGB: ungewisser Erfolgseintritt oder Rechtsgrund. 36

d) § 819 II BGB: Empfänger verstößt durch Annahme der Leistung gegen gesetzliches Verbot oder gegen gute Sitten. 37

e) Rechtsfolgen verschärfter Bereicherungshaftung

aa) Berufung des Bereicherungsschuldners auf § 818 III BGB ist verwehrt. 38

bb) Haftung nach „allgemeinen Vorschriften“, also §§ 275ff. BGB, d.h. bei Herausgabe einer Sache sind denkbar: (1) verschuldensabhängige Schadensersatzhaftung gem. §§ 292 I, 989, 990 BGB; (2) Herausgabe von Nutzungen gem. §§ 292 II, 987, 100 BGB; (3) Herausgabe von Surrogaten gem. § 285 BGB; (4) daneben Verwendungsersatzansprüche *des Schuldners* gem. §§ 292 II, 994ff. BGB. – *Geldschulden* sind lediglich gem. § 291 BGB zu verzinsen. Ansonsten gilt der allgemeine Grundsatz „Geld hat man zu haben“.

---

[43] Vgl. zum Meinungsstand *Schwarz/Wandt*, § 12 Rn. 20.
[44] Vgl. *Schwarz/Wandt*, § 12 Rn. 37.

6. Aufgedrängte Bereicherung

39 Der Bereicherte hat am Erlangten kein Interesse bzw. die Bereicherung ist für ihn völlig nutzlos. Die Behandlung dieser Fälle ist umstritten. Teils wird § 814 BGB entsprechend angewandt, teils § 818 III BGB, teils der Wertbegriff des § 818 II BGB subjektiv aus der Sicht des Bereicherten definiert. Wieder andere konstruieren einen Gegenanspruch des Bereicherten, der einredeweise geltend gemacht werden kann.[45] Am Ende kommen alle Meinungen zum gleichen Ergebnis: Soweit der Schuldner den Wert seiner Bereicherung nicht realisiert, ist ein Bereicherungsanspruch gegen ihn ausgeschlossen.

IV. Bereicherungsansprüche im Mehrpersonenverhältnis (Überblick)

1. Subsidiaritätsdogma

40 Bestehen Leistungsverhältnisse zwischen mehreren Personen, so muss grundsätzlich innerhalb dieser Verhältnisse rückabgewickelt werden. Gründe:[46] (1) Erhaltung von Einwendungen und Einreden gegen den jeweiligen Vertragspartner, (2) Schutz der Gläubiger vor fremden Einwendungen und Einreden, (3) Gläubiger sollen nur Insolvenzrisiko ihres Vertragspartners tragen müssen.

2. Bestimmung von Gläubiger und Schuldner des Anspruchs aus Leistungskondiktion

41 Leistender ist Gläubiger, Leistungsempfänger ist Schuldner. Unerheblich ist, wer die Zuwendung vorgenommen hat oder sie tatsächlich in Empfang genommen hat.

Beispiel: Durchlieferung in Leistungsketten. Liefert der Hersteller (H) auf Veranlassung des Großhändlers G (= Vertragspartner des Herstellers) an den Einzelhändler E (= Vertragspartner des Großhändlers), so leistet H an G und G gleichzeitig an E. Daran müsste sich eine eventuelle Rückabwicklung orientieren. Zwischen H und E besteht dagegen kein Leistungsverhältnis.

3. Zusammentreffen von Leistung und Eingriff

42 Wichtig ist die Beachtung sachenrechtlicher Parallelwertungen: Wo redlicher Erwerb vom Nichtberechtigten möglich ist (z.B. §§ 932ff. BGB), gilt Vorrang der Leistungskondiktion. Wo dies nicht möglich ist, etwa bei Abhandenkommen oder Bösgläubigkeit, ist Eingriffskondiktion denkbar.[47]

4. Weitere Mehrpersonenverhältnisse im Überblick

43 (1) Anweisungsfälle, insbesondere Überweisungen (vgl. Fall 18),
(2) Drittleistungsfälle,
(3) Abtretung,
(4) Verträge zugunsten Dritter.

---

[45] Überblick zum Meinungsstand bei MünchKomm/*Schwab*, § 818 Rn. 194; Palandt/*Sprau*, § 812 Rn. 52; *Schwarz/Wandt*, § 12 Rn. 62.
[46] Vgl. *Medicus/Petersen*, Rn. 667; *Schwarz/Wandt*, § 13 Rn. 4.
[47] Überblick bei *Schwarz/Wandt*, § 13 Rn. 15ff.

2. Teil. Fälle mit Schwerpunkt Deliktsrecht

Fall 1. Treffer

Sachverhalt

Der 15-jährige Sebastian (S) spielt mit ein paar Freunden auf einer Wiese in einem Wohngebiet Fußball. Als er einen besonders wuchtigen Schuss aufs gegnerische Tor abfeuern will, verfehlt er dieses völlig und trifft stattdessen die in einiger Entfernung ahnungslos vorbeigehende Schülerin Gabi (G) am Kopf. Dabei wird die Brille der G zertrümmert, ein Glassplitter dringt in ihr linkes Auge ein.

Den Vorfall hat zufällig der uniformierte Polizist Paul (P) beobachtet, der sich ebenfalls in der Nähe aufhielt. Als er sich dem S nähert, um dessen Personalien festzustellen, weicht dieser langsam zurück. P versucht, den S zu erreichen, rutscht aber nach wenigen Metern auf dem feuchten und frisch geschnittenen Rasen aus, stürzt und beschädigt dabei seine Armbanduhr. S läuft nun davon, P fluchend hinter ihm her. Da S sich in der Gegend gut auskennt, versteckt er sich an einer etwas unübersichtlichen Stelle. Der weniger ortskundige P rennt an ihm vorbei und stürzt in ein etwas verborgenes Erdloch; dabei bricht er sich den Arm. Er muss zur Behandlung ins Krankenhaus und ist drei Wochen dienstunfähig, bekommt aber weiterhin sein Gehalt.

Auch die G muss im Krankenhaus behandelt werden. Hierfür und für die zertrümmerte Brille verlangt G von S Ersatz; außerdem möchte sie ein „Schmerzensgeld", weil sie während des Krankenhausaufenthalts und danach in ihrem Wohlbefinden und den üblichen Aktivitäten in den Sommerferien eingeschränkt war.

Können G und P von S Schadensersatz und Schmerzensgeld verlangen?

Gliederung

Lösung

I. Schadensersatzansprüche der G gegen S wegen ihrer Verletzungen

1. Aus § 823 I BGB

1 G könnte gegen S einen Anspruch auf Schadensersatz einschließlich Schmerzensgeld gem. § 823 I haben.

a) Verhalten des S

2 S hat den Fußball geschossen und somit eine Handlung i.S.d. § 823 I vorgenommen.

b) Rechtsgutsverletzung

3 Als verletzte Rechtsgüter kommen Körper, Gesundheit und Eigentum der G in Betracht. Die Zerstörung der Brille stellt eine Eigentumsverletzung dar. Da das Auge der G von einem Glassplitter äußerlich verletzt wurde, liegt auch eine Körperverletzung vor.

c) Haftungsbegründende Kausalität

4 Das Verhalten des G – also der Schuss mit dem Fußball – müsste für die beiden Verletzungserfolge ursächlich gewesen sein. Da man den Schuss nicht hinweg denken kann, ohne dass die Verletzungen entfielen, ist von einer grundsätzlichen Kausalität i.S. der sog. Äquivalenztheorie auszugehen. Beim Fußballspiel Jugendlicher in einem Wohngebiet besteht die Gefahr, dass der Ball in der Nähe befindliche Sachen oder Personen trifft und sie schädigt. Es liegt weiterhin nicht außerhalb aller Wahrscheinlichkeit, dass Glassplitter eine im Raum befindliche Person verletzen. Eigentums- und Körperverletzung sind somit adäquat kausal verursacht worden.

Hinweis: An sich ist umstritten, ob das Kriterium der Adäquanz bei der haftungsbegründenden Kausalität überhaupt von Bedeutung und zu prüfen ist. Dagegen wird angeführt, dass die unter dem Stichwort der Adäquanz erfolgende Prüfung der grundsätzlichen Vorhersehbarkeit des Schadenseintritts ohnehin auf der Ebene des Verschuldens zu prüfen ist, weil sie Voraussetzung der Fahrlässigkeit i.S.v. § 276 II ist.[1] Auf diese Kontroverse geht man aber in der Fallbearbeitung üblicherweise – entgegen den Grundsätzen des Gutachtens – gar nicht ein, weil sich die Frage typischerweise nicht auswirkt; die Adäquanz ist nämlich fast immer zu bejahen. Korrekt wäre es an sich, auf die Kontroverse hinzuweisen, um dann festzustellen, dass sie sich nicht auswirkt, weil die Adäquanz zu bejahen ist. So ist der BGH gelegentlich verfahren.[2] Das völlige Ignorieren der Kontroverse dürfte darauf zurückzuführen sein, dass sie sich fast nie auswirkt. 5

d) Rechtswidrigkeit

Fraglich ist, ob sich S für sein Tun auf Rechtfertigungsgründe berufen kann. Da er im weitesten Sinne einem Sport nachgegangen ist, könnte man grundsätzlich erwägen, ob dies einer Haftung – etwa unter dem Gesichtspunkt eines die Rechtswidrigkeit ausschließenden Handelns auf eigene Gefahr oder eines konkludenten Haftungsausschlusses[3] – entgegensteht; so nimmt es die Rechtsprechung jedenfalls bei fehlendem Versicherungsschutz und Eignung des Sports für die Verletzungen anderer Teilnehmer auch durch geringste Verstöße gegen feststehende Wettkampfregeln an.[4] Jedoch war die G an dem Fußballspiel nicht beteiligt, weshalb eine solche Rechtfertigung ausscheidet. S handelte rechtswidrig. 6

e) Verschulden

S müsste vorsätzlich oder fahrlässig, also schuldhaft gehandelt haben. Da S 15 Jahre und somit minderjährig ist (vgl. § 2), ist der Umfang seiner Deliktsfähigkeit nach § 828 zu prüfen. Bei seiner Altersstufe ist seine Verantwortlichkeit gem. § 828 III nur ausgeschlossen, wenn er in seiner Entwicklung erheblich zurückgeblieben ist und ihm deshalb die zur Erkenntnis der Verantwortlichkeit erforderliche Einsicht fehlt. Dafür bietet der Fall keine Anhaltspunkte, S ist also verschuldensfähig. 7

S hat den Ball zwar willentlich geschossen, aber das anvisierte Ziel deutlich verfehlt. Da er eine Verletzung der G nicht wollte und diese auch nicht zwangsläufig eintreten musste, hat er nicht vorsätzlich gehandelt. Jedoch ist aufgrund der Unwägbarkeiten des Fußballspiels außerhalb gesicherter Plätze stets damit zu rechnen, dass unbeteiligte Dritte oder deren Eigentum verletzt werden können; die Verletzung der G war also vorhersehbar. Da S den sehr wuchtigen Schuss dennoch abgegeben hat, ohne eine Verletzung anderer ausschließen zu können, hat er i.S.v. § 276 II die im Verkehr erforderliche Sorgfalt außer Acht gelassen und fahrlässig gehandelt. 8

f) Schaden

Ein Schaden ist grundsätzlich jede Einbuße an Rechten oder Interessen. Die Vermögensschäden der G bestehen zunächst in den Kosten für die Brille und die Heilbehandlung sowie im Verdienstausfall für die drei Monate des Heilungsprozesses. Hinzu kommen Schmerzen und Beeinträchtigungen im Alltagsleben als immaterielle Schäden. 9

---

[1] Vgl. zum Ganzen MünchKomm/*Oetker*, § 249 Rn. 101ff., 104ff.
[2] Vgl. *BGH* NJW 1993, 2234 m.w.N.
[3] Vgl. zu den verschiedenen Möglichkeiten BGHZ 154, 316, 322 m.w.N = NJW 2003, 2018.
[4] Vgl. auch *BGH* NJW-RR 2006, 672 Tz. 11: nicht bei Teilnahme an „Rempeltanz".

g) Haftungsausfüllende Kausalität und Zurechenbarkeit der Schäden

10 Die unmittelbar mit dem „Treffer" des S zusammenhängenden Schäden beruhen auf der Eigentums- bzw. Körperverletzung und sind für den konkreten Geschehensablauf auch nicht völlig atypisch. Sie sind daher der G von S zu ersetzen.

h) Art und Umfang des Schadensersatzes

11 Art und Umfang des Schadensersatzes richten sich nach den §§ 249ff. S hat G gem. § 249 Abs. 2 grundsätzlich die für die Heilbehandlung erforderlichen Geldbeträge zu erstatten; dies wäre auch bei der Brille zu erwägen, doch ist diese irreparabel zerstört, sodass S stattdessen ihren Wert gem. § 251 I zu ersetzen hat. Des Weiteren hat S der G für ihre immateriellen Schäden aus der Körperverletzung gem. § 253 II ein angemessenes Schmerzensgeld zu zahlen.

i) Ergebnis

12 G kann von S gem. § 823 I Ersatz der Kosten für die Brille und die Heilbehandlung sowie außerdem ein angemessenes Schmerzensgeld. Weitergehende Ansprüche hat die G hingegen nicht.

2. Aus § 823 II BGB i.V.m. §§ 223, 229, 303 StGB?

13 In Betracht kommt auch ein Schadensersatzanspruch der G gegen den S aus § 823 II i.V.m. §§ 223 I oder 229 und 303 I StGB.

a) Schutzgesetz

14 Dazu müssten die Straftatbestände der Körperverletzung und der Sachbeschädigung Schutzgesetze im Sinne des § 823 II sein. Gesetz ist gem. Art. 2 EGBGB jede Rechtsnorm, insbesondere jedes formelle Gesetz.[5] Ein Schutzgesetz liegt vor, wenn die Norm nicht nur Interessen der Allgemeinheit, sondern auch individuelle Interessen einzelner schützen soll; dies ist im Einzelfall anhand der Gesetzeszwecke und des Gesamtregelungszusammenhangs zu entscheiden.[6] Die Tatbestände der §§ 223, 229, 303 StGB dienen nicht nur der Aufrechterhaltung der öffentlichen Sicherheit und Ordnung, sondern auch dem Schutz des Eigentums von Individuen. Daher handelt es sich um Schutzgesetze i.S.v. § 823 II.

15 **Hinweis:** Man sollte zumindest eine knappe Begründung dafür liefern, warum eine Norm Schutzgesetz ist. Das ist auch nicht immer so offensichtlich wie bei den genannten Straftatbeständen.

b) Verletzung

16 Die objektiven Tatbestände der §§ 223 I, 303 I StGB sind – wie sich aus den Ausführungen zu § 823 I ergibt – erfüllt, jedoch erfordern die Strafgesetze gem. § 15 StGB auf subjektiver Ebene Vorsatz, an dem es fehlt. Da S die Körperverletzung der G fahrlässig verursacht hat, ist aber der Tatbestand des § 229 StGB erfüllt. Damit ist S insofern auch nach § 823 II schadensersatzpflichtig.

17 **Hinweis:** In der Regel wird in zivilrechtlichen Klausuren eine ausführliche Prüfung von Straftatbeständen und sonstigen Schutzgesetzen nicht erwartet. Anders verhält es sich, wenn nur § 823 II i.V.m. der Schutzgesetzverletzung zur Ersatzfähigkeit des konkreten Schadens führen kann.

---

[5] Aber auch „niederrangiges" Recht (VO, Satzung usw.), vgl. Palandt/*Sprau*, § 823 Rn. 56a.
[6] BGHZ 175, 276 Tz. 18 m.w.N = NJW 2008, 1734.

c) Schaden

Hinsichtlich der entstandenen Schäden, ihrer Ersatzfähigkeit unter den Gesichtspunkten der haftungsausfüllenden Kausalität und der Art und des Umfangs des Schadensersatzes gelten die gleichen Grundsätze wie bei § 823 I, sodass auf die dortigen Ausführungen zu den Folgen der Körperverletzung verwiesen sei. Ein Ersatz der Brille scheidet hier mangels haftungsbegründenden Schutzgesetzverstoßes aus. 18

d) Ergebnis

Gem. § 823 II i.V.m. § 229 StGB kann G von S Ersatz der Heilbehandlungskosten und ein angemessenes Schmerzensgeld verlangen. Weitere Schäden sind nicht zu ersetzen. 19

II. Schadensersatzansprüche des P gegen S

1. Aus § 823 I BGB

P könnte gegen S einen Anspruch auf Schadensersatz einschließlich Schmerzensgeld gem. § 823 I haben. 20

a) Verhalten des S

S hat die G mit dem Fußball getroffen und anschließend, als P seine Personalien aufnehmen wollte, die Flucht ergriffen. 21

b) Rechtsgutsverletzung

P hat bei der Verfolgung des G seine Uhr beschädigt; darin liegt eine Eigentumsverletzung. Außerdem hat er sich einen Arm gebrochen und somit eine Körperverletzung erlitten. 22

c) Haftungsbegründende Kausalität

Fraglich ist, ob das Verhalten des G – also die Flucht vor dem P – für die Eigentums- und die Körperverletzung ursächlich gewesen ist. 23

Dagegen scheint auf den ersten Blick zu sprechen, dass G den P nicht unmittelbar verletzt hat, sondern dieser bei der Verfolgung gestürzt ist. Doch reicht auch eine mittelbare Verletzungshandlung aus. Immerhin kann man im vorliegenden Fall die Flucht des G nicht hinwegdenken, ohne dass der Armbruch des P entfiele. Ebenso wenig liegt es außerhalb jeglicher Lebenserfahrung, dass ein Polizist einen Schädiger, der sich der Identitätsfeststellung zu entziehen versucht, verfolgt. Damit war das Verhalten des G – die Flucht – also geeignet, den P zur Verfolgung herauszufordern; diese Motivation war bei einem Polizisten nicht nur billigenswert, sondern aufgrund seiner Dienstpflichten sogar zwingend.[7] Aus diesem Grunde unterbricht auch der notwendige Willensentschluss des P, die Verfolgung des S aufzunehmen, den Kausalverlauf nicht. S hat die Verletzungsfolgen durch seine Flucht herausgefordert und haftet daher.[8] 24

Allerdings begrenzt die ständige Rspr. die Zurechenbarkeit von Verletzungsfolgen in Herausforderungs- bzw. Verfolgungsfällen anhand eines weiteren Kriteriums: Die Haftung soll, um eine Verlagerung des allgemeinen Lebensrisikos auf den Veranlasser zu vermeiden, auf die Verwirklichung eines gesteigerten Risikos durch die Verfolgung 25

[7] Vgl. BGHZ 63, 189, 194f. = NJW 1975, 168.
[8] St. Rspr. seit BGHZ 57, 25, 28ff. = NJW 1971, 1980.

beschränkt bleiben. Soweit es um den Sturz auf dem feuchten Rasen geht, wird man insofern sagen müssen, dass dieser zwar an sich durch die Flucht des S verursacht ist, aber kein spezifisches Verfolgungsrisiko darstellt, weil auf einem feuchten Rasen die Wahrscheinlichkeit des Ausrutschens generell sehr hoch ist.[9]

26 Anders verhält es sich bei dem Sturz in das nicht ohne Weiteres erkennbare Erdloch; darin verwirklicht sich ein gesteigertes Risiko gerade aus der Verfolgung des S. Zwar kann auch insofern eine Zurechnung im Einzelfall ausscheiden, wenn die Verfolgungsmaßnahme angesichts erkennbarer Verletzungsrisiken unter Berücksichtigung auch der Schwere der in Frage stehenden Straftaten unangemessen erscheint.[10] Besondere Gefahren waren für den P hier aber nicht erkennbar; damit bleiben die Verletzungsfolgen dem S zurechenbar.

d) Rechtswidrigkeit

27 Rechtfertigungsgründe für das Verhalten des G sind nicht ersichtlich.

e) Verschulden

28 S müsste vorsätzlich oder fahrlässig, also schuldhaft gehandelt haben; wie bereits oben festgestellt, war seine Deliktsfähigkeit nicht gem. § 828 III ausgeschlossen.

29 S hat vorsätzlich die Flucht ergriffen. Für seine Schadensersatzhaftung gegenüber P kommt es aber darauf an, ob er diesen in vorwerfbarer Weise zu der selbstgefährdenden Reaktion herausgefordert hat.[11] Dies setzt zunächst voraus, dass S die Wahrscheinlichkeit der Verfolgung als Reaktion auf seine Flucht erkennen konnte. Da P uniformiert war und von S wahrgenommen wurde, ist dies zu bejahen.[12] Dabei war auch grundsätzlich vorhersehbar, dass es bei der Verfolgung zu einer Verletzung des P kommen könnte; der konkrete Kausalverlauf muss nicht vorhersehbar sein.[13] S hat also durch seine Flucht zumindest i.S.v. § 276 II die im Verkehr erforderliche Sorgfalt außer Acht gelassen und den P fahrlässig zur Verfolgung herausgefordert.

30 Gleichwohl hätte S für den Sturz des P in das Loch dann nicht einzustehen, wenn das Verhalten des P für ihn nicht vorhersehbar gewesen wäre, weil er mit der konkreten Verfolgungsmaßnahme nicht hätte rechnen müssen.[14] Dafür sind hier aber keine Anhaltspunkte ersichtlich.

f) Schaden

31 Ein Schaden ist grundsätzlich jede Einbuße an Rechten oder Interessen. Ein Vermögensschaden des P besteht in den Kosten für die Heilbehandlung; ein Verdienstausfall für die drei Wochen der Dienstunfähigkeit ist ihm hingegen nicht entstanden. Hinzu kommen Schmerzen und Beeinträchtigungen im Alltagsleben als immaterielle Schäden.

32 **Hinweis:** Erleidet der Geschädigte keinen Verdienstausfall weil er sein Gehalt – als Beamter oder als Angestellter aufgrund des Entgeltfortzahlungsgesetzes (EFZG) – auch während der Arbeitsunfähigkeit weiterbezahlt bekommt, so wird der Schaden dadurch auf den Dienstherrn bzw. Arbeitgeber verlagert. Damit der Schädiger daraus keinen Vorteil ziehen kann, sehen die einschlägigen Gesetze einen Forderungsübergang (§ 412) vor, vgl. § 52 BRRG, Art. 14 BayBG, § 6 EFZG.

---

[9] So i.E. jedenfalls *BGH* NJW 1971 1982, 1983.
[10] BGHZ 132, 164, 170 = NJW 1996, 1533.
[11] BGHZ 63, 189, 191f. = NJW 1975, 168 m.N.; *BGH* NJW 1990, 2885 m.w.N.
[12] Vgl. Gegenbeispiel BGH NJW 1990, 2885: Verfolgung durch Zivilstreife.
[13] *BGH* NJW-RR 1993, 345: schwere Verletzungsfolge einer harmlosen Rauferei.
[14] Vgl. *BGH* NJW 1976, 568, 569: Sprung aus einem kleinen Toilettenfenster in 4m Höhe; anders aber, wenn zuvor bereits zwei Personen einen Sprung aus 4m Höhe und einem größeren Fenster unbeschadet überstanden hatten, BGHZ 132, 164, 169ff., 171f. = NJW 1996, 1533.

g) Haftungsausfüllende Kausalität und Zurechenbarkeit der Schäden

Die Behandlungskosten und die Beeinträchtigungen des P sind unmittelbare Folgen des Armbruchs, also der Körperverletzung. 33

h) Art und Umfang des Schadensersatzes

Art und Umfang des Schadensersatzes richten sich nach den §§ 249ff. S hat P gem. § 249 II die für die Heilbehandlung erforderlichen Geldbeträge zu erstatten und ihm für seine immateriellen Schäden aus der Körperverletzung gem. § 253 II ein angemessenes Schmerzensgeld zu zahlen. 34

i) Ergebnis

P kann von S gem. § 823 I Ersatz der Behandlungskosten und ein angemessenes Schmerzensgeld verlangen. Wegen der Uhr hat P dagegen keinen Anspruch. 35

2. Aus § 823 II BGB i.V.m. §§ 223, 229, 303 StGB?

In Betracht kommt auch ein Schadensersatzanspruch des P gegen den S aus § 823 II i.V.m. §§ 223 I oder 229 und 303 I StGB. 36

a) Schutzgesetz

Die §§ 223, 229, 303 StGB sind Schutzgesetze i.S.v. § 823 II (s. oben I. 2.). 37

b) Verletzung

Zwar sind mit der Verletzung des P und der Beschädigung seiner Uhr die objektiven Tatbestände von §§ 223 I und 303 I StGB erfüllt, wiederum fehlt es bei S aber am nach § 15 StGB erforderlichen Vorsatz. Für die Verletzung des P könnte S aber nach § 823 II i.V.m. § 229 StGB haften. Fraglich ist, ob im Rahmen der Haftung nach § 823 II in Verbindung mit strafrechtlichen Vorschriften beim Verschulden auf zivilrechtliche, oder strafrechtliche Maßstäbe abzustellen ist. Die h.M. verlangt für Fahrlässigkeitstatbestände als Schutzgesetze keinen subjektiven Sorgfaltspflichtverstoß wie im Strafrecht, sondern lässt den objektiven Sorgfaltsmaßstab des Zivilrechts genügen.[15] Demnach gelten für die Verletzung des P die oben zu § 823 I gemachten Ausführungen. 38

Damit ist S insofern auch nach § 823 II schadensersatzpflichtig. 39

Hinweis: In der Regel wird in zivilrechtlichen Klausuren nicht verlangt, dass man die Straftatbestände bzw. sonstigen Schutzgesetze genau prüft. Anders verhält es sich ausnahmsweise dann, wenn § 823 II i.V. mit einem Schutzgesetz die einzige Anspruchsgrundlage ist, die zu einer Ersatzfähigkeit des Schadens führen kann. 40

c) Schaden

Hinsichtlich der entstandenen Schäden, ihrer Ersatzfähigkeit unter den Gesichtspunkten der haftungsausfüllenden Kausalität und der Art und des Umfangs des Schadensersatzes gelten die gleichen Grundsätze wie bei § 823 I, sodass auf die dortigen Ausführungen zu den Folgen der Körperverletzung verwiesen sei. 41

---

[15] Vgl. m.w.N. MünchKomm/*Wagner,* § 823 Rn. 360; Soergel/*Spickhoff,* § 823 Rn. 210f.; bei Vorsatztaten wird dagegen auf die strafrechtlichen Schuldtheorien abgestellt.

d) Ergebnis

42 Gem. § 823 II i.V.m. § 229 StGB kann P von S Ersatz für die Heilbehandlungskosten und ein angemessenes Schmerzensgeld verlangen. Weitere Schäden sind nicht zu ersetzen.

Fall 2. Gefahren des Landbesuchs

Sachverhalt

Stadtbewohner S kommt bei einem Spaziergang auf einem öffentlichen Weg am Anwesen des Landwirts L vorbei. Urplötzlich springt dessen riesiger, nicht angeketteter Hofhund H, der im Verborgenen gelauert hatte, über den Zaun und böse knurrend auf S zu. S reißt geistesgegenwärtig eine Latte aus dem Zaun des L und schlägt die Bestie nach kurzem, heftigem Kampf in die Flucht. H blutet aus einigen Wunden, die später von der Tierärztin T für 181,81 € behandelt werden. H hat in der Vergangenheit schon häufiger in ähnlicher Weise auf Passanten reagiert.

Inzwischen hat L den Vorfall bemerkt und verlangt von S Ersatz der Behandlungskosten für seinen Hund und der Reparaturkosten für den Zaun. S sieht das nicht ein, denn er habe sich nur gegen die „wild gewordene Bestie“ verteidigt. Dies bringt den L derartig in Wallung, dass er dem S mit dem Schrei „Stadtmensch, elendiger!“ seine Mistgabel ins Gesäß rammt. Der privat krankenversicherte S wird ins Kreiskrankenhaus K eingeliefert, was mit 678,90 € zu Buche schlägt. S kann zwei Wochen lang nicht sitzen und ist in seinen Bewegungsmöglichkeiten so eingeschränkt, dass er zehn Auftritte als selbständiger Zauberkünstler absagen muss, aus denen er insgesamt 10000 € eingenommen hätte und für die ihm Kosten i.H.v. 2000 € entstanden wären. Außerdem ist seine fast neue Hose (Wert 90 €) durchlöchert und blutverschmiert, was sich nicht mehr beseitigen lässt.

Welche Ansprüche haben der L und S gegeneinander?

Gliederung

Lösung

I. Ansprüche L gegen S auf Schadensersatz für die Behandlung des Hundes

1 **Hinweis:** Es bietet sich an, die Ansprüche des L gegen S wegen der Verletzung des Hundes und der Beschädigung des Zauns getrennt zu prüfen, da sie auf zu unterscheidenden Handlungen des S beruhen und in concreto auch unterschiedliche Rechtfertigungsgründe eingreifen können.

1. Aus § 823 I BGB

2 L könnte gegen S einen Schadensersatzanspruch gem. § 823 I haben.

a) Rechtsverletzung

3 Dazu müsste S ein Recht des L i.S.v. § 823 I verletzt haben. In Betracht kommt hier eine Eigentumsverletzung: Gem. § 90a S. 3 finden auf das Mitgeschöpf Hund die Vorschriften über Sachen Anwendung. Somit ist L als Halter auch Eigentümer des Hundes. Da S den Hund durch Schläge verletzt hat, hat er das Eigentum des L am Hund verletzt.

4 **Hinweis:** In diesem Fall sind das Vorliegen einer Rechtsverletzung und eines dafür ursächlichen Verhaltens des S so eindeutig, dass man normalerweise nur die „Haftungsbegründung“ zusammengefasst prüfen würde. Zum Einstieg und zur Verdeutlichung werden die drei Elemente der Haftungsbegründung hier in Fall 1 aber jeweils getrennt behandelt.

b) Verhalten des S

5 Der Eigentumsverletzung müsste eine Handlung des S zugrunde liegen. Da S den Hund mit der Zaunlatte geschlagen hat, ist dies zu bejahen.

c) Haftungsbegründende Kausalität

Die Schläge des S müssten für die Eigentumsverletzung ursächlich sein. Da man sie nicht hinweg denken kann, ohne dass der Verletzungserfolg entfiele, und die Verletzung des Hundes durch die Schläge auch nicht ungewöhnlich ist, ist die Kausalität zu bejahen. 6

Hinweis: Damit ist die Kausalität aufgrund der sog. **Äquivalenztheorie** beschrieben. Angesichts der Eindeutigkeit des Falles sollten auch Anfänger hier keinesfalls weitere Ausführungen machen. – In einem so einfachen Fall würde man normalerweise den haftungsbegründenden Tatbestand gar nicht nach seinen drei Elementen aufgliedern, sondern diese nur knapp gemeinsam prüfen bzw. feststellen (vgl. unten II. 1. a). Für den Anfang sollte man sich aber die Dreistufigkeit des haftungsbegründenden Tatbestands einprägen. 7

d) Rechtswidrigkeit

Diese Eigentumsverletzung müsste rechtswidrig sein. Sie könnte hier durch sog. Defensivnotstand nach § 228 S. 1 gerechtfertigt sein. 8

Von dem angreifenden Hund ging eine unmittelbare Gefahr für die Gesundheit und körperliche Integrität des S aus, die Abwehrmaßnahmen des S erforderlich machte. Gerechtfertigt ist die Eigentumsverletzung gleichwohl nur, wenn der von S verursachte Schaden an dem Hund nicht außer Verhältnis zu dem Schaden stand, der dem S drohte. Hier drohte dem S eine Verletzung seiner körperlichen Integrität, während er durch seine Abwehrhandlungen lediglich das Eigentum des L an dem Mitgeschöpf Hund (§ 90a S. 1 und 3) verletzt hat. Da die körperliche Integrität ein gegenüber dem Eigentum am Hund höherwertiges Rechtsgut darstellt, rechtfertigt die drohende Körperverletzung gem. § 228 S. 1 die Eigentumsverletzung am Hund. 9

e) Ergebnis

L hat gegen S keinen Schadensersatzanspruch nach § 823 I BGB. 10

2. Aus § 823 II BGB i.V.m. § 303 I StGB?

In Betracht kommt außerdem ein Anspruch des L gegen S auf Schadensersatz gem. § 823 II i.V.m. § 303 StGB. 11

a) Schutzgesetz

Dazu müsste der Straftatbestand der Sachbeschädigung ein Schutzgesetz im Sinne des § 823 II sein. Gesetz ist gem. Art. 2 EGBGB jede Rechtsnorm, insbesondere jedes formelle Gesetz.[1] Das ist der Fall, wenn die Norm nicht nur Interessen der Allgemeinheit, sondern auch individuelle Interessen einzelner schützen soll; dies ist im Einzelfall anhand der Gesetzeszwecke und des Gesamtregelungszusammenhangs zu entscheiden.[2] Der Tatbestand des § 303 StGB dient nicht nur der Aufrechterhaltung der öffentlichen Sicherheit und Ordnung, sondern auch dem Schutz des Eigentums von Individuen. Daher handelt es sich um ein Schutzgesetz i.S.v. § 823 II. 12

b) Verletzung

Zwar ist der objektive und – weil S Verletzungen des Hundes bei seiner Verteidigung billigend in Kauf nahm – auch der subjektive Tatbestand des § 303 I StGB erfüllt, 13

---

[1] Aber auch „niederrangiges“ Recht (VO, Satzung usw.), vgl. Palandt/*Sprau*, § 823 Rn. 56a.
[2] BGHZ 175, 276 Tz. 18 m.w.N. = NJW 2008, 1734.

da sich insofern kein Unterschied zu § 823 I ergibt. Jedoch sind die Verletzungshandlungen nach § 228 S. 1 bzw. § 904 S. 1 (bzw. der Parallelvorschrift des § 34 StGB)[3] gerechtfertigt.

c) Ergebnis

14 Der Anspruch besteht ebenfalls nicht.

3. Aus § 228 S. 2 BGB

15 L könnte aber gegen S einen Schadensersatzanspruch gem. § 228 S. 2 BGB haben.

16 Der Anspruch setzt voraus, dass S die Gefahr verschuldet hat. S befand sich auf einem öffentlichen Weg und machte keine Anstalten, das Grundstück des L zu betreten. Zwar mag auch das bloße Sicht-Nähern grundsätzlich geeignet sein, einen Angriff des H hervorzurufen. Doch hätte L einen bekanntermaßen so aggressiven Hund anketten müssen, da er jeden anfallen könnte, der in die Nähe kommt. S hat den Angriff des Hundes nicht verursacht. Also besteht kein Anspruch gem. § 228 S. 2.

II. Anspruch des L gegen S auf Schadensersatz für den Zaun

1. Aus § 823 I BGB

17 L könnte gegen S einen Schadensersatzanspruch wegen der Beschädigung des Zauns gem. § 823 I BGB haben.

a) Haftungsbegründung

18 S hat durch eine eigene Handlung, nämlich das Herausreißen einer Latte, den Zaun des L beschädigt und damit dessen Eigentum verletzt.

b) Rechtswidrigkeit

19 Zu prüfen ist, ob diese Eigentumsverletzung gerechtfertigt ist. Da die Gefahr nicht von dem Zaun ausging, sondern von dem Hund, scheidet § 228 S. 1 aus. In Betracht kommt jedoch eine Rechtsfertigung nach § 904 S. 1 (sog. Aggressivnotstand).

20 Dieser setzt eine gegenwärtige Gefahr für S voraus. Durch den Angriff des Hundes drohte S eine nicht unerhebliche Verletzung seiner körperlichen Integrität. Damit lag eine gegenwärtige Gefahr vor.

21 Die Beschädigung des Zauns ist aber nur dann gerechtfertigt, wenn sie zur Abwehr der durch den Hund drohenden Gefahr notwendig war. S war unbewaffnet, der Hund sehr groß und offensichtlich aggressiv. Mit bloßen Händen hätte S den Angriff wahrscheinlich nicht abwehren können. Da seine Situation mit der Latte als Waffe wesentlich günstiger war, ist die Beschädigung des Zauns zur Abwehr des Angriffs durch den Hund erforderlich.

22 Schließlich entstand durch das Herausreißen einer einzelnen Zaunlatte zwar ein Schaden, doch war dieser nicht außer Verhältnis groß im Vergleich zu dem Schaden, der der körperlichen Integrität des S durch den Hund drohte. Zu berücksichtigen ist auch, dass die körperliche Integrität des S im Vergleich zum Eigentum des L am Zaun als höherwertiges Rechtsgut anzusehen ist.

Damit war die Beschädigung des Zauns nach § 904 S. 1 gerechtfertigt.

---

[3] Vgl. auch RGSt 23, 116, 117.

c) Ergebnis

L hat keinen Schadensersatzanspruch nach § 823 I gegen S. 23

2. Aus § 823 II BGB i.V.m. § 303 StGB?

In Betracht kommt erneut auch ein Schadensersatzanspruch des L gegen den S aus § 823 II i.V.m. § 303 I StGB, der jedoch ebenfalls an der Rechtfertigung der Verletzungshandlung des S nach § 904 S. 1 scheitert. 24

3. Aus § 904 S. 2 BGB

L könnte jedoch einen Schadensersatzanspruch nach § 904 S. 2 gegen S haben. 25

a) Nach § 904 S. 1 gerechtfertigte Sachbeschädigung

S hat unter den Voraussetzungen des § 904 S. 1 das Eigentum des L beschädigt. 26

b) Art und Umfang des Schadensersatzes

Damit ist S grundsätzlich nach § 904 S. 2 zum Ersatz des daraus entstandenen Schadens verpflichtet und schuldet dem L gem. § 249 I Naturalrestitution bzw. den dafür erforderlichen Geldbetrag (§ 249 II 1). 27

Zu prüfen ist, ob der Anspruch des L gem. § 254 I wegen Mitverschuldens zu mindern oder gar ausgeschlossen ist. Dies wäre dann der Fall, wenn L als duldungspflichtiger Eigentümer die Notstandslage schuldhaft mitverursacht hätte. L hat zu den Verletzungshandlungen des S dadurch einen Beitrag geleistet, dass er seinen aggressiven Hund H nicht angekettet oder eingesperrt hatte, obwohl er mit einer Wiederholung der früheren Vorkommnisse rechnen musste. L hätte verhindern müssen, dass der Hund über den Zaum springen und erneut auf Passanten losgehen kann. Da er dies nicht getan und die Notstandslage verursacht hat,[4] trifft ihn ein Mitverschulden i.S.v. § 254 I. Da es ohne den Beitrag des L nicht zur Notstandslage des S gekommen wäre, erscheint es angemessen, seinen Anspruch auf Null zu kürzen (a.A. vertretbar). 28

c) Ergebnis

L hat gegen S auch nach § 904 S. 2 keinen Anspruch auf Schadensersatz. 29

III. Ansprüche des S gegen L auf Schadensersatz

Hinweis: Wiederum stellt sich die Frage nach dem Aufbau: Soll man einen Schadensersatzanspruch des S gegen den L „wegen des Mistgabelstichs" insgesamt prüfen oder wieder nach den verletzten Rechtsgütern (Körper) und Rechten (Eigentum an der Hose) des S gliedern? Da sämtliche in Frage stehenden Verletzungen auf einer Handlung beruhen, bietet sich dieses Mal eine gemeinsame Prüfung an – bei der man die verschiedenen Aspekte aber klar herausarbeiten muss. 30

1. Aus § 823 I BGB

S könnte gegen L einen Anspruch auf Schadensersatz gem. § 823 I haben. 31

a) Rechts(guts)verletzung

L müsste Rechte bzw. Rechtsgüter des S i.S.v. § 823 I verletzt haben. Hier ist es zu einer Verletzung der körperlichen Integrität des S gekommen, also einer Körperverletzung. Außerdem hat der Mistgabelstich die Hose des S beschädigt, sodass auch eine Eigentumsverletzung vorliegt. 32

---

[4] Vgl. ähnliche Erwägungen in BGHZ 6, 102, 111f.

b) Verhalten des L und haftungsbegründende Kausalität

33 Beide Verletzungserfolge sind auf den Mistgabelstich, also eine Handlung des L, zurückzuführen.

34 **Hinweis:** In diesem Fall sind das Vorliegen einer Rechtsverletzung und eines dafür ursächlichen Verhaltens des S so eindeutig, dass es keinen Sinn macht, dies besonders aufzuarbeiten.

c) Rechtswidrigkeit

35 Die Verletzungen waren grundsätzlich rechtswidrig. Zu prüfen ist, ob sie durch Notwehr gem. § 227 I (bzw. § 34 StGB) gerechtfertigt waren. Nach § 227 II ist Notwehr diejenige Verteidigung, welche erforderlich ist, um einen gegenwärtigen rechtswidrigen Angriff von sich oder einem anderen abzuwenden. Ein Angriff könnte hier in den Eigentumsverletzungen des S durch das Abreißen der Zaunlatte und die Prügel für den Hofhund liegen. Jedoch war dieser Angriff des S auf das Eigentum des L zum einen durch Notstand gerechtfertigt (s. o.) und somit nicht rechtswidrig; zum anderen war der Angriff beendet und somit nicht mehr gegenwärtig. Darin, dass S die (unberechtigten) Schadensersatzforderungen des L sachlich zurückgewiesen hat, ist kein Angriff (etwa auf die Ehre als Teil des allgemeinen Persönlichkeitsrechts des L) zu sehen. Damit war der Mistgabelstich rechtswidrig.

36 **Hinweis:** Soweit Rechtfertigungsgründe nicht ersichtlich und auch aus sonstigen Gründen keine Zweifel an der Rechtswidrigkeit bestehen, sollte man hier nicht mehr schreiben. Dies entspricht dem Grundsatz, dass die Tatbestandsmäßigkeit (je nach Ansicht dazu der Verletzungshandlung oder des Verletzungserfolgs) die Rechtswidrigkeit indiziert.

d) Verschulden

37 L müsste vorsätzlich oder fahrlässig gehandelt haben. Vorsätzlich handelt, wer ein rechtlich geschütztes Interesse eines anderen bewusst und gewollt verletzt.[5] Da L den S mit der Mistgabel treffen wollte, hat er vorsätzlich gehandelt.

e) Schaden

38 Dem S müsste *durch* die Rechtsgutsverletzungen ein Schaden entstanden sein. Schaden ist zunächst jede Einbuße an Rechten oder Interessen.

39 **Merke:** Zum einen ist jede Schadensposition grundsätzlich einzeln zu prüfen. Zum anderen muss man als Prüfungspunkte das Vorliegen eines Schadens, seine grundsätzliche Ersatzfähigkeit (insbesondere unter dem Gesichtspunkt der haftungsausfüllenden Kausalität) und die Art und Weise des Schadensersatzes nach den §§ 249 ff. unterscheiden. Um dies zu verdeutlichen, erfolgt hier eine detailliert gegliederte Prüfung. Im Laufe der Zeit gewöhnt man sich an, die drei Aspekte „in einem Aufwasch" zu prüfen, weil sich meist keine größeren Probleme ergeben.

40 aa) Durch die Körperverletzung wurde eine ärztliche Behandlung notwendig, die S bezahlen muss. Somit ist sein Vermögen im Vergleich zum Zustand ohne die Schädigung gemindert (Differenzhypothese), ihm also ein (Vermögens-) Schaden entstanden.

41 bb) Dem S ist in Gestalt seiner Schmerzen und einer (vorübergehenden) Behinderung im Alltagsleben darüber hinaus ein immaterieller Schaden entstanden.

42 cc) Schließlich ist S ein (Vermögens-) Schaden dadurch entstanden, dass er nicht arbeiten konnte und seine Auftritte absagen musste. Auch dieser Verdienstausfall ist als Schaden ersatzfähig, wie § 842 lediglich klarstellt.

43 dd) Daneben liegt ein Schaden in der Beschädigung der Hose.

---

[5] S. nur *BGH* NJW 2009, 681 Tz. 30.

f) Haftungsausfüllende Kausalität

Die geltend gemachten Schadensposten beruhen allesamt auf der Körperverletzung durch L. 44

g) Art und Umfang des Ersatzes (§§ 249ff.)

Der Umfang der Ersatzpflicht bestimmt sich nach den §§ 249ff. BGB. Zu prüfen ist daher, ob die oben genannten Schäden des S auch ersatzfähig sind. Es gilt der Grundsatz der Naturalrestitution, § 249 I. 45

aa) Für die Körperverletzung kann S statt einer Heilbehandlung durch L gem. § 249 II 1 Ersatz seiner Behandlungskosten verlangen. 46

bb) Da die immateriellen Schäden des S in Schmerzen und einer Beeinträchtigung der normalen Teilnahme am Alltagsleben liegen, scheidet eine Naturalrestitution i.S.v. § 249 I aus. Gem. § 253 I kommt ein Ersatz in Geld nur in den vom Gesetz angeordneten Fällen in Betracht. Zu diesen Fällen zählt gem. § 253 II aber gerade die Körperverletzung, so dass S Schadensersatz in Geld für seine immateriellen Schäden verlangen kann, also ein angemessenes Schmerzensgeld. 47

Hinweis: Ausführungen zur Höhe des angemessenen Schmerzensgeldes werden in Klausuren nicht erwartet; die Praxis behilft sich mit Schmerzensgeldtabellen, die die vorliegende Rechtsprechung auswerten. 48

cc) Auch der Verdienstausfallschaden ist ersatzfähig, wie § 842 (lediglich) klarstellt. Gem. §§ 249 I, 252 kann S den entgangenen Gewinn – also den Einnahmeentgang von 10000 € abzgl. für die Auftritte notwendiger und durch die Absage ersparter Ausgaben i.H.v. 2000 € – verlangen, insgesamt 8000 €. 49

dd) Da sich die beschädigte Hose lt. Sachverhalt nicht reinigen und reparieren lässt, scheidet eine Naturalrestitution (§ 249 I) und damit auch der Ersatz der Kosten dafür (§ 249 II 1) aus. Vielmehr kann S gem. § 251 I von L den Wert der Hose i.H.v. 90 € ersetzt verlangen. Ein Abzug Alt-für-neu, weil S auf diese Weise den Wert einer neuen Hose erhält, scheidet bei der fast neuen Hose aus. 50

h) Anspruchsminderndes Mitverschulden, § 254 I

Der Schadensersatzanspruch des S wäre gem. § 254 I zu mindern, wenn ihn ein Mitverschulden an der Schadensentstehung träfe. Man könnte hier an eine Provokation des L denken, weil S dessen Schadensersatzforderungen zurückgewiesen hat. Da S aber nicht verpflichtet ist, Schadensersatz zu leisten, und er dies relativ sachlich zum Ausdruck gebracht hat, scheidet ein Mitverschulden aus. Eine Provokation des L durch die Art der Äußerung ist nicht ersichtlich. 51

i) Ergebnis

S kann von L gem. § 823 I Ersatz seiner Arztkosten und entgangenen Gewinn i.H.v. zusammen 8678,90 € sowie ein angemessenes Schmerzensgeld verlangen. 52

2. Aus § 823 II BGB i.V.m. § 223 I StGB bzw. § 303 I StGB

S könnte gegen L außerdem gem. § 823 II i.V.m. den §§ 223 I, 303 I StGB Schadensersatzansprüche haben. 53

a) Schutzgesetze

Dazu müssten die §§ 223 I und 303 I StGB Schutzgesetze i.S.v. § 823 II sein. Es handelt sich jeweils um Rechtsnormen i.S.v. Art. 2 EGBGB, die auch den Schutz des jeweiligen Rechtsgutsträgers bezwecken. 54

b) Verletzung

55 Aus dem zu § 823 I Gesagten ergibt sich, dass L auch die beiden Straftatbestände tatbestandsmäßig und schuldhaft verwirklicht hat.

c) Schaden

56 Hinsichtlich der Schäden und des Umfangs der Ersatzverpflichtung des L ergibt sich kein Unterschied zu § 823 I.

d) Ergebnis

57 S kann von L auch gem. § 823 II i. V. m. §§ 223, 303 StGB Schadensersatz i. H. v. zusammen 8678,90 € sowie ein angemessenes Schmerzensgeld verlangen.

Fall 3. Sie wurden überboten

Sachverhalt

Hobbymaler V erzielt mit seinen Bildern Preise zwischen 100 und 300 €; angesichts seiner geringen Begabung ist nicht damit zu rechnen, dass sie jemals wesentlich an Wert gewinnen werden. Eines Tages verkauft V an die K ein selbst gemaltes Bild für 200 €. K bezahlt sogleich und will das Bild später mit dem Auto abholen, um es ihrer Großmutter zum Geburtstag zu schenken. In der Zwischenzeit erscheint überraschend der Filmproduzent F, sieht sich bei V um und bietet 1000 € für das von K gekaufte Bild. Er benötigt nämlich dringend ein Bild mit passendem Motiv, das in seiner neuesten Produktion in Flammen aufgehen soll. V äußert daraufhin Bedenken, weil er das Bild bereits für 200 € an K verkauft habe. Der eilige F fragt ihn daraufhin, ob er sich die einmalige Gewinnchance wirklich entgehen lassen wolle, die K könne doch auch ein anderes Bild nehmen. Daraufhin verkauft, übergibt und übereignet V das Bild sofort an F, der damit entschwindet. Anschließend kehrt K zurück und verlangt das Bild; V müsse es eben von F zurückkaufen. Als V den F ausfindig gemacht hat, ist die Szene bereits gedreht und das gut sichtbare Bild in Flammen aufgegangen.

K sieht in F den „Hauptübeltäter" und möchte von Ihnen wissen, ob sie gegen ihn Ansprüche geltend machen kann.

Gliederung

Lösung

Hinweis: Wiederum stellt sich die Frage nach dem Aufbau: Soll man mit der allgemeinen Norm (§ 823 I BGB) beginnen, auch wenn es eine spezielle (§ 826 BGB) gibt? Das ist letztlich Geschmackssache. 1

I. Schadensersatzanspruch aus § 823 I BGB

K könnte gegen F einen Anspruch auf Schadensersatz gem. § 823 I haben. 2

1. Rechts(guts)verletzung

3 F müsste Rechte bzw. Rechtsgüter des S i.S.v. § 823 I verletzt haben. Hier wäre allenfalls eine Eigentumsverletzung denkbar, weil F das Bild verbrannt hat; jedoch stand das Bild nach der Übereignung durch V nach § 929 S. 1 im Eigentum des F und nicht im Eigentum der K, an die es nie übereignet worden ist.

4 **Hinweis:** Zu den Ansprüchen der K gegen den V vgl. Fallbuch Schuldrecht I, Fall 6.

5 Allerdings hat (spätestens) die Zerstörung des Bildes dazu geführt, dass die K ihren Übereignungsanspruch nach § 433 I 1 gegen V gem. § 275 I Alt. 2 verloren hat. Damit stellt sich die Frage, ob diese von F vernichtete Forderung der K ein „sonstiges Recht" i.S.v. § 823 I darstellt. Nach den Gesetzesmaterialien und der ganz h.M. ergibt sich aus dem Beispielskatalog des § 823 I, dass „sonstige Rechte" immer absoluter Natur, also von der Rechtsordnung gegenüber Verletzungen durch jedermann geschützt sein müssen.[6] Daran fehlt es bei Forderungen. Zwar lässt eine Mindermeinung eine Ausnahme zu, soweit es um eine Verletzung der sog. Forderungszuständigkeit geht,[7] also den Einzug fremder Forderungen, doch geht es hier nicht um eine solche Konstellation. Soweit eine andere Mindermeinung zumindest für bestimmte drittschädigende Konstellationen die Forderung als sonstiges Recht anerkennen will, ist dem mit der h.M. entgegenzuhalten, dass eine Forderung für Dritte typischerweise nicht erkennbar ist; dies spricht ebenso gegen einen deliktischen Schutz wie der Umstand, dass andernfalls – im hier vorliegenden Fall des Doppelverkaufs – das Abstraktions- bzw. Trennungsprinzip aufgeweicht würde.[8]

6 Damit fehlt es an einer Rechtsgutsverletzung i.S.v. § 823 I.

2. Ergebnis

7 K hat nach § 823 I keinen Anspruch gegen F.

8 **Hinweis:** In diesem Fall sind das Vorliegen einer Rechtsverletzung und eines dafür ursächlichen Verhaltens des S so eindeutig, dass es keinen Sinn macht, dies besonders aufzuarbeiten.

II. Schadensersatzanspruch aus § 826 BGB

9 K könnte gegen F einen Anspruch auf Schadensersatz gem. § 823 I haben.

1. Schaden

10 K müsste ein Schaden entstanden sein, also eine Einbuße an Rechten. Da sie ihren Übereignungsanspruch aus dem Kaufvertrag mit V verloren hat, ist dies zu bejahen.

2. Schädigendes Verhalten des F und haftungsbegründende Kausalität

11 Die K müsste ihre Forderung aufgrund eines Verhaltens des F verloren haben. Dieser hat zum einen in Kenntnis des älteren Anspruchs der K das Bild von F erworben und das Bild bei der Filmproduktion zerstört. Da beides nicht hinwegzudenken ist, ohne dass der Anspruchsverlust entfiele, und ein Bestehen von weiteren Forderungen hinsichtlich desselben Gegenstands auch nicht außerhalb der Lebenserfahrung liegt, ist

[6] Vgl. MünchKomm/*Wagner*, § 823 Rn. 154 m.w.N.
[7] Vgl. Bamberger/Roth/*Spindler*, § 823 Rn. 98 m.w.N.
[8] Bamberger/Roth/*Spindler*, § 823 Rn. 98; Soergel/*Spickhoff*, § 823 Rn. 88.

die Kausalität zu bejahen. Ein engerer Zusammenhang zwischen Verhalten und Schädigung ist auch für § 826 nicht erforderlich.[9]

3. Sittenwidrigkeit

Die Schädigung der K durch F müsste sittenwidrig sein. Nach der von der Rspr. zu § 138 I BGB geprägten und auch bei der Anwendung des § 826 herangezogenen[10] „Anstandsformel" ist ein Verhalten sittenwidrig, wenn es das Anstandsgefühl aller billig und gerecht Denkenden verletzt.[11] Diese wenig aussagekräftige Formel wird in der Literatur vielfach kritisiert, ohne dass wirklich klarere bzw. praktikablere Kriterien ersichtlich wären.[12] Letztlich muss die Konkretisierung – wie bei allen Generalklauseln – durch die Herausarbeitung von Fallgruppen erfolgen. 12

In der Rspr. ist anerkannt, dass das sog. Verleiten zum Vertragsbruch als sittenwidrige Schädigung des beeinträchtigten Gläubigers anzusehen sein kann. Ausgangspunkt der Beurteilung ist dabei, dass der Vertragsbruch des Schuldners (V) als solcher kein Delikt darstellt. Deshalb kann auch die Beteiligung eines Dritten (F) am Vertragsbruch oder dessen bloße Ausnutzung allein in der Regel kein Delikt darstellen kann, zumal Verträge nur inter partes wirken. Vielmehr muss dem Verhalten des Dritten im Hinblick auf den Vertragsbruch des Schuldners ein besonderer Unwertgehalt innewohnen. Dies ist regelmäßig nur dann der Fall, wenn der Dritte den Schuldner zum Vertragsbruch verleitet, also eine Anstiftung oder zumindest eine in diese Richtung gehende Handlung vornimmt. Der Dritte muss also von der Existenz der vertraglichen Bindung des Schuldners Kenntnis haben. 13

Im vorliegenden Fall hat F den V durch sein hohes Kaufpreisgebot zur Verletzung seiner Vertragspflichten gegenüber K veranlasst. In diesem Augenblick wusste F aber von den vertraglichen Ansprüchen der K noch nichts. Nachdem er davon erfahren hatte, hat er den F sinngemäß vor die Wahl zwischen einem hohen und einem normalen Verkaufserlös gestellt. Darin liegt eine weitere Beeinflussung. Ein sittenwidriges Verleiten zum Vertragsbruch setzt aber voraus, dass der Dritte den Schuldner entweder von Schadensersatzansprüchen des Gläubigers freistellt[13] oder dass beide gezielt zum Nachteil des Gläubigers zusammenwirken oder dass der Schuldner besondere Vertrauenspflichten verletzt. All dies ist hier nicht ersichtlich. F hat zwar einen höheren Preis geboten, dies aber nicht im Hinblick auf den Anspruch der K,[14] sondern von sich aus. Ein besonderes Einwirken des F auf V über das – in der Marktwirtschaft ohne weiteres zulässige – höhere Angebot hinaus ist nicht ersichtlich, ebenso wenig eine Absicht, gerade die ihm persönlich unbekannte K zu treffen. Damit fehlt es an der Sittenwidrigkeit. 14

Hinweis: Ohne nähere Kenntnis der Rspr. zum Vertragsbruch mag man zum gegenteiligen Ergebnis gelangen, was ohne weiteres vertretbar ist, sofern man die Sittenwidrigkeit mit Argumenten begründet. Dann ist anschließend noch der **Vorsatz** zu prüfen. Anders als bei § 823 erfordert § 826 einen *Schädigungsvorsatz*; man muss also prüfen, ob der F von der drohenden Schädigung der K wusste – was nach der Mitteilung des V zu bejahen ist – und diese zumindest billigend in Kauf genommen hat (bedingter Vorsatz) – was man dann ebenfalls bejahen müsste. 15

---

[9] Vgl. RGZ 157, 213, 220.

[10] A. A. MünchKomm/*Wagner*, § 826 Rn. 8.

[11] Seit RGZ 48, 114, 124; zu § 826 etwa BGHZ 173, 246 Tz. 22 – TRIHOTEL; *BGH* LM Nr. 1 zu § 393 BGB; NJW 1961, 2302, 2303; NJW 2005, 145, 146 – Rheumaklinik.

[12] Vgl. MünchKomm/*Wagner*, § 823 Rn. 9, 10: „funktionale Interpretation".

[13] *BGH* NJW 1981, 2184, 2185.

[14] Zum bewussten Überbieten vgl. *BGH* WM 1981, 624, 625.

4. Ergebnis

16 K kann F auch nach § 826 keinen Schadensersatz fordern.

17 **Hinweis:** Sofern der Schadensersatzanspruch nach § 826 gegen den Dritten besteht, richtet er sich im Falle des Doppelverkaufs gem. § 249 I ggf. auf Übereignung des begehrten Gegenstandes.[15] So wäre es, wenn F in Kenntnis des Vertrags zwischen V und K den viel höheren Preis geboten hätte.

---

[15] Vgl. etwa RGZ 108, 58, 59; *OLG Schleswig* OLGR 2005, 86 = BeckRS 2004, 05350.

Fall 4. Tod und Schock

Sachverhalt

Stefan Semmler schneidet seinen Kirschbaum zu und hat deshalb eine hohe Leiter auf dem Gehsteig vor seinem Grundstück aufgestellt. Als er fertig und von der Leiter herabgestiegen ist, sticht ihn unvermittelt eine Wespe. Stefan zuckt erschrocken zusammen und stößt dabei gegen die Leiter, die auf die Straße stürzt. Auf der Fahrbahn kommt gerade der Motorradfahrer Gero Gruftinger mit angemessener Geschwindigkeit angefahren, der von der Leiter zu Fall gebracht wird. Gero stürzt und verstirbt noch an der Unfallstelle. Er hinterlässt seine Witwe Wanda und vier (gemeinsame) Kinder im Alter zwischen zwei und acht Jahren; er und Wanda hatten sich in einem gemeinschaftlichen Testament gegenseitig zu Alleinerben und die Kinder als Erben des zuletzt Versterbenden eingesetzt (vgl. § 2269 I BGB).

Wanda fordert für sich und die Kinder Schadensersatz, weil Kurt als Ernährer der Familie weggefallen sei. Wegen der kleinen Kinder könne sie nicht arbeiten. Des Weiteren möchte sie die Beerdingungskosten ersetzt bekommen.

Stehen Wanda die geltend gemachten Ansprüche gegen Stefan zu?

Abwandlung 1: Als Wanda vom Unfalltod ihres Mannes erfährt, erleidet sie einen Nervenschock. Ihr Zustand ist so gravierend, dass sie einige Tage stationär und noch über Wochen medikamentös behandelt wird.

Wanda fordert von Stefan Ersatz der Heilungs- bzw. Pflegekosten sowie ein angemessenes Schmerzensgeld. Stefan wendet ein, dass er Wanda selbst doch gar nichts getan habe.

Abwandlung 2: Wanda war schwanger, als die Nachricht vom Tode Geros sie ereilte. Der Schock hat deshalb die weitere Folge, dass ihr fünftes Kind Korbinian mit schweren Hirnschäden zur Welt kommt, die auf die Folgen des Schocks und ihrer notwendigen medikamentösen Behandlung im Krankenhaus zurückzuführen sind. Kann Korbinian von Stefan Ersatz für seine vermehrten Bedürfnisse verlangen? Stefan wendet wiederum ein, er habe Korbinian doch gar nichts getan.

Gliederung

Lösung

Ausgangsfall: Anspruch der Wanda auf Schadensersatz wegen Geros Tod

I. Aus § 823 I BGB

Möglicherweise kann W für sich und ihre Kinder von S entgangenen Unterhalt sowie Ersatz der Beerdigungskosten gem. § 823 I verlangen. 1

1. Rechtsgutsverletzung

G ist bei dem von S ausgelösten Unfall zu Tode gekommen; damit ist das Leben des G, also ein Rechtsgut i.S.d. § 823 I, verletzt. 2

2. Handlung des Semmler

Ein Schadensersatzanspruch aus § 823 I setzt ferner eine zurechenbare Verletzungshandlung des S voraus. Eine Handlung ist jedes menschliche Tun, das der Bewusstseinskontrolle und Willenslenkung unterliegt und somit beherrschbar ist; nur körperliche Bewegungen unter physischem Zwang oder unwillkürliche Reflexe infolge von Fremdeinwirkung sind ausgenommen.[1] Problematisch erscheint insofern, dass S durch den Wespenstich zusammengezuckt war und infolgedessen gegen die Leiter gestoßen war. Dieser Vorgang war für S möglicherweise nicht steuerbar; es könnte sich um einen Reflex gehandelt haben. Jedoch unterlag S dabei keinem Zwang, und seine Steuerungsfähigkeit war nicht völlig aufgehoben, sodass man seinen Zustand nicht mit dem der Bewusstlosigkeit i.S.v. § 827 S. 1 vergleichen[2] könnte; vielmehr hatte er sich selbst nicht im gebotenen Ausmaß unter Kontrolle. Damit ist von einer Handlung des S auszugehen. 3

Hinweis: Ähnlich verhält es sich, wenn z.B. ein Autofahrer übermüdet einschläft oder einen Herzinfarkt erleidet und anschließend einen Unfall verursacht. Rein praktisch gesehen stellt sich zudem die Frage, wie weit die Darlegungslast des Geschädigten für das Vorliegen einer willensgesteuerten Handlung reicht.[3] Darauf ist bei der Fallbearbeitung aber typischerweise nicht einzugehen. 4

3. Haftungsbegründende Kausalität

Die Handlung des S müsste für die Rechtsgutsverletzung ursächlich gewesen sein. Hätte S die Leiter nicht zum Umfallen gebracht, wäre sie nicht auf die Fahrbahn gestürzt und G nicht verunglückt; derartige Folgen sind bei einem solchen Vorfall nach der Lebenserfahrung nicht völlig ungewöhnlich. Die Handlung des S war damit kausal für den Tod des G. 5

4. Rechtswidrigkeit

Die Rechtswidrigkeit wird durch die Rechtsgutsverletzung indiziert. Rechtfertigungsgründe sind nicht ersichtlich. 6

5. Verschulden

S hat die verkehrsübliche Sorgfalt außer Acht gelassen, indem er direkt neben einer Straße mit der Leiter hantiert hat. Dass die Leiter auf die Fahrbahn stürzen und einen 7

---

[1] BGHZ 39, 103, 106, 109f. mit Gegenbeispiel: Ein Kegelbruder mit Kugel in der Hand wird angegriffen, die Kugel verletzt darauf hin einen Dritten.

[2] Vgl. dazu MünchKomm/*Wagner*, § 827 Rn. 7.

[3] Dazu m.w.N. etwa MünchKomm/*Wagner*, § 823 Rn. 307; Soergel/*Spickhoff*, § 823 Rn. 173f.

tödlichen Unfall verursachen könnte, war vorhersehbar und vermeidbar. S handelte somit fahrlässig i.S.d. § 276 II.

6. Schaden

8 Schließlich müssten W und ihre Kinder auch einen Schaden erlitten haben. Ein Schaden ist zunächst jede Einbuße an Lebensgütern, wie Gesundheit, Ehre, Eigentum oder Vermögen.[4] Ein Vermögensschaden liegt vor, wenn der jetzige tatsächliche Wert des Vermögens des Geschädigten geringer ist als der Wert, den das Vermögen ohne das schädigende Ereignis hätte (sog. Differenzhypothese).[5]

a) Schäden der W

9 Der W selbst könnte zunächst ein Schaden in Gestalt des entgangenen Ehegattenunterhalts entstanden sein. Gem. § 1360 S. 1 sind die Ehegatten einander verpflichtet, die Familie angemessen zu unterhalten. W hat ihre Unterhaltspflicht gem. § 1360 S. 2 erfüllt, indem sie in Absprache mit G (vgl. § 1356) den Haushalt geführt und die Kinder betreut hat. G war dagegen zum sog. Barunterhalt verpflichtet. Dieser Unterhaltsanspruch der W gegen G ist durch dessen Tod gem. § 1360a III i.V.m. § 1615 I erloschen. Das Vermögen der W ist somit gemindert.

10 Ein weiterer (Vermögens-)Schaden der W besteht darin, dass sie als Alleinerbin des getöteten G gem. § 1968 verpflichtet ist, die Beerdigungskosten zu tragen.

b) Schaden der Kinder

11 Auch die Kinder von G und W haben einen Schaden erlitten, da ihr Unterhaltsanspruch gegen G aus §§ 1601 ff. mit dem Tod des G gem. § 1615 I erloschen ist.

12 Nach dem Tod des G ist W gem. §§ 1626 I, 1680 I alleinige Inhaberin der elterlichen Sorge und damit allein vertretungsberechtigt gem. § 1629 I. W kann daher auch die Schadensersatzansprüche ihrer Kinder in deren Namen geltend machen.

7. Haftungsausfüllende Kausalität

13 Die Tötung des G hat in adäquat kausaler und zurechenbarer Weise zur Entstehung der genannten Schäden geführt. Es liegt insbesondere nicht außerhalb jeglicher Lebenserfahrung, dass die Tötung eines Familienvaters bei den Angehörigen zum Verlust von Unterhaltsansprüchen führt und Beerdigungskosten auslöst.

8. Art und Umfang des Ersatzes

14 Der Umfang der Ersatzpflicht richtet sich nach den §§ 249 ff., die im Deliktsrecht durch die Sondervorschriften der §§ 842 ff. ergänzt werden. Zu prüfen ist also, ob die Schäden der W und ihrer Kinder ersatzfähig sind.

15 **Hinweis:** Grundsätzlich kann nur derjenige Schadensersatz gem. §§ 823 ff. verlangen, der in einem eigenen Rechtsgut verletzt ist. Die §§ 844, 845 normieren eine Ausnahme von diesem Grundsatz, indem sie Dritten Schadensersatz für die Verletzung eines anderen zugestehen.[6] Da sie aber keinen vollständigen haftungsbegründenden Tatbestand enthalten, setzen sie eine unerlaubte Handlung nach § 823 I oder § 823 II i.V.m. §§ 211 ff., 227 StGB oder §§ 829, 833, 836 voraus. Deshalb kann man § 844 wie § 845 kaum als echte Anspruchsgrundlage auffassen.

---

[4] Palandt/*Grüneberg*, Vorb v § 249 Rn. 9.
[5] *BGH* NJW 1958, 1085; NJW 1980, 775, 776.
[6] MünchKomm/*Wagner*, § 844 Rn. 1; Palandt/*Sprau*, § 844 Rn. 1.

a) Schäden der W

Der entgangene Unterhalt ist unter den Voraussetzungen des § 844 II 1 ersatzfähig. G war im Zeitpunkt des tödlichen Unfalls kraft Gesetzes gem. § 1360 S. 1 gegenüber W zum Unterhalt verpflichtet. Dieser Unterhaltsanspruch wurde der W infolge der Tötung des G gem. § 1615 I entzogen. W kann S daher für die hypothetische Dauer der Unterhaltspflicht des G auf Zahlung einer Geldrente in entsprechender Höhe in Anspruch nehmen. 16

W kann von S ferner gem. § 844 I Ersatz der Beerdigungskosten verlangen, welche sie als Ehefrau des Getöteten gem. §§ 1360a III i.V.m. 1615 II zu tragen hat. 17

b) Schäden der Kinder

Gem. § 844 II 1 ist S auch gegenüber den Kindern des G zur Zahlung einer Geldrente verpflichtet, da diesen ihr gesetzlicher Unterhaltsanspruch aus §§ 1601 ff. durch die Tötung des G entzogen wurde. 18

9. Mitverschulden des G

Die Ersatzpflicht des S wäre gem. §§ 846 i.V.m. 254 I zu mindern, wenn den Getöteten G ein Mitverschulden an der Schadensentstehung träfe. Die Leiter ist so plötzlich auf die Fahrbahn geraten, dass G trotz angemessener Geschwindigkeit nicht mehr reagieren konnte. Der Unfall war damit für G unvermeidbar, ein Mitverschulden scheidet aus. 19

10. Ergebnis

W kann von S gem. § 823 I Schadensersatz in Form einer Geldrente für sich und ihre Kinder sowie Ersatz der Beerdigungskosten verlangen. 20

II. § 823 II BGB i.V.m. § 222 StGB (fahrlässige Tötung)

Daneben kann W die entstandenen Schäden auch nach § 823 II i.V.m. § 222 StGB von S ersetzt verlangen. Aus dem zu § 823 I Gesagten ergibt sich, dass S den Straftatbestand einer fahrlässigen Tötung verwirklicht und damit ein Schutzgesetz i.S.v. § 823 II schuldhaft verletzt hat. Die Rechtswidrigkeit wird durch die Verletzung des Schutzgesetzes indiziert.[7] 21

Abwandlung 2: Anspruch der Wanda auf Schadensersatz wegen ihres Schocks

I. Aus § 823 I BGB?

W könnte gegen S einen Anspruch auf Ersatz der durch ihren Schock ausgelösten Schäden gem. § 823 I haben. 22

1. Rechtsgutsverletzung

a) Dazu müsste zunächst ein Rechtsgut der W i.S.v. § 823 I verletzt sein. In Betracht kommt hier eine *Körperverletzung*. Darunter versteht man jede Beeinträchtigung der körperlichen Integrität[8] wie z.B. eine Wunde oder ein Knochenbruch, die hier nicht gegeben ist. 23

---

[7] Palandt/*Sprau*, § 823 Rn. 59.
[8] Palandt/*Sprau*, § 823 Rn. 4.

24 b) W könnte jedoch eine *Gesundheitsbeschädigung* erlitten haben. Damit ist jedes Hervorrufen oder Steigern eines von den normalen körperlichen Funktionen nachteilig abweichenden Zustands gemeint.[9] Darunter fallen auch medizinisch fassbare *psychische Folgewirkungen* des haftungsbegründenden Ereignisses, wie ein Nervenzusammenbruch oder Schlafstörungen, wenn sie von gewisser Dauer sind und nach der Verkehrsanschauung als Gesundheitsverletzung angesehen werden.[10] Letzteres ist nur dann der Fall, wenn die Beeinträchtigung nach Art und Schwere deutlich über das hinaus geht, was Nahestehende als mittelbar Betroffene in derartigen Fällen erfahrungsgemäß an Beeinträchtigungen erleiden.[11] Im vorliegenden Fall war der Schock der W so gravierend, dass sie sich für einige Tage in stationäre ärztliche Behandlung begeben musste. Im Anschluss daran musste sie noch einige Wochen medikamentös behandelt werden. Der Schockzustand stellt somit eine Gesundheitsschädigung i. S. d. § 823 I dar.

2. Handlung des Semmler

25 Eine Handlung des S, die möglicherweise zur Gesundheitsbeschädigung bei W geführt hat, liegt im Umstoßen der Leiter.

3. Haftungsbegründende Kausalität und Zurechenbarkeit

26 Zu prüfen ist, ob die Unfallverursachung durch S ursächlich für die Gesundheitsbeschädigung bei W war.

a) Äquivalente Kausalität

27 Ausgangspunkt der Beurteilung ist die sog. Äquivalenztheorie. Danach ist jedes Verhalten in gleicher Weise kausal, ***das nicht hinweggedacht werden kann, ohne dass der eingetretene Erfolg entfiele*** („conditio sine qua non").[12] Hätte S die Leiter nicht umgestoßen, wäre diese nicht auf die Fahrbahn geraten und hätte nicht zum tödlichen Sturz des G geführt. Dann hätte W keinen Schock und damit keine Gesundheitsbeschädigung erlitten. Die äquivalente Kausalität liegt also vor.

b) Adäquate Kausalität

28 Da die Äquivalenztheorie jedes Verhalten ausreichen lässt, ohne dass der Erfolg nicht eingetreten wäre, führt sie nach allgemeiner Auffassung zu einer nahezu uferlosen Haftung. Deshalb muss man den rechtlichen Kausalitätsbegriff durch weitere Kriterien sinnvoll begrenzen. Erster Ansatzpunkt dafür ist die sog. Adäquanz. Ein Ereignis ist adäquat kausal für den Erfolg, wenn es aus Sicht eines optimalen Beobachters unter Berücksichtigung der zur Zeit des Schadenseintritts erkennbaren Umstände allgemein und nicht nur unter besonders eigenartigen, unwahrscheinlichen und nach dem gewöhnlichen Verlauf der Dinge außer Betracht zu lassenden Umständen geeignet ist, den eingetretenen Erfolg herbeizuführen.[13] Für den konkreten Fall ist insoweit festzustellen, dass es nicht außerhalb jeder Lebenserfahrung liegt, dass das Verrichten gefährlicher Tätigkeiten am Fahrbahnrand zu einem tödlichen Unfall führt und dass dieser dann bei nahen Angehörigen einen Nervenzusammenbruch auslöst. Die adäquate Kausalität ist also zu bejahen.

---

[9] *BGH* NJW 1989, 781, 783; 1990, 129; 2005, 2614, 2615.
[10] BGHZ 56, 163, 165; Palandt/*Sprau*, § 823 Rn. 4.
[11] BGHZ 56, 163; *BGH* NJW 1971, 1883; 1989, 2317, 2318.
[12] *BGH* NJW 1957, 1475; 2005, 1420, 1421; Palandt/*Grüneberg*, Vorb v § 249 Rn. 25.
[13] *BGH* NJW 1995, 126, 127; 1998, 140; 2005, 1420.

c) Schutzzweck der Norm/Zurechnungszusammenhang

29 Auch der Adäquanzbegriff bedarf noch weiterer Einschränkungen, da er nur die Zurechnung ganz ungewöhnlicher Geschehensabläufe ausschließt. Daher ist weiter zu fragen, ob der Zweck der jeweiligen Anspruchs- (§ 823 I) oder Verbotsnorm darauf gerichtet ist, gerade das verletzte Rechtsgut oder Interesse vor Verletzungen der eingetreten Art zu schützen. Die Gesundheit ist jedenfalls vom Schutzzweck des § 823 I mit umfasst.

30 Allerdings ist zu berücksichtigen, dass unangenehme Mitteilungen generell geeignet sind, dass Wohlbefinden von Menschen zu beeinflussen. Sog. Schockschäden, die ein Dritter durch den Tod oder die Verletzung eines anderen erleidet, sind dem Schädiger grundsätzlich nicht als Gesundheitsbeschädigung zuzurechnen, da es sich um eine bloße Verwirklichung des allgemeinen Lebensrisikos handelt. Anders verhält es sich nach der Lehre vom Schutzzweck der Norm aber dann, wenn nahe Angehörige des Verletzten einen Schock erlitten haben *und* der Schock im Hinblick auf seinen Anlass verständlich ist.[14] Ein hinreichender Anlass ist insbesondere bei einer Tötung oder schweren Verletzung naher Angehöriger anzunehmen. In diesen Fällen kommt es nicht darauf an, ob der Schock durch die unmittelbare Beobachtung des schädigenden Ereignisses ausgelöst wird oder erst durch die spätere Benachrichtigung vom Tod oder der Verletzung.[15] Der Schockzustand der W ist auf die Nachricht vom Tod ihres Ehemannes, also eines nahen Angehörigen, zurückzuführen und damit im Hinblick auf seinen Anlass verständlich. Da im konkreten Fall die psychische Erkrankung über das allgemeine Lebensrisiko hinaus geht, muss G sich ihre Verursachung nach dem Schutzzweck des § 823 I zurechnen lassen.

31 **Hinweis:** Anders wäre es zu beurteilen, wenn ein Polizist zufällig Zeuge des Unfalls geworden und einen Schock mit ähnlich schwerwiegenden Folgen erlitten hätte. Denn nach der Rspr. soll es dem „allgemeinen Lebensrisiko" zuzuordnen sein, dass jemand zufällig Zeuge eines schweren Unfalls wird; auch schwere psychische Folgen sollen dem Schädiger deshalb nicht mehr zuzurechnen sein.[16] Ebenso könnte man sich allerdings auf den Standpunkt stellen, der Verlust eines nahen Angehörigen gehöre ebenfalls zum allgemeinen Lebensrisiko; insofern sind letztlich also Billigkeitserwägungen ausschlaggebend. – In Prüfungen sollte man versuchen, diese Grundsätze bereit zu haben, da man sie sich in der Prüfungssituation nicht unbedingt erarbeiten kann.

4. Rechtswidrigkeit

32 Nach der Lehre vom Erfolgsunrecht wird die Rechtswidrigkeit durch den Verletzungserfolg indiziert.[17] Gerade bei einer nur mittelbaren Verursachung der Rechtsgutsverletzung – wie im vorliegenden Fall – wird aber teilweise vertreten, dass die Rechtswidrigkeit positiv festzustellen ist.[18] Dazu bedarf es eines Verstoßes gegen eine Ge- oder Verbotsnorm. S hat hier die allgemeine Rechtspflicht verletzt, Schädigungen Dritter im Rahmen des Erforderlichen und Zumutbaren zu vermeiden (Verkehrssicherungspflicht).[19] Die Gesundheitsverletzung war somit nach allen Auffassungen rechtswidrig. Der Meinungsstreit kann also dahinstehen. Rechtfertigungsgründe sind nicht ersichtlich.

5. Verschulden

33 S müsste vorsätzlich oder fahrlässig gehandelt haben. Da eine lange Leiter nicht einfach zu beherrschen und wenig standfest ist, musste G mit der Möglichkeit rechnen,

[14] Vgl. BGHZ 56, 163, 165ff.; BGHZ 93, 351, 355.
[15] Vgl. Palandt/*Grüneberg*, Vorb v § 249 Rn. 40 m. w. N.
[16] Vgl. *BGH* NJW 2007, 2764 = JuS 2008, 375 mit Anmerkung.
[17] *BGH* NJW 1996, 3205.
[18] Palandt/*Sprau*, § 823 Rn. 26.
[19] *BGH* NJW-RR, 2003, 1459.

dass die Leiter umfallen könnte. Damit hat er die im Verkehr erforderliche Sorgfalt außer Acht gelassen und fahrlässig i. S. v. § 276 II gehandelt.

6. Schaden

34 W müsste durch die Gesundheitsverletzung ein Schaden entstanden sein, also eine beliebige Einbuße an Lebensgütern, wie z. B. Gesundheit oder Vermögen.

35 a) Der Schaden der W besteht zunächst darin, dass ihr Vermögen durch die Heilbehandlungskosten gemindert wurde.

36 b) Daneben hat W auch einen immateriellen Schaden erlitten, da ihr Wohlbefinden durch die gesundheitlichen Beschwerden stark beeinträchtigt und sie durch den Krankenhausaufenthalt vorübergehend in ihrer Bewegungsfreiheit eingeschränkt war.

7. Haftungsausfüllende Kausalität

37 Die Rechtsgutsverletzung muss schließlich für den konkreten Schaden kausal gewesen sein. Der Nervenzusammenbruch der W hat in adäquat kausaler und zurechenbarer Weise zur Entstehung der Heilbehandlungskosten und der immateriellen Schäden geführt; insbesondere liegen derartige Schäden als Folge eines medizinisch feststellbaren Schockzustands nicht außerhalb jeglicher Lebenserfahrung. Die Schäden sind auch vom Schutzzweck des § 823 I umfasst.

8. Umfang der Ersatzpflicht

38 Gemäß § 249 I ist der Zustand herzustellen, der ohne Verletzung bestünde; der Anspruch der W ist also auf ***Naturalrestitution*** gerichtet.

39 a) Der Umfang von Vermögensschäden ist mit Hilfe der ***Differenzhypothese*** zu ermitteln, also durch Vergleich der Vermögenslage mit und ohne das schädigende Ereignis.

40 b) Ohne den Unfall wäre keine ärztliche Behandlung zur Wiederherstellung des Gesundheitszustandes nötig gewesen. W kann daher die entstandenen Heilbehandlungskosten gem. § 249 II 1 ersetzt verlangen.

41 c) Immaterielle Schäden sind dagegen gem. § 253 I nur in den gesetzlich bestimmten Fällen ersatzfähig. Im vorliegenden Fall kann W aber auch für den Nichtvermögensschaden eine billige Entschädigung in Geld von G verlangen, da der Ersatzpflicht eine Gesundheitsverletzung zugrunde liegt und die Bagatellgrenze überschritten ist.

42 **Hinweis:** Es ist umstritten, ob § 253 eine eigene Anspruchsgrundlage für den Ersatz immaterieller Schäden ist[20] oder nur – wie die §§ 249 ff. im Übrigen – den Anspruchsumfang und die Art und Weise des zu leistenden Schadensersatzes festlegt.[21] Die systematische Stellung spricht für letzteres. Diese Kontroverse wird in Fallbearbeitungen üblicherweise nicht diskutiert, da sie keine Auswirkungen auf das Ergebnis haben kann.

9. Ergebnis

43 Der Anspruch der W gegen S auf Ersatz der Behandlungskosten und Zahlung eines angemessen Schmerzensgeldes gem. § 823 I besteht also.

II. Aus § 823 II BGB i. V. m. § 229 StGB (fahrlässige Körperverletzung)

44 Daneben besteht auch ein Schadensersatzanspruch der W gegen S aus § 823 II i. V. m. § 229 StGB. S hat den Tatbestand des § 229 StGB verwirklicht, indem er die Gesund-

---

[20] So etwa Palandt/*Grüneberg*, § 253 Rn. 4.

[21] MünchKomm/*Oetker*, § 253 Rn. 15 f. m. w. N.

heit der W fahrlässig geschädigt hat. Damit hat er schuldhaft ein Schutzgesetz i.S.v. § 823 II verletzt. Die Rechtswidrigkeit wird durch die Schutzgesetzverletzung indiziert. Zum Anspruchsumfang gilt das oben Gesagte.

Abwandlung 3: Anspruch des Korbinian auf Schadensersatz wegen der Hirnschäden

I. Aus § 823 I BGB?

K könnte gegen S einen Anspruch auf Schadensersatz für seine vermehrten Bedürfnisse infolge der Hirnschäden gem. § 823 I haben. 45

1. Rechtsgutsverletzung

Dazu müsste zunächst ein Recht des K i.S.v. § 823 I verletzt sein. 46

a) In Betracht kommt hier eine *Körperverletzung*. Darunter versteht man jede Be- 47
einträchtigung der körperlichen Integrität im Sinne einer Substanzverletzung.[22] Der bereits im Mutterleib eingetretene Hirnschaden des K ist auf die gesundheitliche Beeinträchtigung der W und deren medikamentöse Behandlung zurückzuführen. Die Schädigung ist somit nicht die Folge einer substanzverletzenden Einwirkung auf den Körper des K. Eine Körperverletzung liegt daher nicht vor.

b) K könnte jedoch eine *Gesundheitsbeschädigung* erlitten haben. Darunter versteht 48
man jedes Hervorrufen oder Steigern eines von den normalen körperlichen Funktionen nachteilig abweichenden Zustands.[23] Im Gegensatz zur Körperverletzung handelt es sich dabei um eine Störung innerer Lebensvorgänge. Von einer Gesundheitsschädigung ist im vorliegenden Fall auszugehen, da die Gehirnleistung bei K im Vergleich zu einem gesunden Kind seines Alters herabgesetzt ist.

c) Problematisch erscheint aber, dass K zum Zeitpunkt der Verletzung noch nicht 49
geboren war. Der Anspruch aus § 823 I erfordert, dass „ein anderer" in seinen Rechten verletzt ist, also ein rechtsfähiger Mensch i.S.d. § 1. Die noch ungeborene Leibesfrucht (nasciturus) ist hingegen (noch) nicht rechtsfähig. Gleichwohl zeigen verschiedene Sondervorschriften, wie z.B. im BGB die §§ 844 II 2, 1923 II, 331 II oder auch das Embryonenschutzgesetz, dass auch der nasciturus einen gewissen Schutz genießt.[24] Daneben ist die Leibesfrucht durch Art. 1 I, 2 II GG sogar verfassungsrechtlich geschützt.[25] Diese Wertentscheidungen sind auch bei der Anwendung des Deliktsrechts zu berücksichtigen. Pränatale Schädigungen der Leibesfrucht lösen daher Schadensersatzansprüche nach § 823 I aus, wenn das Kind später lebend geboren wird.[26] Dafür spricht auch, dass es sich bei der Leibesfrucht und dem später geborenen Kind um identische Wesen handelt.[27] Die Leibesfrucht ist dazu bestimmt, als Mensch ins Leben zu treten.[28] Die Gesundheitsschädigung der Leibesfrucht setzt sich folglich nach der Geburt an einem rechtsfähigen Menschen fort.[29] Es ist nicht notwendig, dass die schädigende Handlung und der Verletzungserfolg (Gesundheitsschädigung eines geborenen Menschen) zeitgleich eintreten. Beide können auch zeitlich auseinanderfallen.

---

[22] Palandt/*Sprau*, § 823 Rn. 4.
[23] *BGH* NJW 2005, 2614, 2615; 1989, 781, 783; 1990, 129.
[24] Palandt/*Grüneberg*, § 1 Rn. 5f.
[25] *BVerfG* NJW 1993, 1751.
[26] BGHZ 8, 243; 58, 48; 93, 351.
[27] BGHZ 58, 48, 51.
[28] BGHZ 58, 48, 51.
[29] BGHZ 8, 243, 248f.; 58, 48, 51.

50 Im vorliegenden Fall wurde K lebend geboren, nachdem er bereits im Mutterleib geschädigt worden war. Somit liegt eine Hirnschädigung bei einem geborenen Kind vor, für die K unter den Voraussetzungen des § 823 I Schadensersatz verlangen kann.

2. Handlung des S

51 Eine Handlung des S, die möglicherweise zur Gesundheitsbeschädigung bei K geführt hat, liegt im Umstoßen der Leiter.

3. Haftungsbegründende Kausalität

52 Zu prüfen ist, ob die Herbeiführung des Unfalls durch S ursächlich für die Gesundheitsbeschädigung bei K war.

a) Äquivalente Kausalität

53 Nach der Äquivalenztheorie ist jedes Verhalten in gleicher Weise kausal, das nicht hinweggedacht werden kann, ohne dass der eingetretene Erfolg entfiele („conditio sine qua non").[30] Hätte S die Leiter nicht umgestoßen, wäre diese nicht auf die Fahrbahn geraten und hätte den Unfall nicht verursacht. Dann wäre es nicht zum Schock bei W und der damit einhergehenden Schädigung des ungeborenen Kindes gekommen. Das Verhalten des S war somit äquivalent kausal für die Hirnschädigung des K.

b) Adäquate Kausalität

54 Um eine uferlose Haftung auszuschließen, müsste die Herbeiführung des Unfalls durch S aber auch adäquat kausal für die Schädigung des K sein. Bei der Schädigung eines Kindes im Mutterleib infolge einer gesundheitlichen Beeinträchtigung der Mutter handelt es sich nicht um einen völlig atypischen, regelwidrigen Geschehensverlauf, mit dem nach allgemeiner Lebenserfahrung nicht zu rechnen wäre. Das Kriterium der Adäquanz steht einer Haftung des S daher nicht entgegen.

c) Schutzzweck der Norm/Zurechnungszusammenhang

55 S muss sich die Hirnschädigung des K auch nach dem Schutzzweck der Norm zurechnen lassen, da der Zweck des § 823 I gerade darin besteht, den Rechtsgutsträger vor Gesundheitsschädigungen zu schützen.

4. Rechtswidrigkeit

56 Die Rechtswidrigkeit dieser mittelbaren Rechtsgutsverletzung ergibt sich – wie oben festgestellt – jedenfalls daraus, dass S gegen seine allgemeine Sorgfaltspflicht verstoßen hat. Ein Rechtfertigungsgrund ist nicht ersichtlich.

5. Verschulden

57 S hat die verkehrsübliche Sorgfalt außer Acht gelassen, indem er neben der Fahrbahn mit einem zu schweren Gegenstand hantiert hat. Die Gesundheitsschädigung erfolgte damit fahrlässig i. S. v. § 276 II.

6. Schaden

58 Dem K ist ein Schaden in Form von vermehrten Bedürfnissen entstanden. Der Ausgleich der krankheitsbedingten Nachteile ist mit Mehraufwendungen verbunden, die das Vermögen des K dauerhaft mindern.

---

[30] *BGH* NJW 1957, 1475; 2005, 1420, 1421; Palandt/*Grüneberg*, Vorb v § 249 Rn. 25.

7. Haftungsausfüllende Kausalität

Die vermehrten Bedürfnisse beruhen auf der Gesundheitsschädigung, da sie gerade dazu dienen, die aus dem Hirnschaden erwachsenden Nachteile auszugleichen. 59

8. Art und Umfang des Ersatzes

Der Umfang der Ersatzpflicht richtet sich nach den §§ 249ff., die im Bereich des Deliktsrechts durch die Sondervorschriften der §§ 842ff. ergänzt werden. Gem. § 843 I kann K von S für die Vermehrung seiner Bedürfnisse Schadensersatz in Form einer Geldrente verlangen. Der Unterhaltsanspruch des K gegen seine Mutter gem. §§ 1601ff. bleibt dabei gem. § 843 IV unberücksichtigt, da er seiner Natur nach nicht dem Schädiger zugute kommen soll.[31] 60

9. Ergebnis

K kann von S gem. § 823 I Schadensersatz in Form einer Geldrente für die Vermehrung seiner Bedürfnisse verlangen. 61

II. Aus § 823 II BGB i.V.m. § 229 StGB (fahrlässige Körperverletzung)

K kann seinen Schadensersatzanspruch gegen S auch auf § 823 II i.V.m. § 229 StGB stützen, da S eine fahrlässige Körperverletzung gem. § 229 StGB zum Nachteil des K begangen und damit schuldhaft ein Schutzgesetz verletzt hat. 62

---

[31] Palandt/*Sprau*, § 843 Rn. 20.

Fall 5. Vorsicht beim Baggern

Sachverhalt

Bauunternehmer Schredder (S) soll eine Straße verbreitern und muss deshalb einige am Straßenrand stehende Bäume fällen. Als ihn ein vorbeifahrendes Cabrio samt hübscher Fahrerin ablenkt, stürzt der Baum, den er gerade fällt, auf eine elektrische Freileitung, die u.a. das benachbarte Grundstück des Gansthaler (G) mit Strom versorgt. G betreibt auf seinem Grundstück eine Straußenfarm und setzt dabei auch Brutapparate ein. Die Unterbrechung der Stromversorgung hat zur Folge, dass aus 60 Eiern in den Brutapparaten keine oder nur missgebildete und damit unverkäufliche Küken ausschlüpfen. Außerdem kann G während des Stromausfalls weitere Brutapparate nicht mit neuen Eiern bestücken, was zu einer Minderproduktion von weiteren 40 Straußenküken führt, die G noch am selben Tag seinem Abnehmer hätte liefern müssen. Die Apparate selbst werden nicht beschädigt, können ohne Strom aber auch nicht benutzt werden.

G hätte die Straußenküken zu einem Preis von jeweils 50 € verkaufen können. Er verlangt den entgangenen Verkaufserlös für 100 Straußenküken. S bestreitet seine Ersatzpflicht, weil er die Eier nicht beschädigt habe und die Beeinträchtigung des Betriebs des G nur zufällig erfolgt sei.

Variante: Die Stromzufuhr wird nicht durch einen Baggerunfall unterbrochen, sondern auf dem Grundstück des G von dem Umweltaktivisten U sabotiert, der dem G schon seit langem Tierquälerei auf seiner Straußenfarm vorwirft. Kann G von U Ersatz des Verkaufserlöses für 100 Straußenküken verlangen?

Gliederung

Lösung

Ausgangsfall: Ansprüche des G gegen S auf Schadensersatz für die Eier

Hinweis: Der Sachverhalt differenziert zwischen zwei Gruppen von Eiern, aus denen keine verkaufsfähigen Küken geschlüpft sind. Das muss nicht zwangsläufig bedeuten, dass sich auch im Ergebnis ein Unterschied ergibt. Es ist aber zumindest zu diskutieren, ob es Unterschiede gibt. 1

I. Aus § 823 I BGB – Eigentumsverletzung

G könnte gegen S einen Schadensersatzanspruch i.H.v. 5000 € gem. § 823 I haben. 2

1. Rechtsverletzung

3 Dazu müsste S ein Recht des G i.S.v. § 823 I verletzt haben. In Betracht kommt hier eine Eigentumsverletzung durch Beschädigung der Eier in den Brutapparaten. Ohne die Unterbrechung der Stromzufuhr wären diese ordnungsgemäß ausgebrütet worden, nun sind sie verdorben. Darin liegt eine Sachbeschädigung und somit eine Eigentumsverletzung.

4 Fraglich ist, ob eine Eigentumsverletzung auch darin liegt, dass S infolge des Stromausfalls nicht weiterproduzieren konnte. Insofern kann allerdings nicht das Eigentum an den (40 weiteren) Eiern verletzt sein, sondern allenfalls das Eigentum an den Produktionsanlagen. Eine Verletzung könnte sich hier daraus ergeben, dass G seine Brutapparate (und sonstigen elektrischen Geräte) für die Dauer des Stromausfalls nicht nutzen konnte. Darin liegt weder eine Substanzverletzung noch eine Besitzentziehung, sodass sich die Frage stellt, ob die bloße Gebrauchsbeeinträchtigung ebenfalls als Eigentumsverletzung anzusehen ist. Nach der Rspr. des BGH ist dies für Fälle der nur vorübergehenden Nichtbenutzbarkeit einer Sache zu verneinen;[1] neben der Dauer stellt die Rspr. zum Teil auch auf die Intensität des Eingriffs ab.[2] Dies deckt sich mit der Rspr. zu Verletzungen des (berechtigten) Besitzes, für die ebenfalls eine „relevante“ Hinderung der Nutzung verlangt wird.[3] Für diese Einschränkung des Verletzungstatbestandes spricht der Gedanke der Begrenzung der Haftung potentieller Schädiger im Hinblick auf die Vorhersehbarkeit konkreter Schäden,[4] mag dieses Kriterium an sich auch eher der Kausalität bzw. dem Verschulden zuzuordnen sein. Wirklich befriedigende, über den Einzelfall hinaus wirkende Abgrenzungskriterien sind der Rspr. insgesamt nicht zu entnehmen.[5] Im vorliegenden Fall scheidet eine Eigentumsverletzung in Gestalt einer Gebrauchsbeeinträchtigung aus, da die Stromversorgung der Brutapparate nur vorübergehend unterbrochen war.

2. Verhalten des S

5 Die Eigentumsverletzung müsste auf eine Handlung des S zurückzuführen sein. S hat die Eier zwar nicht unmittelbar selbst beschädigt; durch das unsachgemäße Baumfällen hat er aber eine Unterbrechung der Stromversorgung herbeigeführt, die wiederum den Ausfall der Apparate und den Verderb der 60 Eier zur Folge hatte.

3. Haftungsbegründende Kausalität

6 Zu prüfen ist, ob die Handlung des S im rechtlichen Sinne kausal für die Verletzung des Eigentums des G war. Grundsätzlich wirkt jede Ursache haftungsbegründend, die man nicht hinweg denken kann, ohne dass der Erfolg entfiele (sog. Äquivalenztheorie). Ohne den Fehler beim Baumfällen wäre die Stromzufuhr für die Brutapparate nicht unterbrochen worden, dann wären die Eier auch nicht verdorben. Da der Kausalverlauf nicht völlig typisch ist, stellt sich die Frage, ob das Baumfällen auch nach der sog. Adäquanztheorie ursächlich für die Beschädigung der Eier war. Nach dieser Theorie kann ein Erfolg nur dann einer Person zugerechnet werden, wenn deren Verhalten

---

[1] BGHZ 55, 153, 159 – „Fleetfall“: eingesperrtes Schiff; BGHZ 86, 152, 154f.: gesperrte Wasserstraße; *BGH* NJW-RR 2005, 673, 674 m.w.N.: Straßenbahnstrecke ohne Stromversorgung.

[2] Vgl. BGHZ 138, 230, 235f. m.w.N. = NJW 1998, 1942.

[3] Vgl. BGHZ 137, 89, 98: Blockade durch Demonstranten für zwei Tage; *BGH* NJW 1977, 2264, 2254: zweistündige Räumung wegen Gefahren nach Brand.

[4] Vgl. Bamberger/Roth/*Spindler*, § 823 Rn. 54 m.w.N.; MünchKomm/*Wagner*, § 823 Rn. 124; Soergel/*Spickhoff*, § 823 Rn. 61ff.

[5] *Medicus/Petersen*, Rn. 613.

aus der Sicht eines *optimalen Beobachters* und nach ihren besonderen Kenntnissen generell geeignet ist, diesen Erfolg herbeizuführen; der Erfolg darf also nicht „außerhalb jeder Wahrscheinlichkeit" liegen.[6] Nach der allgemeinen Lebenserfahrung ist es vorstellbar, dass beim Baumfällen eine in der Nähe befindliche Stromleitung beschädigt wird und der dadurch bedingte Stromausfall weitere Eigentumsverletzungen durch den Verderb von Sachen auslöst, die in irgendeiner Weise von der Stromzufuhr abhängig sind.[7] Es handelt sich nicht um einen Fall der nur mittelbaren Schädigung, sondern die Unterbrechung der Stromzufuhr war unmittelbar kausal für die Eigentumsverletzung. Die Kausalität der Handlung des S ist also zu bejahen, die Eigentumsverletzung ist ihm daher zuzurechnen.

4. Rechtswidrigkeit

Rechtfertigungsgründe sind nicht ersichtlich. 7

5. Verschulden

S müsste vorsätzlich oder fahrlässig gehandelt haben. Vorsatz scheidet hier aus; da S 8
beim Baumfällen aber unkonzentriert war, hat er die dabei erforderliche Sorgfalt außer Acht gelassen und somit fahrlässig i.S.v. § 276 II gehandelt.

6. Schaden

Dem G müsste durch die Rechtsgutsverletzungen ein Schaden entstanden sein. 9
Schaden ist jede Einbuße an Rechten oder Interessen.

a) Die Beschädigung der Eier hat dazu geführt, dass diese nicht mehr brauchbar wa- 10
ren und keine Küken schlüpften, die G für 3000 € hätte verkaufen können. Darin liegt eine Vermögensminderung und damit ein Schaden.

b) Außerdem ist G ein Gewinn i.H.v. 2000 € aus dem Verkauf der weiteren 40 Eier 11
i.S.v. § 252 entgangen, die er gar nicht erst in den Brutapparat legen konnte. Auch insofern liegt ein Vermögensschaden vor.

7. Haftungsausfüllende Kausalität

Fraglich ist, ob diese beiden Schadensposten auf der Eigentumsverletzung durch S 12
beruhen. Bei dem Gewinnentgang wegen der beschädigten Eier ist dies zu bejahen. Dagegen ist der Gewinnentgang bzgl. der unbeschädigten Eier, die noch nicht verarbeitet werden konnten, nicht auf eine Eigentumsverletzung zurückzuführen; somit handelt es sich um einen nicht ersatzfähigen reinen Vermögensschaden.

8. Art und Umfang des Ersatzes (§§ 249ff.)

Der Umfang der Ersatzpflicht bestimmt sich nach den §§ 249ff. Gem. § 249 I ist G 13
so zu stellen, wie er ohne die Eigentumsverletzung stünde (Naturalrestitution). Wären die 60 Eier nicht beschädigt worden, hätte G für die dann geschlüpften Straußenküken einen Veräußerungserlös von je 50 €, also insgesamt 3000 € erzielt. Der zu ersetzende Schaden umfasst gem. § 252 S. 1 auch den entgangenen Gewinn. G kann daher von S Schadensersatz i.H.v. 3000 € gem. § 252 verlangen.

---

[6] RGZ 133, 126, 127 m.w.N.; 152, 397, 401; *BGH* NJW 2005, 1420, 1421; Palandt/*Grüneberg*, Vorb v § 249 Rn. 26ff. m.w.N.

[7] BGHZ 41, 123, 126.

9. Mitverschulden

14 Zu prüfen ist, ob der Schadensersatzanspruch des G gem. § 254 I wegen eines Mitverschuldens an der Schadensentstehung zu mindern ist. G hat für den Fall der Unterbrechung der Stromversorgung kein Notstromaggregat bereit gehalten. Dazu war er wegen der damit verbundenen Kosten im eigenen Interesse aber auch nicht gehalten.[8]

10. Ergebnis

15 G kann von S gem. § 823 I unter dem Gesichtspunkt der Eigentumsverletzung lediglich Ersatz in Höhe von 3000 € für die beschädigten Eier verlangen.

II. Aus § 823 I BGB – Recht am Gewerbebetrieb

16 G könnte gegen S einen Schadensersatzanspruch i.H.v. 5000 € gem. § 823 I wegen Verletzung des Rechts am eingerichteten und ausgeübten Gewerbebetrieb haben.

1. Rechtsverletzung

17 Dazu müsste S ein Recht des G i.S.v. § 823 I verletzt haben. Neben einer Eigentumsverletzung – wie sie oben für die 40 unbeschädigten Eier verneint wurde – kommt auch eine Verletzung eines sonstigen Rechts, nämlich des sog. Rechts am eingerichteten und ausgeübten Gewerbebetrieb in Betracht.

a) Recht am eingerichteten und ausgeübten Gewerbebetrieb

18 Dieses sonstige Recht spielt für den Ersatz von Schäden eine Rolle, die in einem Unternehmen entstanden sind. Denn das Unternehmen als solches ist in der deutschen Rechtsordnung nicht umfassend geschützt. Deshalb verbleiben Schutzlücken zulasten des Unternehmensinhabers, die die Rspr. mit Hilfe des seit Jahrzehnten anerkannten „Rechts am Gewerbebetrieb" zu schließen versucht.[9] Zwar leugnen Teile des Schrifttums seine Existenzberechtigung und wollen die mit seiner Hilfe erfassten Fälle anderen Rechten oder Normen zuordnen. Da dies aber nicht in vollem Umfang möglich ist oder andere nicht überzeugende Konstruktionen nach sich zieht und ein Schutz des „Gewerbebetriebs" gegen schädigende Einwirkungen auf der Grundlage des Art. 12 I GG sogar verfassungsrechtlich geboten[10] ist, ist der Rspr. zu folgen.

19 Das Recht am Gewerbebetrieb bildet einen Auffangtatbestand, der nur eingreift, wenn speziellere Anspruchsgrundlagen versagen und ein Ausschluss von Ersatzansprüchen unter Berücksichtigung der widerstreitenden Interessen unangemessen wäre.[11] Im vorliegenden Fall ist der entgangene Gewinn bzgl. der 40 weiteren Eier auf andere Weise nicht ersatzfähig; insofern kann das Recht am Gewerbebetrieb grundsätzlich zur Anwendung kommen. Hinsichtlich der 60 unbrauchbar gewordenen Eier liegt dagegen eine Eigentumsverletzung vor, die den Rückgriff auf das Auffangrecht ausschließt.[12] Somit ist nur hinsichtlich der 40 unbeschädigten Eier zu prüfen, ob ein tatbestandsmäßiger Eingriff in das Recht am Gewerbebetrieb vorliegt:

20 G betreibt eine Straußenfarm als Unternehmen. Ein eingerichteter und ausgeübter Gewerbebetrieb mit rechtlich zulässigem Gegenstand liegt somit vor.

---

[8] BGHZ 41, 123, 128.
[9] Seit RGZ 58, 24, 29; BGHZ 29, 65, 67 ff. m.w.N.
[10] S. *BVerfG* NJW-RR 2004, 1710, 1711 m.w.N.
[11] *BGH* NJW 1999, 1028, 1029 m.w.N.
[12] Vgl. *BGH* NJW 1983, 812, 813.

b) Eingriff in das Recht am Gewerbebetrieb

Um eine unbegrenzte Haftung zu vermeiden und wegen des Auffangcharakters des Rechts am Gewerbebetrieb verlangt die Rspr. als Verletzungshandlung einen **betriebsbezogenen Eingriff.**[13] Betriebsbezogen ist ein Eingriff, der sich gegen den Betrieb als solchen richtet und nicht ohne weiteres vom Gewerbebetrieb ablösbare Rechte oder Rechtsgüter betrifft.[14] Im vorliegenden Fall hat S lediglich eine Stromleitung beschädigt, die nicht zur Straußenfarm des G gehörte, sondern sie nur mit Strom versorgte. Dass dadurch auch das Unternehmen des G in Mitleidenschaft gezogen wurde, war letztlich eine Frage des Zufalls. Damit fehlt es an einem betriebsbezogenen Eingriff[15] und somit an einer Rechtsverletzung i.S.v. § 823 I (a.A. vertretbar). 21

Hinweis: Wie im vorliegenden Fall, so scheitert ein Anspruch wegen Verletzung des Rechts am Gewerbebetrieb häufig an der fehlenden Betriebsbezogenheit eines Eingriffs. Dies gilt etwa auch, wenn Arbeitnehmer oder Tanzpartner des Unternehmensinhabers bei Verkehrs- und ähnlichen Unfällen verletzt werden.[16] 22

2. Ergebnis

G kann von S gem. § 823 I auch unter dem Gesichtspunkt einer Verletzung des Rechts am Gewerbebetrieb nicht Ersatz der weiteren 2000 € verlangen. 23

III. Aus § 823 II BGB i.V.m. § 303 I StGB

G könnte gegen S außerdem einen Schadensersatzanspruch gem. § 823 II i.V.m. § 303 I StGB haben. 24

1. Schutzgesetze

Da § 303 I StGB eine Rechtsnorm i.S.v. Art. 2 EGBGB ist, die auch den Schutz des Eigentümers bezweckt, liegt ein Schutzgesetz vor. 25

2. Verletzung

Aus dem zu § 823 I Gesagten ergibt sich, dass S zwar das Eigentum an den 60 Eiern des G beschädigt, dabei aber nur fahrlässig gehandelt hat. Gem. § 15 StGB ist nur vorsätzliches Handeln strafbar, wenn das Gesetz nicht auch fahrlässiges Handeln ausdrücklich mit Strafe bedroht. Im Falle der Sachbeschädigung ist letzteres nicht der Fall. Damit fehlt es an einer geeigneten Schutzgesetzverletzung. 26

3. Ergebnis

G kann von S nicht gem. § 823 II i.V.m. § 303 StGB Schadensersatz verlangen. 27

IV. Aus § 280 I BGB i.V.m. den Grundsätzen über den Vertrag mit Schutzwirkung

Da G hinsichtlich des Produktionsausfallschadens nach dem Deliktsrecht leer ausginge, ist zu fragen, ob er einen Schadensersatzanspruch gem. § 280 I gegen S haben könnte. 28

---

[13] St. Rspr., etwa BGHZ 55, 153, 161; 86, 152; *BGH* NJW 1971, 886, 888; 1959, 479, 481; 2009, 355 Tz. 5.
[14] *BGH* NJW 1971, 886, 888.
[15] BGHZ 41, 123; *BGH* NJW 1959, 479, 481.
[16] *BGH* NJW 2003, 1040, 1041 m.w.N. (Eiskunstläufer); 2009, 355 Tz. 5 (kein Ersatz der Kosten einer Ersatzkraft für einen bei Verkehrsunfall verletzten Arbeitnehmer).

1. Bestehendes Schuldverhältnis

29 Dazu hätte bereits im Schädigungszeitpunkt ein Schuldverhältnis zwischen G und S bestehen müssen. S hat seine Arbeiten aber nicht aufgrund eines Werkvertrags (§ 631) mit G ausgeführt, sondern (vermutlich) aufgrund eines Vertrags mit dem Träger der Straßenbaulast.

30 Allerdings ist zu prüfen, ob dieser Vertrag Schutzwirkungen zugunsten des G entfalten kann. Dazu müsste G in gleicher Weise bestimmungsgemäß mit der Leistung des S in Berührung gekommen sein wie dessen Auftraggeber;[17] bereits diese Leistungsnähe erscheint bei Werkverträgen allgemein und auch hier fraglich. Außerdem müsste der Auftraggeber ein Interesse am Schutz gerade des G gehabt haben; diese Gläubigernähe ist hier auf jeden Fall zu verneinen.[18] Damit entfaltet der Werkvertrag, der den Arbeiten des S zugrunde liegt, keine Schutzwirkung zugunsten des G. Ein Schuldverhältnis lag nicht vor.

2. Ergebnis

31 G kann von S nicht gem. § 280 I Schadensersatz verlangen.

V. Aus Anspruch des G gegen S aus Drittschadensliquidation (DSL)

32 Schließlich ist zu fragen, ob G gegen S einen Anspruch aus Drittschadensliquidation haben könnte. Dies würde voraussetzen, dass G einen Schaden erlitten hat, ohne deshalb einen Anspruch gegen S zu haben, während ein anderer zwar den Anspruch gegen S hat, aber aufgrund einer zufälligen Schadensverlagerung keinen Schaden.[19]

1. Geschädigter ohne Anspruch

33 Wie bereits festgestellt, hat G einen Schaden, aber keinen Anspruch auf Ersatz gegen S oder einen Dritten.

2. Anspruchsinhaber ohne Schaden

34 Des Weiteren müsste ein anderer zwar dem Grunde nach einen Anspruch gegen S haben, aber selbst keinen ersatzfähigen Schaden erlitten haben. Hier könnte man einerseits an den Eigentümer der Stromleitung denken, der gegen S einen Schadensersatzanspruch gem. § 823 I, aber wegen der Beschädigung auch einen eigenen Schaden hat,[20] was eine Drittschadensliquidation ausscheiden lässt. Andererseits dürfte auch der Auftraggeber des S wegen der mangelhaften Arbeiten einen Schadensersatz nach § 280 I gegen S haben. Ob dieser Auftraggeber einen eigenen Schaden erlitten hat, ist dem Sachverhalt nicht zu entnehmen. Unterstellt man, dies sei nicht der Fall, käme eine DSL grundsätzlich in Betracht.

3. Zufälliges Auseinanderfallen von Anspruchsberechtigung und Schaden

35 Schließlich müsste das Auseinanderfallen der grundsätzlichen Anspruchsberechtigung und des eingetretenen Schadens auf Zufall beruhen. Der Zufall kann sich – so die anerkannten Fallgruppen des umstrittenen Rechtsinstituts – aus einer Parteivereinba-

[17] BGHZ 49, 350, 354; 70, 329.
[18] *BGH* NJW 1977, 2208, 2209.
[19] *BGH* NJW-RR 2001, 1612, 1613; NJW 1969, 269, 271; *Brox/Walker*, AS § 29 Rn. 15; *Medicus/Lorenz* I, Rn. 650.
[20] Vgl. BGHZ 29, 65, 75.

rung, einer obligatorischen Gefahrentlastung aufgrund gesetzlicher Gefahrtragungsregeln, aus einem Obhuts- oder Treuhandverhältnis sowie aus einer mittelbaren Stellvertretung ergeben.[21] Nichts davon liegt hier vor, und auch in einem allgemeinen Sinne kann nicht davon die Rede sein, dass der Gewinnentgang hinsichtlich der weiteren 40 Eier nur zufällig nicht beim Auftraggeber des S eingetreten wäre.[22]

4. Ergebnis

Damit scheidet auch eine Drittschadensliquidation zugunsten des G aus. **36**

Variante: Ansprüche des G gegen U auf Schadensersatz für die Eier

I. Aus § 823 I BGB – Eigentumsverletzung

G könnte gegen U einen Schadensersatzanspruch gem. § 823 I haben. **37**

1. Rechtsgutsverletzung

Wie im Ausgangsfall liegt im Verderb der Eier in den Brutapparaten eine Eigentumsverletzung, während die anderen Eier nicht beschädigt wurden; auch eine Eigentumsverletzung an den Apparaten ist zu verneinen. **38**

2. Verhalten des U

Die Eigentumsverletzung müsste auf eine Handlung des U zurückzuführen sein. U hat die Eier zwar nicht unmittelbar selbst beschädigt, aber durch die Sabotage der Stromversorgung zur Beschädigung der Eier beigetragen. **39**

3. Haftungsbegründende Kausalität

Die Kausalität der Sabotagehandlung des U ist – entsprechend den Ausführungen zum Ausgangsfall – zu bejahen, die Eigentumsverletzung ihm also zuzurechnen. **40**

4. Rechtswidrigkeit

Rechtfertigungsgründe sind nicht ersichtlich. **41**

5. Verschulden

U müsste vorsätzlich oder fahrlässig gehandelt haben. U wollte die Stromzufuhr zum Betrieb des G unterbrechen. Dabei musste ihm klar sein, dass elektrische Apparate nicht mehr funktionieren und die darin befindlichen Eier verderben würden. Insofern hat er dadurch entstehende Eigentumsverletzungen zumindest billigend in Kauf genommen, also bedingt vorsätzlich gehandelt. **42**

6. Schaden und Ersatzfähigkeit

Dem G ist ein Gewinn aus dem Verkauf der 60 verdorbenen Straußeneier von 50 € je Ei, also insgesamt i.H.v. 3000 € entgangen. Dieser Schaden beruht auf der Eigentumsverletzung durch U und ist gem. § 252 ersatzfähig. **43**

Ein weiterer Vermögensschaden des G ist dadurch entstanden, dass weitere 40 Eier infolge des Stromausfalls nicht ausgebrütet und verkauft werden konnten. Insoweit fehlt es aber an der haftungsausfüllenden Kausalität (s. Ausgangsfall). **44**

---

[21] *Medicus/Lorenz,* I, Rn. 651 ff.; *Brox/Walker,* AS, § 29 Rn. 17 ff.
[22] *BGH* NJW 1977, 2208, 2209 f.

7. Ergebnis

45 G kann von U gem. § 823 I unter dem Gesichtspunkt der Eigentumsverletzung lediglich Schadensersatz in Höhe von 3000 € verlangen.

II. Aus § 823 I BGB – Recht am Gewerbebetrieb

46 G könnte gegen U einen Schadensersatzanspruch i. H. v. 2000 € gem. § 823 I wegen Verletzung des Rechts am eingerichteten und ausgeübten Gewerbetrieb haben.

1. Rechtsverletzung

47 Dazu müsste U ein Recht des G i. S. v. § 823 I verletzt haben. In Betracht kommt eine Verletzung des sog. Rechts am eingerichteten und ausgeübten Gewerbetrieb, das als sonstiges Recht i. S. v. § 823 I anerkannt ist.

48 Die Straußenfarm des G ist ein eingerichteter und ausgeübter Gewerbebetrieb mit rechtlich zulässigem Gegenstand.

49 Da das Recht am Gewerbebetrieb Auffangcharakter hat, kann es Schadensersatzansprüche nur begründen, wenn es um Schäden geht, die auf anderer Grundlage nicht ersatzfähig wären. Wie oben festgestellt, liegt bei den 60 beschädigten Eiern eine Eigentumsverletzung vor, die eine Anwendung des Rechts am Gewerbebetrieb ausschließt. Hinsichtlich des reinen Produktionsausfallschadens i. H. v. 2000 € kommt hingegen ein anderweitiger Ersatz nicht in Betracht, so dass insoweit auf den Auffangtatbestand zurückgegriffen werden kann.

50 Erforderlich ist wegen des Auffangcharakters ein **betriebsbezogener Eingriff**, also eine unmittelbare Beeinträchtigung des Betriebs als solchen.[23] U hat die Stromleitung gezielt gekappt, damit die Produktion des G zum Stillstand kommt. Anders als im Ausgangsfall handelt es sich hier um eine bewusste Sabotagehandlung mit dem Ziel, gerade den Betrieb des G zu schädigen. Der Betrieb des G wurde nicht nur mittelbar durch ein zufällig von außen kommendes Schadensereignis beeinträchtigt. Die Verletzungshandlung des U richtete sich vielmehr unmittelbar und spezifisch gegen den Betrieb des G als solchen. Ein betriebsbezogener Eingriff liegt daher vor. Folglich ist G in seinem Recht am eingerichteten und ausgeübten Gewerbebetrieb verletzt.

2. Rechtswidrigkeit

51 Bei offenen Tatbeständen wie dem Recht am Gewerbebetrieb ist die Rechtswidrigkeit des Eingriffs im Wege einer Interessenabwägung festzustellen.[24] Der Eingriff des U war rechtswidrig, da er gezielt und ohne Rechtfertigungsgrund einen fremden Betrieb sabotiert und dadurch einen nicht unbeachtlichen Schaden herbeigeführt hat.

3. Verschulden

52 U wollte, dass der Betrieb des G durch die Unterbrechung der Stromzufuhr zum Stillstand kommt. Er handelte daher vorsätzlich.

4. Kausaler Schaden

53 Der Eingriff des U in den Gewerbebetrieb des G hat in adäquat kausaler und zurechenbarer Weise zu einem entgangenen Gewinn i. H. v. 2000 € geführt. Dieser ist gem. § 252 ersatzfähig.

---

[23] Palandt/*Sprau*, § 823 Rn. 128.
[24] Palandt/*Sprau*, § 823 Rn. 126.

5. Ergebnis

G kann von U gem. § 823 I unter dem Gesichtspunkt einer Verletzung des Rechts am Gewerbebetrieb Ersatz der weiteren 2000 € verlangen. **54**

III. Aus § 823 II BGB i.V.m. § 303 I StGB

G könnte gegen U außerdem einen Schadensersatzanspruch gem. § 823 II i.V.m. § 303 I StGB haben. **55**

1. Schutzgesetz

Da § 303 I StGB eine Rechtsnorm i.S.v. Art. 2 EGBGB ist, die auch den Schutz des Eigentümers bezweckt, liegt ein Schutzgesetz vor. **56**

2. Verletzung

Aus dem zu § 823 I Gesagten ergibt sich, dass U 60 Straußeneier, die im Eigentum des G standen, beschädigt hat. Der objektive Tatbestand des § 303 I StGB ist damit erfüllt. **57**

3. Rechtswidrigkeit

Die Rechtswidrigkeit wird durch die Schutzgesetzverletzung indiziert.[25] **58**

4. Verschulden

Schließlich müsste U das Schutzgesetz schuldhaft verletzt haben, wobei der subjektive Tatbestand des § 303 I StGB maßgeblich ist. Gem. § 15 StGB ist vorsätzliches Handeln in jedem Fall strafbar. **59**

U handelte hinsichtlich der Eigentumsverletzung bedingt vorsätzlich und damit schuldhaft, da er den Verderb der Eier infolge seiner Sabotagehandlung zumindest billigend in Kauf nahm (siehe oben zu § 823 I). **60**

5. Kausaler Schaden

Die Schutzgesetzverletzung hat in adäquat kausaler und zurechenbarer Weise zu einem Vermögensschaden des G i.H.v. 3000 € geführt, der gem. § 252 ersatzfähig ist (siehe oben zu § 823 I). **61**

6. Ergebnis

Ein Schadensersatzanspruch des G gegen U i.H.v. 3000 € ergibt sich auch aus § 823 II i.V.m. § 303 I StGB. **62**

IV. Aus § 280 I BGB i.V.m. den Grundsätzen über den Vertrag mit Schutzwirkung

Ein Schadensersatzanspruch des G gegen U gem. § 280 I i.V.m. den Grundsätzen über den Vertrag mit Schutzwirkung würde voraussetzen, dass im Zeitpunkt der schädigenden Handlung der U zu einem Dritten in einem Schuldverhältnis stand, welches Schutzwirkungen zugunsten des G entfalten könnte. Bereits daran fehlt es hier, sodass ein Anspruch gem. § 280 I ausscheidet. **63**

---

[25] Palandt/*Sprau*, § 823 Rn. 59.

V. Anspruch des G gegen S aus Drittschadensliquidation

64 Zu fragen bleibt schließlich, ob eine Drittschadensliquidation dem G doch noch zum Schadensersatz verhelfen kann.

65 Zwar hat G durch den Produktionsausfall bzgl. der unversehrten Eier einen Schaden erlitten, ohne dass ihm insoweit ein Anspruch zusteht. Anders als im Ausgangsfall kommt als Inhaber eines Anspruchs dieses Mal nur der Betreiber des Stromnetzes in Betracht. Da dieser jedoch einen eigenen Schaden in Gestalt der Beschädigung der Stromleitung erlitten hat, fehlt es an einer Schadensverlagerung. Dies schließt eine Drittschadensliquidation aus. Zudem ist auch keine der für eine *zufällige* Schadensverlagerung anerkannten Fallgruppen einschlägig.

66 G erhält also keinen Schadensersatz.

Fall 6. In ein Loch gefallen

Sachverhalt

Bauunternehmer B errichtet in der Altstadt Regensburgs einen Neubau. Im Rahmen der Bauarbeiten muss die Straße aufgerissen werden, um Leitungen zu verlegen. Dazu baggert der seit Jahren stets zuverlässige Maurer M noch kurz vor Feierabend ein tiefes Loch in die Straße. Obwohl ihn B dazu angewiesen hat, vergisst M, das Loch zu sichern. Auch B kümmert sich nicht mehr darum. In der Nacht fährt der Emsig mit seinem Pkw auf der Straße von der Arbeit nach Hause. Das Loch befindet sich in einer engen Gasse hinter einer scharfen Kurve an einer unbeleuchteten Stelle. Obwohl E langsam fährt, kann er vor dem plötzlich auftauchenden Loch nicht mehr anhalten und fällt schuldlos mit seinem Pkw hinein.

E bleibt unverletzt. Die Reparatur seines Pkw dauert 10 Tage und kostet 7500 €. Seine Versicherung zahlt keinen Pfennig. Das Fahrzeug war zum Zeitpunkt des Unfalls im ersten Jahr zugelassen und hatte einen Zeitwert von 18 000 €. Nach dem Unfall trat E zunächst eine dreitägige Bahnreise an, die er bereits vor Wochen gebucht hatte. Danach hat E sofort ein Fahrzeug derselben Güteklasse für täglich 150 € gemietet. E will sämtliche Schäden ersetzt bekommen, doch verweisen M und B jeweils auf den anderen. Hat E Ansprüche gegen M und B?

Gliederung

Lösung

I. Ansprüche des E gegen M

1. Aus § 823 I BGB

1 E könnte gegen M einen Schadensersatzanspruch wegen der Beschädigung des Pkw gem. § 823 I haben.

a) Rechtsgutsverletzung

2 Dies setzt zunächst voraus, dass ein Rechtsgut oder ein sonstiges absolut geschütztes Recht des E i.S.v. § 823 I verletzt worden ist. Der im Eigentum des E stehende Pkw wurde bei dem Unfall beschädigt. Damit ist das Eigentum des E verletzt.

b) Verhalten des M

3 Das Eigentum des E müsste durch ein Verhalten des M verletzt worden sein.

4 aa) M hat durch das Baggern des Lochs eine Gefahrenlage geschaffen. Das Ausheben einer Baugrube ist aber an sich sozial adäquat und dann ungefährlich, wenn man es hinreichend absichert.

5 bb) Der Schwerpunkt der Vorwerfbarkeit ist daher darin zu sehen, dass M es unterlassen hat, die Baustelle anschließend hinreichend zu sichern. Ein Unterlassen ist aber nur tatbestandsmäßig i.S.v. § 823 I, wenn eine Rechtspflicht zum Handeln besteht.[1] Hier kommt zunächst eine Verkehrssicherungspflicht (VSP) des M in Betracht. Darunter versteht man die Pflicht desjenigen, der in seinem Verantwortungsbereich eine Gefahrenlage schafft oder unterhält, alle erforderlichen und zumutbaren Vorkehrungen zu treffen, um Schädigungen Dritter zu verhindern.[2] M wäre also verpflichtet gewesen, vor dem Verlassen der Baustelle hinreichende Sicherheitsvorkehrungen zu treffen. Unabhängig davon oblag M schon deshalb eine Rechtspflicht zum Handeln, weil er die Gefahrenquelle tatsächlich beherrscht hat.

c) Haftungsbegründende Kausalität

6 Das Unterlassen des M müsste für die Eigentumsverletzung des E ursächlich sein. Bei ausreichender Sicherung der Baustelle wäre der Pkw des E mit an Sicherheit gren-

[1] Palandt/*Sprau*, § 823 Rn. 2.
[2] *BGH* NJW-RR 2003, 1459.

zender Wahrscheinlichkeit nicht beschädigt worden. Die haftungsbegründende Kausalität ist damit gegeben.

d) Rechtswidrigkeit

Die Eigentumsverletzung müsste auch rechtswidrig erfolgt sein. Grundsätzlich wird die Rechtswidrigkeit durch die Tatbestandsmäßigkeit indiziert. Eine Ausnahme gilt aber für mittelbare Rechtsgutsverletzungen und solche, die durch ein Unterlassen herbeigeführt wurden. In diesen Fällen ist der Verstoß gegen eine Verhaltenspflicht positiv festzustellen. Hier ergibt sich die Rechtswidrigkeit aus der Verletzung einer Verkehrssicherungspflicht (s. o.). 7

e) Verschulden

Schließlich müsste M das Eigentum des E auch schuldhaft, also vorsätzlich oder fahrlässig, verletzt haben. Fahrlässig handelt, wer die im Verkehr erforderliche Sorgfalt außer Acht lässt, § 276 II. M hat vergessen, die Baustelle zu sichern, obwohl er von B ausdrücklich dazu angewiesen worden war. Dabei musste sich ihm geradezu aufdrängen, dass von einem ungesicherten Loch auf einer befahrenen Straße ein erhebliches Gefährdungspotenzial ausgeht. M hat die Sicherung der Baustelle also sorgfaltswidrig und damit fahrlässig unterlassen. 8

f) Schaden

Eine Ersatzpflicht des M aus § 823 I setzt weiterhin voraus, dass dem E durch die Eigentumsverletzung ein Schaden entstanden ist. Schaden ist jede Einbuße, die jemand an seinen Gütern und Interessen erleidet.[3] 9

aa) Die Reparaturkosten i. H. v. 7500 € haben zu einer Vermögensminderung und damit zu einem Schaden des E geführt. 10

bb) Darüber hinaus hat der Unfall eine Wertminderung am Pkw zur Folge, die trotz der Reparatur fortbesteht. Dieser sog. merkantile Minderwert stellt ebenfalls einen Vermögensschaden dar. Im Verkehr wird nämlich ein Kfz, das Unfallschäden von einigem Gewicht erlitten hat, geringer bewertet als ein unfallfreies.[4] Dies gilt jedenfalls dann, wenn das Kfz die Altersgrenze von 5 Jahren nicht überschreitet und es sich nicht um einen bloßen Bagatellschaden handelt.[5] Der Pkw des E war zum Zeitpunkt des Unfalls erst im ersten Jahr zugelassen. Zudem liegt eine Beschädigung, die Reparaturkosten i. H. v. 7500 € bei einem Zeitwert von 18 000 € verursacht, deutlich über der Bagatellgrenze. 11

cc) Ein weiterer Schaden ist dem E dadurch entstanden, dass er für einen Zeitraum von sieben Tagen ein Ersatzfahrzeug für täglich 150 €, also insgesamt 1050 €, anmieten musste. 12

dd) Schließlich konnte E seinen Pkw infolge des Unfalls nicht nutzen. Es stellt sich daher die Frage, ob E für die drei Tage vor Anmietung des Ersatzfahrzeugs eine Nutzungsausfallentschädigung verlangen kann. Eine Einbuße an Gebrauchsvorteilen stellt nach st. Rspr. einen selbständigen Vermögensschaden dar, wenn es sich um ein Wirtschaftsgut handelt, dessen ständige Verfügbarkeit für die eigenwirtschaftliche Lebenshaltung von zentraler Bedeutung ist.[6] Dies ist für Kraftfahrzeuge allgemein anerkannt. 13

---

[3] Vgl. Palandt/*Grüneberg*, Vorb v § 249 Rn. 9.
[4] *BGH* NJW 2005, 277.
[5] Palandt/*Grüneberg*, § 251 Rn. 16.
[6] *BGH* NJW 1987, 50.

Ein Schaden ist aber nur gegeben, wenn der Verlust der Gebrauchsvorteile beim Berechtigten zu einer fühlbaren Beeinträchtigung führt.[7] Der Berechtigte muss also im betreffenden Zeitraum über einen Nutzungswillen sowie über eine hypothetische Nutzungsmöglichkeit verfügt haben. Daran fehlt es hier, weil E mit der Bahn verreist war und sein Auto daher ohnehin nicht hätte nutzen können.

14 **Hinweis:** Nutzungsausfallentschädigung und Ersatz der Mietwagenkosten können grundsätzlich nur alternativ geltend gemacht werden. Hier geht es aber um verschiedene Zeiträume. Der Geschädigte kann also nicht gleichzeitig ein Ersatzfahrzeug anmieten und Nutzungsausfallentschädigung verlangen. Er ist aber nicht gehindert, nur für einen Tag einen Mietwagen zu nehmen und die Mietwagenkosten zu verlangen (anstelle der Nutzungsausfallentschädigung für diese Tage). Für die restlichen Tage kann dann die abstrakte Nutzungsausfallentschädigung geltend gemacht werden.

g) Haftungsausfüllende Kausalität

15 Die oben erläuterten Schäden beruhen auf der Eigentumsverletzung am Pkw.

h) Art und Umfang des Ersatzes (§§ 249ff.)

16 Der Umfang der Ersatzpflicht bestimmt sich nach den §§ 249ff. Zu prüfen ist daher, ob die o.g. Schäden des E auch ersatzfähig sind.

17 aa) Zunächst hat M dem E die Reparaturkosten i.H.v. 7500 € gem. § 249 II 1 zu ersetzen.

18 bb) Hinsichtlich des merkantilen Minderwertes scheidet eine Naturalrestitution i.S.d. § 249 I aus, da die unfallbedingte Wertminderung nicht mehr rückgängig gemacht werden kann. In Betracht kommt daher nur eine sog. Schadenskompensation gem. § 251 I 1. Alt. Da die Herstellung des unfallfreien Zustands nicht möglich ist, hat M dem E Wertersatz für die Wertminderung am Pkw zu leisten. Die Höhe der Ersatzpflicht wird im Wege der Schätzung ermittelt. Nach der Methode von Ruhkopf und Sahm ist der Minderwert mit einem bestimmten Prozentsatz der Summe von Wiederbeschaffungswert und Reparaturkosten anzusetzen, wobei der Prozentsatz anhand einer Tabelle zu ermitteln ist.[8] Unter Zugrundelegung der Zulassungsdauer von unter einem Jahr, der Reparaturkosten i.H.v. 7500 € und des Wiederbeschaffungswertes von 18000 € errechnet sich hier ein merkantiler Minderwert i.H.v. 1530 € (6% × (18000 + 7500) = 1530 €). Diesen hat M gem. § 251 I 1. Alt. zu ersetzen.

19 cc) E könnte von M auch die Mietwagenkosten i.H.v. 1050 € (7× 150 €) gem. § 249 II 1 ersetzt verlangen, wenn dieser Geldbetrag objektiv erforderlich war. Erforderlich sind die Aufwendungen, die ein verständiger und wirtschaftlich denkender Mensch in der Lage des Geschädigten tätigen würde.[9] Die Anmietung eines Ersatzfahrzeugs gleichen Typs ist nicht zu beanstanden.

20 Allerdings muss sich E die ersparten Eigenaufwendungen im Wege der Vorteilsausgleichung anrechnen lassen. Die Ersparnis, die sich aus der geringeren technischen Abnutzung und einer niedrigeren Laufleistung des eigenen Pkw ergibt, beläuft sich schätzungsweise auf 15–20% der Mietwagenkosten.[10] Die Mietwagenkosten sind daher nur i.H.v. (mindestens) 840 € zu ersetzen.

21 **Hinweis:** Wegen dieser Ersparnisanrechnung wird üblicherweise ein Mietwagen in einer Klasse unter dem beschädigten Pkw angemietet, um die Kosten vollständig ersetzt zu bekommen. Das hat E aber nicht getan.

---

[7] Palandt/*Grüneberg*, § 249 Rn. 42.
[8] Vgl. Palandt/*Grüneberg*, § 251 Rn. 17.
[9] *BGH* NJW 1985, 2639.
[10] Palandt/*Grüneberg*, § 249 Rn. 32.

dd) Eine abstrakte Nutzungsausfallentschädigung für die drei Tage vor der Anmietung des Ersatzfahrzeugs, deren Höhe anhand von Tabellen ermittelt wird, scheidet mangels fühlbarer Beeinträchtigung des E aus (s. o.). 22

ee) Eine Minderung der Ersatzpflicht aufgrund eines Mitverschuldens des E gem. § 254 I kommt nicht in Betracht. Ausweislich des Sachverhalts ist E mit geringer Geschwindigkeit gefahren und hat auch sonst die gebotene Sorgfalt beachtet. Der Unfall war aufgrund der unübersichtlichen Verkehrsverhältnisse (Dunkelheit, scharfe Kurve) für E unvermeidbar. Ihn trifft daher kein Verschulden. 23

i) Ergebnis

E kann von M Schadensersatz i. H. v. insgesamt 9870 € gem. § 823 I verlangen. 24

2. Aus § 823 II BGB i. V. m. § 303 I StGB

Möglicherweise ergibt sich ein Schadensersatzanspruch des E gegen M auch aus § 823 II i. V. m. § 303 I StGB. 25

a) Schutzgesetz

Dies setzt voraus, dass M ein Schutzgesetz verletzt hat. Unter einem Schutzgesetz versteht man jede Rechtsnorm i. S. v. Art. 2 EGBGB, die ein bestimmtes Verhalten gebietet oder verbietet und zumindest auch den Schutz eines Einzelnen bezweckt.[11] § 303 I StGB ist eine Strafvorschrift, die dazu dient, den jeweiligen Rechtsgutsträger vor Eigentumsverletzungen zu schützen, also ein Schutzgesetz. 26

b) Verletzung

M müsste dieses Schutzgesetz verletzt haben. Der objektive Tatbestand des § 303 I StGB ist erfüllt, da M durch die Verletzung seiner Verkehrssicherungspflicht adäquat kausal und zurechenbar den Pkw des E, also eine fremde Sache, beschädigt hat (s. o. zu § 823 I). Die Verletzung des Schutzgesetzes müsste aber auch schuldhaft erfolgt sein. Dabei ist die vom Schutzgesetz geforderte Schuldform maßgeblich, wenn dessen Verwirklichung ein Verschulden voraussetzt.[12] Der subjektive Tatbestand des § 303 I StGB erfordert Vorsatz (vgl. § 15 StGB). Daran fehlt es hier, da M den Pkw des E nur fahrlässig beschädigt hat. 27

c) Ergebnis

Folglich besteht kein Schadensersatzanspruch des E gegen M gem. § 823 II i. V. m. § 303 I StGB. 28

II. Ansprüche des E gegen B

Daneben könnten E auch Schadensersatzansprüche gegen B wegen der Beschädigung seines Pkw zustehen. 29

1. Aus § 831 I 1 BGB hinsichtlich M

In Betracht kommt zunächst ein Schadensersatzanspruch des E gegen B gem. § 831 I 1. Dies setzt voraus, dass ein Verrichtungsgehilfe des B den E durch eine rechtswidrige 30

---

[11] Palandt/*Sprau*, § 823 Rn. 56 f.
[12] Palandt/*Sprau*, § 823 Rn. 60.

unerlaubte Handlung in Ausführung der Verrichtung geschädigt hat und B sich nicht exkulpieren kann.

a) Verrichtungsgehilfe

31 M müsste zunächst Verrichtungsgehilfe des B sein. Verrichtungsgehilfe ist, wer mit Wissen und Wollen des Geschäftsherrn in dessen Interesse tätig wird und dessen Weisungen Folge zu leisten hat.[13] Als Angestellter des B ist M weisungsgebunden und verrichtet im Rahmen eines sozialen Abhängigkeitsverhältnisses Tätigkeiten für B. M ist damit Verrichtungsgehilfe des B.

b) Rechtswidrige unerlaubte Handlung des M

32 E müsste durch eine rechtswidrige unerlaubte Handlung des M i.S.d. §§ 823ff. geschädigt worden sein. M hat den Tatbestand des § 823 I widerrechtlich verwirklicht (s.o.)

c) In Ausführung der Verrichtung

33 Die Schädigung des E stand im inneren Zusammenhang mit der Aufgabenerfüllung durch M, erfolgte also nicht nur bei Gelegenheit der Tätigkeit für B. In dem Unfall hat sich gerade die von der Baustelle ausgehende spezifische Gefahr realisiert, die durch die Absicherung der Baustelle hätte verhütet werden sollen.

d) Verschulden des Geschäftsherrn

34 Schließlich müsste den B als Geschäftsherrn auch ein Verschulden hinsichtlich der Auswahl oder Überwachung seines Verrichtungsgehilfen treffen. Dieses Verschulden wird vermutet. B kann sich aber exkulpieren, indem er nachweist, dass er M sorgfältig ausgewählt und überwacht hat, § 831 I 2. M hat seit Jahren zuverlässig für B gearbeitet. Es ist daher davon auszugehen, dass B ihn für die zu verrichtenden Tätigkeiten sorgfältig ausgewählt hat. (Allenfalls könnte man erwägen, dass die Aufgabe nicht typisch für einen Maurer war). Angesichts der Zuverlässigkeit des M musste B ihn auch nicht überwachen. Der Entlastungsbeweis wird B folglich gelingen (a.A. vertretbar).

e) Ergebnis

35 E kann von B somit keinen Schadensersatz gem. § 831 I 1 verlangen.

2. Aus § 823 I BGB (Organisationsverschulden)

36 Fraglich ist, ob B für die Beschädigung des Pkw unter dem Gesichtspunkt eines sog. Organisationsverschuldens gem. § 823 I haftet.

a) Rechtsgutsverletzung

37 E hat eine Rechtsgutsverletzung in Form einer Eigentumsverletzung erlitten, da sein Pkw beschädigt worden ist (s.o.).

b) Verhalten des B

38 Als schädigendes Verhalten des B kommt hier die Verletzung einer Organisationspflicht (VSP) in Betracht. Es handelt sich dabei um die Pflicht des Geschäftsherrn, sei-

[13] *BGH* NJW 1956, 1715.

nen Betrieb so zu organisieren, dass durch die Arbeitsabläufe Dritte nach Möglichkeit nicht geschädigt werden.[14] Der Geschäftsherr hat z. B. für eine sachgerechte Kompetenzverteilung und hinreichende Kontroll- und Überwachungsmechanismen zu sorgen. Allgemeine Sicherheits- und Aufsichtsanweisungen müssen je nach Gefahrenintensität auf konkrete Arbeitsanweisungen und Überwachungsanleitungen des Geschäftsherrn selbst zulaufen.

Hier war B als Geschäftsherr verpflichtet, eine abendliche Sicherheitskontrolle der Baustelle zu gewährleisten, sei es durch B selbst, sei es durch eine geeignete Person (Bauingenieur etc.), die ggf. die Geschäftsleitung über besondere Vorkommnisse und Maßnahmen zu informieren hat.[15] Aus dem Sachverhalt geht nicht hervor, dass M auch normalerweise selbst die Sicherung bzw. Überprüfung der Baustellen vorgenommen hat. Abgesehen davon erscheint es auch zweifelhaft, ob M die für eine ordnungsgemäße Sicherheitskontrolle erforderliche Sachkunde besitzt. B hätte die Sicherheit der Baustelle daher selbst prüfen oder eine geeignete Person mit der Überprüfung betrauen müssen. Dem B ist somit hinsichtlich der Sicherung der Baustelle ein Organisationsfehler unterlaufen (a. A. vertretbar). 39

c) Haftungsbegründende Kausalität

Der Organisationsfehler des B war für die Eigentumsverletzung des E ursächlich, da die Baustelle bei ordnungsgemäßer Organisation des Bauunternehmens hinreichend gesichert worden wäre. 40

d) Verschulden

B hat die gebotenen Sicherheitsvorkehrungen sorgfaltswidrig unterlassen. Er hat damit seine Organisationspflicht fahrlässig verletzt, § 276 II. 41

e) Schaden und haftungsausfüllende Kausalität

Die Eigentumsverletzung hat einen Schaden des E in Gestalt der Reparaturkosten, des merkantilen Minderwertes und der Mietwagenkosten verursacht (s. o.). 42

f) Umfang der Ersatzpflicht

Der entstandene Schaden i. H. v. insgesamt 9870 € ist gem. §§ 249ff. ersatzfähig. 43

g) Ergebnis

E kann auch von B Schadensersatz i. H. v. insgesamt 9870 € gem. § 823 I verlangen. 44

---

[14] *BGH* MDR 1968, 139.
[15] BGHZ 95, 67; 109, 297.

Fall 7. Verkehrsunfall

Sachverhalt

A fährt mit dem Pkw seiner Ehefrau E zum Einkaufen. Dabei übersieht er aus Unachtsamkeit an einem Zebrastreifen den ordnungsgemäß die Straße überquerenden Beamten B. Es kommt zu einem Zusammenstoß, bei dem B verletzt wird. Als die Polizei kommt, behauptet A, den Unfall habe allein der B verursacht, der ganz überraschend rückwärts auf die Straße gelaufen sei. Darüber reget sich B so auf, dass er einen leichten Schlaganfall erleidet. Dem privat krankenversicherten B entstehen Arztkosten in Höhe von 1200 € wegen der Unfallverletzung und von 3000 € wegen des Schlaganfalls. Außerdem ist er durch das u.a. erlittene Hals-Wirbelsäulen-Trauma (HWS-Trauma) gezwungen, für vier Wochen eine Halskrause zu tragen, und dadurch in seiner Bewegungsfähigkeit eingeschränkt. Im Rahmen der Behandlung der Unfallfolgen wird dann auch noch festgestellt, dass B an einer schwerwiegenden Herzerkrankung leidet, die zur Folge hat, dass er vor Erreichen der Altersgrenze pensioniert wird und deshalb eine geringere Pension erhält.

Ansprüche des B gegen die E und den A?

Variante: B ist plötzlich über eine Absperrung gesprungen, die das Überqueren der Straße verhindern sollte, und unachtsam auf die Straße gelaufen.

Gliederung

Lösung

Hinweis: Es stellt sich, da neben § 823 I BGB noch ein Anspruch gem. § 7 I StVG („Halterhaftung") in Betracht kommt, wieder einmal die Frage nach der Prüfungsreihenfolge. Grundsätzlich kann man § 7 I StVG als die speziellere Norm ansehen, da sie an den Betrieb eines Kfz Haftungsfolgen knüpft. Dies spricht dafür, mit dieser Vorschrift zu beginnen. Wegen der unterschiedlichen Anspruchsvoraussetzungen verdrängt das StVG aber die Anspruchsnormen des BGB nicht, sodass es keinen zwingenden Grund gibt, mit den Anspruchsgrundlagen des StVG zu beginnen. Im Folgenden wird zunächst § 823 I BGB geprüft, weil dies verdeutlicht, warum daneben (zumindest) die Halterhaftung nach dem StVG notwendig ist. 1

I. Anspruch des B gegen die E

1. Aus § 823 I BGB

B könnte aus § 823 I BGB einen Schadensersatzanspruch gegen die E haben. 2

a) Handlung der E

Da die F selbst nicht gefahren ist, kommt als haftungsbegründende Handlung seitens der E nur die Überlassung des Fahrzeugs an ihren Mann A in Betracht. 3

b) Rechtsgutsverletzung

4 Es müsste ein Recht des B i.S.d. § 823 I verletzt sein. In Betracht kommt die Verletzung des Körpers des B. Körperverletzung ist jeder unbefugte Eingriff in die körperliche Befindlichkeit.[1] B wurde durch den Zusammenstoß mit dem PKW verletzt, er erlitt u.a. ein HWS-Trauma. Da er außerdem einen Herzinfarkt erlitten hat, ist seine Gesundheit verletzt.

c) Haftungsbegründende Kausalität und Zurechenbarkeit

5 Da die Überlassung des Pkw an A nicht hinweg gedacht werden kann, ohne dass die Verletzungen des B entfielen, und Unfälle mit Körperschäden beim Betrieb eines Kfz nie auszuschließen sind, war die Überlassung äquivalent und adäquat kausal für die Verletzung des B.

6 Jedoch ist über die Kausalität hinaus zu fragen, ob ein Verletzungserfolg einer Person zurechenbar ist, die eine mittelbare Ursache gesetzt hat. Im vorliegenden Fall erscheint es deshalb fraglich, ob man die E für den von A unmittelbar verursachten Unfall haften lassen. Denn die Überlassung von Kraftfahrzeugen an andere Personen mit Fahrerlaubnis, insbesondere an Ehegatten, Lebensgefährten usw., ist zum einen sozial adäquat; zum anderen wird der Kausalverlauf hier in erster Linie durch den eigenverantwortlich Handelnden A bestimmt, dessen Verhalten die E nach der Überlassung des Pkw in keiner Weise mehr beeinflussen kann.

7 **Hinweis:** Anders wäre es, würde E den A als „willenloses Werkzeug" einsetzen (mittelbare Täterschaft, vgl. § 25 I StGB).

8 Das eigenverantwortliche Handeln des A unterbricht somit den von E in Gang gesetzten Kausalverlauf, so dass ihr der Unfall nicht mehr zuzurechnen ist.

d) Ergebnis

9 Ein Anspruch des B gegen die E nach § 823 I besteht nicht.

10 **Hinweis:** Da es an einem haftungsbegründenden Verhalten i.S.d. Deliktsrechts fehlt, kann man hier auf die Prüfung von § 823 II BGB i.V.m. § 229 StGB (fahrlässige Körperverletzung) verzichten. Denn insofern wären zumindest sehr ähnliche Erwägungen anzustellen. – Ein kurzes Anprüfen mit Verweis nach oben wäre natürlich zulässig.

2. Aus § 7 I StVG

11 B könnte einen Schadensersatzanspruch gegen die E aus § 7 I StVG haben.

a) Betrieb eines Kraftfahrzeugs

12 Es müsste zunächst der Betrieb eines Kraftfahrzeuges vorliegen; ein Kraftfahrzeug i.S.d. § 1 II StVG ist ein Landfahrzeug, das durch Maschinenkraft bewegt wird und nicht an Schienen gebunden ist. Der Pkw der E ist ein solches Kraftfahrzeug.

Da A mit dem Pkw der E – also mit einem Kfz – gefahren ist, befand sich das Kfz auch – wie von § 7 I StVG verlangt – in Betrieb, als es zum Unfall kam.

b) Haltereigenschaft der E

13 Die E müsste Halterin des Pkw sein, bei dessen Betrieb es zu einer Schädigung eines Dritten gekommen ist. Halter ist derjenige, der das Kfz oder den Anhänger im eigenen

---

[1] Palandt/*Sprau*, § 823 Rn. 4.

Namen nicht nur ganz vorübergehend für eigene Rechnung in Gebrauch hat und der die Verfügungsgewalt über das Kfz ausübt.[2] Da es sich laut Sachverhalt um „ihren" Pkw handelt, ist die E als Halterin anzusehen.

c) Rechtsgutsverletzung

Ferner müsste es zu einer der in § 7 I StVG genannten Rechtsgutsverletzungen gekommen sein; hier ist der Körper des B bei dem Unfall verletzt worden. Außerdem hat B anschließend einen Herzinfarkt erlitten, also eine Gesundheitsverletzung. 14

d) Haftungsbegründende Kausalität

Der Betrieb des Kfz müsste den Verletzungserfolg adäquat-kausal verursacht haben; insofern gelten im Wesentlichen dieselben Kriterien wie bei § 823 I. Ohne die Fahrt des A mit dem Pkw wären die Verletzungserfolge nicht eingetreten, und es handelt sich zumindest bei der Körperverletzung auch um einen Erfolg, der beim Betrieb eines Kfz nach der Lebenserfahrung eintreten kann. 15

Fraglicher erscheint, wie es sich mit dem Herzinfarkt des B verhält. Dieser beruht nicht unmittelbar auf der Verletzung durch den Pkw der E, sondern auf der Aufregung des B darüber, dass A ihm (wahrheitswidrig) die „Schuld" am Unfall zugewiesen hat. Damit ist der Schaden nicht mehr beim Betrieb des Kfz der E verursacht worden und liegt im Übrigen auch außerhalb des Schutzzwecks des StVG.[3] 16

Somit ist nur die Körperverletzung auf den Betrieb des Pkw der E zurückzuführen. 17

e) Haftungsausschluss bei höherer Gewalt

Die Ersatzpflicht der E wäre ausgeschlossen, wenn höhere Gewalt i.S.v. § 7 II StVG vorläge. Davon ist hier nicht auszugehen, so dass eine Haftung der E grundsätzlich zu bejahen ist. 18

f) Schaden

Der Schaden des B liegt darin, dass er am Körper verletzt wurde und sich deshalb einer Krankenhausbehandlung unterziehen musste. Außerdem hat er Schmerzen erlitten und ist aufgrund der entdeckten Herzkrankheit mit der Folge geringerer Pensionsansprüche vorzeitig in den Ruhestand versetzt worden. 19

g) Haftungsausfüllende Kausalität

Die eingetretenen Schäden müssten adäquat-kausal auf dem Betrieb des Pkw der E beruhen und vom Schutzzweck des § 7 StVG umfasst sein. Hinsichtlich der Behandlungskosten für die Folgen der Körperverletzung und die erlittenen Schmerzen ist dies zu bejahen. 20

Fraglich ist aber, ob auch die Frühpensionierung auf der Verletzung des B bei dem Unfall beruht. Im konkreten Fall hat die Entdeckung der Herzkrankheit zwar die Frühpensionierung und damit zu den darauf beruhenden Fortkommensschäden unmittelbar ausgelöst, und es liegt auch im Rahmen der Lebenserfahrung, dass bei unfallbedingten ärztlichen Untersuchungen noch andere körperliche Schäden festgestellt werden. Insofern ist die adäquate Kausalität der Körperverletzung für die Frühpensionierung zu bejahen. Jedoch hängt die Ersatzfähigkeit von Schäden über die adäquate 21

[2] BGHZ 13, 351, 354; 116, 200, 205f. m.w.N. = NJW 1992, 900.
[3] BGHZ 107, 359, 366f.

Kausalität hinaus noch von weiteren wertenden Gesichtspunkten ab, insbesondere vom Schutzbereich der jeweiligen Anspruchsnorm, hier also § 7 StVG. diese Vorschrift soll – wie § 823 BGB – vor Schäden aus einem verletzenden Verhalten schützen und deren Ersatz gewährleisten; die Vorschrift soll den Geschädigten aber nicht davor schützen, dass bei den notwendigen ärztlichen Untersuchungen andere, bereits zuvor vorhandene Erkrankungen entdeckt werden, die ihrerseits Vermögensnachteile nach sich ziehen.[4] Damit sind die Vermögenseinbußen aus der Frühpensionierung nicht nach § 7 I StVG ersatzfähig.

h) Art und Umfang des Schadensersatzes

22 In welchem Umfang B von E Schadensersatz verlangen kann, richtet sich grundsätzlich nach den §§ 249ff. BGB, die hier jedoch von den §§ 10ff. StVG überlagert werden. Für die Körperverletzung regelt § 11 S. 1 StVG klarstellend, dass die Heilungskosten zu ersetzen sind; gem. § 11 S. 2 StVG kann B auch ein Schmerzensgeld verlangen.

i) Ergebnis

23 B hat daher gegen die E gem. § 7 I StVG einen Anspruch auf Ersatz seiner Behandlungskosten für die Unfallfolgen i. H. v. 1200 € und auf ein angemessenes Schmerzensgeld.

24 **Hinweis:** Gemäß § 115 I VVG i.V.m. § 3a PflVG kann B direkt von der Kfz-Haftpflichtversicherung Zahlung verlangen.

II. Ansprüche des B gegen A

1. Aus § 823 I BGB

25 B könnte gegen A einen Anspruch auf Schadensersatz wegen der entstandenen Arztkosten und auf Schmerzensgeld aus § 823 I BGB haben.

a) Haftungsbegründung

26 Dafür müsste zuerst eine Handlung des A vorliegen. A fuhr mit seinem PKW, ohne die Vorfahrtsberechtigung des B zu beachten. In dieser Vorfahrtsmissachtung liegt die Handlung des A. Dadurch müsste ein Rechtsgut verletzt worden sein. Hier kam es durch den Vorfahrtsverstoß zu einem Unfall und dabei zu einer Verletzung des Körpers des B. Die Missachtung der Vorfahrt durch den A war für die Körperverletzung des B ursächlich.

b) Rechtswidrigkeit

27 Rechtfertigungsgründe sind nicht ersichtlich.

c) Verschulden

28 Hinsichtlich des Verschuldens des A ist von seiner Verschuldensfähigkeit (§ 828) auszugehen, da der Sachverhalt keine gegenteiligen Hinweise gibt. Dem A ist die Handlung auch zurechenbar, da er die im Verkehr erforderliche Sorgfalt nicht beachtet hat (§ 276 II) als er die Vorfahrt missachtete.

---

[4] *BGH* NJW 1968, 2287, 2288.

d) Schaden

Zu prüfen bleibt, welcher Schaden dem B durch das schuldhafte Handeln des A entstanden ist. 29

Dem B sind durch die Gesundheitsverletzung Arztkosten in Höhe von 1200 € entstanden. Diese hat A gem. § 249 II 1 zu ersetzen. Außerdem war B durch seine Verletzung in seiner Beweglichkeit eingeschränkt. Dies stellt keinen Vermögensschaden dar, allerdings kann gem. § 253 II bei einer Verletzung des Körpers oder der Gesundheit auch für einen Schaden, der nicht Vermögensschaden ist, eine billige Entschädigung in Geld gefordert werden. Dem B ist daher ein angemessenes Schmerzensgeld für seine Verletzung zu leisten. 30

e) Ergebnis

B kann von A gemäß § 823 I Schadensersatz i.H.v. 1200 € sowie ein angemessenes Schmerzensgeld verlangen. 31

2. Aus § 823 II BGB i.V.m. § 229 StGB bzw. §§ 26 I, 49 I Nr. 24b StVO und § 24 StVG

B könnte gegen A außerdem Schadensersatzansprüche gem. § 823 II i.V.m. § 229 StGB haben. 32

a) Schutzgesetz

Dafür müsste § 229 StGB ein Schutzgesetz i.S.v. § 823 II sein. Die Körperverletzungsdelikte des StGB dienen jedenfalls auch dem Schutz der körperlichen Unversehrtheit des Einzelnen. § 229 StGB ist demnach ein Schutzgesetz. 33

b) Verletzung

Wie bei § 823 I festgestellt, hat A den Körper des B fahrlässig verletzt. 34

c) Schaden

Der Umfang der Ersatzverpflichtung entspricht der aus § 823 I. 35

d) Ergebnis

B kann von A auch gemäß § 823 II i.V.m. § 229 StGB Schadensersatz i.H.v. 1200 € sowie ein angemessenes Schmerzensgeld verlangen. 36

3. Anspruch aus § 18 I StVG

B könnte einen Schadensersatzanspruch gegen A gem. § 18 I StVG haben. 37

a) Betrieb eines Kraftfahrzeugs

Wie oben festgestellt, ereignet sich der Unfall beim Betrieb eines Kfz. 38

b) Fahrzeugführereigenschaft des A

A müsste Führer des Pkw sein, bei dessen Betrieb es zur Schädigung des B gekommen ist. Kfz-Führer i.S.d. § 18 I StVG ist derjenige, der im Augenblick des Unfalls das Kfz lenkt und die tatsächliche Gewalt über das Steuer hat.[5] Dies war bei der fraglichen Fahrt der A. 39

---

[5] *Jagow/Burmann/Heß*, Straßenverkehrsrecht, 20. Aufl., 2008, § 18 Rn. 3.

c) Rechtsgutsverletzung

40 Ferner müsste es zu einer der in § 7 I StVG genannten Rechtsgutsverletzungen gekommen sein; hier ist der Körper des B bei dem Unfall verletzt worden. Außerdem hat B anschließend einen Herzinfarkt erlitten, also eine Gesundheitsverletzung.

d) Haftungsbegründende Kausalität

41 Der Betrieb des Kfz müsste den Verletzungserfolg adäquat-kausal verursacht haben; insofern gelten im Wesentlichen dieselben Kriterien wie bei § 823 I. Ohne die Fahrt des A mit dem Pkw wären die Verletzungserfolge nicht eingetreten, und es handelt sich zumindest bei der Körperverletzung auch um einen Erfolg, der beim Betrieb eines Kfz nach der Lebenserfahrung eintreten kann.

42 Fraglicher erscheint, wie es sich mit dem Herzinfarkt des B verhält. Dieser beruht nicht unmittelbar auf der Verletzung durch den Pkw der E, sondern auf der Aufregung des B darüber, dass A ihm (wahrheitswidrig) die „Schuld" am Unfall zugewiesen hat. Damit ist der Schaden nicht mehr beim Betrieb des Kfz der E verursacht worden und liegt im Übrigen auch außerhalb des Schutzzwecks des StVG.[6]

43 Somit ist nur die Körperverletzung auf den Betrieb des Pkw der E zurückzuführen.

e) Haftungsausschluss bei fehlendem Verschulden

44 Die Ersatzpflicht des A wäre ausgeschlossen, wenn der Schaden nicht durch ein Verschulden des Führers verursacht ist, § 18 I 2 StVG. Da A unaufmerksam war und somit i. S. v. § 276 II BGB die im Verkehr erforderliche Sorgalt außer Acht gelassen hat, verbleibt es bei seiner Haftpflicht.

45 **Hinweis:** Im Unterschied zu § 823 I BGB wird also das Vermuten des Fahrzeugführers nach § 18 I 1 StVG vermutet, er muss den Entlastungsbeweis führen. Die beweisrechtliche Situation ist also nach dem StVG für den Geschädigten günstiger, wenn sich die Frage nicht aufklären lässt.

f) Schaden

46 Der Schaden des B liegt darin, dass er am Körper verletzt wurde und sich deshalb einer Krankenhausbehandlung unterziehen musste. Außerdem hat er Schmerzen erlitten und ist aufgrund der entdeckten Herzkrankheit mit der Folge geringerer Pensionsansprüche vorzeitig in den Ruhestand versetzt worden.

g) Haftungsausfüllende Kausalität

47 Die eingetretenen Schäden müssten adäquat-kausal auf dem Betrieb des Pkw der E beruhen und vom Schutzzweck des § 7 StVG umfasst sein. Hinsichtlich der Behandlungskosten für die Folgen der Körperverletzung und die erlittenen Schmerzen ist dies zu bejahen.

48 Fraglich ist aber, ob auch die Frühpensionierung auf der Verletzung des B bei dem Unfall beruht. Im konkreten Fall hat die Entdeckung der Herzkrankheit zwar die Frühpensionierung und damit zu den darauf beruhenden Fortkommensschäden unmittelbar ausgelöst, und es liegt auch im Rahmen der Lebenserfahrung, dass bei unfallbedingten ärztlichen Untersuchungen noch andere körperliche Schäden festgestellt werden. Insofern ist die adäquate Kausalität der Körperverletzung für die Frühpensionierung zu bejahen. Jedoch hängt die Ersatzfähigkeit schon Schäden über die adäquate Kausalität hinaus noch von weiteren wertenden Gesichtspunkten ab, insbesondere

[6] BGHZ 107, 359, 366 f.

vom Schutzbereich der jeweiligen Anspruchsnorm, hier also § 7 StVG. Diese Vorschrift soll – wie § 823 BGB – vor Schäden aus einem verletzenden Verhalten schützen und deren Ersatz gewährleisten; die Vorschrift soll den Geschädigten aber nicht davor schützen, dass bei den notwendigen ärztlichen Untersuchungen andere, bereits zuvor vorhandene Erkrankungen entdeckt werden, die ihrerseits Vermögensachteile nach sich ziehen.[7] Damit sind die Vermögenseinbußen aus der Frühpensionierung nicht nach § 7 I StVG ersatzfähig.

h) Art und Umfang des Schadensersatzes

In welchem Umfang B von E Schadensersatz verlangen kann, richtet sich grundsätzlich nach den §§ 249ff. BGB, die hier jedoch von den §§ 10ff. StVG überlagert werden. Für die Körperverletzung regelt § 11 S. 1 StVG klarstellend, dass die Heilungskosten zu ersetzen sind; gem. § 11 S. 2 StVG kann B auch ein Schmerzensgeld verlangen. **49**

i) Ergebnis

B kann von A auch gemäß § 18 I StVG Schadensersatz i. H. v. 1200 € sowie ein angemessenes Schmerzensgeld verlangen. **50**

Variante

I. Anspruch B gegen E aus § 7 I StVG

B könnte gegen E Anspruch auf Ersatz der Arztkosten und Schmerzensgeld gem. § 7 I StVG haben. **51**

1. Anspruchsvoraussetzungen

E ist Halterin des PKW. Der Körper des B wurde beim Betrieb des Fahrzeugs verletzt (s. Ausgangsfall). **52**

2. Höhere Gewalt

Die Ersatzpflicht wäre ausgeschlossen, wenn höhere Gewalt i. S. v. § 7 II StVG vorläge. Dies ist der Fall, wenn das schadensverursachende Ereignis von außen einwirkt, selbst durch die äußerste zumutbare Sorgfalt nicht abgewendet werden kann und auch nicht wegen seiner Häufigkeit in Kauf zu nehmen ist. B ist unachtsam an einer gesperrten Stelle über die Straße gelaufen. Ein solches Fehlverhalten anderer Verkehrsteilnehmern stellt gerade keine höhere Gewalt dar. Damit ist die Haftung der E nicht ausgeschlossen. **53**

3. Mitverschulden

Der Anspruch des B könnte jedoch eingeschränkt sein. Beim Umfang des Schadensersatzes gem. § 9 StVG findet die Vorschrift des § 254 BGB entsprechende Anwendung, sodass eine Mitverursachung des Schadens durch den Geschädigten ebenfalls beim Schadensumfang zu berücksichtigen ist. B hat den Unfall durch sein unvorsichtiges und grob verkehrswidriges Verhalten i. S. v. § 254 I BGB mit verursacht. Daher ist sein Anspruch entsprechend zu kürzen. Angesichts der – nicht sehr eindeutig geschilderten – Umstände erscheint eine Kürzung um (maximal) die Hälfte angebracht, da stets die große Gefährlichkeit des Kfz zu berücksichtigen bleibt. **54**

---

[7] *BGH* NJW 1968, 2287, 2288.

4. Ergebnis

55 B hat gegen E gem. § 7 I StVG Anspruch auf Erstattung seiner Arztkosten und Zahlung eines Schmerzensgeldes, wegen des Mitverschuldens des B besteht der Anspruch aber nur in eingeschränktem Umfang.

II. Ansprüche B gegen A aus §§ 823 I, II BGB, 229 StGB bzw. § 18 I StVG

56 Hier gilt jeweils das Gleiche; die haftungsbegründenden Tatbestände sind – wie im Ausgangsfall – erfüllt. Beim Umfang des Schadensersatzes findet § 254 I BGB – bei 18 I StVG über § 9 StVG entsprechende – Anwendung und führt zur Kürzung des Anspruchs auf die Hälfte des Betrags der entstandenen Schäden.

Fall 8. Geplatzter Reifen

Sachverhalt

Der Unternehmer G kauft bei der Autohändlerin S Ende 2008 einen zwei Jahre alten Sportwagen als Firmenfahrzeug. In den branchenüblichen AGB, die die S verwendet und die wirksam in den Vertrag einbezogen sind, ist die Haftung der S für leichte Fahrlässigkeit auf solche Schäden beschränkt, die nicht durch eine Fahrzeugversicherung oder – bei Drittschäden – durch die Haftpflichtversicherung gedeckt sind. Am Ende des Vertragsformulars findet sich der – die Vertragsverhandlungen der Parteien zutreffend wiedergebende – handschriftliche Zusatz: „Die vertragliche Gewährleistung ist ausgeschlossen; dafür wurde der Kaufpreis um 2000 € reduziert."

Im August 2009 platzt bei einer schnellen Autobahnfahrt der linke Hinterreifen; bei dem anschließenden Unfall wird der Sportwagen völlig zerstört. Ein Sachverständiger stellt fest, dass der geplatzte Reifen im Unfallzeitpunkt bereits sechs Jahre alt war und für die Höchstgeschwindigkeit des Sportwagens bereits Ende 2008 nicht mehr geeignet war. Das Alter eines Reifens kann man an der darauf aufgedruckten sog. DOT-Nummer erkennen; außerdem hatte der Hinterreifen ein Profil, das nur bis 2003 produziert wurde. In der auch von S konsultierten Fachpresse waren die Nachteile dieser sehr markanten Art von Profil intensiv diskutiert worden.

Bei dem Unfall ist der Sportwagen stark ins Schleudern geraten und hat sich mehrfach über die Fahrbahnen der Autobahn gedreht, ehe ihn eine Kollision mit der Mittelleitplanke zum Stehen brachte. Dies zwang den Fahrer eines Lkw mit Anhänger, den der Sportwagen gerade erst überholt hatte, zu einer starken Bremsung mit Ausweichmanöver; der Lkw kommt schließlich ohne Kollision mit dem Wrack zum Stehen, doch kippt der Anhänger um. Infolgedessen blockieren nun das Sportwagenwrack die linke und der Lkw-Anhänger die rechte Spur der Autobahn, die an dieser Stelle über keine dritte Spur und auch über keinen Standstreifen verfügt. Dies veranlasst nun zunächst einen ortskundigen, dann eine Vielzahl nachfolgender Kfz-Führer, über einen Grünstreifen neben der Autobahn auf einen an dieser Stelle nahe an der Autobahn vorbeiführenden Radweg auszuweichen, über den man die nur ein paar hundert Meter entfernte nächste Anschlussstelle erreichen kann. Dadurch wird der Radweg massiv beschädigt.

1. G verlangt von S Schadensersatz für den zerstörten Sportwagen, den er für mangelhaft hält. S verweist auf den Gewährleistungs- und Haftungsausschluss.

2. Die Stadt E verlangt von G und S Ersatz der Kosten für die Reparatur des Radwegs.

Gliederung

Lösung

I. Ansprüche G gegen S auf Schadensersatz für den Sportwagen

1 **Hinweis:** Vertragliche sind vor gesetzlichen Anspruchsgrundlagen zu prüfen. Da zwischen den Parteien ein Kaufvertrag vorliegt, sind somit in erster Linie Schadensersatzansprüche wegen eines Mangels zu prüfen, also Schadensersatz statt der Leistung wegen eines infolge der Zerstörung des Sportwagens nachträglich nicht mehr behebbaren Mangels.

1. Aus §§ 437 Nr. 3, 280 I und III, 283 BGB

S könnte gegen G einen Anspruch auf Schadensersatz statt der Leistung wegen der Zerstörung des Sportwagens haben. 2

a) Kaufvertrag

Wie von § 437 vorausgesetzt liegt zwischen den Parteien ein Kaufvertrag vor. 3

b) Mangel

Der Sportwagen müsste einen Mangel aufweisen; in Betracht kommt wegen des überalterten Reifens ein Sachmangel i. S. v. § 434. Die Parteien hatten im Hinblick auf die Bereifung oder den Sportwagen an sich weder eine bestimmte Beschaffenheit i. S. v. § 434 I 1 vereinbart noch vertraglich eine bestimmte Verwendung i. S. v. § 434 I 2 Nr. 1 vorausgesetzt. Damit kommt es nach § 434 I 2 Nr. 2 darauf an, ob der Sportwagen sich für die gewöhnliche Verwendung eignet und eine Beschaffenheit aufweist, die bei Sachen der gleichen Art üblich ist und die der Käufer nach der Art der Sache erwarten kann. Ein zwei Jahre alter Sportwagen, der auf hohe Geschwindigkeiten ausgelegt ist, muss eine Bereifung aufweisen, mit der er gefahrlos in der zu erwartenden Weise bewegt werden kann; dies gilt umso mehr, wenn er bei einer Händlerin gekauft wird. Der Reifen, der deutlich älter war als das Fahrzeug selbst und dieses gefährlich macht, begründet somit einen Mangel i. S. v. § 434 I 2 Nr. 2, der bereits bei Gefahrübergang – also der Übergabe i. S. v. § 446 S. 1 von S an G – vorhanden war. 4

c) Gewährleistungsausschluss

Jedoch schließt der handschriftliche Zusatz im Vertragsformular die vertragliche Gewährleistung der S ausdrücklich aus. Ein Gewährleistungsausschluss ist, wie § 444 im Umkehrschluss zu entnehmen ist, grundsätzlich zulässig. 5

aa) Für eine Unwirksamkeit des Gewährleistungsausschluss gem. § 444 – Arglist der S oder Übernahme einer Beschaffenheitsgarantie – sind keine Anhaltspunkte ersichtlich. 6

bb) Nach § 475 I wäre der Gewährleistungsausschluss unwirksam, wenn ein Verbrauchsgüterkauf i. S. v. § 474 I vorläge; da G den Sportwagen als „Firmenfahrzeug" gekauft hat, also zu Zwecken einer gewerblichen oder selbständigen beruflichen Tätigkeit i. S. v. § 14 I, hat er den Vertrag nicht als Verbraucher i. S. v. § 13 BGB geschlossen. Damit findet § 475 I keine Anwendung. 7

cc) Der (pauschale) Gewährleistungsausschluss könnte auch gem. § 308 Nr. 8 b) unwirksam sein, wenn er in AGB enthalten wäre. Dazu müsste er sich aus für eine Vielzahl von Verträgen vorformulierten Vertragsbedingungen ergeben, die die S dem G bei Vertragsschluss gestellt haben müsste, § 305 I 1. Zwar hat die S grundsätzlich AGB verwendet, die lt. Sachverhalt auch Vertragsbestandteil geworden sind. Jedoch ist der Gewährleistungsausschluss von den Parteien individuell ausgehandelt worden; damit liegen gem. § 305 I 3 insofern keine AGB vor, und die §§ 305 ff. finden auf den Gewährleistungsausschluss keine Anwendung. 8

Somit ist der Gewährleistungsausschluss wirksam. 9

Hinweis: In den von der Rspr. bislang entschiedenen Fällen war nicht die Gewährleistung ausgeschlossen, sondern die Verjährungsfrist für die Mängelansprüche – nach früherem Recht nur sechs Monate (§ 477 I BGB a. F.) – abgelaufen. 10

d) Ergebnis

G hat gegen S keinen Schadensersatzanspruch gem. §§ 437 Nr. 3, 280 I, III, 283. 11

2. Aus § 823 I BGB

12 Zu prüfen ist, ob G gegen S einen Schadensersatzanspruch gem. § 823 I zusteht.

a) Rechtsgutsverletzung

13 Dazu müsste S ein Recht des G i.S.v. § 823 I verletzt haben. In Betracht kommt eine Eigentumsverletzung, weil der Sportwagen bei dem Unfall zerstört worden ist.

14 Dagegen könnte sprechen, dass seine Zerstörung darauf zurückzuführen ist, dass der Sportwagen bereits im Augenblick der Übereignung von S an G mit einem Mangel (s.o.) behaftet war. Eine mangelhafte Leistung eines Verkäufers führt grundsätzlich nicht zu einer Eigentumsverletzung beim Käufer, weil dieser von vornherein nur mit dem Mangel behaftetes Eigentum erwirbt; der Schutz des Interesses an einer Gleichwertigkeit von Leistung und Gegenleistung (sog. Äquivalenzinteresse) obliegt dem Vertrags- und nicht dem Deliktsrecht.[1]

15 Von diesem Grundsatz macht die Rspr. dann eine Ausnahme, wenn sich der Mangel zunächst nur auf einen Teil der Sache beschränkt und beseitigt werden könnte, später aber – weil er nicht beseitigt worden ist – die Gesamtsache schädigt oder zerstört. Die Rspr. hat früher – vergleichsweise praktikabel – auf die funktionelle Abgrenzbarkeit des mangelhaften Teils abgestellt, beschreibt das entscheidende Kriterium mittlerweile seit längerem mit dem Kriterium der „Stoffgleichheit" von Mangelunwert und dem später eingetretenen Schaden an der Gesamtsache.

16 Im vorliegenden Fall beschränkte sich der Mangelunwert zunächst auf die Bereifung des Sportwagens, die man ohne weiteres hätte austauschen können und die den Wert des Sportwagens nur in vergleichweise geringem Umfang (Kosten für neue Reifen) minderte. Im Vergleich dazu ist der in der späteren Zerstörung des Gesamtfahrzeugs liegende Schaden etwas anderes, weitergehendes. Damit liegt keine „Stoffgleichheit" vor, sodass die Zerstörung des Sportwagens als Eigentumsverletzung aufgefasst werden kann.

17 In der Literatur werden verbreitet erhebliche Bedenken gegen die Rspr. zu den „Weiterfresser-Mängeln" geäußert. Zum einen erscheint das Abgrenzungskriterium der Stoffgleichheit eher diffus, wie die nicht geringe Anzahl von korrigierenden BGH-Entscheidungen zeigt. Vor allem aber lässt sich kaum leugnen, dass die Rechtsordnung an die mangelhafte Leistung die speziellen Rechtsfolgen des Leistungsstörungsrechts knüpft (hier Ansprüche gem. §§ 437 Nr. 3, 280 I, III, 281 I 1), die im Grundsatz als abschließend anzusehen sein dürften. Warum bei besonders umfassender Mangelhaftigkeit der Kaufsache eine Eigentumsverletzung und damit eine deliktische Haftung ausscheiden soll, während sie bei eher begrenzter Mangelhaftigkeit möglich erscheint, ist wertungsmäßig nicht gut nachvollziehbar und steht auch in Widerspruch zu § 1 I 2 ProdHaftG.[2] Letztlich lässt sich die Rspr. allenfalls mit der ihr wohl auch ursprünglich zugrunde liegenden Billigkeitserwägung rechtfertigen, dass ein Mangel in einem funktionell abgegrenzten Teil oftmals erst nach längerer Zeit erkennbar wird und dass die Entscheidung des Gesetzgebers, die Verjährungsfrist für Mängel gem. § 438 II (früher § 477 II 1a.F.) kenntnisunabhängig auszugestalten, vor diesem Hintergrund zu unbilligen Ergebnissen führen kann.

18 Mit dieser Erwägung ist eine Eigentumsverletzung hier zu bejahen.

---

[1] BGHZ 86, 256, 258f. m.w.N.

[2] So eingehend etwa Soergel/*Spickhoff*, § 823 Rn. 82f. m.w.N.

b) Verhalten der S

Die Eigentumsverletzung müsste auf eine Handlung der S zurückzuführen sein. 19
Diese Handlung liegt hier im Verkauf bzw. genauer in der anschließenden Übergabe des mangelhaft bereiften Fahrzeugs.

c) Haftungsbegründende Kausalität/Zurechenbarkeit

Ohne diese mangelhafte Leistung wäre der Sportwagen nicht im Eigentum des G 20
stehend zerstört worden; dass die Lieferung eines mangelhaften Fahrzeugs später zu dessen Zerstörung führen kann, entspricht zudem der Lebenserfahrung. An der Zurechenbarkeit der Eigentumsverletzung bestehen keine Bedenken.

d) Rechtswidrigkeit

Da Rechtsfertigungsgründe nicht ersichtlich sind, ist die Eigentumsverletzung rechts- 21
widrig.

e) Verschulden der S

S müsste die Eigentumsverletzung vorsätzlich oder fahrlässig herbeigeführt haben. 22
Für Vorsatz wäre zumindest erforderlich, dass S eine Überalterung oder einen sonstigen Mangel der Reifen für möglich hielt und billigend in Kauf nahm, wofür es keine Anhaltspunkte gibt.[3] Jedoch könnte G durch die Übergabe des mangelhaft bereiften Sportwagens an S die im Verkehr erforderliche Sorgfalt außer Acht gelassen und somit i.S.v. § 276 II fahrlässig gehandelt haben. Bei jedem Kfz, besonders aber bei einem Sportwagen gehört die ordnungsgemäße Bereifung zu den sicherheitsrelevanten Merkmalen. Insofern liegt es nahe, dass zumindest ein gewerblicher Autohändler vor der Übergabe eine Überprüfung – ggf. anhand der DOT-Nummer – vornehmen muss; dies kann letztlich aber offenbleiben, da das konkrete Profil besonders markant war und es S als Fachhändlerin aufgrund der auch ihr bekannten Diskussionen in der Fachpresse hätte auffallen müssen; dann hätte sie aber zugleich die Überalterung der Reifen erkannt.[4] Somit hat S die im Verkehr erforderliche Sorgfalt außer Acht gelassen und i.S.v. § 276 II fahrlässig gehandelt.

f) Schaden des G, Zurechenbarkeit und Ersatzfähigkeit

Dem G müsste *durch* die Eigentumsverletzung der S ein Schaden entstanden sein, 23
also eine Einbuße an Rechten oder Interessen. Die Eigentumsverletzung hat dazu geführt, dass der Gesamtumfang seines (Geschäfts-) Vermögens um den Wert des Sportwagens gemindert wurde. Damit liegt ein Vermögensschaden vor, dessen Entstehung nach der Lebenserfahrung im Falle der Lieferung eines verkehrsunsicheren Fahrzeugs ohne weiteres eintreten kann. Der Zurechnungszusammenhang ist, da G mit dem gekauften Fahrzeug normal gefahren ist, auch nicht unterbrochen.

Somit kann G von S gem. § 249 I grundsätzlich Naturalrestitution verlangen. Da 24
diese bei dem völlig zerstörten Sportwagen nicht möglich ist, kann G von S gem. § 251 I Wertersatz für das Fahrzeug verlangen, d.h. den objektiven Marktwert, den Wiederbeschaffungswert für ein gleichwertiges Ersatzfahrzeug.

g) Anspruchsminderndes Mitverschulden, § 254 I

Der Schadensersatzanspruch des G wäre gem. § 254 I zu mindern, wenn ihn ein 25
Mitverschulden an der Schadensentstehung träfe. Einen Mitverursachungsbeitrag

[3] Vgl. *BGH* NJW 2004, 1032f.
[4] Vgl. *BGH* NJW 2004, 1032, 1033.

könnte man hier darin sehen, dass auch G das Alter der Reifen nicht bemerkt hat. Jedoch ist G kein Fachmann, zudem hatte er das Fahrzeug bei einem solchen gekauft. Daher scheidet ein Mitverschulden aus.

h) Gewährleistungs- bzw. Haftungsausschluss

26 Wie bereits oben festgestellt, haben G und S in ihrem Kaufvertrag die Gewährleistung durch eine wirksame Individualvereinbarung ausgeschlossen. Zu prüfen ist, ob dieser vertragliche Gewährleistungsausschluss auch konkurrierende gesetzliche Ansprüche umfasst. Dies ist grundsätzlich möglich, jedoch stets im Wege der Auslegung der konkreten Vereinbarung gem. §§ 133, 157 zu ermitteln. Ihrem Wortlaut nach bezieht sich die Individualvereinbarung am Ende des Vertrags nur auf „vertragliche Gewährleistung". Dies ist zwar eher ungewöhnlich, andererseits ist der Wortlaut eindeutig und bildet jedenfalls im Grundsatz eine Grenze für die Auslegung. Da der Sachverhalt keine Anhaltspunkte für einen abweichenden übereinstimmenden wirklichen Parteiwillen liefert, erstreckt sich der Gewährleistungsausschluss nur auf vertragliche Ansprüche und steht dem Anspruch aus § 823 I nicht entgegen.

i) Ergebnis

27 G kann von S gem. § 823 I Ersatz des Wertes des Sportwagens verlangen.

II. Ansprüche der Stadt E gegen G auf Schadensersatz für den Radweg

1. Aus § 7 I StVG

28 E könnte gegen G ein Schadensersatzanspruch gem. § 7 I StVG wegen der Beschädigung des Radwegs zustehen.

a) Haltereigenschaft des G

29 Dazu müsste der Anspruchsgegner G zunächst Halter des in den Unfall involvierten Sportwagens gewesen sein. Fahrzeughalter ist, wer das Kraftfahrzeug für eigene Rechnung im Gebrauch hat und die dafür erforderliche Verfügungsgewalt besitzt.[5] Auf die Eigentumsverhältnisse am Kfz kommt es für die Haltereigenschaft nicht an. G hat den Sportwagen regelmäßig als Firmenfahrzeug benutzt und die Kosten für dessen Betrieb selbst bestritten. Er war damit Halter des Fahrzeugs.

b) Rechtsgutsverletzung

30 Weiterhin müsste eines der in § 7 I StVG genannten Rechtsgüter verletzt sein. Der im Eigentum der E stehende Radweg wurde bei dem Unfall massiv beschädigt. Somit liegt eine tatbestandsmäßige Rechtsgutsverletzung in Form einer Sachbeschädigung vor.

c) Bei dem Betrieb des Kfz (haftungsbegründende Kausalität)

31 Die Halterhaftung nach § 7 I StVG setzt ferner voraus, dass die Sache bei dem Betrieb eines Kfz (vgl. § 1 II StVG) beschädigt worden ist.

aa) Betrieb eines Kfz

32 Fraglich ist zunächst, ob der Sportwagen des G noch in Betrieb war, als die nachfolgenden Kraftfahrer auf den Radweg auswichen. Der Wagen des G war nämlich zu die-

[5] BGHZ 13, 351; *BGH* NJW 1983, 1492, 1493.

sem Zeitpunkt infolge der Kollision mit der Mittelleitplanke bereits zum Stehen gekommen. Der Betriebsbegriff des § 7 I StVG ist umstritten.

Nach einer v.a. früher vertretenen Auffassung gilt ein sog. *maschinentechnischer Betriebsbegriff*. Danach ist ein Kfz nur solange in Betrieb, wie die Motorkräfte auf das Fahrzeug einwirken.[6] Nach dieser Auffassung endete der Betrieb des Sportwagens in dem Zeitpunkt, als das Kfz mit einem Totalschaden auf der Fahrbahn zum Stehen kam, da es nicht mehr aus eigener Kraft fortbewegt werden konnte. Gegen diesen Betriebsbegriff spricht, dass bei den heutigen Verkehrsverhältnissen von einem auf der Fahrbahn stehenden Kfz sogar eine größere Betriebsgefahr ausgehen kann als von einem fahrenden. Er ist daher zu eng und wird dem Normzweck des § 7 StVG, die Verkehrsteilnehmer vor den Gefahren des Kraftfahrzeugverkehrs zu schützen, nicht gerecht.[7] 33

Der Vorzug gebührt daher der heute herrschenden *verkehrstechnischen Auffassung*. Danach dauert der Betrieb eines Fahrzeugs fort, solange der Fahrer das Fahrzeug im Verkehr belässt und die dadurch geschaffene Gefahrenlage fortbesteht.[8] In Betrieb sind also alle Fahrzeuge, die im öffentlichen Verkehrsraum bewegt werden oder in verkehrsbeeinflussender Weise darin ruhen.[9] Der Betrieb wird auch nicht dadurch unterbrochen, dass das Kfz infolge eines Motorschadens auf der Fahrbahn liegen bleibt, selbst wenn dieser Zustand längere Zeit andauert.[10] Unter Zugrundelegung des verkehrstechnischen Betriebsbegriffs war das Kfz des G im Zeitpunkt der Beschädigung des Radweges noch in Betrieb. 34

bb) Ursachenzusammenhang

Der Betrieb des Sportwagens war conditio sine qua non für die Beschädigung des Radweges, da es ohne die Verkehrsteilnahme des G nicht zu dem Unfall und dem dadurch veranlassten Ausweichen der nachfolgenden Kraftfahrer gekommen wäre. 35

Eine Haftungsbegrenzung unter dem Gesichtspunkt der Adäquanz kommt hier nicht in Betracht, da die Beschädigung des Radweges nicht auf einem völlig regelwidrigen, atypischen Kausalverlauf beruht. Bei Unfällen im fließenden Verkehr liegt es nicht völlig außerhalb des nach allgemeiner Lebenserfahrung Vorhersehbaren, dass nachfolgende Verkehrsteilnehmer die Unfallstelle umfahren und dabei Schäden an Grünflächen oder Radwegen anrichten.[11] 36

cc) Unterbrechung des Zurechnungszusammenhangs?

Möglicherweise scheitert die *Zurechenbarkeit* der Schäden am Radweg aber daran, dass diese Schäden erst durch das Dazwischentreten eigenverantwortlich handelnder Dritter entstanden sind. Grundsätzlich muss sich der Erstschädiger auch solche Schadensfolgen zurechnen lassen, die auf dem freien Entschluss eines Dritten beruhen (sog. *psychisch vermittelte Kausalität*). Selbst vorsätzliches und rechtswidriges Fehlverhalten Dritter lässt den Zurechnungszusammenhang nicht schlechthin entfallen.[12] Das Eingreifen Dritter führt nur dann zu einer Unterbrechung des Kausalzusammenhangs, wenn dadurch die Ursächlichkeit des ersten Umstandes für das zweite Ereignis voll- 37

[6] *OLG Köln* DAR 1932, 121; vgl. auch *BGH* NJW 1975, 1886f. zur Benutzung eines Lkw-Motors bei der Entladung.
[7] BGHZ 29, 163, 166 = NJW 1959, 627.
[8] *BGH* NJW 1972, 904, 905; 1959, 627, 628.
[9] *OLG Saarbrücken* NJW-RR 2007, 681, 682.
[10] *BGH* NJW 1959, 627.
[11] *BGH* NJW 1972, 904, 905.
[12] *BGH* NJW 1972, 904, 905.

ständig beseitigt wird (sog. *Regressverbot*).[13] Die nachfolgenden Kraftfahrer sind aufgrund eines freien Willensentschlusses auf den Radweg ausgewichen. Sie haben sich dabei nicht nur verkehrswidrig verhalten, sondern sich sogar wegen (bedingt) vorsätzlicher Sachbeschädigung gem. § 303 I StGB strafbar gemacht. Allerdings bewirkt nicht jedes vorsätzliche und rechtswidrige Verhalten Dritter, das zur Schadensentstehung beigetragen hat, eine Unterbrechung des Kausalzusammenhangs. Im vorliegenden Fall hat die von G verursachte Blockade der Fahrbahn die nachfolgenden Kraftfahrer zum Ausweichen veranlasst. Da deren Verhalten auch keine ungewöhnliche Reaktion auf das Unfallereignis darstellt, wirkt der Betrieb des Kfz in der Beschädigung des Radwegs noch fort.

38 **Hinweis:** Veranlasst der Betrieb eines Kfz einen anderen Verkehrsteilnehmer zu einem objektiv nicht notwendigen Ausweichmanöver, unterbricht die unangemessene Reaktion den Zurechnungszusammenhang ebenfalls nicht; in Betracht kommt aber ein Mitverschulden.[14]

dd) Realisierung der Betriebsgefahr („bei“ dem Betrieb)

39 Der Radweg müsste aber gerade *bei* dem noch fortdauernden Betrieb des Sportwagens beschädigt worden sein. Nach ständiger Rechsprechung ist eine Rechtsgutsverletzung „beim Betrieb eines Kfz“ eingetreten, wenn sich die von dem Kfz ausgehende typische Gefahr auf den Schadensablauf ausgewirkt hat, wenn also das Unfallgeschehen durch das Kfz mitgeprägt worden ist.[15]

40 Dazu bedarf es zunächst eines *nahen örtlichen und zeitlichen Zusammenhangs* zwischen dem Betriebsvorgang und der Sachbeschädigung.[16] Im vorliegenden Fall besteht ein derartiger Zusammenhang, da die anderen Kraftfahrer unmittelbar nach der von G verursachten Blockade der Fahrbahn auf den Radweg auswichen, der direkt neben der Autobahn verläuft.

41 **Hinweis:** Dagegen wurde ein solcher Zusammenhang verneint, wenn ein Pkw ordnungsgemäß auf einem Parkplatz abgestellt ist, von Dritten vorsätzlich angezündet wird und der Brand dazu führt, dass der Pkw zu einem anderen Fahrzeug rollt und dieses ebenfalls in Brand setzt.[17]

42 Allerdings könnte hier der *Schutzzweck* des § 7 StVG einer Zurechnung der Sachbeschädigung zum Betrieb des Kfz entgegenstehen.[18] Ein die Zurechnung rechtfertigender Zusammenhang zwischen dem Betrieb des Kfz und dem Schadensereignis setzt voraus, dass es sich bei der Schädigung um eine spezifische Auswirkung derjenigen Gefahren handelt, zu deren Abwehr die Haftungsnorm des § 7 I StVG erlassen worden ist.[19] Der Zweck des § 7 I StVG besteht darin, die Verkehrsteilnehmer umfassend vor den Gefahren zu schützen, die durch ein Kfz in den Verkehr getragen werden.[20] Das Eingreifen Dritter lässt den Zurechnungszusammenhang demnach v.a. dann unberührt, wenn das Verhalten des Erstschädigers die schadenstiftende Handlung des Dritten *herausgefordert* hat.[21] Im vorliegenden Fall bestand aber gerade keine zum Eingreifen drängende Lage, als die nachfolgenden Kraftfahrer auf den Radweg auswichen. Sie wurden nicht etwa zum Ausweichen gezwungen, um eine Kollision mit dem verunfallten Sportwagen zu vermeiden. Da eine Gefahr für bedeutende Rechtsgüter nicht er-

---

[13] *BGH* NJW 1972, 904, 905f.
[14] *BGH* NJW 2005, 2081, 2082f.
[15] BGHZ 37, 311, 315f.; 105, 65, 66f.; *BGH* NJW 1991, 2568.
[16] *BGH* NJW 1959, 627; 1972, 904, 905.
[17] *BGH* NJW-RR 2008, 764 Tz. 9ff. m.w.N.
[18] *BGH* NJW 1981, 2127; Palandt/*Grüneberg*, Vorb v § 249 Rn. 76.
[19] *BGH* NJW 1972, 904, 906; 1991, 2568; 2005, 2081 m.w.N.
[20] *BGH* NJW 1959, 627.
[21] Palandt/*Grüneberg*, Vorb v § 249 Rn. 33.

sichtlich war, durften sich die ungeduldigen Fahrer durch die Blockade der Autobahn nicht zur Beschädigung fremden Eigentums herausgefordert fühlen. Die von G verursachte Sperrung der Straße bildete nur den äußeren Anlass für das eigenmächtige und rücksichtslose Verhalten der ungeduldigen Kraftfahrer, stand aber in keinem die Zurechnung rechtfertigenden inneren Zusammenhang mit dem Unfallereignis.[22] Bei wertender Betrachtung lag die Herrschaft über das schadenstiftende Geschehen allein bei den nachfolgenden Kraftfahrern. Die Beschädigung des Radweges kann G daher nach dem Schutzzweck des § 7 I StVG nicht zugerechnet werden.[23]

d) Ergebnis

E kann somit von G keinen Schadensersatz für die Beschädigung des Radweges gem. § 7 I StVG verlangen. 43

Hinweis: Damit gelangt man im vorliegenden Fall nicht mehr zur Prüfung eines Haftungsausschlusses nach § 7 II StVG. Der Begriff der höheren Gewalt umfasst aber ohnehin nur von außen kommende Ereignisse, die keinen betrieblichen Zusammenhang aufweisen, unvorhersehbar sind und auch durch äußerste Sorgfalt nicht abgewendet werden können.[24] Beschaffenheitsmängel am Kfz bewirken daher keinen Haftungsausschluss nach § 7 II StVG. 44

2. Aus § 18 I StVG

Auch eine (verschuldensabhängige) Haftung des G als Fahrzeugführer gem. § 18 I StVG scheidet aus, da die Voraussetzungen des § 7 I StVG nicht erfüllt sind. 45

3. Aus § 823 I BGB

Fraglich ist, ob E von G gem. § 823 I BGB Ersatz für den beschädigten Radweg beanspruchen kann. 46

a) Rechtsgutsverletzung

Der im Eigentum der E stehende Radweg wurde beschädigt. Damit ist das Eigentum der E, also ein Rechtsgut i. S. d. § 823 I, verletzt. 47

b) Verhalten

Der Radweg müsste durch ein Verhalten des G beschädigt worden sein. G ist mit dem Sportwagen gefahren, obwohl dessen Verkehrssicherheit aufgrund der altersbedingten Mängel der Reifen nicht gewährleistet war. Damit hat G gegen die dem Fahrzeughalter obliegende Pflicht verstoßen, das Kfz in einem verkehrssicheren Zustand zu erhalten und vor Fahrtantritt auf etwaige Mängel hin zu überprüfen (allgemeine Verkehrssicherungspflicht).[25] 48

c) Haftungsbegründende Kausalität

Wäre G nicht mit dem verkehrsuntauglichen Sportwagen auf der Autobahn gefahren, dann wäre es nicht zu dem Unfall gekommen, der die nachfolgenden Kraftfahrer zum Ausweichen auf den Radweg veranlasst hat. Die Fahrt mit dem mangelbehafteten Sportwagen war daher conditio sine qua non für die Beschädigung des Radwegs. 49

---

[22] *BGH* NJW 1972, 904, 906.
[23] *BGH* NJW 1972, 904, 906; a. A. Palandt/*Grüneberg*, Vorb v § 249 Rn. 49.
[24] BGHZ 100, 185.
[25] Vgl. *OLG Stuttgart* NZV 1991, 68 zur Haftung für Unfall durch Reifenplatzen.

50 Auch hinsichtlich der adäquaten Kausalität ergeben sich keine Bedenken, da eine unfallbedingte Blockade der Fahrbahn erfahrungsgemäß andere Kraftfahrer zum Ausweichen über angrenzende Grünstreifen und Radwege veranlasst.

51 Nach dem oben Gesagten kann die Beschädigung des Radweges dem G aber nicht zugerechnet werden. Die Schäden beruhen auf dem eigenmächtigen vorsätzlichen Fehlverhalten der nachfolgenden Kraftfahrer, das durch G auch nicht herausgefordert worden ist. Diese Schadensfolgen werden daher vom Schutzzweck des § 823 I ebenso wenig umfasst wie von dem des § 7 I StVG.

52 **Hinweis:** Ein Schadensersatzanspruch der E gegen G aus § 823 I scheitert im Übrigen auch am fehlenden Verschulden des G. Ein Fahrlässigkeitsvorwurf würde G nur treffen, wenn der zum Unfall führende Reifenmangel bei pflichtgemäßer Prüfung hätte erkannt werden können.[26] Das Herstellungsdatum der Reifen war jedoch in der DOT-Nummer verschlüsselt und daher nur für einen Fachmann erkennbar. Aus dem Sachverhalt geht auch nicht hervor, dass das Reifenprofil einen Abnutzungsgrad aufwies, der altersbedingte Mängel der Reifen nahe legte.

d) Ergebnis

53 E hat somit auch aus § 823 I keinen Schadensersatzanspruch gegen G.

4. Aus § 823 II BGB i.V.m. StVO

54 E kann ihr Schadensersatzbegehren gegenüber G schließlich auch nicht auf § 823 II i.V.m. StVO stützen. Aus dem Sachverhalt geht nicht hervor, dass G mit überhöhter Geschwindigkeit gefahren ist oder sonstige Verkehrsverstöße begangen hat. Mangels eines Verstoßes gegen die StVO fehlt es folglich an einer Schutzgesetzverletzung.

III. Ansprüche der Stadt E gegen S auf Schadensersatz für den Radweg

1. Aus § 1 I 1 ProdHaftG

55 Eine Gefährdungshaftung der S gegenüber E gem. § 1 I 1 ProdHaftG kommt von vornherein nicht in Betracht, da S als Autohändlerin nicht Herstellerin des Sportwagens i.S.d. § 4 ProdHaftG ist.

2. Aus § 823 I BGB

56 Fraglich ist, ob E von S gem. § 823 I BGB Ersatz für den beschädigten Radweg verlangen kann.

a) Rechtsgutsverletzung

57 E ist infolge der Beschädigung des Radweges in ihrem Eigentum verletzt.

b) Verhalten der S

58 Als Verletzungshandlung kommt die Übergabe des nicht verkehrssicheren Sportwagens an G in Betracht.

c) Haftungsbegründende Kausalität

59 Das Verhalten der S ist für die Beschädigung des Radweges ursächlich, da es nicht hinweggedacht werden kann, ohne dass der Unfall und das dadurch veranlasste Ausweichen der anderen Kraftfahrer entfielen. Es liegt auch nicht außerhalb jeglicher

---

[26] Vgl. *OLG Stuttgart* NZV 1991, 68.

Wahrscheinlichkeit, dass ein nicht verkehrstaugliches Kfz einen Unfall verursacht und andere Autofahrer infolgedessen über einen angrenzenden Radweg ausweichen.

Das eigenmächtige Dazwischentreten der ungeduldigen Kraftfahrer unterbricht jedoch den Zurechnungszusammenhang, wenn die Beschädigung des Radwegs nicht mehr vom Schutzzweck des § 823 I umfasst ist. Selbst wenn G den Verkehrsunfall schuldhaft verursacht hätte, würde er nach dem Schutzzweck des § 823 I BGB für die Beschädigung des Radwegs durch Dritte nicht haften. S ist vom schadenstiftenden Geschehen aber noch weiter entfernt als G und hat die Reaktion der nachfolgenden Kraftfahrer ebenso wenig herausgefordert wie G. Bei wertender Betrachtung fehlt es damit am Zurechnungszusammenhang zwischen der Übergabe des verkehrsuntauglichen Kfz und der Beschädigung des Radweges. **60**

d) Ergebnis

Somit kann E auch von S keinen Ersatz der Reparaturkosten gem. § 823 I beanspruchen. **61**

Fall 9. Leiden eines Bierfreundes

Sachverhalt

Der Bauunternehmer Gernot Gerstl (G) ist ein Freund der gepflegten Hopfenkaltschale. In einem neu eröffneten Getränkemarkt kauft er verschiedene Flaschen ihm bislang unbekannter Biersorten, die er daheim in seinem Keller abstellt.

Mit einer der gekauften Flaschen will G in seinem Arbeitszimmer noch ein paar Angebote durchsehen. Kaum hat er sein Arbeitszimmer erreicht, klingelt es an der Haustür. G stellt die Flasche „Windsheimer Weizen" auf dem Schreibtisch ab und geht zur Haustür. Unterdessen reißt an der Bierflasche der – für diese Biersorte eher ungewöhnliche – Bügelverschluss ab, weil er zu schwach ist und deshalb dem durch den Transport ausgelösten Druck in der Flasche nicht mehr standhält. Das Weizenbier sprudelt in einer Fontäne auf das daneben liegende Notebook des G, dringt in das Gehäuse ein und beschädigt das Gerät. Das Notebook wird von G ausschließlich beruflich genutzt; es ist sechs Jahre alt und hat einen Zeitwert von 300 €. Seine Reparatur würde einschließlich der notwendigen Neueinrichtung von Betriebssystem und Programmen 700 € kosten. Außerdem sind die Daten eines Gebots auf eine EU-weite Ausschreibung zerstört worden, deren Wiederherstellung 250 € kostet. G verlangt von der Privatbrauerei Wilhelm Winzer (W), die das Bier hergestellt hat, Ersatz seiner Schäden. W wendet ein, auch eine andere Brauerei würde diese Art von Verschluss verwenden; daher sei ihm „nichts vorzuwerfen"; außerdem sei es von G höchst unvorsichtig gewesen, die Flasche unbeaufsichtigt neben den Computer zu stellen.

Entnervt holt sich G am Abend eine weitere Flasche Bier aus dem Keller. Wahllos greift er eine Flasche Fürstenzeller Fürstenpils von der Brauerei Fürstenzell GmbH (F-GmbH). Es handelt sich um eine typische Einheits-Mehrwegflasche aus Glas, die seit längerem im Umlauf war, aber bei der Abfüllung keine sichtbaren Schäden aufwies. Eine Überprüfung der Flasche auf ihre Druckbeständigkeit hat nicht stattgefunden. Als G die Flasche in die Hand nimmt, explodiert die Flasche und verletzt ihn an der Hand. Im Krankenhaus werden einige Glassplitter aus der Haut entfernt; darüber hinaus werden außer ein paar Hautverletzungen keine Verletzungen festgestellt. G ist ein paar Tage arbeitsunfähig; Behandlungskosten und Verdienstausfall werden von der F-GmbH ohne Anerkennung einer Rechtspflicht ersetzt. Nachdem der Heilungsprozess erfolgreich abgeschlossen ist, nimmt G seine Berufstätigkeit zunächst wieder auf, verfällt dann aber dem Whisky und stellt jegliche Berufstätigkeit ein. Dafür macht er die F-GmbH verantwortlich: Weil ihm die Explosion nicht aus dem Kopf gehe und er deshalb aus Angst keine Bierflasche mehr in die Hand nehmen könne, zudem seine Konzentrationsfähigkeit gestört sei und er aus Verzweiflung Whisky trinke, könne er nicht mehr arbeiten. G verlangt von der F-GmbH daher auch noch eine Unterhaltsrente. Diese weigert sich unter Hinweis darauf, dass zum einen G einen Produktfehler nicht nachweisen könne und ihr zum anderen jedenfalls die angebliche Arbeitsunfähigkeit des G nicht zuzurechnen sei, weil sie in keinem nachvollziehbaren Verhältnis zu den erlittenen Verletzungen stehe.

Bestehen die Ansprüche, die G gegen W und die F-GmbH erhebt?

Gliederung

Lösung

Hinweis: Denkbar wären auch Schadensersatzansprüche gegen den Getränkemarktbetreiber, zu dem eine vertragliche Beziehung besteht. Die Fragestellung blendet sie aus; die Ansprüche gem. §§ 437 Nr. 3, 280 I auf Ersatz sog. „Mangelfolgeschäden" scheitern am fehlenden Verschulden, das der Getränkemarktbetreiber ausnahmsweise nachweisen (§ 280 I 2) kann: Den Handel trifft grundsätzlich keine Untersuchungspflicht. Die Haftung nach § 1 I ProdHaftG trifft den Händler nicht, und eine 1

Haftung nach § 823 I BGB scheidet regelmäßig aus, weil eine Verkehrssicherungspflicht des Händlers aufgrund von Zumutbarkeitserwägungen zu verneinen ist.[1]

2 Rothe, Verkehrssicherung um jeden Preis? – Keine Haftung für explodierte Limonadenflasche, NJW 2007, 740 (Überblick zur Entwicklung der Rspr.)

I. Schadensersatzansprüche des G gegen W wegen des Notebooks

1. Aus § 280 I BGB

3 G könnte gegen W einen Schadensersatzanspruch gem. § 280 I haben.

4 Dazu müsste zwischen den Parteien ein Schuldverhältnis bestehen. Da sie keinen Vertrag geschlossen haben, könnte sich ein Schuldverhältnis nur aus einem Vertrag mit Schutzwirkung zugunsten Dritter ergeben. Insofern kommt nur ein Liefervertrag zwischen W und seinem Abnehmer, sei es ein Großhändler oder der Getränkemarkt in Betracht, also ein Kaufvertrag. Da für den Verkäufer typischerweise nicht ersichtlich ist, welche Dritten mit der (mangelhaften) gelieferten Sache bestimmungsgemäß in Berührung kommen werden und am Schutz welcher Dritten der Käufer ein schutzwürdiges Interesse haben könnte, entfaltet ein Kaufvertrag in der Regel keine drittschützende Wirkung, insbesondere nicht in der hier vorliegenden Konstellation.[2]

5 **Hinweis:** In Betracht kommen damit nur noch Ansprüche nach § 1 I ProdHaftG und § 823 I wegen Verletzung von Verkehrssicherungspflichten des Herstellers. Beide stehen in Anspruchsgrundlagenkonkurrenz, vgl. § 15 II ProdHaftG. Eine zwingende Prüfungsreihenfolge gibt es deshalb nicht. Da § 1 I ProdHaftG speziellere (Schädigung durch fehlerhaftes Produkt) und zugleich geringere (kein Verschulden) Voraussetzungen hat, liegt es nahe, mit dieser Norm zu beginnen.

2. Aus § 1 I ProdHaftG

6 G könnte gegen W einen Anspruch auf Ersatz seiner Schäden aus § 1 I ProdHaftG haben.

a) Rechtsgutsverletzung

7 Dazu müsste zunächst eines der in § 1 I ProdHaftG genannten Rechtsgüter verletzt sein. In Betracht kommt angesichts der Beschädigung des Notebooks eine Sachbeschädigung. Das Notebook ist eine Sache i.S.v. § 90, es wurde auch beschädigt.

8 Zweifelhafter erscheint die Situation bei den verlorengegangenen Daten. Zwar umfasst der Begriff der Beschädigung in § 1 I ProdHaftG ggf. auch den Verlust, doch erscheint es fraglich, ob man Daten generell als Sachen, also als körperliche Gegenstände i.S.v. § 90 S. 1 ansehen kann,[3] oder zumindest dann, wenn sie auf einem Datenträger verkörpert sind und ohne Beschädigung des Datenträgers beeinträchtigt werden.[4] Die Frage ist stark umstritten; für eine Gleichstellung sprechen in erster Linie wirtschaftliche Gründe, dagegen jedoch die ganz überwiegende Verkehrsauffassung. Deshalb wird teilweise für die Anerkennung eines „Rechts am eigenen Datenbestand" als sonstiges Recht i.S.v. § 823 I plädiert.[5] Doch geht auch die Meinung, die eine Sachqualität der Daten stets verneint, davon aus, dass eine Ersatzfähigkeit von Datenverlusten dann

---

[1] Dazu *BGH* NJW 2007, 762 Tz. 10 ff.

[2] Grundlegend BGHZ 51, 91, 96 – *Hühnerpestfall*, ausführlicher zum Aspekt der Schutzwirkung abgedruckt in NJW 1969, 269, 271 f. (m. zust. Anm. *Diederichsen*).

[3] *König*, NJW 1993, 3121 ff.

[4] Bamberger/Roth/*Spindler*, § 823 Rn. 55 m.w.N.

[5] *Meier/Wehlau*, NJW 1998, 1585, 1588 f.; Bamberger/Roth/*Spindler* § 823 Rn. 93: Daten auf fremden Rechnern; dazu a.A. Soergel/*Spickhoff*, § 823 Rn. 79: Verletzung berechtigten Besitzes.

besteht, wenn der sie enthaltende Datenträger im weitesten Sinne beschädigt wird.[6] Da eine solche Substanzbeschädigung vorliegt, die den Datenverlust umfasst, ist für den vorliegenden Fall nach allen Auffassungen von einer Sachbeschädigung auszugehen; die Kontroverse bedarf daher keiner Entscheidung.

Sachbeschädigungen begründen gem. § 1 I 2 ProdHaftG allerdings nur dann eine Ersatzpflicht, wenn eine andere Sache als das fehlerhafte Produkt beschädigt wird und diese andere Sache ihrer Art nach gewöhnlich für den privaten Ge- oder Verbrauch bestimmt und hierzu von dem Geschädigten hauptsächlich verwendet worden ist. Zwar geht es mit dem Notebook um eine andere Sache als das fehlerhafte Produkt, doch setzt G das Notebook ausschließlich für seine gewerbliche Tätigkeit ein. Damit ist die Ersatzfähigkeit der Schäden gem. § 1 I 2 ProdHaftG ausgeschlossen. 9

b) Ergebnis

Nach § 1 I ProdHaftG kann G von W für die Schäden am Notebook und den Datenverlust keinen Ersatz fordern. 10

Hinweis: Damit erweist sich die sog. Produzentenhaftung auf der Grundlage des § 823 I als entscheidend, die der BGH bereits lange vor der Schaffung des ProdHaftG entwickelt hat. 11

3. Aus § 823 I BGB

G könnte gegen W einen Anspruch auf Ersatz seiner Schäden aus § 1 I ProdHaftG haben. 12

a) Verhalten des W

W hat das Bier produziert, in die schadhafte Flasche abgefüllt und so auf den Markt gebracht. Er hat also als Hersteller ein fehlerhaftes Produkt in den Verkehr gebracht. 13

b) Rechtsgutsverletzung

Als verletztes Rechtsgut kommt – wie bereits oben dargelegt – das Eigentum des G am Notebook in Betracht. Die Sachbeschädigung stellt eine Eigentumsverletzung dar. Ob der Datenverlust als solcher ebenfalls als Eigentumsverletzung anzusehen ist oder dem die fehlende Sacheigenschaft der Daten i.S.v. § 90 BGB entgegensteht, kann aus den oben in Rn. 8 genannten Gründen dahinstehen. 14

c) Haftungsbegründende Kausalität und Zurechenbarkeit

Das Verhalten des W müsste für die Eigentumsverletzung ursächlich gewesen sein. Ohne das Inverkehrbringen der fehlerhaften Bierflasche wäre das Notebook nicht beschädigt worden, und das eine fehlerhafte Flasche über den Austritt ihres Inhalts fremde Sachen beschädigen kann, liegt nicht außerhalb der Lebenserfahrung. 15

Gleichwohl stellt sich die Frage, ob der Verletzungserfolg dem W zurechenbar ist. Denn das Inverkehrbringen von Produkten, auch von Bierflaschen, im Rahmen der Rechtsordnung ist sozialadäquat. Damit bedarf die Zurechnung der Beschädigung des Notebooks durch das ausgetretene Bier einer besonderen Begründung. Bei fehlerhaften Produkten geht die Rspr. davon aus, dass der Hersteller (sowie u.U. andere Personen) dann haftet, wenn er beim Inverkehrbringen des fehlerhaften Produkts eine Verkehrssicherungspflicht verletzt hat. 16

---

[6] Vgl. Bamberger/Roth/*Fritzsche,* § 90 Rn. 26 m.w.N.; MünchKomm/*Wagner,* § 823 Rn. 103 m.w.N.; *Spindler,* NJW 2004, 3145, 3146 m.w.N.

17 **Hinweis:** Die Prüfung der Verletzung einer Verkehrssicherungspflicht kann nach Ansicht von Teilen der Literatur auch bei der Rechtswidrigkeit erfolgen bzw. als Fall der Schutzgesetzverletzung; überwiegend plädiert man jedoch für eine Prüfung auf der Ebene der Zurechnung.[7] Es hängt dann von der konkreten Konstellation ab, ob man die Verkehrssicherungspflicht bereits beim Vorliegen eines menschlichen Verhaltens prüft (so etwa bei Unterlassungsdelikten, Nicht-Streuen des Gehwegs bei Eis im Winter) oder erst beim Zurechnungszusammenhang wie hier.

18 Erforderlich ist zunächst das Vorliegen eines Produktfehlers; insofern gelten die gleichen Kategorien wie bei § 2 ProdHaftG. Im Wesentlichen sind drei Fehlerkategorien anerkannt, nämlich Konstruktionsfehler, Fabrikationsfehler und Instruktionsfehler. Ein Konstruktionsfehler liegt vor, wenn ein Produkt technisch nicht so konstruiert ist, dass es der durchschnittliche Verwender im Rahmen des Verwendungszwecks gefahrlos gebrauchen kann.[8] Im vorliegenden Fall war der an der Weizenbierflasche angebrachte Bügelverschluss seiner Bauart nach zu schwach, um dem Druck im Innern der Flasche standzuhalten. Damit hatte die Flasche nicht die Eigenschaften, die ein durchschnittlicher Benutzer erwarten darf, sodass ein Konstruktionsfehler vorliegt.

19 Zurechenbar ist dieser Produktfehler dem W, wenn er ihn objektiv durch geeignete und zumutbare Maßnahme hätte vermeiden können. Da es sich um einen Konstruktionsfehler handelt, ist davon auszugehen, dass er durch eine bessere Organisation bei der Produktentwicklung hätte vermieden werden können.

d) Rechtswidrigkeit

20 W handelte rechtswidrig.

e) Verschulden

21 W müsste seine Verkehrssicherungspflicht vorsätzlich oder fahrlässig, also schuldhaft verletzt haben. Für Vorsatz gibt es keine Anhaltspunkte. Fraglich ist daher, ob W i. S. v. § 276 II die im Verkehr erforderliche Sorgfalt außer Acht gelassen und fahrlässig gehandelt hat. Auch dafür teilt der Sachverhalt keine Anhaltspunkte mit.

22 Insofern spiegelt der Fall allerdings die Folgen der oftmals komplexen Entwicklungs- und Produktionsvorgänge in der modernen Wirtschaft wider, in die der Geschädigte typischerweise keinen Einblick hat. Da der Geschädigte aus diesem Grunde eine Nachlässigkeit in der Produktion oder der Unternehmensorganisation kaum darlegen oder gar nachweisen kann, hat die Rspr. für die deliktische Produzentenhaftung eine Beweislastumkehr für den Fall anerkannt, dass das Inverkehrbringen eines mangelhaften Produkts feststeht.[9] Da ein Produktfehler hier feststeht, muss W als Produzent nachweisen, dass er sein Unternehmen so organisiert hat, dass bei der Entwicklung des Weizenbiers in der Bügelflasche der Stand von Wissenschaft und Technik berücksichtigt wurde und auch sonst das Entstehen von Konstruktionsfehlern (und anderen Produktfehlern) möglichst ausgeschlossen war. W hat lediglich vorgetragen, auch eine andere Brauerei würde die gleiche Art von Verschluss verwenden, weshalb ihm nichts vorzuwerfen sei. Dies sagt freilich nichts über die Einhaltung der bestehenden Organisationspflichten und darüber aus, ob er den von ihm verwendeten Verschlusstyp auf die Eignung für sein Weizenbier hat testen lassen. Daher ist davon auszugehen, dass W fahrlässig gehandelt hat.

---

[7] *Fuchs,* Deliktsrecht, 7. Aufl., 2009, 2. Kap. A IV 2 (S. 90) m. w. N.

[8] BGHZ 104, 323, 328 = NJW 1988, 2611; BGHZ 105, 346, 351 = NJW 1989, 707; *BGH* NJW-RR 1999, 25, 26.

[9] S. etwa BGHZ 116, 104, 107 ff. m. w. N.: sogar in Kleinbetrieben; *BGH* NJW 1999, 1028, 1029.

f) Schaden

Ein Schaden ist grundsätzlich jede Einbuße an Rechten oder Interessen. Solche Einbußen hat G hier an der Gebrauchstauglichkeit des Notebooks und durch den Datenverlust erlitten; da das Notebook an Wert verloren hat und die Beseitigung des Datenverlusts Kosten verursacht, handelt es sich auch um Vermögensschäden. 23

g) Haftungsausfüllende Kausalität und Zurechenbarkeit der Schäden

Beide Schadensposten beruhen auf dem von W verschuldeten Produktfehler der Weizenbierflasche. 24

h) Art und Umfang des Schadensersatzes

Art und Umfang des Schadensersatzes richten sich nach den §§ 249ff. W hat G gem. § 249 II 1 grundsätzlich die für die Reparatur des Notebooks erforderlichen Kosten zu erstatten, also 700 €. Jedoch kann W als Schädiger gem. § 251 II 1 die Naturalrestitution verweigern, wenn die dazu notwendigen Aufwendungen unverhältnismäßig sind. Die Rspr. zieht die Grenze zur Unverhältnismäßigkeit bei Kraftfahrzeugen bei 130% des Zeitwertes. Diese Grenze soll bei anderen Sachen nicht schematisch übertragbar sein, wird aber im Ausgangspunkt herangezogen. Da das Notebook nur noch 300 € wert ist, müsste W die Reparaturkosten nur bis maximal 480 € tragen. Diesen Betrag übersteigen die Kosten so stark, dass sie unverhältnismäßig erscheinen. W kann daher den Ersatz der Reparaturkosten verweigern und dem G stattdessen das Wertinteresse ersetzen, das hier in den Kosten für ein gleichartiges Gebrauchtgerät in ähnlichem Zustand liegt. Mangels anderer Anhaltskosten dürfte der Wiederbeschaffungswert dem Zeitwert von 300 € entsprechen. 25

Vom Schaden an der Hardware des Notebooks zu unterscheiden sind die Kosten für die Wiederherstellung der Daten i. H. v. 200 €. Sie sind nach § 249 II 1 zu ersetzen. 26

Hinweis: Bei der Datenrettung kann die Grenze zwischen Wiederherstellung und Neuschaffung durch Rekonstruktion fließend sein. Soweit eine Wiederherstellung der Daten im eigentlichen Sinne nicht mehr möglich sein sollte, wäre der Wert der Daten nach § 251 I zu ersetzen, den man mit den Kosten für die Herstellung der Ausschreibungsunterlagen ansetzen müsste. Die Kosten für die Datenrettung sind also ersatzfähig. 27

i) Mitverschulden

Zu prüfen ist, ob der Anspruch des G gem. § 254 I wegen Mitverschuldens herabzusetzen ist. Eine Mitverursachung des Schadens könnte sich daraus ergeben, dass G die Flasche neben dem empfindlichen Notebook mit den wichtigen Daten abgestellt hat, obwohl es der Lebenserfahrung entspricht, dass Getränkeflaschen manchmal sogar explodieren können. Doch geschieht dies so selten, dass hierin kein Mitverschulden zu sehen ist, das man andernfalls auch bei Körperverletzungen durch explodierende Flaschen annehmen müsste. 28

j) Ergebnis

G kann von S gem. § 823 I Ersatz der Kosten für die Beschaffung eines gleichwertigen Notebooks i. H. v. 300 € sowie für die Datenwiederherstellung i. H. v. 200 E verlangen. 29

II. Schadensersatzansprüche des G gegen die F-GmbH wegen seiner Verletzungen

1. Aus § 1 I ProdHaftG

30 G könnte gegen die F-GmbH einen Anspruch auf Ersatz seiner Schäden aus § 1 I ProdHaftG haben. Die F-GmbH ist gem. § 13 I GmbHG juristische Person und rechtsfähig.

a) Rechtsgutsverletzung

31 Dazu müsste zunächst eines der in § 1 I ProdHaftG genannten Rechtsgüter verletzt sein. Im vorliegenden Fall ist der Körper des G durch die explodierende Flasche verletzt worden.

b) Durch ein Produkt i. S. v. § 2 ProdHaftG

32 Die Körperverletzung müsste durch ein Produkt erfolgt sein. Produkt ist gem. § 2 ProdHaftG jede bewegliche Sache, auch wenn sie einen Teil einer anderen beweglichen Sache oder einer unbeweglichen Sache bildet, sowie Elektrizität. Damit ist die Bierflasche ein Produkt.

c) Fehler des Produkts i. S. v. § 3 ProdHaftG

33 Die Bierflasche müsste einen Fehler gehabt haben, der zur Sachbeschädigung geführt hat. Gem. § 3 I ProdHaftG hat ein Produkt einen Fehler, wenn es nicht die Sicherheit bietet, die unter Berücksichtigung aller Umstände, insbesondere seiner Darbietung (lit. a), des Gebrauchs, mit dem billigerweise gerechnet werden kann (lit. b) und des Zeitpunkts, in dem es in den Verkehr gebracht wurde (lit. c), berechtigterweise erwartet werden kann. Maßgeblicher Zeitpunkt ist das Inverkehrbringen des Produkts, vgl. § 1 II Nr. 1 ProdHaftG.

34 Zur Konkretisierung des Fehlerbegriffs sind im Wesentlichen drei Fehlerkategorien anerkannt, nämlich Konstruktionsfehler, Fabrikationsfehler und Instruktionsfehler. Im konkreten Fall haftet der Fehler nicht der gesamten Serie, sondern nur einer einzelnen Bierflasche an; ein Konstruktionsfehler scheidet somit aus. Da es nicht um ein besonderes Risiko des ordnungsgemäßen Gebrauchs oder eines naheliegenden Fehlgebrauchs geht, scheidet auch ein Instruktionsfehler aus. Somit kommt ein Fabrikationsfehler in Betracht: Das Bier war in eine Flasche gefüllt worden, die aufgrund ihres mechanischen Verschleißes nicht mehr hätte verwendet werden dürfen. Zum Produkt zählt hier auch die Flasche als notwendige Verpackung des Bieres. Da die Flasche dem Druck des kohlensäurehaltigen Inhalts nicht mehr gewachsen war, liegt ein Fabrikationsfehler bei der von G gekauften Flasche vor.

d) Ursächlichkeit des Fehlers für die Rechtsgutsverletzung

35 Ohne den Verschleiß bei der Flasche wäre es nicht zur Explosion und damit nicht zur Körperverletzung bei G gekommen.

e) Hersteller oder Importeur, § 4 ProdHaftG

36 Die F-GmbH ist Hersteller des Bieres i. S. v. § 4 Abs. 1 S. 1 ProdHaftG, also des Endprodukts aus Getränk und der Flasche als notwendiger Verpackung, auch wenn sie die Flasche sicherlich nicht selbst hergestellt hat.

f) Schaden

G kann somit Ersatz der Schäden aus der Körperverletzung verlangen, § 1 I ProdHaftG, also gem. § 249 I BGB verlangen, dass die F-GmbH den Zustand herstellt, der ohne das schädigende Ereignis bestehen würde. **37**

In diesem Fall wären die Behandlungskosten und der Verdienstausfall bis zur Heilung nicht entstanden; die Ersatzfähigkeit dieser Schadensposten wird von § 8 S. 1 ProdHaftG bestätigt. Gem. § 8 S. 2 ProdHaftG kann G zudem Ersatz seiner immateriellen Schäden verlangen, also ein angemessenes Schmerzensgeld. Bzgl. dieser Schadensposten hat die F-GmbH allerdings Ersatz geleistet, sodass der Anspruch insofern gem. § 362 I BGB erloschen ist. **38**

Fraglich ist jedoch, ob G auch wegen des späteren Verdienstausfalls tatsächlich eine Geldrente verlangen kann. Grundsätzlich sieht § 9 Abs. 1 ProdHaftG – in Übereinstimmung mit den §§ 843, 844 BGB – vor, dass im Falle der Aufhebung oder Minderung der Erwerbesfähigkeit Schadensersatz für die Zukunft durch eine Geldrente zu leisten ist. Auch hat der Schädiger grundsätzlich für alle – physischen wie psychischen – Folgen seines Verhaltens unbegrenzt einzustehen (Grundsatz der Totalreparation).[10] Bei psychischen Folgen, wie sie hier mit dem Alkoholismus und der darauf beruhenden Arbeitsunfähigkeit vorliegen, bemüht sich die Rspr. allerdings um eine Begrenzung. So sollen solche Folgeschäden dem Schädiger nicht mehr zuzurechnen sein, die angesichts des eigentlichen Schadensereignisses völlig unangemessen erscheinen; insofern könnte man zwar an der Adäquanz zweifeln, doch entspricht auch eine unangemessene Reaktion – wie fast alles – noch der Lebenserfahrung. Letztlich geht es eher darum, dem Schädiger nicht das sog. „allgemeine Lebensrisiko“ aufzubürden.[11] Damit bis zu einem gewissen Grad verwandt sind die Fälle der unangemessenen psychischen Reaktionen auf ein Schadensereignis wie etwa die sog. „Rentenneurose“, bei der der Geschädigte von einer Überwindung der Schadensfolgen im Hinblick auf die Ersatzpflicht des Schädigers unbewusst absieht.[12] Dies ist bei G zwar nicht geschehen, da er zunächst seine Arbeit wieder aufgenommen hat. Doch schließt die Rspr. eine Zurechnung von psychischen Schadensfolgen auch dann aus, wenn das Schadensereignis eher geringfügig ist und nicht auf eine spezielle Schadensanlage beim Geschädigten trifft. Im vorliegenden Fall ist G von der explodierenden Flasche nur geringfügig und ohne bleibenden Schäden an der Hand verletzt worden; eine stationäre Behandlung war nicht erforderlich. Zwar mag der Schreck über die Explosion hinzutreten, doch stellt es insgesamt eine unangemessene Reaktion dar, wegen des Ereignisses übermäßige Angstreaktionen zu zeigen, deshalb in den Alkohol zu fliehen und die Berufstätigkeit einzustellen. Daher ist die spätere Arbeitsunfähigkeit des G der F-GmbH nicht mehr zuzurechnen und der (weitere) Verdienstausfallschaden nicht ersatzfähig. **39**

g) Ergebnis

G hat gegen die F-GmbH aus § 1 I ProdHaftG keine weiteren Ansprüche wegen der Explosion mehr. **40**

2. Aus § 823 I BGB

G könnte gegen die F-GmbH einen Anspruch auf Schadensersatz einschließlich Schmerzensgeld gem. § 823 I haben. **41**

---

[10] Vgl. etwa *BGH* NJW 1997, 1640, 1641 m.w.N.; Palandt/*Grüneberg*, Vorb v § 249 Rn. 69f. m.w.N.

[11] Vgl. dazu MünchKomm/*Oetker*, § 249 Rn. 188ff. m.w.N.

[12] Vgl. Palandt/*Grüneberg*, Vorb v § 249 Rn. 39.

a) Verhalten der F-GmbH

42 Die F-GmbH hat die Bierflasche in Verkehr gebracht.

b) Rechtsgutsverletzung

43 Die spätere Explosion der Bierflasche hat den Körper des G verletzt.

c) Haftungsbegründende Kausalität und Zurechenbarkeit

44 Fraglich ist, ob das Inverkehrbringen der Bierflasche durch die F-GmbH für die Verletzung des G kausal war. Ohne das Inverkehrbringen der Bierflasche wäre G bei deren Explosion nicht verletzt worden; dass Flaschen mit kohlensäurehaltigen Getränken explodieren können, liegt nicht außerhalb jeder Lebenserfahrung.

45 Gleichwohl stellt sich die Frage, ob der Verletzungserfolg der F-GmbH zurechenbar ist. Denn das Inverkehrbringen von Produkten, auch von Bierflaschen, im Rahmen der Rechtsordnung ist sozialadäquat. Damit bedarf die Zurechnung der Körperverletzung durch die explodierte Flasche einer besonderen Begründung. Bei fehlerhaften Produkten geht die Rspr. davon aus, dass der Hersteller dann haftet, wenn er beim Inverkehrbringen des fehlerhaften Produkts eine Verkehrssicherungspflicht verletzt hat.

46 Erforderlich ist zunächst das Vorliegen eines Produktfehlers; insofern gelten die gleichen Kategorien wie bei § 2 ProdHaftG. In Betracht kommen also v.a. Konstruktionsfehler, Fabrikationsfehler und Instruktionsfehler. Ein Konstruktionsfehler ist bei der explodierten Flasche üblicher Art nicht ersichtlich. In Betracht kommt jedoch ein Fabrikationsfehler, falls die F-GmbH eine Flasche verwendet haben sollte, die man angesichts ihrer Abnutzung nicht mehr hätte verwenden dürfen. Ob dies der Fall ist, ist allerdings objektiv unklar und zwischen den Parteien umstritten. Jedoch sind Hersteller kohlensäurehaltiger Getränke nach Deliktsgrundsätzen verpflichtet, in den Grenzen des technisch Möglichen und wirtschaftlich Zumutbaren dafür zu sorgen, dass der Verbraucher durch ihre Erzeugnisse – also sowohl das Getränk an sich als auch das verwendete Behältnis sowie die Abstimmung beider aufeinander – keine Gesundheitsschäden erleiden.[13] Die Verantwortlichkeit erstreckt sich auch auf die Haltbarkeit der verwendeten Flaschen beim Transport und den ordnungsgemäßen Gebrauch. Wegen der potentiellen Gefährlichkeit mehrfach verwendeter Einheitsmehrwegflaschen war die F-GmbH verpflichtet, die verwendeten Flaschen vor dem Verlassen ihres Betriebs zu überprüfen und dies zu dokumentieren. Da nach der Explosion einer Flasche oft nicht mehr feststellbar ist, ob die Flasche schadhaft war und ob dieser Zustand bereits beim Inverkehrbringen bestand oder erst hinterher, unter Umständen durch die Art und Weise der Benutzung durch den geschädigten G, entstanden ist, erscheint es ausnahmsweise angemessen, die allgemeinen Beweislastgrundsätze zulasten der F-GmbH als Getränkeherstellerin umzukehren. Da sie verpflichtet war, die verwendeten Flaschen mit geeigneten Methoden auf ihre Berst- und Bruchsicherheit zu prüfen und dies zu dokumentieren, was sie nicht getan hat, geht die Unaufklärbarkeit des Sachverhalts zu ihren Lasten.

47 Vom Vorliegen eines Produktfehlers ist somit auszugehen.

d) Rechtswidrigkeit

48 Die F-GmbH handelte rechtswidrig.

[13] BGHZ 104, 323, 326 f. = NJW 1988, 2611.

e) Verschulden

Sie müsste ihre Verkehrssicherungspflicht vorsätzlich oder fahrlässig, also schuldhaft verletzt haben. Dabei ist der F-GmbH als juristischer Person das Verhalten und Verschulden ihrer Organe – also insbesondere der Geschäftsführer (§ 35 GmbHG) – analog § 31 BGB zuzurechnen. Da in ihrem Betrieb ausgehende Flaschen trotz der allgemein bekannten Explosionsgefahr bei Befüllung mit kohlensäurehaltigen Getränken nicht vorgesehen ist, haben die Organe die Produktion nicht entsprechend der erforderlichen Sorgfalt ausgestaltet und somit die Verkehrssicherungspflicht zumindest i.S.v. § 276 II BGB fahrlässig verletzt. **49**

f) Schaden

Ein Schaden ist grundsätzlich jede Einbuße an Rechten oder Interessen, also auch die Verletzung des Körpers des G. Vermögensschäden hat er durch die Behandlungskosten und den vorübergehenden und den weiteren Verdienstausfall erlitten. **50**

g) Haftungsausfüllende Kausalität und Zurechenbarkeit der Schäden

Sämtliche Schadensposten beruhen grundsätzlich auf der von der F-GmbH und ihren Organen verschuldeten Körperverletzung des G, doch sind der spätere Alkoholismus des G und seine darauf beruhende Erwerbsunfähigkeit der F-GmbH aus den oben Rn. 39 genannten Gründen nicht mehr zuzurechnen und somit nicht ersatzfähig. **51**

h) Art und Umfang des Schadensersatzes

Für die Behandlungskosten kann G gem. § 249 II 1 BGB, für den ursprünglichen Verdienstausfall gem. §§ 249 I, 252, 842f. BGB Ersatz verlangen. **52**

i) Mitverschulden

Ein anspruchsminderndes Mitverschulden des G i.S.v. § 254 I BGB ist, da ein unvorsichtiger Umfang mit der Flasche nicht vorliegt, zu verneinen. **53**

j) Erlöschen des Anspruchs durch Erfüllung

Da die F-GmbH die ersatzfähigen Schadensposten bereits durch Zahlung beglichen hat, ist der Anspruch des G grundsätzlich gem. § 362 I BGB infolge von Erfüllung erloschen. Fraglich ist, ob sich an diesem Ergebnis etwas ändert, weil die F-GmbH „ohne Anerkennung einer Rechtspflicht" geleistet hat. Dies ist jedoch unbeachtlich. **54**

k) Ergebnis

G kann von S gem. § 823 I BGB keine weiteren Zahlungen verlangen, insbesondere nicht eine Geldrente i.S.v. § 844 BGB. **55**

Hinweis: Ein Eingehen auf weitere Anspruchsgrundlagen scheint entbehrlich, da jeweils kein anderes Ergebnis zu erwarten ist. Eine Erörterung des § 229 StGB im Rahmen von § 823 II BGB wäre insofern zwar nicht falsch, aber wenig gewinnbringend. **56**

3. Teil. Geschäftsführung ohne Auftrag

Die folgenden Fälle sollen in typische Fallkonstellationen der Geschäftsführung ohne Auftrag (GoA) einführen. Gleichwohl zeigt sich bereits hier, dass man die GoA nicht als isoliertes Phänomen verstehen kann, das allein zur Lösung eines Falles beiträgt. Die GoA steht – auch aufgrund von Verweisungsnormen wie etwa § 539 I, § 601 II oder § 994 II BGB – in Beziehung zu anderen Regelungsmaterien des bürgerlichen Rechts. Ihr Anwendungsbereich ist im Detail relativ umstritten, etwa für nichtige Verträge. Dieses für den Anfänger komplizierte Geflecht von Konkurrenzen verschiedener Normkomplexe gehört zum Stoff der gesetzlichen Schuldverhältnisse. Deshalb kommen Ansprüche aus GoA nicht nur in den beiden folgenden Fällen vor, sondern auch später in den Fällen zum Bereicherungsrecht. Man muss gerade dort auch immer an die GoA denken, weil die berechtigte GoA (§ 683 S. 1 BGB) einen rechtlichen Grund i.S.v. § 812 BGB liefert.

Fall 10. Hilfe unter Nachbarn

Sachverhalt

Schreinermeister Gutmann (G) hat zu seinem Nachbarn, dem Notar Nöhlig (N), ein eher gespanntes Verhältnis. Als N für vier Wochen auf die Malediven fliegt, bittet er eine andere Nachbarin, die Zahnärztin Zeiser (Z), auf seinem Anwesen nach dem Rechten zu sehen. Doch bringt ein Unfall die Zeiser alsbald ins Krankenhaus.

Eines Abends bemerkt Gutmann, dass Nöhligs Gartentor offensteht. Er beschließt, vorsichtshalber nachzusehen, ruft „Hallo?" und betritt dann das Grundstück. Vor der Haustür sieht er einen Rucksack liegen und will mit seinem Mobiltelefon die Polizei rufen. Da wird Gutmann von einem unbekannten Einbrecher (E) niedergeschlagen. Er muss sich von seinem Arzt behandeln lassen und dafür 150 € bezahlen.

Um Nöhligs Grundstück zu sichern, beseitigt Gutmann am nächsten Tag den Schaden am Gartentor, das der Einbrecher einfach gewaltsam aufgebrochen hatte. Seine Tochter Tanja (T), 10 Jahre alt, findet, dass das reparierte Tor mit alten und neuen Holzteilen in verschiedenen Farben nicht mehr schön aussieht. Sie besorgt daher von ihrem Taschengeld die passende Holzfarbe und streicht das Gartentor einheitlich an. Ihre Eltern bemerken dies erst hinterher und meinen, das hätte Tanja für den meist unfreundlichen Nöhlig nicht tun müssen.

1. Gutmann verlangt von Nöhlig nach dessen Rückkehr 50 € für das verwendete Material, 100 € Werklohn und die Arztkosten i.H.v. 150 € sowie ein angemessenes Schmerzensgeld.

2. Tanja hätte gerne von Nöhlig Ersatz des Kaufpreises für die Farbe und 40 € für das Streichen.

Muss Nöhlig zahlen?

Gliederung

Lösung

I. Ansprüche des G gegen N

1. Vertragliche Ansprüche

1 Ansprüche des G gegen N aus einem zwischen beiden Parteien bestehenden Vertrag scheiden mangels Vertragsschlusses aus.

2. Anspruch aus GoA, §§ 683 S. 1, 670 BGB

2 G könnte gegen N einen Aufwendungsersatzanspruch in Höhe von 300 € zuzüglich eines angemessenen Schmerzensgeldes nach §§ 683 S. 1, 670 BGB aus berechtigter Geschäftsführung ohne Auftrag (GoA; §§ 677ff. BGB) haben.

a) Geschäftsbesorgung

3 Der Kontrollgang und die Reparatur des Gartentors müssten eine Geschäftsbesorgung des G i.S.d. § 677 BGB darstellen. Als Geschäftsbesorgung kommt grundsätzlich jede tatsächliche oder rechtsgeschäftliche Tätigkeit in Betracht,[1] also auch die beiden Maßnahmen des G.

b) Fremdes Geschäft

4 Mit seinem Kontrollgang wollte G feststellen, was los sei, weil N infolge seiner Abwesenheit sich nicht selbst darum kümmern konnte. Die Reparatur des Gartentors diente dazu, weitere, dem N drohende Schäden zu verhindern. Folglich fällt die Tätigkeit des G objektiv in den Interessenkreis des N und war deshalb für G objektiv fremd.

c) Fremdgeschäftsführungswille

5 Weiter muss G mit Fremdgeschäftsführungswillen gehandelt haben. Der Fremdgeschäftsführungswille wird nach allgemeiner Ansicht vermutet, wenn die Tätigkeit ein objektiv fremdes Geschäft zum Gegenstand hatte.[2] Da die Tätigkeit des G objektiv in den Interessenkreis des N fiel und sich G dessen auch bewusst war, kann der Fremdgeschäftsführungswille des G nicht nur vermutet, sondern sogar positiv festgestellt werden.

d) Ohne Auftrag oder sonstige Berechtigung

6 Zwischen N und G bestand – anders als zwischen N und Z – kein Auftragsverhältnis. Als sonstige Berechtigung des G, für N tätig zu werden, könnte man das zwischen den beiden bestehende Nachbarschaftsverhältnis in Betracht ziehen. Doch ist dieses weder ein Schuldverhältnis noch in sonstiger Weise inhaltlich konkret genug, um eine sonstige Berechtigung des G zu begründen.

e) Voraussetzungen der berechtigten GoA, § 683 S. 1 BGB

7 Eine berechtigte GoA setzt nach § 683 S. 1 BGB voraus, dass die Übernahme der Geschäftsführung dem Interesse und Willen des Geschäftsherrn entspricht.

---

[1] Palandt/*Sprau*, § 677 Rn. 2, § 662 Rn. 6.

[2] *BGH* NJW 1963, 1825, 1826; Palandt/*Sprau*, § 677 Rn. 4.

aa) Interesse des N

Eine Geschäftsführung liegt im Interesse des Geschäftsherrn, wenn sie im Zeitpunkt der Übernahme für ihn objektiv nützlich ist. Da die Maßnahmen des G weitere Schäden von N verhinderten, ist dies für sie zu bejahen. 8

bb) Wille des N

Fraglich ist, ob die Geschäftsführung des G dem wirklichen oder mutmaßlichen Willen des N entsprach, da G im Nachhinein immerhin 300 € Aufwendungsersatz und Schmerzensgeld von N verlangt hat. 9

Abzustellen ist zunächst auf den wirklichen Willen des N, so wie er zum Zeitpunkt der Geschäftsübernahme oder ihrer Anzeige, § 681 S. 1 BGB, zum Ausdruck gebracht wurde. Hier konnte sich N wegen seiner Abwesenheit nicht äußern. Deshalb kann nur auf den mutmaßlichen Willen des N abgestellt werden. Es kommt damit darauf an, welchen Willen N im Zeitpunkt der Geschäftsführung bei objektiver Betrachtung mutmaßlich geäußert hätte. Mangels entgegenstehender Anhaltspunkte kann hier davon ausgegangen werden, dass die Maßnahmen, die im Interesse des N lagen, auch seinem mutmaßlichen Willen entsprachen. Daran ändern die entstandenen Kosten nichts. Wäre N anwesend gewesen, so hätte er selbst auch nach dem Rechten gesehen. Auch er hätte sich der Gefahr ausgesetzt, von einem Einbrecher überrascht zu werden, und auch ihm wären Kosten für die Reparatur des Gartentors entstanden. Also entsprach die Tätigkeit des G dem mutmaßlichen Willen des N. 10

f) Rechtsfolge: Aufwendungsersatzanspruch nach Auftragsrecht

Damit liegt eine sog. berechtigte GoA vor, sodass G von N gem. § 683 S. 1 BGB „wie ein Beauftragter" Ersatz seiner Aufwendungen nach § 670 BGB verlangen kann. Aufwendungen sind bewusste und freiwillige Vermögensopfer im Rahmen der Geschäftsführung.[3] Ersatzfähig sind aber gemäß § 670 BGB nur solche Aufwendungen, die der Geschäftsführer den Umständen nach für erforderlich halten durfte. 11

aa) Materialkosten

Da G die Kosten für das bei der Reparatur verwendete Material bewusst verauslagt hat, stellen sie Aufwendungen dar. Die Reparatur des Gartentors war zudem erforderlich, um das Grundstück des N gegen den Zutritt Unbefugter zu sichern. G kann also von N für das Material 50 € Aufwendungsersatz verlangen. 12

bb) Arbeitsleistung des G

Fraglich ist, ob G weitere 100 € für seine Arbeitskraft beanspruchen kann. Dagegen spricht an sich der Verweis in § 683 S. 1 BGB auf die Auftragsvorschriften: Ein Beauftragter wird gem. § 662 BGB unentgeltlich tätig und kann deshalb über § 670 BGB kein Geld für eine erbrachte Arbeitsleistung verlangen. 13

Gleichwohl macht die h.M. bei der GoA eine Ausnahme, soweit die Tätigkeit in die berufliche Sphäre des Geschäftsführers fällt. In diesem Fall kann die übliche Vergütung im Wege des Aufwendungsersatzes geltend gemacht werden. Begründet wird dies mit dem Rechtsgedanken des § 1835 III BGB und der Überlegung, dass es bei der GoA, anders als beim Auftrag, an einer Vereinbarung über die Unentgeltlichkeit der 14

[3] Staudinger/*Bergmann*, § 683 Rn. 46; Palandt/*Sprau*, § 683 Rn. 8, § 670 Rn. 3.

Tätigkeit gerade fehlt.[4] Die Reparatur des Gartentors gehörte zur beruflichen Tätigkeit des G als Schreinermeister. Die geforderte Vergütung von 100 € ist für eine derartige Arbeitsleistung auch durchaus üblich. G kann deshalb von N weitere 100 € für seine aufgewendete Arbeitskraft verlangen.

cc) Arztkosten

15 Bei den 150 € Arztkosten, die G von N ersetzt verlangt, erscheint problematisch, dass diese Kosten dem G nicht „freiwillig" entstanden sind. Vielmehr handelt es sich bei den Arztkosten um einen Schaden und damit nicht um Aufwendungen (im klassischen Sinne). Eine unmittelbare Anwendung des § 670 BGB scheidet daher aus.

16 Fraglich ist aber, ob der Geschäftsführer bei der Geschäftsbesorgung entstandene Schäden in entsprechender Anwendung des § 670 BGB ersetzt verlangen kann. Dies ist heute für Schäden, in denen sich ein spezifisches Risiko der Geschäftsbesorgung verwirklicht hat (sog. risikotypische Begleitschäden), allgemein anerkannt.[5] Spezifische Gefahren der Geschäftsführung sind solche, die mit der Art der Tätigkeit oder den Umständen ihrer Ausführung erkennbar und mit einer gewissen Wahrscheinlichkeit verbunden sind.[6] Ein adäquater Kausalzusammenhang zwischen Geschäftsführung und Schaden soll hingegen nicht ausreichen, sodass Schäden, in denen sich nur das allgemeine Lebensrisiko realisiert, nicht ersatzfähig sind.[7] Umstritten ist lediglich, ob – so die h. M. – die freiwillige Übernahme eines Schadensrisikos einem freiwilligen Vermögensopfer im Sinne des Aufwendungsbegriffs gleichzusetzen ist[8] oder wegen Zweifeln an der dogmatischen Haltbarkeit dieser Gleichsetzung eine „Risikohaftung bei Tätigkeit in fremdem Interesse“ anzunehmen ist.[9] Welcher Begründung zu folgen ist, kann dahinstehen, da beide Ansichten dem Gedanken Rechnung tragen, dass es unbillig wäre, den fremdnützig handelnden Geschäftsführer dauerhaft mit Schäden zu belasten, die Folge der typischen Gefahr einer Geschäftsbesorgung sind, die einem anderen zugute kommt.

17 Vorliegend war die Untersuchung des Hauses wegen der eingeschlagenen Fensterscheibe spezifisch mit dem Risiko verbunden, auf einen Einbrecher zu stoßen. In der Verletzung des G hat sich deshalb gerade die mit dem Kontrollgang verbundene gesteigerte Gefahr verwirklicht, von einem überraschten Einbrecher angegriffen zu werden. Damit kann G auch Ersatz für die ihm entstandenen Arztkosten verlangen.

dd) Schmerzensgeld

18 Umstritten ist, ob der Aufwendungsersatzanspruch nach § 670 BGB für risikotypische Begleitschäden auch immaterielle Schäden umfasst. Der BGH hat dies in einer älteren Entscheidung im Hinblick auf den Ausnahmecharakter des § 847 BGB a. F. und die Genugtuungsfunktion des Schmerzensgeldes abgelehnt.[10] Nach einer im Vordringen befindlichen Literaturmeinung sind dagegen auch immaterielle Schäden in analoger Anwendung des § 253 II BGB ersatzfähig.[11]

---

[4] St. Rspr., *BGH* NJW 1971, 609, 612 (in BGHZ 55, 128 nicht abgedruckt); NJW-RR 2005, 639, 641 m. w. N.; Palandt/*Sprau*, § 683 Rn. 8.

[5] BGHZ 38, 270, 277; NJW 1993, 2234, 2235; Palandt/*Sprau*, § 683 Rn. 9 i. V. m. § 670 Rn. 11.

[6] *Schwarz/Wandt*, § 5 Rn. 38.

[7] *Schwarz/Wandt*, § 5 Rn. 38.

[8] MünchKomm/*Seiler*, § 683 Rn. 18 m. w. N.; Palandt/*Sprau*, § 670 Rn. 11.

[9] Etwa m. w. N. Erman/*Ehmann*, § 683 Rn. 7 i. V. m. § 670 Rn. 17; *Larenz* II/1, § 57 I b (S. 449 f.).

[10] *BGH* NJW 1969, 1665, 1666.

[11] *Däubler*, JuS 2002, 625, 626; Palandt/*Sprau*, § 670 Rn. 13; *Schwarz/Wandt*, § 5 Rn. 39.

Der zuletzt genannten Auffassung gebührt der Vorzug. Für sie spricht, dass seit der Ablösung des § 847 BGB a.F. durch § 253 II BGB immaterielle Schäden auch außerhalb des Deliktsrechts ersatzfähig sind. Zudem richtet sich der Umfang der Ersatzpflicht im Falle risikotypischer Begleitschäden auch im Übrigen nach allgemeinem Schadensrecht, also nach den §§ 249ff. BGB.[12] Folglich kann G von N nach § 253 II BGB analog auch eine billige Entschädigung in Geld für die erlittenen Schmerzen beanspruchen. 19

g) Ergebnis

G kann von N Aufwendungsersatz in Höhe von 300 € sowie ein angemessenes Schmerzensgeld nach §§ 683 S. 1, 670 BGB verlangen. 20

Hinweis: Zu prüfen wäre als nächstes grundsätzlich ein Verwendungsersatzanspruch des G gegen N nach § 994 I bzw. II BGB oder § 996 BGB, was Studienanfänger aber noch nicht wissen können. Voraussetzung wäre jeweils eine sog. Vindikationslage, d.h., Eigentümer N müsste gegen D als Besitzer des Grundstücks einen Herausgabeanspruch nach § 985 haben. G hat aber keinen Besitz am Grundstück des N, sodass Ansprüche nach den §§ 994, 996 nicht bestehen. 21

3. Anspruch aus § 812 I 1 Alt. 1 BGB

Möglicherweise kann G von N auch nach § 812 I 1 Alt. 1 BGB Ersatz für seine Arbeitsleistung und das eingebaute Material verlangen. Dazu müsste N etwas durch Leistung des G erlangt haben, ohne dass ein Rechtsgrund für das Behaltendürfen besteht. 22

Hinweis: Für das eingebaute Material wäre es auch vertretbar, einen Anspruch aus §§ 951 I 1 i.V.m. 812 I 1 Alt. 1 BGB zu prüfen. Nach Ansicht des BGH und einer *Mindermeinung* umfasst die Verweisung des § 951 I 1 BGB in das Bereicherungsrecht auch die Leistungskondiktion.[13] Die h.L. entnimmt § 951 I 1 BGB hingegen einen Verweis ausschließlich auf die Nichtleistungskondiktion des § 812 Abs. 1 S. 1 Alt. 2 BGB. Dafür spricht, dass der Rechtserwerb bei Vorliegen einer Leistung aufgrund des Willens des Leistenden erfolgt, selbst wenn er sich (im vorliegenden Fall) nach den §§ 946ff. BGB vollzieht.[14] In Zwei-Personen-Verhältnissen wirkt sich der Streit nicht aus, da hier beide Auffassungen zum selben Ergebnis führen[15] 23

a) Etwas erlangt

N müsste zunächst etwas erlangt haben. Als erlangtes Etwas kommt jeder Vermögensvorteil in Betracht. [16] 24

aa) Im vorliegenden Fall ist N in den Genuss einer Arbeitsleistung gelangt, die üblicherweise nur gegen Entgelt erbracht wird. Er hat sich dadurch entsprechende eigene Aufwendungen erspart und zumindest deshalb etwas erlangt.[17] 25

Hinweis: Zwischen Literatur und Rspr. ist umstritten, worin der Bereicherungsgegenstand in solchen Fällen zu sehen ist. Die Rspr. stellt häufig auf die Ersparnis eigener Aufwendungen ab, die Lit. hingegen auf die Dienstleistung oder in anderen Fällen z.B. auf die tatsächliche Nutzung eines Gegenstandes. Letzteres ist präziser; die Frage der Aufwendungsersparnis ist zutreffend erst bei § 818 III BGB zu prüfen. 26

bb) Daneben hat N kraft Gesetzes das Eigentum am eingebauten Material erworben. Durch den Einbau in das Gartentor des N wurde das Material mit einem wesent- 27

[12] Vgl. Palandt/*Sprau,* § 670 Rn. 13; *Schwarz/Wandt,* § 5 Rn. 39.

[13] BGHZ 108, 256, 263 = NJW 1989, 2745; *Prütting,* Rn. 467.

[14] *Bauer/Wolf,* JuS 1966, 393, 399; Bamberger/Roth/*Kindl,* § 951 Rn. 2 m.w.N.

[15] MünchKomm/*Füller,* § 951 Rn. 3, der darlegt, warum es in Drei-Personen-Verhältnissen anders ist. – Freilich muss die h. L. § 951 I 2 BGB auf die Leistungskondiktion analog anwenden.

[16] Palandt/*Sprau,* § 812 Rn. 8.

[17] Vgl. Palandt/*Sprau,* § 812 Rn. 11.

lichen Grundstücksbestandteil derart verbunden, dass es nun selbst wesentlicher Bestandteil des Grundstücks ist.[18] Damit hat N als Grundstückseigentümer gemäß §§ 946, 94 I BGB das Eigentum am Material erworben.

28 cc) Schließlich ist auch der Besitz am Material auf N übergegangen (§ 854 I BGB).

b) Durch Leistung des G

29 Fraglich ist aber, ob die genannten Vermögensvorteile auf eine Leistung des G zurückzuführen sind, also auf eine bewusste und zweckgerichtete Mehrung fremden Vermögens.[19]

30 aa) G hat N seine Arbeitskraft sowie Eigentum und Besitz am eingebauten Material bewusst zugewendet.

31 bb) Es fehlt aber an einer zweckgerichteten Vermögensmehrung, da G keinen Leistungszweck verfolgt hat. G hat das Gartentor des N nicht in Erfüllung einer (vermeintlichen) Verbindlichkeit (solvendi causa) repariert. Vielmehr war ihm bewusst, dass er N mangels vertraglicher Beziehung nichts schuldete. Die Reparatur des Tors erfolgte ausschließlich zur Sicherung des Nachbargrundstücks, also aus rein fremdnützigen Motiven, und stellt somit keine Leistung dar.

c) Ohne rechtlichen Grund

32 Im Übrigen erfüllt die Reparatur des Gartentors nach dem oben Gesagten den Tatbestand einer berechtigten GoA gemäß § 683 S. 1 BGB. Diese bildet einen Rechtsgrund i.S.d. § 812 I 1 Alt. 1 BGB,[20] der einer Leistungskondiktion ebenfalls entgegensteht.

d) Ergebnis

33 Folglich kann G von N nach § 812 I 1 Alt. 1 BGB keinen Ersatz für seine Arbeitsleistung und das eingebaute Material beanspruchen.

4. Anspruch aus §§ 951 I 1, 812 ff. BGB bzgl. des eingebauten Materials

34 Schließlich könnte G gegen N einen Anspruch auf Wertersatz für das verarbeitete Material aus §§ 951 I 1, 812 I 1 Alt. 2, 818 II BGB haben.

a) Anwendbarkeit

35 Wie oben festegestellt, bestand im Zeitpunkt der Verwendungen des G auf das Grundstück des N kein Eigentümer-Besitzer-Verhältnis zwischen G und N, welches gegenüber §§ 951 I 1, 812 ff. BGB eine Sperrwirkung entfalten könnte.

b) Rechtsverlust des G gemäß §§ 946 ff. BGB

36 Dies setzt zunächst voraus, dass G gemäß §§ 946 bis 950 BGB einen Rechtsverlust erlitten hat. Indem G die Materialien in das Gartentor des N eingebaut hat, hat er sie mit einem wesentlichen Bestandteil des Grundstücks i.S.d. § 94 I BGB verbunden, wodurch die Materialien selbst zum wesentlichen Grundstücksbestandteil wurden.[21] Damit hat N als Grundstückseigentümer nach § 946 BGB das Eigentum am eingebauten Material erworben und G das Eigentum an dem Material verloren.

---

[18] Vgl. Palandt/*Ellenberger*, § 94 Rn. 3.
[19] BGHZ 58, 184, 188; *BGH* NJW 2004, 1169; Palandt/*Sprau,* § 812 Rn. 3.
[20] *BGH* NJW 1993, 3196.
[21] Vgl. Palandt/*Ellenberger*, § 94 Rn. 3.

c) Folge: Bereicherungsausgleich nach § 812 I 1 Alt. 2 BGB

§ 951 I 1 BGB beinhaltet nach h.M. eine Rechtsgrundverweisung auf § 812 I 1 Alt. 2 BGB (sog. Nichtleistungskondiktion), d.h. ein Bereicherungsanspruch besteht nur unter den dort genannten Voraussetzungen. **37**

aa) Im vorliegenden Fall hat N etwas erlangt, nämlich gem. § 946 BGB Eigentum und Besitz am eingebauten Material. **38**

bb) Dies geschah auch in sonstiger Weise, nämlich kraft Gesetzes (§ 946 BGB). **39**

cc) Der gesetzliche Eigentumserwerb durch N erfolgte ferner auf Kosten des G, da er mit einem entsprechenden Rechtsverlust des G einherging. **40**

dd) Allerdings hat N Eigentum und Besitz am Material nicht ohne rechtlichen Grund erlangt, da die berechtigte GoA (§ 683 BGB) einen Rechtsgrund für das Behaltendürfen i.S.v. § 812 I 1 BGB darstellt. **41**

d) Ergebnis

Ein Anspruch des G gegen N auf Wertersatz für das eingebaute Material gem. §§ 951 I, 812ff. BGB besteht folglich nicht. **42**

5. Anspruch aus § 812 I 1 Alt. 2 BGB bzgl. der aufgewendeten Arbeitskraft

Schließlich kann G von N auch nach § 812 I 1 Alt. 2 BGB keinen Wertersatz für seine Arbeitskraft beanspruchen, da berechtigte GoA gemäß § 683 S. 1 BGB einen Rechtsgrund i.S.d. § 812 I BGB darstellt. **43**

II. Ansprüche der T gegen N

1. Vertragliche Ansprüche

Vertragliche Ansprüche der T gegen N kommen von vornherein nicht in Betracht, da zwischen T und N kein Vertragsverhältnis besteht. **44**

2. Anspruch aus GoA, §§ 683 S. 1, 670 BGB

T könnte gegen N einen Anspruch auf Ersatz der ihr entstandenen Aufwendungen nach §§ 683 S. 1, 670 BGB aus berechtigter Geschäftsführung ohne Auftrag (GoA; §§ 677ff. BGB) haben. **45**

a) Geschäftsbesorgung

Da jede Tätigkeit eine Geschäftsbesorgung sein kann, stellt das Anstreichen des Gartentors eine Geschäftsbesorgung der T i.S.d. § 677 BGB dar. **46**

b) Fremdgeschäftsführungswille

Der Fremdgeschäftsführungswille der T kann vermutet werden, da es sich bei der Tätigkeit der T um die Besorgung eines objektiv fremden Geschäfts gehandelt hat. **47**

c) Ohne Auftrag oder sonstige Berechtigung

T hat ohne Auftrag oder eine sonstige Berechtigung gegenüber N gehandelt. **48**

d) Unwirksamkeit der Übernahme nach § 111 S. 1 BGB?

Fraglich ist, ob die Übernahme des Geschäfts durch T wirksam erfolgen konnte, da T zum Zeitpunkt der Geschäftsführung noch minderjährig war. **49**

50 aa) Nach h.M.[22] ist die GoA als Rechtshandlung wegen der Vielzahl der von ihr erfassten Sachverhalte eine Unterart der rein tatsächlichen Handlungen. Die Vorschriften über Rechtsgeschäfte, insbesondere die §§ 104ff. BGB, finden deshalb keine Anwendung. T konnte demnach ohne weiteres ein Geschäft des N übernehmen. Nimmt der Minderjährige im Rahmen der GoA gegenüber einem Dritten eine rechtsgeschäftliche oder rechtsgeschäftsähnliche Handlung vor, ist er insofern über die unmittelbar geltenden §§ 104ff. BGB sowie ggf. über § 179 III 2 BGB geschützt.

51 bb) Die Gegenansicht[23] sieht in der Übernahme der GoA eine rechtsgeschäftsähnliche Handlung; die überwiegende Anzahl ihrer Vertreter hält deshalb eine analoge Anwendung der Regeln über Rechtsgeschäfte für stets geboten. Da T gem. §§ 2, 106 BGB beschränkt geschäftsfähig ist, wäre die Übernahme der Geschäftsführung als einseitige Handlung analog § 111 S. 1 BGB unwirksam. Somit würde eine wirksame GoA durch T und damit auch ein Aufwendungsersatzanspruch[24] ausscheiden.

52 cc) Vorzugswürdig erscheint die h.M., denn die Vorschriften über die Geschäftsfähigkeit dienen allein dem Schutz des Minderjährigen. Ihre Anwendung auf die Geschäftsführung würde dazu führen, dass dem Minderjährigen die Ansprüche aus GoA verwehrt würden. Dies würde den von den §§ 104ff. BGB bezweckten Minderjährigenschutz aber in sein Gegenteil verkehren. Es genügt, wenn der Minderjährige vor Gegenansprüchen des Geschäftsherrn ausreichend geschützt ist (vgl. z.B. § 682 BGB).

53 Daher steht die Minderjährigkeit der T einer wirksamen Geschäftsführung für N nicht entgegen (a.A. vertretbar, dann weiter mit § 812 BGB).

e) Voraussetzungen der berechtigten GoA, § 683 S. 1 BGB

54 Die Übernahme des Geschäfts durch T müsste dem Interesse und Willen des N entsprochen haben, § 683 S. 1 BGB.

aa) Interesse des N

55 Fraglich ist, ob der neue Anstrich des Gartentors dem Interesse des N entsprach, § 683 S. 1 BGB. Wie bereits erwähnt, besteht ein objektives Interesse des Geschäftsherrn an der Geschäftsübernahme, wenn diese ihm zum Zeitpunkt der Übernahme nützlich ist. Die objektive Nützlichkeit ist im Wege einer objektiven Betrachtung anhand der konkreten Sachlage im Einzelfall festzustellen, die aber subjektiv auf die Verhältnisse des Geschäftsherrn bezogen werden muss.[25]

56 Ob demnach ein objektives Interesse des Geschäftsherrn N am neuen, einheitlichen Anstrich des Tors bestand, lässt sich aufgrund der spärlichen Hinweise im Sachverhalt nur vermuten. Man kann insoweit davon ausgehen, dass N sein Gartentor ohnehin wieder einheitlich angestrichen hätte, weshalb der neue Anstrich aus objektiver Sicht für N nützlich war. Aus dieser objektiven Nützlichkeit folgt, mangels gegenteiliger Anhaltspunkte, dann das objektive Interesse des N an der Tätigkeit der T.

bb) Wille des N

57 Mangels entgegenstehender Hinweise kann davon ausgegangen werden, dass die im objektiven Interesse des N liegende Maßnahme auch dessen mutmaßlichen Willen entspricht.

[22] Palandt/*Sprau*, Einf v § 677 Rn. 2; krit. MünchKomm/*Seiler*, Vor § 677 Rn. 5, § 682 Rn. 2ff.
[23] Soergel/*Mühl* (11. Aufl., 1980) § 682 Rn. 1; *LG Aachen* NJW 1963, 1252, 1253.
[24] Insofern a.A. Soergel/*Mühl*, (11. Aufl., 1980), § 682 Rn. 1: dennoch Anspruch aus § 683.
[25] *OLG München* NJW-RR 1988, 1013; Palandt/*Sprau*, § 683 Rn. 3.

f) Rechtsfolge: Aufwendungsersatzanspruch nach Auftragsrecht

T hat demnach einen Aufwendungsersatzanspruch nach §§ 683 S. 1, 670 BGB. **58**

aa) Der Anspruch umfasst, da es sich hierbei um ein freiwilliges Vermögensopfer **59** und damit um eine Aufwendung der T handelt, den von T entrichteten Kaufpreis für die Holzfarbe. Da anzunehmen ist, dass T für die Farbe den marktüblichen Preis bezahlt hat, war die Aufwendung auch erforderlich i. S. d. § 670 BGB.

bb) Hingegen ist die Arbeitskraft der T für die Malerarbeiten nach dem oben Gesag- **60** ten – also wegen des Verweises auf das Auftragsrecht – nicht ersatzfähig. Eine Ausnahme ergibt sich hier auch nicht aus dem Rechtsgedanken des § 1835 III BGB, da es sich bei der Arbeitsleistung um keine zum Beruf der T gehörige Tätigkeit gehandelt hat.

g) Anspruchsausschluss gemäß § 685 I BGB

Der Aufwendungsersatzanspruch der T könnte aber gemäß § 685 BGB ausgeschlos- **61** sen sein, wenn sie in freigebiger Absicht gehandelt hat. Dies setzt voraus, dass T einen entsprechenden Verzichtswillen ausdrücklich oder konkludent kundgegeben hat. Die Frage, ob der Verzichtswille der T hinreichend deutlich zutage getreten ist, kann hier aber dahin stehen. Eine derartige Willensäußerung der T wäre rechtlich nachteilig und daher mangels Einwilligung der Eltern gemäß §§ 107, 111 BGB unwirksam.[26] Ein Anspruchsausschluss nach § 685 I BGB scheidet folglich aus.

h) Ergebnis

T kann nach §§ 683 S. 1, 670 BGB nur Ersatz des Kaufpreises für die Farbe von N **62** verlangen.

3. Anspruch aus § 994 I bzw. II BGB oder § 996 BGB

Ein Verwendungsersatzanspruch der T gegen N nach § 994 I bzw. II BGB oder **63** § 996 BGB scheidet mangels Bestehens einer Vindikationslage aus. T hatte keinen Besitz am Grundstück des N, als sie Verwendungen auf das Gartentor machte.

4. Anspruch aus § 812 I 1 Alt. 1 BGB

Ein Anspruch der T gegen N auf Ersatz des Kaufpreises für die Farbe und der auf- **64** gewendeten Arbeitskraft könnte sich aber aus § 812 I 1 Alt. 1 BGB (sog. Leistungskondiktion) ergeben. Dies setzt voraus, dass N etwas durch Leistung der T erlangt hat und kein Rechtsgrund für das Behaltendürfen besteht.

a) Etwas erlangt

Als erlangtes Etwas kommt jeder Vermögensvorteil in Betracht.[27] **65**

aa) Die Malerarbeiten der T haben N einen Vermögensvorteil verschafft, da für der- **66** artige Tätigkeiten üblicherweise eine Vergütung bezahlt wird und N sich entsprechende eigene Aufwendungen erspart hat.

bb) Zudem hat N gemäß §§ 946, 94 I BGB kraft Gesetzes das Eigentum an der ver- **67** arbeiteten Farbe erworben, da T die Farbe mit dem Gartentor, also mit einem wesent-

---

[26] Vgl. Palandt/*Sprau*, § 685 Rn. 2.

[27] Palandt/*Sprau*, § 812 Rn. 8.

lichen Bestandteil des Grundstücks, verbunden hat. Die beschränkte Geschäftsfähigkeit der 10-jährigen T (§§ 2, 106 BGB) steht dem Eigentumserwerb des N nicht entgegen, da die §§ 107, 108 I BGB nur auf den rechtsgeschäftlichen Eigentumserwerb nach § 929 S. 1 BGB anwendbar sind, nicht aber auf den gesetzlichen. T ihrerseits konnte nach § 107 BGB das Eigentum an der gekauften Farbe gemäß § 929 S. 1 BGB erwerben. Auf die Wirksamkeit des schuldrechtlichen Verpflichtungsgeschäfts nach §§ 107, 110 BGB kommt es dafür nicht an. Die Frage, unter welchen Voraussetzungen ein gesetzlicher Eigentumserwerb, den ein Nichtberechtigter herbeiführt, kondiktionsfest ist, kann hier folglich dahinstehen.

b) Durch Leistung der T?

68 Fraglich ist aber, ob N diese Vermögensvorteile durch Leistung der T erlangt hat. Unter einer Leistung ist jede bewusste und zweckgerichtete Mehrung fremden Vermögens zu verstehen.[28]

69 aa) T hat das Vermögen des N bewusst gemehrt, indem sie N das Eigentum an der Farbe und ihre Arbeitsleistung zugewendet hat. Der gesetzliche Eigentumserwerb des N gem. §§ 946, 94 I BGB steht der Annahme einer Leistung nicht entgegen, da der Rechtserwerb auf dem Willen der T beruht.[29]

70 bb) Eine zweckgerichtete Vermögensmehrung liegt aber nur vor, wenn T einen tauglichen Leistungszweck verfolgt hat. Der Leistungszweck folgt aus der bei der Zuwendung getroffenen Zweckbestimmung.[30]

71 Hier könnte bereits die beschränkte Geschäftsfähigkeit der T (§§ 2, 106 BGB) der Wirksamkeit einer derartigen Zweckbestimmung entgegenstehen. Bei der Zweckbestimmung handelt es sich um eine einseitige empfangsbedürftige Willenserklärung oder zumindest um eine rechtsgeschäftsähnliche Handlung, so dass die §§ 104ff. BGB Anwendung finden.[31] Gemäß §§ 111 S. 1, 107 BGB ist ein einseitiges Rechtsgeschäft, das ein Minderjähriger ohne Einwilligung des gesetzlichen Vertreters vornimmt, unwirksam, sofern es nicht lediglich rechtlich vorteilhaft ist. Eine Zweckbestimmung verschafft dem Zuwendenden aber grundsätzlich lediglich einen rechtlichen Vorteil, da sie eine bestehende Verbindlichkeit zum Erlöschen bringen kann.[32] Die von einem beschränkt Geschäftsfähigen getroffene Zweckbestimmung ist daher an sich wirksam.

72 Fraglich ist aber, ob T überhaupt einen Leistungszweck verfolgt hat. Bei § 812 I 1 Alt. 1 BGB (condictio indebiti) besteht der Leistungszweck grundsätzlich in der Erfüllung einer (vermeintlichen) Verbindlichkeit.[33] Im vorliegenden Fall wusste T jedoch, dass sie N mangels vertraglicher Beziehung nichts schuldete. Zwar kommt als Leistungszweck auch die Erfüllung eines Schenkungsversprechens in Betracht (Leistung donandi causa). Im Zeitpunkt der Zuwendung lag jedoch – für alle Beteiligten erkennbar – kein Schenkungsvertrag zwischen N und T vor, da der abwesende N schon keine Gelegenheit zur Annahme eines etwaigen Schenkungsangebots der T hatte.

73 Nach dem maßgeblichen objektiven Empfängerhorizont hat T das Gartentor aus rein fremdnützigen Motiven gestrichen und nicht um eine Verbindlichkeit gegenüber N zu erfüllen. T hat somit keine Leistung erbracht.

[28] BGHZ 58, 184, 188; *BGH* NJW 2004, 1169; Palandt/*Sprau*, § 812 Rn. 3.
[29] Vgl. Palandt/*Bassenge*, § 951 Rn. 2.
[30] *Schwarz/Wandt*, § 10 Rn. 15.
[31] MünchKomm/*Schwab*, § 812 Rn. 49f.
[32] *Schwarz/Wandt*, § 10 Rn. 16.
[33] *Schwarz/Wandt*, § 10 Rn. 17.

c) Ohne rechtlichen Grund

Im Übrigen stellt die berechtigte GoA (§ 683 BGB) einen Rechtsgrund i.S.d. § 812 I 1 Alt. 1 BGB dar,[34] so dass eine Leistungskondiktion auch insofern ausscheidet. 74

d) Ergebnis

Folglich kann T von N keinen Ersatz für die Holzfarbe und ihre Arbeitsleistung aus § 812 I 1 Alt. 1 BGB verlangen. 75

5. Anspruch aus §§ 951 I 1, 812 I 1 Alt. 2 BGB bzgl. der Farbe

Möglicherweise kann T im Wege der Nichtleistungskondiktion nach §§ 951 I 1, 812 I 1 Alt. 2 BGB Ersatz für die Holzfarbe von N beanspruchen. 76

a) Anwendbarkeit

Die Sperrwirkung des EBV (hier §§ 994ff. BGB) steht der Anwendung der §§ 951 I 1, 812 I 1 Alt. 2 BGB nicht entgegen, da T im Zeitpunkt der Verwendungen keinen Besitz am Grundstück des N hatte. 77

b) Rechtsverlust der T nach §§ 946ff. BGB

Gemäß § 951 I 1 BGB müsste T zunächst einen Rechtsverlust gem. §§ 946ff. BGB erlitten haben. T war ursprünglich Eigentümerin der Holzfarbe. Der Erwerb des Eigentums an der Farbe nach § 929 S. 1 BGB war für T lediglich rechtlich vorteilhaft und daher gem. § 107 BGB auch ohne Einwilligung der Eltern wirksam. Auf die Frage, ob auch das schuldrechtliche Verpflichtungsgeschäft, also der Kaufvertrag, nach §§ 107, 110 BGB wirksam war, kommt es hier nicht an. Indem T das Tor des N mit der Holzfarbe gestrichen hat, hat sie die Farbe mit dem Tor verbunden, welches wiederum ein wesentlicher Bestandteil des Grundstücks des N i.S.d. § 94 I BGB ist. 78

Folglich hat N gemäß § 946 BGB kraft Gesetzes das Eigentum an der verarbeiteten Farbe erworben, was mit einem Rechtsverlust bei T einhergeht. 79

c) Folge: Bereicherungsausgleich nach § 812 I 1 Alt. 2 BGB

Ein Bereicherungsausgleich findet aber nur unter den zusätzlichen Voraussetzungen des § 812 I 1 Alt. 2 BGB (Nichtleistungskondiktion) statt, da § 951 I 1 BGB nach h.M. insoweit eine Rechtsgrundverweisung enthält.[35] 80

aa) Etwas erlangt

N hat das Eigentum an der Farbe gem. §§ 946, 94 I BGB gesetzlich erworben. 81

bb) In sonstiger Weise

N müsste das Eigentum an der Farbe in sonstiger Weise, also nicht durch Leistung, erlangt haben. Wie oben festgestellt, scheidet eine vorrangige Leistungsbeziehung zwischen N und T aus, da T beim Streichen des Tors keinen Leistungszweck verfolgt hat. T hat N einen Vermögensvorteil verschafft, indem sie Verwendungen, also sachbezogene Aufwendungen, auf dessen Gartentor getätigt hat. Somit ist hier die Verwen- 82

[34] *BGH* NJW 1993, 3196.
[35] Soergel/*Henssler*, § 951 Rn. 2, 4.

dungskondiktion als Sonderfall der Nichtleistungskondiktion gem. § 812 I 1 Alt. 2 BGB einschlägig.[36]

cc) Auf Kosten der T

83 Weiterhin müsste N das Eigentum an der Farbe auf Kosten der T erlangt haben. Der gesetzliche Eigentumserwerb durch N hat unmittelbar dazu geführt, dass T das Eigentum an der Farbe verloren hat. Folglich ist N auf Kosten der T bereichert.

dd) Ohne Rechtsgrund

84 Fraglich ist schließlich, ob N das Eigentum an der Farbe ohne Rechtsgrund erworben hat. Wie oben ausgeführt ist die Tätigkeit der T als berechtigte GoA i.S.d. § 683 BGB zu qualifizieren. Die berechtigte GoA stellt aber einen Rechtsgrund für das Behaltendürfen der erlangten Vermögensvorteile dar.[37]

d) Ergebnis

85 Eine Verwendungskondiktion gemäß §§ 951 I 1, 812 I 1 Alt. 2 BGB scheitert folglich am Bestehen eines rechtlichen Grundes.

6. Anspruch aus § 812 I 1 Alt. 2 BGB bzgl. der aufgewendeten Arbeitskraft

86 Auch ein Wertersatzanspruch der T gegen N für die aufgewendete Arbeitskraft nach § 812 I 1 Alt. 2 BGB scheitert daran, dass mit der berechtigten GoA ein Rechtsgrund i.S.d. § 812 I BGB besteht.

87 **Ergänzender Hinweis:** Gelangt man zu dem Ergebnis, dass die Geschäftsführung durch T nicht dem Interesse des N entspricht, wäre ein Anspruch aus unberechtigter GoA nach §§ 684 S. 1 i.V.m. §§ 812 ff. BGB zu prüfen; N hat die Geschäftsführung der T auch nicht nach § 684 S. 2 BGB genehmigt. § 684 S. 1 BGB enthält eine Rechts*folgen*verweisung auf das Bereicherungsrecht, so dass ein Bereicherungsausgleich nach §§ 818 ff. BGB stattfinden würde.[38] T könnte also nach § 818 II BGB von N Wertersatz für die Holzfarbe sowie eine angemessene Vergütung für ihre Arbeitsleistung verlangen, da eine Herausgabe des Erlangten i.S. von § 818 I BGB ausscheidet. Allerdings müsste man sich dann noch fragen, ob hier ein Fall der „aufgedrängten Bereicherung" vorliegt. Damit ist gemeint, dass die Bereicherung gegen den Willen des Bereicherten (N) erfolgt ist. In einem solchen Fall wäre es unbillig, müsste der Bereicherte nach § 818 II BGB den vollen Wert des nicht gewollten Etwas ersetzen. Deshalb wird die Wertersatzpflicht bei aufgedrängter Bereicherung ausnahmsweise nach dem subjektiven Interesse des Erwerbenden an dem Vermögenszuwachs bemessen.[39] Ein Kondiktionsausschluss nach § 814 BGB kommt hingegen nicht in Betracht, da diese Vorschrift nur auf die Leistungskondiktion anwendbar ist und T keine Leistung erbracht hat.

88 Für den Anspruch aus §§ 951 I 1, 812 I 1 Alt. 2 BGB würde sich folgende Änderung ergeben: Verneint man die berechtigte GoA, fehlt es am Rechtsgrund, so dass ein Anspruch der T gegen N dem Grunde nach besteht. Gemäß § 951 I 1 BGB könnte T von N eine Vergütung in Geld, also Wertersatz in Höhe des Kaufpreises der verwendeten Farbe beanspruchen. Die Rückgewähr des Eigentums an der Farbe kommt wegen § 951 I 2 BGB hingegen nicht in Betracht. Auch in diesem Zusammenhang stellt sich dann wieder das Problem der aufgedrängten Bereicherung.

---

[36] *Schwarz/Wandt,* § 11 Rn. 59.
[37] *BGH* NJW 1993, 3196.
[38] Palandt/*Sprau,* § 684 Rn. 1.
[39] Vgl. Palandt/*Bassenge,* § 951 Rn. 18 ff.

Fall 11. Probleme auf dem Weg zur Arbeit

Nach BGHZ 38, 270ff. und BGHZ 181, 33.

Sachverhalt

A muss jeden Tag 30 km zu seinem Arbeitsplatz fahren, der mit öffentlichen Verkehrsmitteln nicht zu erreichen ist. Eines Morgens stellt A schon beim Aufstehen fest, dass ein Wohnmobil direkt vor seiner Garagenausfahrt parkt und diese vollständig blockiert. Es gehört dem Touristen T, der gerade in einem nahegelegenen Café ein ausgiebiges Frühstück einnimmt und die Garagenausfahrt des A übersehen hat. Als das Wohnmobil 45 min später immer noch vor seiner Ausfahrt steht, lässt A das Wohnmobil vom Abschleppunternehmer U abschleppen, dem er dafür 150 € zahlen muss. T ist damit gar nicht einverstanden und findet auch die Kosten zu hoch.

Kann A die Abschleppkosten von T ersetzt verlangen?

Im Sommer fährt A mit dem Fahrrad zur Arbeit. Eines Morgens fährt er auf einem Radweg mit angemessener Geschwindigkeit und will einen langsameren Fahrradfahrer (F) überholen. Als A nur noch drei Meter hinter ihm ist, wird F von einem plötzlich aus einem Gebüsch laufenden Hund zu Fall gebracht. Um den auf den Radweg stürzenden F nicht mit seinem Fahrrad zu rammen, reißt A den Lenker herum. Dabei kommt er vom Radweg ab. A springt geistesgegenwärtig noch von seinem Fahrrad ab, ehe es auf die Fahrbahn fällt und dort von einem Lkw überrollt wird. Lkw-Fahrer und Hund entkommen unerkannt. F bleibt dank des Ausweichmanövers unverletzt. Das Fahrrad des A ist irreparabel beschädigt; es war noch 600 € wert.

Kann A von F Ersatz i.H.v. 600 € verlangen?

Straßenverkehrsordnung (StVO) – Auszug

§ 1 Grundregeln. (1) Die Teilnahme am Straßenverkehr erfordert ständige Vorsicht und gegenseitige Rücksicht.

(2) Jeder Verkehrsteilnehmer hat sich so zu verhalten, dass kein Anderer geschädigt, gefährdet oder mehr, als nach den Umständen unvermeidbar, behindert oder belästigt wird.

§ 12 Halten und Parken. (...) (3) Das Parken ist unzulässig (...)
3. vor Grundstücksein- und -ausfahrten (...).

Gliederung

Lösung

I. Ansprüche des A gegen T

1 **Hinweis:** Dass hier vertragliche Ansprüche ausscheiden, ist so eindeutig, dass man dies nicht extra anzusprechen scheint. Andererseits wäre es auch nicht schädlich, es kurz zu erwähnen.

1. Anspruch aus GoA, §§ 683 S. 1, 670 BGB

2 A könnte gegen T einen Aufwendungsersatzanspruch in Höhe der Abschleppkosten nach §§ 683 S. 1, 670 BGB aus berechtigter Geschäftsführung ohne Auftrag (GoA; §§ 677ff. BGB) haben.

a) Geschäftsbesorgung

3 Das Abschleppen des die Ausfahrt des A blockierenden Pkw des T müsste eine Geschäftsbesorgung i.S.v. § 677 BGB darstellen. Als Geschäftsbesorgung kommt grund-

sätzlich jede tatsächliche oder rechtsgeschäftliche Tätigkeit in Betracht,[1] also das Abschleppen des Pkw bzw. hier die Beauftragung eines Abschleppunternehmers durch den A.

b) Fremdes Geschäft

Fraglich ist, ob das Abschleppen des Pkw des T für A ein fremdes Geschäft war. 4
Dagegen spricht zunächst, dass es im Interesse des A lag, mit dem Auto aus der Garage und in die Arbeit fahren zu können. Dies schließt aber ein fremdes Geschäft i.S. der §§ 677ff. BGB nicht aus, wenn die Tätigkeit zugleich bzw. vorrangig in den Interessenkreis eines anderen fällt (sog. auch fremdes Geschäft). Daher ist zu prüfen, ob das Abschleppen des Wohnmobils auch in den Rechtskreis des T fiel.

Dies wäre dann der Fall, wenn T dem A gegenüber zum Entfernen seines Wohnmobils verpflichtet gewesen wäre. Daher ist zu prüfen, ob das Blockieren der Garagenausfahrt eine Beeinträchtigung des Eigentums des A und/oder eine Störung seines Besitzes darstellt, zu deren Beseitigung T nach § 1004 I 1 bzw. § 862 I 1 BGB verpflichtet war.

Eine Besitzstörung (§ 862 I BGB) durch verbotene Eigenmacht (§ 858 I BGB) wäre 5
jedenfalls dann zu bejahen, wenn T auf dem Grundstück des A geparkt hätte.[2] Dies ist hier aber nicht der Fall, sodass sich die Frage stellt, ob das Zuparken der Grundstücks- bzw. Garagenzufahrt ebenfalls als verbotene Eigenmacht i.S.v. § 858 I BGB bzw. Eigentumsbeeinträchtigung i.S.v. § 1004 I BGB anzusehen ist. Zwar lässt sich das Grundstück an sich weiterhin nutzen, doch zählen zur Grundstücksnutzung auch der Zugang zum Grundstück und die Zufahrt mit Fahrzeugen aller Art. Daher sind hier sowohl eine Besitzstörung[3] als auch eine Eigentumsbeeinträchtigung u bejahen, und zwar nicht nur bzgl. des Grundstücks, sondern auch im Hinblick auf den Pkw, den A nicht aus der Garage fahren kann. Da der Störungszustand zudem im Zeitpunkt der Beauftragung des U noch andauerte, war T dem A gem. §§ 862 I 1, 1004 I 1 BGB zur Beseitigung der Störung verpflichtet.

Damit hat A auch im Interessenkreis des T gehandelt. 6

c) Fremdgeschäftsführungswille

Weiter muss A mit Fremdgeschäftsführungswillen gehandelt haben. Der Fremdge- 7
schäftsführungswille ist nach allgemeiner Ansicht beim objektiv fremden Geschäft,[4] aber auch beim sog. „auch-fremden" Geschäft zu vermuten. Da das Abschleppen der Beseitigung des Störungszustands diente, zu der T verpflichtet war, ist der Fremdgeschäftsführungswille des A zu vermuten.

d) Ohne Auftrag oder sonstige Berechtigung

A war von T weder beauftragt noch in anderer Weise ermächtigt. 8

e) Voraussetzungen der berechtigten GoA, § 683 S. 1 BGB

Ansprüche aus berechtigter GoA setzen nach § 683 S. 1 BGB voraus, dass die Über- 9
nahme der Geschäftsführung dem Interesse und Willen des Geschäftsherrn entspricht.

---

[1] Palandt/*Sprau*, § 677 Rn. 2, § 662 Rn. 6.
[2] BGHZ 181, 233 =NJW 2009, 2530 Tz. 13 m. w. N.; Bamberger/Roth/*Fritzsche*, § 858 Rn. 10.
[3] BGHZ 181, 233 =NJW 2009, 2530 Tz. 13 m. w. N.; Staudinger/*Bund*, § 858 Rn. 50.
[4] *BGH* NJW 1963, 1825, 1826; Palandt/*Sprau*, § 677 Rn. 4.

aa) Interesse des T

10 Eine Geschäftsführung liegt im Interesse des Geschäftsherrn, wenn sie im Zeitpunkt der Übernahme für ihn objektiv nützlich ist. Im Hinblick auf die Erfüllung der Verpflichtung des T aus §§ 862, 1004 BGB kann man dies bejahen.

bb) Wille des T

11 Fraglich ist, ob die Geschäftsführung des A dem wirklichen oder mutmaßlichen Willen des T entsprach. Im Zeitpunkt der Geschäftsübernahme hat T keinen Willen gezeigt, wohl aber bei ihrer Anzeige, § 681 S. 1 BGB. Dabei hat er klar zum Ausdruck gebracht, dass er mit dem kostenpflichtigen Abschleppen nicht einverstanden war. Auch wenn man auf seinen mutmaßlichen Willen abstellen wollte, dürfte man trotz der Nützlichkeit wohl zu keinem anderen Ergebnis gelangen.[5] Das Abschleppen entsprach also nicht dem Willen des T.

12 **Hinweis:** Man könnte das anders sehen, wenn man davon ausgeht, dass andernfalls ein noch höherer Anspruch gegen T entstanden wäre: Da u.a. eine Eigentumsverletzung vorliegt, kann A nach § 823 I BGB Ersatz aller dadurch entstehenden Schäden verlangen, also auch der Taxikosten, die A entstanden wären, hätte er das Wohnmobil nicht abschleppen lassen. Nun mögen diese Kosten in etwa den Abschleppkosten entsprechen, sodass man mit dieser Erwägung nicht weiterkommt. Hätte A aber z.B. an dem Tag mit seinem Pkw noch eine Dienstfahrt von 100 km unternehmen müssen, könnte man zu einem anderen Ergebnis gelangen, nämlich dass das Abschleppen als günstigere Lösung dem Willen des T entsprach.[6] Freilich sind das Spekulationen ohne Stütze im Fall.

cc) Unbeachtlichkeit des entgegenstehenden Willens des T nach § 679 BGB?

13 Ein der Geschäftsführung entgegenstehender Wille des Geschäftsherrn ist nach § 679 BGB unbeachtlich, wenn ohne die Geschäftsführung eine Pflicht des Geschäftsherrn, deren Erfüllung im öffentlichen Interesse liegt, nicht rechtzeitig erfüllt werden würde. Damit ist zu prüfen, ob hier eine solche Pflicht des T bestand. Die Erfüllung der privatrechtlichen Pflicht des T gegenüber A aus §§ 862, 1004 BGB als solche liegt jedenfalls nicht im öffentlichen Interesse. Fraglich ist, ob sich etwas anderes daraus ergibt, dass T zugleich gegen § 12 Abs. 3 Nr. 3 StVO verstoßen und somit eine Gefahr für die öffentliche Sicherheit und Ordnung begründet hat. Dafür spricht, dass der Parkverstoß nach § 49 I Nr. 12 StVO i.V.m. § 24 StVG ordnungswidrig war. An der Beseitigung von Gefahren für die öffentliche Sicherheit und Ordnung besteht aber ein generelles öffentliches Interesse.[7] Somit ist der dem Abschleppen entgegenstehende Wille des T nach § 679 BGB als unbeachtlich anzusehen (a.A. vertretbar).[8]

14 **Hinweis:** Sieht man dies anders, liegt keine berechtigte, sondern eine unberechtigte GoA vor. Der Anspruch aus § 683 S. 1, 670 BGB besteht nicht. Somit kann A von T gem. § 684 S. 1 i.V.m. § 818 BGB nur Ersatz der Ersparnis verlangen, die T durch das Abschleppen erlangt hat. Eine solche ist aber nicht ersichtlich.

f) Rechtsfolge: Aufwendungsersatzanspruch nach Auftragsrecht

15 Damit liegt eine sog. berechtigte GoA vor, sodass A von T gem. § 683 S. 1 BGB „wie ein Beauftragter" Ersatz seiner Aufwendungen nach § 670 BGB verlangen kann. Aufwendungen sind bewusste und freiwillige Vermögensopfer im Rahmen der Geschäftsführung.[9] Ersatzfähig sind aber gemäß § 670 BGB nur solche Aufwendungen, die der Geschäftsführer den Umständen nach für erforderlich halten durfte.

[5] *Lorenz*, NJW 2009, 1025, 1027.
[6] So *Baldringer/Jordans*, NZV 2005, 75, 77.
[7] *Baldringer/Jordans*, NZV 2005, 75, 77.
[8] Vgl. auch *Lorenz*, NJW 2009, 1025, 1027.
[9] Staudinger/*Bergmann*, § 683 Rn. 46; Palandt/*Sprau*, § 683 Rn. 8, § 670 Rn. 3.

Eine andere Möglichkeit, die Besitzstörung durch T zu beenden, als das Abschleppen gab es nicht. Auch ist keine billigere Alternative ersichtlich. Somit sind die entstandenen marktüblichen Abschleppkosten als erforderlich i.S.v. § 670 BGB anzusehen und dem A von T zu ersetzen. 16

g) Ergebnis

A kann von T Aufwendungsersatz i.H.v. 150 € nach §§ 683 S. 1, 670 BGB verlangen, außerdem nach § 256 BGB Zinsen aus diesem Betrag. 17

Hinweis: Hätte A noch nicht an T gezahlt, läge die Aufwendung in seiner Belastung mit dem Vergütungsanspruch des U nach § 631 I BGB. A könnte dann nach § 257 BGB von T Befreiung von dieser Verbindlichkeit verlangen. 18

2. Anspruch aus § 823 I BGB

Damit A von T Schadenersatz nach § 823 I BGB verlangen könnte, müsste dieser durch sein Verhalten das Eigentum des A verletzt haben. 19

a) Eigentumsverletzung durch kausales Verhalten des T

Wie bereits festgestellt, hat T durch das Versperren der Grundstücksausfahrt mit seinem Wohnmobil das Grundeigentum des A verletzt; außerdem hat er auch die Nutzungsmöglichkeit des A an seinem Pkw und damit das Eigentum daran verletzt.[10] 20

Hinweis: Problematischer wäre die Eigentumsverletzung, wenn der Pkw nicht in die Garage gekonnt hätte, weil dann seine eigentliche Nutzbarkeit nicht eingeschränkt wäre.[11] 21

b) Rechtwidrigkeit und Verschulden

Diese war rechtswidrig und, da T die im Verkehr erforderliche Sorgfalt (§ 276 II BGB) außer Acht gelassen hat, fahrlässig. 22

c) Schaden und Ersatzmodalitäten

Somit ist T dem A zum Ersatz aller durch das Zuparken des Grundstücks entstandenen Schäden verpflichtet, § 249 I BGB. Ohne das Zuparken hätte A nicht den U beauftragen und diesem keine 150 € zahlen müssen. Folglich hat T dem A diesen Betrag zu erstatten. 23

Hinweis: Hätte A noch nicht an T gezahlt, läge der Schaden in seiner Belastung mit dem Vergütungsanspruch des U nach § 631 I BGB. 24

d) Ergebnis

A kann von T gem. § 823 I BGB Schadensersatz i.H.v. 150 € verlangen. 25

3. Anspruch aus § 823 II i.V.m. § 858 BGB

Ein Anspruch des A gegen T auf Zahlung von Schadensersatz könnte sich auch aus § 823 II i.V.m. § 858 BGB ergeben. 26

a) Schutzgesetz

Die Vorschrift des § 858 II BGB enthält eine Rechtsnorm (Art. 2 EGBGB), die den Schutz des Besitzers bezweckt. 27

---

[10] Vgl. Bamberger/Roth/*Spindler*, § 823 Rn. 50ff. m.w.N.
[11] Näher Bamberger/Roth/*Spindler*, § 823 Rn. 53f. m.w.N.

b) Verletzung des Schutzgesetzes

28 Wie in Rn. 5 ausgeführt, hat T verbotene Eigenmacht i.S.v. § 858 I BGB verübt.

c) Verschulden, § 823 II 2 BGB

29 Obwohl der Tatbestand des § 858 BGB kein Verschulden voraussetzt, kommt eine Ersatzpflicht des T gem. § 823 II 2 BGB nur in Betracht, wenn ihn ein Verschulden trifft, also Vorsatz oder Fahrlässigkeit. Wie bei § 823 I BGB festgestellt, handelte T fahrlässig und somit schuldhaft.

d) Schaden und Ersatz

30 Die verbotene Eigenmacht hat dazu geführt, dass dem A ein Schaden i.H.v. 150 € entstanden ist, den T ihm nach § 249 I BGB zu ersetzen hat.

e) Ergebnis

31 A kann von T gem. § 823 II i.V.m. § 858 BGB 150 € verlangen.

II. Ansprüche des A gegen F

1. Vertragliche Ansprüche

32 Ansprüche des G gegen N aus einem zwischen beiden Parteien bestehenden Vertrag scheiden mangels Vertragsschlusses aus.

2. Anspruch aus GoA, §§ 683 S. 1, 670 BGB

33 A könnte gegen F einen Aufwendungsersatzanspruch in Höhe von 600 € nach §§ 683 S. 1, 670 BGB aus berechtigter Geschäftsführung ohne Auftrag (GoA; §§ 677ff. BGB) haben.

a) Geschäftsbesorgung

34 Das Ausweichmanöver müsste eine Geschäftsbesorgung des A i.S.v. § 677 BGB darstellen. Als Geschäftsbesorgung kommt grundsätzlich jede tatsächliche oder rechtsgeschäftliche Tätigkeit in Betracht,[12] also das Ausweichen mit dem Ziel, den F nicht zu überrollen und zu verletzen.

b) Fremdes Geschäft

35 Durch das Ausweichmanöver wollte A verhindern, dass F verletzt würde. Die Sorge um das eigene Wohl oblag jedoch grundsätzlich dem F. Durch das Ausweichmanöver wollte A einen Zusammenprall und damit eine Verletzung des F vermeiden. Insofern hat er im Interessenkreis des F gehandelt.

36 Allerdings lag das Ausweichmanöver möglicherweise auch im eigenen Interessenkreis des A. Dies wäre dann der Fall, wenn ihm im Falle des Zusammenpralls mit F eine Haftung drohte; dies würde nach h.M. die Annahme einer GoA ausschließen.[13] Als Fahrradfahrer hätte A sich wegen einer Verletzung des F nur nach § 823 I BGB schadensersatzpflichtig machen können. Da er ordnungsgemäß und mit angemessener

[12] Palandt/*Sprau*, § 677 Rn. 2, § 662 Rn. 6.
[13] BGHZ 38, 270, 273 m.w.N.; *Friedrich*, NZV 2004, 227, 228f. m.w.N.

Geschwindigkeit fuhr, hat er i.S.v. § 276 II BGB die im Verkehr erforderliche Sorgfalt beachtet, sodass eine Haftung wegen fehlenden Verschuldens ausgeschossen gewesen wäre. Somit ist davon auszugehen, dass sein Eigeninteresse, sich selbst vor Schäden zu bewahren, gegenüber dem Interesse, das Leben des F zu retten, in den Hintergrund trat. Mit dem Herumreißen des Lenkers hat A daher zumindest auch ein Geschäft des F vorgenommen (a.A. vertretbar).

Ergänzender Hinweis: Im „klassischen" Fall erfolgt das Ausweichmanöver durch einen Pkw-Fahrer, der als Kfz-Halter den Aufwendungsersatz wegen der Beschädigung des Fahrzeugs verlangt. Nach dem bis Mitte 2002 geltenden Recht war die Halterhaftung aus § 7 I StVG gemäß Absatz 2 a.F. dieser Vorschrift ausgeschlossen, wenn der (vermiedene) Unfall ein „unabwendbares Ereignis" darstellte, was man bei völlig unverhofften Reaktionen anderer Verkehrsteilnehmer annehmen konnte. Nach der heute geltenden Fassung des § 7 II StVG schließt dagegen nur noch höhere Gewalt die Halterhaftung aus. Höhere Gewalt erfordert ein außergewöhnliches betriebsfremdes, von außen durch elementare Naturkräfte oder durch Handlungen dritter Personen herbeigeführtes und nach menschlicher Einsicht und Erfahrung unvorhersehbares Ereignis, das mit wirtschaftlich erträglichen Mitteln auch durch nach den Umständen äußerste, vernünftigerweise zu erwartende Sorgfalt nicht verhütet werden kann und das auch nicht in Hinblick auf seine Häufigkeit in Kauf genommen zu werden braucht.[14] Daher kann man in Fällen der vorliegenden Art kaum höhere Gewalt annehmen.[15] Ob die Grundsätze, die der BGH einst aufgestellt hat, gleichwohl einfach weiter anzuwenden[16] oder im Rahmen von § 683 BGB zu modifizieren[17] sind, ist umstritten. 37

c) Fremdgeschäftsführungswille

Weiter muss A mit Fremdgeschäftsführungswillen gehandelt haben. Der Fremdgeschäftsführungswille wird nach allgemeiner Ansicht vermutet, wenn die Tätigkeit ein objektiv fremdes Geschäft zum Gegenstand hatte.[18] Da das Ausweichmanöver des A objektiv in den Interessenkreis des F fiel und A nicht offensichtlich in erster Linie nur der eigenen Haftung entgehen wollte, ist der Fremdgeschäftsführungswille des A zu vermuten. 38

d) Ohne Auftrag oder sonstige Berechtigung

A war von F weder beauftragt noch in anderer Weise zu dem Ausweichmanöver ermächtigt worden. Die Verpflichtung nach § 1 StVO zu gegenseitiger Rücksichtnahme und Vermeidung von Gefährdungen anderer Verkehrsteilnehmer ist zu allgemein gehalten, um eine konkrete Berechtigung auszulösen. 39

e) Voraussetzungen der berechtigten GoA, § 683 S. 1 BGB

Ansprüche aus berechtigter GoA setzen nach § 683 S. 1 BGB voraus, dass die Übernahme der Geschäftsführung dem Interesse und Willen des Geschäftsherrn entspricht. 40

aa) Interesse des F

Eine Geschäftsführung liegt im Interesse des Geschäftsherrn, wenn sie im Zeitpunkt der Übernahme für ihn objektiv nützlich ist. Da das Ausweichmanöver des A eine Verletzung des F verhinderte, ist dies zu bejahen. 41

---

[14] BGHZ 7, 338; *Hentschel*, Straßenverkehrsrecht, 40. Aufl., 2009, § 7 StVG Rn. 32 m.w.N.

[15] Vgl. BGHZ 38, 270, 273ff. zu § 7 II StVG a.F., für den ein „unabwendbares Ereignis" genügte; die Änderung schlägt auf den Aufwendungsersatzanspruch durch, a.A. *Huber*, Das neue Schadensersatzrecht, 2003, § 3 Rn. 85

[16] So die überwiegende Auffassung: *OLG Oldenburg* ZGS 2005, 33, 35f. (zu einem minderjährigen Geschäftsherrn); Palandt/*Sprau*, § 677 Rn. 6 a.E.; *Friedrich*, NZV 2004, 227, 229.

[17] So *Huber*, Das neue Schadensersatzrecht, 2003, § 3 Rn. 85.

[18] *BGH* NJW 1963, 1825, 1826; Palandt/*Sprau*, § 677 Rn. 4.

bb) Wille des F

42 Fraglich ist, ob die Geschäftsführung des A dem wirklichen oder mutmaßlichen Willen des F entsprach, da A im Nachhinein immerhin 600 € Aufwendungsersatz verlangt.

43 Maßgeblich ist zunächst der wirkliche Wille des N, so wie er zum Zeitpunkt der Geschäftsübernahme oder ihrer Anzeige, § 681 S. 1 BGB, zum Ausdruck gebracht wurde. Da F im Augenblick des Ausweichmanövers keinen klar erkennbaren Willen geäußert hat, ist auf seinen mutmaßlichen Willen abzustellen. Da das Ausweichmanöver im Interesse des F lag, entsprach es auch seinem mutmaßlichen Willen.

f) Rechtsfolge: Aufwendungsersatzanspruch nach Auftragsrecht

44 Damit liegt eine sog. berechtigte GoA vor, sodass A von F gem. § 683 S. 1 BGB „wie ein Beauftragter" Ersatz seiner Aufwendungen nach § 670 BGB verlangen kann. Aufwendungen sind bewusste und freiwillige Vermögensopfer im Rahmen der Geschäftsführung.[19] Ersatzfähig sind aber gemäß § 670 BGB nur solche Aufwendungen, die der Geschäftsführer den Umständen nach für erforderlich halten durfte.

45 Die 600 € Wertersatz für das zerstörte Fahrrad, die F ersetzten soll, sind dem A jedoch nicht im eigentlichen Sinne „freiwillig" entstanden. Vielmehr handelt es sich dabei um einen Schaden und damit nicht um Aufwendungen (im klassischen Sinne). Eine unmittelbare Anwendung des § 670 BGB scheidet daher aus.

46 Fraglich ist aber, ob der Geschäftsführer bei der Geschäftsbesorgung entstandene Schäden in entsprechender Anwendung des § 670 BGB ersetzt verlangen kann. Dies ist heute für Schäden, in denen sich ein spezifisches Risiko der Geschäftsbesorgung verwirklicht hat (sog. risikotypische Begleitschäden), allgemein anerkannt.[20] Spezifische Gefahren der Geschäftsführung sind solche, die mit der Art der Tätigkeit oder den Umständen ihrer Ausführung erkennbar und mit einer gewissen Wahrscheinlichkeit verbunden sind.[21] Ein adäquater Kausalzusammenhang zwischen Geschäftsführung und Schaden soll hingegen nicht ausreichen, sodass Schäden, in denen sich nur das allgemeine Lebensrisiko realisiert, nicht ersatzfähig sind.[22] Umstritten ist lediglich, ob – so die h.M. – die freiwillige Übernahme eines Schadensrisikos einem freiwilligen Vermögensopfer im Sinne des Aufwendungsbegriffs gleichzusetzen ist[23] oder wegen Zweifeln an der dogmatischen Haltbarkeit dieser Gleichsetzung eine „Risikohaftung bei Tätigkeit in fremdem Interesse" anzunehmen ist.[24] Welcher Begründung zu folgen ist, kann dahinstehen, da beide Ansichten dem Gedanken Rechnung tragen, dass es unbillig wäre, den fremdnützig handelnden Geschäftsführer dauerhaft mit Schäden zu belasten, die Folge der typischen Gefahr einer Geschäftsbesorgung sind, die einem anderen zugute kommt.

47 Vorliegend war das Ausweichmanöver wegen des notwendig heftigen Richtungswechsels spezifisch mit dem Risiko verbunden, die Kontrolle über das Fahrrad zu verlieren und es dabei zu beschädigen. Diese mit dem Ausweichmanöver verbundene gesteigerte Gefahr hat sich durch den Sturz des Fahrrads auf die Straße verwirklicht. Damit könnte A grundsätzlich Ersatz der ihm entstandenen Reparaturkosten verlangen; da das Fahrrad aber nicht repariert werden kann, ist ihm der Wert des Fahrrades zu ersetzen.

---

19 Staudinger/*Bergmann,* § 683 Rn. 46; Palandt/*Sprau*, § 683 Rn. 8, § 670 Rn. 3.
20 BGHZ 38, 270, 277; NJW 1993, 2234, 2235; Palandt/*Sprau*, § 683 Rn. 9 i.V.m. § 670 Rn. 11.
21 *Schwarz/Wandt,* § 5 Rn. 38.
22 *Schwarz/Wandt*, § 5 Rn. 38.
23 MünchKomm/*Seiler*, § 683 Rn. 18 m.w.N.; Palandt/*Sprau*, § 670 Rn. 11.
24 Etwa m.w.N. Erman/*Ehmann,* § 683 Rn. 7 i.V.m. § 670 Rn. 17; *Larenz,* II/1, § 57 I b (S. 449 f.).

g) Anspruchsminderung

Zu prüfen bleibt, ob A sich die sog. Betriebsgefahr seines Pkw anrechnen lassen muss. Der BGH hat dies für den Fall angenommen, dass ein Ausweichmanöver mit einem Kfz die Kollision mit einem (minderjährigen) Radfahrer verhindern soll, dem ein Verschulden nicht nachweisbar war. Deshalb soll es auch keinen Widerspruch in sich darstellen, die Haftung des Halters einerseits nach § 7 II StVG zu verneinen und ihn dennoch an der Betriebsgefahr seines Fahrzeugs festzuhalten.[25] 48

Selbst wenn man dies akzeptieren wollte, ist der vorliegende Fall damit aber nicht vergleichbar, da A als Radfahrer keiner Gefährdungshaftung unterliegt. Allenfalls könnte man eine Kürzung nach dem Rechtsgedanken des § 254 I BGB erwägen, doch ist ein Verschulden des A gegen sich selbst[26] nicht ersichtlich. 49

h) Ergebnis

A kann von F nach §§ 683 S. 1, 670 BGB 600 € Aufwendungsersatz verlangen. 50

3. Anspruch aus § 823 I BGB

Damit A von F Schadenersatz nach § 823 I BGB verlangen könnte, müsste dieser durch sein Verhalten das Eigentum des A verletzt haben. Zwar ist das Eigentum des A am Fahrrad verletzt, doch mag man bereits zweifeln, ob die Zerstörung des Fahrrads dem F zurechenbar ist. Zwar hat er dadurch, dass er selbst auch Fahrrad gefahren ist, eine Ursache für das weitere Geschehen gesetzt. Der Kausalverlauf ist aber durch das unvorhersehbare Auftauchen des Hundes und das Ausweichmanöver des A erheblich beeinflusst worden. Letztlich kann die Frage der Zurechenbarkeit aber dahinstehen, da den F angesichts der Unvorhersehbarkeit des Geschehens kein Verschulden trifft. Damit scheidet ein Anspruch des A aus § 823 I BGB aus. 51

Hinweis: Im ordnungsgemäßen Prüfungsablauf wird also erst an dieser Stelle deutlich, warum man sich bemüht, dem sich Aufopfernden in diesen Fällen einen Anspruch aus GoA zu verschaffen. 52

---

[25] BGHZ 38, 270, 277 ff.

[26] Vgl. Palandt/*Grüneberg*, § 254 Rn. 9 m. w. N.

4. Teil. Schwerpunkt Bereicherungsrecht

Die Kapitelüberschrift soll bereits zum Ausdruck bringen, dass viele der nachfolgenden Fälle sich nicht ausschließlich mit dem Bereicherungsrecht beschäftigen. In einigen gelingt die Beschränkung, in anderen müsste man sie letztlich künstlich durch eine Beschränkung der Fragestellung herbeiführen. Denn wenn ein „etwas" im Sinne von § 812 BGB an einen Empfänger gelangt ist, kann dies nicht nur auf einer „Leistung" beruhen, sondern z.B. auch auf einem deliktischen Verhalten des Empfängers oder eines Dritten. Außerdem kann es sein, dass der Empfänger „nur" den Besitz erlangt und der Herausgabegläubiger auch Eigentümer ist, sodass die §§ 985ff. BGB ggf. neben den §§ 812ff. BGB anzuwenden sind. Schließlich stellt sich auch immer wieder die Frage, ob im Falle unwirksamer Verträge nicht die Vorschriften über die GoA (§§ 677ff. BGB) anzuwenden sind, was die Rechtsprechung häufig annimmt.

Dieses Geflecht von Konkurrenzen des Bereicherungsrechts mit anderen Normkomplexen gehört zum Stoff der gesetzlichen Schuldverhältnisse, auch wenn die Dinge dadurch für Studienanfänger sehr kompliziert werden. Dies lässt sich aber kaum vermeiden.

Fall 12. Autokauf mit Folgen

Sachverhalt

Der siebzehnjährige Viktor Veilscher (V) hat vor kurzem seine Führerscheinprüfung bestanden und zu diesem Anlass von seinem Onkel einen neuen Kleinwagen geschenkt bekommen. Die Eltern des V haben ihren Sohn bei der Entgegennahme des Fahrzeugs ermahnt, mit dem wertvollen Geschenk sorgsam umzugehen und es in Ehren zu halten.

Weil V dieser Wagen nicht gefällt, verkauft er ihn ohne Zustimmung seiner Eltern an Konrad Knauserig (K) zum Preis von 10000 €, die dieser sofort in bar bezahlt. Von der fehlenden Zustimmung der Eltern weiß Knauserig nichts; er geht davon aus, dass Viktor schon achtzehn Jahre alt ist. Das Auto will er erst in den nächsten Tagen abholen, um sich in der Zwischenzeit nach einer günstigen Versicherung umzusehen.

Die Eltern (E) des Viktor entdecken noch am selben Tag zufällig die 10000 €, die Viktor in einem Briefumschlag aufbewahrt hat. Sie rufen sofort bei Knauserig an und erklären ihm, dass sie mit dem Verkauf des Wagens nicht einverstanden sind.

Kann Knauserig (K) von Viktor (V) Rückzahlung der 10000 € verlangen?

Abwandlung: Knauserig erhält das Auto gleich nach Abschluss des Kaufvertrags und soll den Kaufpreis erst später bezahlen. Noch am selben Tag wird der ordnungsgemäß geparkte und bereits versicherte Wagen durch einen Hagelschauer beschädigt (Reparaturkosten 5000 €). Die Versicherung wird Knauserig deswegen 5000 € zahlen. Die Eltern des Viktor sind mit dem Verkauf des Wagens wie im Ausgangsfall nicht einverstanden und teilen dies wenig später dem Knauserig mit.

Welche Ansprüche hat Viktor (V) gegen Knauserig (K)?

Gliederung

Lösung

I. Anspruch des K gegen V aus § 985 BGB

Fraglich ist, ob K von V Rückzahlung der 10000 € gem. § 985 BGB verlangen kann. 1
Dazu müsste V Besitzer und K noch Eigentümer der Geldscheine sein.

1. Besitz des V

Durch die Übergabe der Geldscheine hat V die tatsächliche Sachherrschaft, also Be- 2
sitz (§ 854 BGB), an ihnen erlangt.

2. Eigentum des K

Zu prüfen ist, ob K noch Eigentümer der Geldscheine ist. Ursprünglich war dies der 3
Fall.

a) Übereignung an V

Er könnte sein Eigentum durch eine Übereignung an V gem. § 929 S. 1 BGB verlo- 4
ren haben. K und V haben sich über den Eigentumsübergang geeinigt, und K hat das Geld dem V übergeben. Damit wäre V Eigentümer des Geldes geworden.

b) Unwirksamkeit gem. § 108 I BGB

5 Die Übereignung der Geldscheine könnte nach § 108 I BGB schwebend unwirksam sein. Dazu müsste V beschränkt geschäftsfähig sein und den dinglichen Vertrag ohne die erforderliche Einwilligung seiner gesetzlichen Vertreter geschlossen haben.

aa) Beschränkte Geschäftsfähigkeit des V

6 Als Siebzehnjähriger ist V gem. § 2 BGB minderjährig und gem. § 106 BGB in seiner Geschäftsfähigkeit beschränkt.

7 **Hinweis:** Die Berechnung des Lebensalters erfolgt nach §§ 187 II 2, 188 II Alt. 2 BGB. Eine exakte Prüfung dieser Vorschriften wird in Klausuren i.d.R. nicht erwartet. Eventuelle Erläuterungen zu diesem Punkt sollten sehr kurz ausfallen.

bb) Keine erforderliche Einwilligung der gesetzlichen Vertreter

8 Zu prüfen ist, ob V gem. § 107 BGB für seine auf die Übereignung gerichtete Willenserklärung einer Einwilligung seines gesetzlichen Vertreters, d.h. seiner Eltern (§§ 1626 I, 1629 I BGB), bedurfte. Dies wäre nach § 107 BGB nicht der Fall, wenn V durch seine Willenserklärung lediglich einen rechtlichen Vorteil erlangt hätte. Die Willenserklärung darf für V also keinerlei rechtlichen Nachteil begründen; dazu reicht es bereits aus, wenn das Rechtsgeschäft für den Minderjährigen Pflichten begründet oder wenn er Rechte verliert.

9 V hat sich mit K über den Eigentumsübergang an den Geldscheinen geeinigt, d.h. einen sachenrechtlichen Vertrag geschlossen (§ 929 S. 1 BGB), der zum Übergang des Eigentums von K auf V führen sollte. Weitergehende Rechtswirkungen hat dieser Vertrag nicht. Daher erlangt V durch seine Willenserklärung ausschließlich einen rechtlichen Vorteil, und der Verfügungsvertrag ist bereits ohne Zustimmung der gesetzlichen Vertreter wirksam (§ 107 BGB).

10 **Hinweis:** In aller Regel sind bei der Bestimmung des rechtlichen Vorteils Verpflichtungs- und Verfügungsgeschäft getrennt zu betrachten (Trennungs- und Abstraktionsprinzip). Lediglich in Ausnahmefällen, wie etwa einer Schenkung durch den gesetzlichen Vertreter, sind schuld- und sachenrechtliches Geschäft einer Gesamtbetrachtung zu unterziehen[1] (am Anfang und in der Mitte des Studiums kommen diese Fälle aber i.d.R. nicht vor!). Solange keine Ausnahme vorliegt, sind die Geschäfte streng getrennt zu untersuchen.

c) Zwischenergebnis

11 Da die Übereignung der Geldscheine an V nach § 107 BGB wirksam ist, ist dieser gem. § 929 S. 1 BGB Eigentümer der Geldscheine. K ist also nicht mehr Eigentümer.

3. Ergebnis

12 K hat daher keinen Anspruch nach § 985 BGB gegen V.

II. Anspruch des K gegen V aus § 812 I 1 Alt. 1 BGB

13 K könnte gegen V einen Anspruch auf Rückzahlung des Kaufpreises i.H.v. 10000 € gem. § 812 I 1 Alt. 1 BGB haben. Dies ist der Fall, wenn V durch Leistung des K ohne rechtlichen Grund etwas erlangt hat.

14 **Hinweise:** Es ist sehr wichtig, insbesondere § 812 BGB korrekt zu zitieren. Die Vorschrift enthält insgesamt vier Anspruchsgrundlagen: § 812 I 1 BGB betrifft zwei Fälle, in denen der rechtliche Grund

---

[1] Vgl. Palandt/*Ellenberger*, § 107 Rn. 6 m.w.N.

von Anfang an fehlt, nämlich einmal die Nichtleistungskondiktion (Alt. 2) und die Leistungskondiktion (sog. *condictio indebiti*). Dagegen regelt § 812 I 2 die Fälle, in denen der rechtliche Grund später wegfällt (Alt. 1; sog. *condictio ob causam finitam*) oder in denen der mit einer Leistung nach dem Inhalt des Rechtsgeschäfts bezweckte Erfolg nicht eintritt (Alt. 2; sog. *condictio causa data causa non secuta* oder *condictio ob rem*). Alle diese Anspruchsgrundlagen sind Fälle der *Leistungskondiktion*. Es geht darum, erfolgte gezielte Vermögensverschiebungen, die auf einer Leistung beruhen, wieder rückgängig zu machen, weil es (zum jeweils maßgeblichen Zeitpunkt) an einem rechtlichen Grund für die Leistung fehlt.[2] Weitere Fälle der Leistungskondiktion sind § 813 I 1 BGB (Erfüllung trotz dauernder Einrede) und § 817 S. 1 BGB (die Annahme der Leistung verstößt gegen ein gesetzliches Verbot oder die guten Sitten, sog. *condictio ob turpem vel iniustam causam*).

Der vorliegende Fall soll helfen, einen Überblick über den Grundaufbau eines Anspruchs aus Leistungskondiktion zu bekommen. Der hier vorgeschlagene Aufbau („erlangtes Etwas – durch Leistung – ohne rechtlichen Grund" ist üblich und sollte daher in der Klausur verwendet werden. In Kommentaren beginnt die Darstellung teils mit dem Leistungsbegriff. 15

1. Erlangtes Etwas

V müsste etwas erlangt haben (§ 812 I 1 BGB). Erlangtes Etwas ist jeder dem Bereicherungsschuldner zugeflossene Vorteil im weitesten Sinne, der tatsächlich in sein Vermögen übergegangen ist (sich dort also manifestiert hat) und zu einer Verbesserung seiner Vermögenslage geführt hat.[3] 16

Hinweis: Dadurch unterscheidet sich ein Bereicherungsanspruch grundlegend von einem Schadensersatzanspruch: Im Bereicherungsrecht geht es um das Abschöpfen eines Vorteils beim Schuldner, beim Schadensersatz dagegen um den Ausgleich einer Vermögenseinbuße beim Gläubiger.[4] 17

K hat dem V nach Abschluss des Kaufvertrags 10000 € in bar bezahlt, d.h. er hat ihm die Geldscheine übereignet (§ 929 S. 1 BGB) und ihm daran Besitz (§ 854 BGB) verschafft. Wegen § 107 BGB bedurfte es dazu nicht der Zustimmung der E.[5] Das erlangte Etwas besteht daher im vorliegenden Fall aus Eigentum und Besitz an den Geldscheinen. 18

Hinweise: Das „erlangte Etwas" ist der Bereicherungsgegenstand. Man muss stets darauf achten, diesen Bereicherungsgegenstand juristisch korrekt zu qualifizieren. Häufig hat jemand, wie hier V, Besitz und Eigentum an einer Sache erlangt. Es wäre daher zu ungenau, wenn man nur schreiben würde, dass V „das Geld von K erlangt" habe. Weitere häufig anzutreffende Bereicherungsgegenstände sind z.B. andere dingliche Rechte wie Nießbrauch, Grundschuld oder Pfandrecht, Immaterialgüterrechte wie Patent oder Gebrauchsmuster, schuldrechtliche Positionen wie Forderungen oder Schuldanerkenntnisse (vgl. § 812 II BGB; die Vorschrift umfasst positive Anerkenntnisse wie §§ 780f. BGB und negative Anerkenntnisse gem. § 397 II BGB), aber auch Rechtsscheinstatbestände wie etwa eine unrichtige Grundbucheintragung.[6] – Um den Fall im Folgenden nicht unnötig dadurch schwierig zu machen, dass V die Geldscheine mit anderen Scheinen im Geldbeutel vermengt oder das Geld auf sein Konto eingezahlt hat, enthält der Fall die Angabe, dass V die erhaltenen Scheine getrennt von seinem übrigen Geld aufbewahrt. 19

2. Durch Leistung

V müsste Eigentum und Besitz am Geld durch Leistung des K erlangt haben. „Leistung" ist nach h.M. jede bewusste und zweckgerichtete Mehrung fremden Vermögens.[7] 20

Hinweis: Der Leistungsbegriff ist umstritten. Teile der Lit. wollen ihn abweichend bestimmen bzw. in Mehrpersonenverhältnissen mit wertenden Gesichtspunkten unterlegen.[8] Wichtig ist vor allem die 21

---

[2] Vgl. *Schwarz/Wandt*, § 9 Rn. 16.
[3] Jauernig/*Stadler*, § 812 Rn. 8; *Kropholler*, § 812 Rn. 4; Palandt/*Sprau*, § 812 Rn. 8.
[4] BGHZ 68, 90, 94.
[5] Vgl. oben Rn. 8f.
[6] Näher zu diesen Einzelfällen Palandt/*Sprau*, § 812 Rn. 9.
[7] St. Rspr., etwa *BGH* NJW 2004, 1169 m.w.N.; Palandt/*Sprau*, § 812 Rn. 14 m.w.N.

Zweckgerichtetheit der Leistung, denn eine Leistung, die zwar bewusst, aber nicht zweckgerichtet erfolgen soll, ist kaum vorstellbar. „Bewusstsein" einer Leistung erfordert Leistungswillen und Leistungsbewusstsein;[9] ein Leistungswille ist aber wiederum nur denkbar, wenn mit der Leistung ein bestimmter Zweck verfolgt wird. Welcher Zweck mit einer Leistung genau verfolgt wird oder welche von eventuell mehreren offenen Forderungen erfüllt werden soll, lässt sich durch Auslegung der Tilgungsbestimmung (vgl. § 366 I BGB) ermitteln;[10] meistens wird eine derartige Bestimmung konkludent getroffen(vgl. §§ 133, 157 BGB), oft werden die Parteien davon eine übereinstimmende Vorstellung haben. Hilfsweise muss eine objektive Betrachtungsweise aus der Sicht des Zuwendungsempfängers (Empfängerhorizont) erfolgen; es ist also zu untersuchen, wie eine vernünftige Person die Zuwendung nach Treu und Glauben mit Rücksicht auf die Verkehrssitte verstehen musste und durfte.[11] Mit einer Leistung können unterschiedliche Zwecke verfolgt werden. Zumeist wird es um die Erfüllung einer Verbindlichkeit gehen; es liegt also in diesen Fällen eine Leistung *solvendi causa* vor (wie hier). Ist eine (Hand-)Schenkung Leistungszweck, spricht man von einer Leistung *donandi causa*. – In reinen Zwei-Personen-Verhältnissen – wie hier – spielt die Kontroverse allerdings keine Rolle und sollte deshalb besser gar nicht erst problematisiert werden.

22 K hat Geldscheine im Wert von 10000 € an V übereignet, um seine Kaufpreisschuld gegenüber V (§ 433 II BGB) zu erfüllen (§ 362 I BGB). Zweck der Leistung ist daher die Tilgung der Kaufpreisschuld (sog. Leistung *solvendi causa*). Dadurch hat K das Vermögen des V bewusst und zweckgerichtet gemehrt.

23 **Hinweis:** Die Diskussion, ob zur Erfüllung ein Erfüllungsvertrag erforderlich ist[12] (und dieser möglicherweise schwebend unwirksam ist), muss an dieser Stelle nicht geführt werden. Es kommt nur darauf an, ob *zur* Erfüllung geleistet worden ist, nicht dagegen, *ob* tatsächlich Erfüllung eingetreten ist. Dies wäre bei einem Anspruch aus § 812 I 1 Alt. 1 BGB auch nicht möglich, weil es an einem rechtlichen Grund und damit an einer erfüllbaren Forderung fehlt.

3. Ohne rechtlichen Grund

24 Die Leistung des K an V müsste ohne rechtlichen Grund erfolgt sein, § 812 I 1 Alt. 1 BGB. Der rechtliche Grund fehlt, wenn dem Leistungsempfänger die Zuwendung nach der ihr zugrunde liegenden Rechtsbeziehung nicht oder nicht endgültig zusteht.[13]

25 **Hinweis:** Dieser rechtliche Grund ist meist ein schuldrechtliches Verpflichtungsgeschäft, z.B. ein Kaufvertrag. Aber auch gesetzliche Schuldverhältnisse können „rechtliche Gründe" i.S.d. § 812 I 1 Alt. 1 BGB bilden: Leistet z.B. jemand an einen anderen Schadensersatz gem. § 823 I BGB, so liegt in seiner Verpflichtung der rechtliche Grund. Ist der Empfänger tatsächlich gar nicht geschädigt oder besteht kein Schadensersatzanspruch gegen den Leistenden, weil es etwa am erforderlichen Verschulden fehlt, so ist die Leistung gem. § 812 I 1 Alt. 1 BGB kondizierbar. – Auch der Begriff des „rechtlichen Grundes" in § 812 BGB ist umstritten, ohne dass es allzu viel Sinn machen würde, in der Fallbearbeitung darauf einzugehen. Die Kontroverse hängt eng mit dem Leistungsbegriff zusammen. Während die h.M. einfach auf das Schuld- oder sonstige Rechtsverhältnis abstellt, das Anlass der Zuwendung ist (sog. objektive Rechtsgrundtheorie),[14] sieht die Mindermeinung als Rechtsgrund den vom Leistenden verfolgten Leistungszweck an, also z.B. nicht den Kaufvertrag, sondern die Tilgung der Verpflichtung aus dem Kaufvertrag, der Kaufpreisschuld.[15] Dies ermöglicht einen höheren Grad an Abstraktion und vereinheitlicht die Betrachtung der Leistungskondiktion wegen Nichtschuld und der sog. Zweckverfehlungskondiktion (§ 812 I 2 Alt. 2 BGB), weil letztlich alle Kondiktionen als Fälle der Zweckverfehlung interpretiert werden, was mit dem differenzierenden Wortlaut des § 812 I BGB nur schwer in Einklang zu bringen ist.[16] Für die „normale" Nichtleistungskondiktion ergibt sich aber im Ergebnis kein Unterschied: Nach h.M. fehlt der Rechtsgrund, wenn der Vertrag unwirksam ist. Nach

---

[8] Vgl. etwa Staudinger/*Lorenz*, § 812 Rn. 1ff. m.w.N.
[9] *Schwarz/Wandt*, § 10 Rn. 9.
[10] Näher Palandt/*Sprau*, § 812 Rn. 14.
[11] *BGH* NJW 2005, 60 – Dirnenlohn.
[12] Vgl. MünchKomm/*Wenzel*, § 362 Rn. 5ff.; Palandt/*Grüneberg*, § 362 Rn. 1.
[13] Vgl. Palandt/*Sprau*, § 812 Rn. 6 und 21.
[14] *Larenz/Canaris*, § 67 III 1a; MünchKomm/*Schwab*, § 812 Rn. 336ff. m.w.N.; *Schwarz/Wandt*, § 10 Rn. 20.
[15] Erman/*Buck-Heeb*, § 812 Rn. 44ff. m.w.N.
[16] MünchKomm/*Schwab*, § 812 Rn. 337.

der Gegenauffassung fehlt er, weil der mit der Leistung bezweckte Tilgungserfolg ausbleibt. Dies ist aber i.d.R. deshalb der Fall, weil wegen der Unwirksamkeit des Vertrags gar keine Verpflichtung besteht. Insofern kommt es für beide Meinungen auf die Unwirksamkeit des Vertrags an. Da sich keine Unterschiede ergeben, kann man im Regelfall auf eine Erwähnung dieser Kontroverse verzichten.[17]

Als rechtlicher Grund für die Zahlung kommt hier der von K und V abgeschlossene Kaufvertrag über den PKW in Betracht. 26

a) Zustandekommen des Kaufvertrags

K und V haben einen Kaufvertrag über das Auto geschlossen (vgl. § 433 BGB). 27

b) Unwirksamkeit gem. § 108 I BGB

Der Kaufvertrag könnte jedoch gem. § 108 I BGB schwebend unwirksam sein. Dies wäre der Fall, wenn der beschränkt geschäftsfähige V den Kaufvertrag ohne die erforderliche Einwilligung (§ 183 BGB) seiner Eltern (§§ 1626 I, 1629 I BGB) geschlossen hätte. 28

aa) Wirksamkeit gem. § 107 BGB

Erforderlich ist die Einwilligung, wenn V durch seine Willenserklärung nicht lediglich einen rechtlichen Vorteil erlangt (§ 107 BGB). Durch den Kaufvertrag verpflichtet sich der Verkäufer (V) gem. § 433 I 1 BGB, dem Käufer (K) die Sache zu übergeben und ihm das Eigentum an der Sache zu verschaffen. Schon wegen dieser Pflicht erlangt ein minderjähriger Verkäufer durch eine auf den Abschluss eines Kaufvertrags gerichtete Willenserklärung nicht lediglich rechtliche Vorteile. Unerheblich ist, dass V aus dem Kaufvertrag selbst Ansprüche erwirbt, denn § 107 BGB sieht eine Saldierung der rechtlichen Vor- und Nachteile grundsätzlich nicht vor.[18] 29

Der Kaufvertrag ist daher gem. § 108 I BGB schwebend unwirksam. 30

bb) Keine Genehmigung des Kaufvertrags

Fraglich ist, ob der Kaufvertrag durch eine Verweigerung der Genehmigung endgültig unwirksam geworden ist. Die Eltern E des V haben als dessen gesetzlicher Vertreter (§§ 1626 I, 1629 I BGB) die Genehmigung (nachträgliche Zustimmung, §§ 182 I, 184 I BGB) verweigert. Die Verweigerung der Genehmigung konnte gem. § 182 I BGB auch gegenüber K erklärt werden. Dadurch wurde der schwebend unwirksame Kaufvertrag endgültig unwirksam (§ 108 I BGB). 31

c) Zwischenergebnis

Der Kaufvertrag zwischen K und V ist wegen der verweigerten Genehmigung der E gem. § 108 I BGB endgültig unwirksam. Deswegen fehlt es an einem rechtlichen Grund für die Kaufpreiszahlung als Leistung des K. 32

4. Inhalt und Umfang des Bereicherungsanspruchs

Damit kann K von V nach § 812 I 1 BGB Herausgabe des Erlangten verlangen. Wie dies zu geschehen hat, hängt vom erlangten Gegenstand ab.[19] V hat Besitz und Eigentum an den Geldscheinen erlangt und bislang nicht wieder verloren. Daher hat V die 33

[17] So i.E. auch *Looschelders*, Rn. 1031.
[18] Vgl. schon *Fritzsche*, Fälle zum BGB AT, Fall 29 Rn. 6 sowie oben Rn. 8.
[19] Vgl. näher Palandt/*Sprau*, § 818 Rn. 5f.

Geldscheine so, wie er sie erhalten hat, an K gem. § 929 S. 1 BGB zurück zu übereignen (und zu übergeben).

5. Ergebnis

34 K kann von V Zahlung von 10000 € gem. § 812 I 1 Alt. 1 BGB verlangen.

Abwandlung

I. Anspruch des V gegen K auf Herausgabe des Autos gem. § 985 BGB

35 Fraglich ist, ob V von K Herausgabe des Autos gem. § 985 BGB verlangen kann. Dazu müsste V noch Eigentümer und K nichtberechtigter Besitzer sein.

1. Eigentum des V

36 Zu prüfen ist, ob V noch Eigentümer des Autos ist. Ursprünglich war dies der Fall.

a) Übereignung an K

37 Möglicherweise hat V sein Eigentum dadurch verloren, dass er den Wagen gem. § 929 BGB an K übereignet hat. K und V haben sich insoweit geeinigt und V hat das Auto an K übergeben, sodass K demnach Eigentümer geworden wäre.

b) Unwirksamkeit gem. § 108 I BGB

38 Fraglich ist, ob die Übereignung des Autos durch den beschränkt geschäftsfähigen V wegen § 108 I BGB schwebend unwirksam ist. Dazu müsste V den dinglichen Vertrag ohne die nach § 107 BGB erforderliche Einwilligung seiner gesetzlichen Vertreter geschlossen haben.

aa) Wirksamkeit gem. § 107 BGB

39 Zu prüfen ist, ob eine Einwilligung der gesetzlichen Vertreter des V gem. § 107 BGB erforderlich war. Dies wäre der Fall, wenn V durch seine Willenserklärung auch rechtliche Nachteile erfahren hat. V hat sich mit K über den Eigentumsübergang am Auto geeinigt, d.h. einen sachenrechtlichen Vertrag geschlossen (§ 929 S. 1 BGB), der zum Übergang des Eigentums von V an K führen sollte. Der Eigentumsverlust ist ein rechtlicher Nachteil für V, sodass der Verfügungsvertrag gem. § 107 BGB der Einwilligung der E (§§ 1626 I, 1629 I BGB) bedurfte.

bb) Wirksamkeit gem. § 110 BGB

40 Möglicherweise gilt die Verfügung gem. § 110 BGB von Anfang an als wirksam, wenn es sich bei dem Auto um „Mittel“ handelt, die V von E oder mit deren Zustimmung von einem Dritten zur freien Verfügung überlassen worden sind. Die Vorschrift des § 110 BGB ist auf Verträge aller Art anwendbar.[20] Als „Mittel“ kommen neben Geld alle Vermögensgegenstände in Betracht,[21] also grundsätzlich auch Autos.

41 So erlaubt § 110 BGB den gesetzlichen Vertretern, zu Erziehungszwecken dem Minderjährigen einen gewissen wirtschaftlichen Bewegungsfreiraum zu schaffen, ohne dass dabei dessen Vermögen gefährdet wird.[22] Autokäufe und -verkäufe überschreiten

[20] MünchKomm/*J. Schmitt*, § 110 Rn. 8.
[21] MünchKomm/*J. Schmitt*, § 110 Rn. 18; Palandt/*Ellenberger*, § 110 Rn. 3.
[22] MünchKomm/*J. Schmitt*, § 110 Rn. 1.

allerdings diesen Rahmen und sind daher von § 110 BGB nicht gedeckt. Insbesondere waren die E mit einer freien Verfügung des V über das von seinem Onkel erhaltene Fahrzeug angesichts ihrer Äußerung bei der Schenkung nicht einverstanden.

cc) Verweigerte Genehmigung

Die E haben die Genehmigung nach § 182 I BGB gegenüber K verweigert, was zur endgültigen Unwirksamkeit des Verfügungsvertrags geführt hat (vgl. oben Rn. 31). **42**

c) Zwischenergebnis

Da sich die Verfügung des V über sein Auto (§ 929 S. 1 BGB) als endgültig unwirksam erwiesen hat, ist V weiterhin Eigentümer. **43**

2. Besitz des K

K müsste Besitzer des Autos sein. Der Wagen wurde ihm von V übergeben, § 854 I BGB. Dies ist ein Realakt, für den die §§ 104 ff. BGB nicht gelten, der aber nach h. M. doch einen „natürlichen“ Willen erfordert,[23] den der siebzehnjährige V zu bilden vermag. K ist daher Besitzer. **44**

3. Kein Recht zum Besitz

Der Anspruch aus § 985 BGB besteht nicht, wenn K gegenüber dem Eigentümer V ein Recht zum Besitz hat (§ 986 I 1 BGB). **45**

Ein solches könnte sich für K aus dem mit V geschlossenen Kaufvertrag ergeben. Da dieser jedoch wegen der verweigerten Genehmigung der E endgültig unwirksam (§ 108 I BGB) ist,[24] kann er dem K kein Recht zum Besitz vermitteln. **46**

4. Ergebnis

V kann daher von K die Herausgabe des Autos gem. § 985 BGB verlangen. **47**

II. Anspruch gem. §§ 989, 990 BGB

Möglicherweise kann V von K wegen der Beschädigung des Autos Schadensersatz gem. §§ 989, 990 BGB verlangen. Dazu müsste K hinsichtlich seines fehlenden Rechts zum Besitz bösgläubig gewesen sein, d. h. er müsste gewusst haben, dass er V gegenüber nicht zum Besitz des Autos berechtigt ist. **48**

K ging bei Abschluss des Vertrags davon aus, einen volljährigen Vertragspartner zu haben und rechnete deswegen mit der Wirksamkeit des Kaufvertrags. Die Wahrheit erfuhr er erst später, als die E die Genehmigung des Kaufvertrags verweigerten. **49**

Der Anspruch besteht daher nicht. **50**

Hinweis: Unabhängig von der fehlenden Bösgläubigkeit ist ein Verschulden des K bei ordnungsgemäßem Parken des Autos nicht ersichtlich (vgl. § 989 BGB). – § 823 I BGB wird bei gutgläubigen Besitzern von § 993 I a. E. BGB ausgeschlossen; das lernt man zwar an sich erst im Sachenrecht, doch ist dieser Anspruchsausschluss von so elementarer Bedeutung, dass man sich ihn im Grundsatz bereits im Umfeld der §§ 812 ff., 823 ff. BGB einprägen sollte. **51**

III. Anspruch gem. § 812 I 1 Alt. 1 BGB

V könnte gegen K einen Anspruch auf Herausgabe des Autos und Zahlung von 5000 € gem. § 812 I 1 Alt. 1 BGB haben. **52**

---

[23] Bamberger/Roth/*Fritzsche*, § 854 Rn. 27.

[24] Vgl. oben Rn. 28 ff.

1. Vorrang des Eigentümer-Besitzer-Verhältnisses

53 Zu klären ist, ob im vorliegenden Fall die Regelungen des Eigentümer-Besitzer-Verhältnisses (§§ 987ff. BGB) wegen ihres abschließenden Charakters (vgl. § 993 I a.E. BGB) eine Leistungskondiktion ausschließen.

54 Nach § 993 I a.E. BGB sind Ansprüche auf Herausgabe von Nutzungen und Schadensersatzansprüche gegen den gutgläubigen Besitzer vollständig ausgeschlossen. Betroffen sind daher auch Bereicherungsansprüche. Nutzungen sind gem. § 100 BGB die Früchte einer Sache (§ 99 BGB) sowie Gebrauchsvorteile. Allerdings stellt weder die Sachsubstanz selbst (das Auto) noch ein erlangtes Surrogat eine Nutzung in diesem Sinne dar.[25] Die Sperrwirkung des § 993 I a.E. BGB erfasst den fraglichen Bereicherungsanspruch also nicht.

2. Etwas erlangt

55 K müsste etwas erlangt haben (§ 812 I 1 BGB). Der ihm zugeflossene Vermögensvorteil liegt im Besitz (§ 854 BGB) am Auto. Dieser wurde ihm von V am Tag des Abschlusses des Kaufvertrags verschafft.

56 **Hinweis:** Eigentum konnte ihm V wegen §§ 107, 108 I BGB nicht verschaffen.

3. Durch Leistung

57 K müsste den Besitz am Auto durch Leistung des V, d.h. durch bewusste und zweckgerichtete Vermögensmehrung, erlangt haben.

58 V wollte seine Verpflichtung aus dem Kaufvertrag (§ 433 I 1 BGB) erfüllen (§ 362 I BGB). Dadurch hat V das Vermögen des K bewusst und zweckgerichtet gemehrt. Es liegt also auch hier eine Leistung *solvendi causa* vor.

4. Ohne rechtlichen Grund

59 Wegen der endgültigen Unwirksamkeit des Kaufvertrags fehlt es an einem rechtlichen Grund für die Einräumung des Besitzes am Auto (vgl. oben Rn. 42).

5. Inhalt und Umfang des Bereicherungsanspruchs

60 Fraglich ist, welchen Umfang der Bereicherungsanspruch des V hat.

a) Besitz am Auto

61 Gem. § 812 I 1 BGB ist in erster Linie das erlangte Etwas selbst herauszugeben. K muss daher das Auto, so wie es ist, an V übergeben und diesem dadurch Besitz verschaffen (§ 854 I BGB).

62 **Hinweis:** Insoweit decken sich die Ansprüche aus § 985 und § 812 I 1 Alt. 1 BGB. Vorteile bietet der Bereicherungsanspruch gegenüber den §§ 985 und 987ff. BGB hinsichtlich der Versicherungssumme: Diese wird von § 985 und den §§ 987ff. BGB nicht erfasst, und nach h.M. findet § 285 I BGB auf den Anspruch aus § 985 BGB nur sehr eingeschränkt Anwendung und in der hier vorliegenden Konstellation jedenfalls nicht.[26]

b) Versicherungssumme

63 Zu prüfen ist, ob K auch wegen der von seiner Versicherung anlässlich des Hagelschadens zugesagten 5000 € etwas an V herausgeben muss.

---

[25] Vgl. MünchKomm/*Baldus*, § 993 Rn. 10.

[26] S. Bamberger/Roth/*Fritzsche*, § 985 Rn. 28 m.w.N.

Inhalt und Umfang des Bereicherungsanspruchs werden nicht nur durch § 812 I 1 BGB, sondern auch durch § 818 BGB bestimmt. Gem. § 818 I BGB muss der Bereicherungsschuldner neben dem erlangten Etwas auch gezogene Nutzungen (vgl. § 100 BGB) sowie dasjenige herausgeben, was er auf Grund eines erlangten Rechts oder als Ersatz für die Zerstörung, Beschädigung oder Entziehung des erlangten Gegenstands erwirbt. Die Formulierung „Ersatz für die Zerstörung, Beschädigung oder Entziehung des erlangten Gegenstands" beschreibt sog. stellvertretende Vorteile (Surrogate). Erfasst sind davon beispielsweise Enteignungsentschädigungen und Schadensersatzleistungen, aber auch auf Vertrag beruhende Versicherungsleistungen.[27] 64

Hinweise: Rechtsgeschäftliche Surrogate, also vor allem Erlöse bei der Veräußerung des erlangten Etwas, sind nach zutreffender h.L. über § 818 I BGB nicht herauszugeben, weil die Veräußerung des Erlangten vom Wortlaut des § 818 I BGB nicht erfasst wird. Außerdem enthält § 818 II BGB für diese Fälle eine Sondervorschrift.[28] Bei verschärfter Haftung können rechtsgeschäftliche Surrogate allerdings über §§ 818 IV, 285 BGB herausverlangt werden.[29] – Nutzungen i.S.d. § 100 BGB könnte V im konkreten Fall wegen der Sperrwirkung des § 993 I a.E. BGB nicht kondizieren. 65

Hier hat K wegen der Beschädigung des Autos einen Anspruch gegen seine Versicherung i.H.v. 5000 € erlangt. Dieser Anspruch ist ein „Ersatz für die Beschädigung des erlangten Gegenstands" i.S.d. § 818 I BGB und wird daher vom Bereicherungsanspruch des V erfasst. K muss den Anspruch an V abtreten. 66

6. Ergebnis

K muss gem. §§ 812 I 1 Alt. 1, 818 I BGB das Auto an V herausgeben (§ 854 I BGB) und den Anspruch gegen seine Versicherung an V abtreten (§§ 398ff. BGB). 67

---

[27] Palandt/*Sprau*, § 818 Rn. 15; *Schwarz/Wandt*, § 12 Rn. 7.

[28] Bamberger/Roth/*Wendehorst*, § 818 Rn. 9; MünchKomm/*Schwab*, § 818 Rn. 42; Palandt/*Sprau*, § 818 Rn. 14.

[29] *BGH* NJW 1980, 178f. (zu § 281 BGB a.F.); vgl. Palandt/*Sprau*, § 818 Rn. 52.

Fall 13. Reise nach New York

Nach BGHZ 55, 128 (ausführlicher in NJW 1971, 609).

Sachverhalt

Miro Mindermann (M) fliegt eine Woche vor seinem achtzehnten Geburtstag nach Erwerb eines gültigen Flugtickets von Nürnberg nach Hamburg. Dort gelingt es ihm, mit Transitpassagieren in ein Flugzeug der Fluggesellschaft Flughanse (F) nach New York zu steigen und an dem (nicht ausgebuchten) Weiterflug dorthin teilzunehmen. Die Freude über seinen kostenlosen Amerikaurlaub währt für M aber nicht lange. Da er kein Visum für die USA vorweisen kann, wird ihm von der US-Einwanderungsbehörde die Einreise verweigert. Außerdem werden ihm Sanktionen für den Fall angedroht, dass er nicht unverzüglich nach Deutschland zurückreist.

In der Folge wird M noch am selben Tag von der Fluggesellschaft F – gegen seinen ausdrücklichen Protest, da er das Verhalten der US-Einwanderungsbehörde für einen Skandal hält – nach Nürnberg zurück befördert. Ein Flugticket wurde ihm für diesen Rückflug nicht ausgestellt. Als die F von M die Zahlung der Beförderungsleistungen verlangt, verweigern die Eltern des M in dessen Namen die Zahlung. Sie weisen auf die Minderjährigkeit ihres Sohnes hin und verweigern der F gegenüber die Genehmigung der Verträge, die M mit F geschlossenen hat.

Kann F von M Zahlung des tariflichen Flugpreises für die Strecken Hamburg/New York (Hinflug) und New York/Nürnberg (Rückflug) verlangen?

Gliederung

Lösung

I. Ansprüche der F gegen M wegen des Hinflugs

1. Vertragliche Ansprüche: § 631 Abs. 1 BGB

F könnte gegen M einen Anspruch auf Zahlung des Flugpreises gem. § 631 I BGB haben. 1

Dazu müsste zwischen den Parteien ein wirksamer Beförderungsvertrag zustande gekommen sein. Verträge über Beförderungsleistungen sind auf die Herbeiführung eines Erfolges gerichtet und somit gem. § 631 II als Werkverträge anzusehen; ein Reisevertrag erfordert hingegen gem. § 651a I 1 BGB eine Gesamtheit von Reiseleistungen, also mehr als eine Einzelleitung wie im vorliegenden Fall.[1] 2

Fraglich ist, wie zwischen M und F ein Vertrag zustande gekommen sein könnte. Vertragsverhandlungen haben jedenfalls nicht stattgefunden, und M hat auch nicht von einem Reisebüro oder dergleichen einen Flugschein gekauft. 3

In Betracht kommt daher allenfalls ein Vertragsschluss durch sog. sozialtypisches Verhalten. Danach soll im rechtsgeschäftlichen Massenverkehr (öffentlicher Personenverkehr, Energie- und Wasserversorgung) ein Vertrag durch die Inanspruchnahme der Leistung zustande kommen. Nach vorzugswürdiger Auffassung ist die Zurverfügungstellung der jeweiligen Leistung als Vertragsangebot, die Inanspruchnahme der Leistung als Annahmehandlung anzusehen, die über § 151 S. 1 BGB zum Vertragsschluss führt.[2] Doch ist die Situation bei einer Flugreise auch heute noch eine andere, da ein Zustieg ohne Ticketkontrolle ausscheidet. Damit ist ein Flugzeug nicht als Angebot an jedermann anzusehen, einen Beförderungsvertrag abzuschließen. Ein Vertragsschluss ist nicht erfolgt. 4

[1] *Looschelders*, Rn. 716ff.; MünchKomm/*Tonner*, § 651a Rn. 12.
[2] Vgl. näher *Fritzsche*, Fälle zum BGB AT, Fall 13.

5 **Hinweis:** Wenn man dies anders sehen will, wäre zu prüfen, ob der von M geschlossene Vertrag gem. §§ 108 I, 182 I BGB endgültig unwirksam ist: Als Siebzehnjähriger ist M gem. § 2 BGB minderjährig und nach § 106 BGB in seiner Geschäftsfähigkeit beschränkt. Da ihn der Vertrag zur Zahlung des Flugpreises nach § 631 I BGB verpflichten würde, ist er nicht lediglich rechtlich vorteilhaft i. S. d. § 107 BGB. Somit bedurfte M nach § 107 BGB zum Abschluss dieses Vertrags der Einwilligung seines gesetzlichen Vertreters. Als solcher haben seine Eltern (§§ 1626 I, 1629 I BGB) nicht in den Vertragsschluss i. S. d. §§ 107, 183 BGB eingewilligt. Da M den Reisepreis für die Strecke von Hamburg nach New York bislang nicht i. S. v. § 110 BGB bewirkt hat, hing die Wirksamkeit des Beförderungsvertrags gem. § 108 I BGB von der Genehmigung (§ 184 BGB) der Eltern ab. Die Eltern haben die Genehmigung gem. § 182 I BGB gegenüber der F verweigert, also wäre der Vertrag endgültig unwirksam. – Um dem Prüfer ggf. zu zeigen, dass man diesen Aspekt gesehen hat, kann man ihn als Hilfsbegründung kurz im Urteilsstil anführen, etwa wie folgt:

6 Im Übrigen wäre der Vertrag, den M als nach §§ 2, 106 BGB in seiner Geschäftsfähigkeit beschränkter Minderjähriger geschlossen hat, gem. §§ 108 I, 182 I BGB endgültig unwirksam. Denn seine Eltern haben als gesetzliche Vertreter (§ 1629 I BGB) die nach § 107 BGB erforderliche Genehmigung des den M zur Zahlung verpflichtenden und somit rechtlich nachteiligen Vertrags gegenüber F verweigert.

7 F kann nicht nach § 631 I BGB Zahlung des Flugpreises von M verlangen.

2. §§ 683 S. 1, 670 BGB (berechtigte GoA)

8 F könnte gegen M einen Aufwendungsersatzanspruch für die Beförderung aus berechtigter Geschäftsführung ohne Auftrag haben.

a) Objektiv fremdes Geschäft für F

9 F müsste mit dem Transport des M ein für sie fremdes Geschäft geführt haben. Dies erscheint hier zweifelhaft, weil die Beförderung der Passagiere in den eigenen Rechtskreis der F fällt. Allerdings erscheint die Annahme eines „auch-fremden" Geschäfts vertretbar, wenn man darauf abstellt, dass M nach New York wollte; insbesondere die Rspr. tendiert häufig dazu, bei unwirksamen Verträgen eine GoA anzunehmen.[3]

b) Fremdgeschäftsführungswille

10 Bei objektiv fremden Geschäften wird der Fremdgeschäftsführungswille vermutet. Diese Vermutung gilt nach h. M. auch bei objektiv fremden Geschäften, die *auch* eigene Geschäfte des Geschäftsführers sind.[4] Bei eigenen und neutralen Geschäften führt dagegen allein der positiv festzustellende, nach außen erkennbare Fremdgeschäftsführungswille zur Anwendbarkeit der §§ 677 ff. BGB.[5] Im Ergebnis wird man hier – soweit man sie überhaupt für anwendbar hält – die Vermutung des Fremdgeschäftsführungswillens als widerlegt ansehen müssen: F wollte ihre vermeintliche Verpflichtung erfüllen, und ein darüber hinausgehender Wille, auch im Interessenkreis des M tätig zu werden, ist nicht ersichtlich (a. A. vertretbar).[6]

11 **Hinweis:** Sieht man dies anders, so fehlt es an einem Auftrag oder einer sonstigen Berechtigung. Damit ein Aufwendungsersatzanspruch besteht, muss die Beförderung nach § 683 S. 1 BGB weiter dem Interesse und dem tatsächlichen oder mutmaßlichen Willen des Geschäftsherrn M entsprechen. Da dieser

---

[3] Näher *Schwarz/Wandt*, § 3 Rn. 5 ff. m. w. N.

[4] BGHZ 63, 167, 170; 110, 313, 314 f.; Palandt/*Sprau*, § 677 Rn. 6; zweifelnd *Schwarz/Wandt*, § 4 Rn. 33.

[5] BGHZ 181, 188 = NJW 2009, 2590 Tz. 18 m. w. N.

[6] Vgl. BGHZ 181, 188 = NJW 2009, 2590 Tz. 20 zur Vornahme von Schönheitsreparaturen durch den Mieter bei Unwirksamkeit der entsprechenden Klausel im Mietvertrag. – Freilich findet man ohne weiteres auch BGH-Entscheidungen, mit denen man das Gegenteil belegen kann, etwa *BGH* NJW 1993, 3196 zu Ansprüchen bei einem nichtigen Bauvertrag.

aber minderjährig ist, kommt es auf den Willen seines gesetzlichen Vertreters an (s. unten Rn. 51 zum Rückflug), dem der Flug des M nach New York mutmaßlich nicht entspricht.

c) Ergebnis

Damit besteht kein Anspruch der F nach §§ 683 S. 1, 670 BGB für den Hinflug. 12

3. Anspruch der F gegen M aus § 823 II BGB i. V. m. § 265 a StGB

F könnte gegen M einen Anspruch auf Zahlung des Reisepreises als Schadensersatz 13
wegen Leistungserschleichung gem. § 823 II BGB i. V. m. § 265 a StGB haben.

a) Verstoß gegen ein Schutzgesetz

M müsste ein Schutzgesetz i. S. v. § 823 II BGB verletzt, also gegen eine beliebige 14
Rechtsnorm (Art. 2 EGBGB) verstoßen haben, die auch dem Schutz der Individualinteressen der F dient.

In Betracht kommt ein Verstoß gegen § 265 a StGB. M hat die Beförderung durch 15
ein Flugzeug, also ein Verkehrsmittel, erlangt. Er hat dies erreicht, indem er sich unter die umsteigenden Passagiere gemischt hat, um unbemerkt ins Flugzeug zu gelangen, und die Beförderung somit erschlichen. Dabei hatte er die Absicht, das Entgelt für den Flug nicht zu entrichten; er handelte also mit dem nach § 15 StGB erforderlichen Vorsatz. Somit hat M den Tatbestand des § 265 a StGB erfüllt.

b) Schaden der F

Ferner müsste F aus der Leistungserschleichung einen Schaden erlitten haben, also 16
eine Vermögenseinbuße. Da der Flug nicht ausgebucht war, die F also mit anderen Worten keine Fluggäste zurückweisen musste, weil M einen Platz in dem Flugzeug besetzt hatte, und M ohne die Leistungserschleichung nicht mit der F geflogen wäre, fehlt es jedoch an seinem solchen Schaden.

c) Ergebnis

Damit scheidet ein Schadensersatzanspruch der F gegen M nach § 823 II BGB 17
i. V. m. § 265 a StGB aus. Andere deliktische Anspruchsgrundlagen, die M verwirklicht haben könnte, sind nicht ersichtlich.

Hinweis: Für § 823 I BGB müsste M das Eigentum der F verletzt haben, was durch die Beförderungs- 18
erschleichung nicht geschehen ist. Allenfalls hat die F einen Vermögensschaden erlitten, doch ist das Vermögen kein „sonstiges Recht" i. S. d. § 823 I BGB. Bei § 826 BGB bräuchte man einen Schädigungsvorsatz, der ebenso wenig ersichtlich ist wie ein Schaden der F.

4. Anspruch der F gegen M aus §§ 812 I 1 Alt. 1, 818 II und IV, 819 I auf Wertersatz für die Beförderung auf dem Hinflug

Zu prüfen bleibt, ob F gegen M wenigstens einen Anspruch aus Bereicherungsrecht, 19
insbesondere Leistungskondiktion (§ 812 I 1 Alt. 1 BGB) hat.

a) Erlangtes Etwas

Dazu müsste M etwas erlangt haben. In Betracht kommt hier bei natürlicher Be- 20
trachtung die Beförderungsleistung, die von der überwiegenden Lehre[7] aufgrund einer

---

[7] *Looschelders*, Rn. 1018 ff. m. w. N.; MünchKomm/*Schwab*, § 812 Rn. 3 m. w. N.; vgl. *Schwarz/Wandt*, § 10 Rn. 6.

„gegenstandsbezogenen Betrachtung" als das Erlangte angesehen wird. Zwar sind Beförderungs- und andere Dienstleistungen nicht i.S.v. § 812 BGB zur Herausgabe geeignet, doch sind die Auswirkungen dieses Umstands bei den Rechtsfolgen zu klären, wie bereits § 818 II Alt. 1 BGB zeigt.[8]

21 Demgegenüber hat der BGH (insb. im Flugreisefall) die Ansicht vertreten, der Empfänger einer in Natur nicht herausgabefähigen Leistung sei grundsätzlich nur dann bereichert, wenn er sich durch die Inanspruchnahme dieser Leistung eigene Ausgaben erspart habe. Dies leitet der BGH aus dem obersten Prinzip des Bereicherungsrechts ab, dass die Herausgabepflicht des Bereicherten keinesfalls zu einer Minderung seines Vermögens über den Betrag der wirklichen Bereicherung hinaus führen dürfe.

22 Ausgaben erspart hätte sich M im vorliegenden Fall aber nur dann, wenn er die Reise nach New York in jedem Fall angetreten hätte. Dann hätte M den Betrag für den Hinflug mit Hilfe der Beförderung durch die F gespart. Da M die Flugreise ohne die Leistungserschleichung nicht durchgeführt hätte, weil er sich diesen Luxus gar nicht hätte leisten können, hat M nach der Rspr. an sich nichts erlangt. Um dieses Ergebnis zu vermeiden, verweist der BGH auf § 819 I BGB. Danach kann sich der Bereicherungsschuldner, der den Mangel des rechtlichen Grundes beim Empfang der Leistung kennt, nicht auf einen späteren Wegfall der Bereicherung berufen. Da M wusste, dass er nicht berechtigt war, sich ohne gültiges Flugticket von der F nach New York befördern zu lassen, soll er sich nach der Wertung des § 819 I BGB auch nicht darauf berufen können, er sei von Anfang an nicht bereichert gewesen.[9]

23 Die Lösung des BGH erscheint unnötig kompliziert.[10] Mit der h.L. ist bei der Frage, ob M etwas erlangt hat, eine natürliche Betrachtungsweise anzustellen und ein Vermögensvorteil im engeren Sinne nicht zu verlangen. Die Frage, ob der Bereicherungsschuldner (noch) bereichert und deshalb nach §§ 812, 818 BGB (noch) zur Herausgabe verpflichtet ist, stellt sich erst auf der Rechtsfolgenseite, also wenn dem Grunde nach die Voraussetzungen für einen Herausgabeanspruch nach § 812 BGB gegeben sind. Auch die Rspr. selbst stellt in anderen Konstellationen bei der Frage, ob etwas erlangt wurde, nicht auf ersparte Aufwendungen, sondern die Nutzung von Gegenständen oder Dienstleistungen ab.[11] Im Ergebnis hat M daher die Beförderungsleistung der F erlangt.

b) Durch Leistung der F

24 M müsste die Beförderung durch Leistung der F erlangt haben. Nach h.M. ist Leistung jede bewusste und zweckgerichtete Vermehrung fremden Vermögens.

25 **Hinweis:** An sich müsste man am üblichen Leistungsbegriff *auch* kritisieren, dass eine Mehrung fremden *Vermögens* verlangt wird: Wie oben ausgeführt, setzt die Erlangung eines „Etwas" nach zutreffender h.L. keinen Vermögensvorteil voraus. Dann dürfte man für die Leistung aber auch keine Vermögensmehrung verlangen. An sich müsste man von einer zweckgerichteten Zuwendung eines Gegenstandes sprechen. Da das so nicht diskutiert wird, sollten Studierende in Klausuren und Hausarbeiten trotz des offensichtlichen Widerspruchs die übliche Definition – zumindest im Ausgangspunkt – heranziehen.

26 Am Vorliegen einer Leistung in diesem Sinne könnte man hier zweifeln, da der F bzw. ihren Repräsentanten wegen der Leistungserschleichung nicht bewusst war, den M überhaupt zu befördern; insofern liegt der Gedanke nahe, es handele sich hier eher

[8] Staudinger/*Lorenz*, § 812 Rn. 72 m.w.N.
[9] Vgl. BGHZ 55, 128, 132ff.
[10] I.E. ebenso *Fikentscher/Heinemann,* Schuldrecht, 10. Aufl. 2006, Rn. 1440; *Looschelders*, Rn. 1020.
[11] Etwa *BGH* GRUR 2001, 1156 – Der grüne Punkt – zur unberechtigten Nutzung desselben.

um einen Fall des Eingriffs, weil M sich die Leistung faktisch selbst verschafft hat. Doch ist das Vorliegen einer Leistung aus der Sicht des Leistungsempfängers (§§ 133, 157 BGB) zu beurteilen. Da M wusste, dass F mit der Beförderung einen vermeintlich bestehenden Vertrag erfüllten wollte („genereller Leistungswille"), liegt aus seiner Sicht eine Leistung der F vor.

Hinweis: Die gegenteilige Auffassung[12] ist ebenso vertretbar. Bei der Eingriffskondiktion stellt sich das Problem, dass nach h. M. ein Eingriff in den „Zuweisungsgehalt" eines fremden Rechts erforderlich ist. M muss also in ein fremdes Recht mit Ausschließlichkeitscharakter eingegriffen haben; daher bietet es sich wohl an, auf das Eigentum (oder zumindest den berechtigten Besitz) der F am Flugzeug abzustellen. Denn die Beförderungsverträge, die die F mit ihren Kunden schließt, sind nur relativer Natur und haben deshalb nicht den erforderlichen Zuweisungsgehalt.[13] 27

c) Ohne rechtlichen Grund

Wie bereits unter 1. geprüft, fehlt es an einem wirksamen Vertrag über die Beförderung und damit an einem rechtlichen Grund für die Leistung der F. 28

d) Anspruchsinhalt und -umfang

Damit ist M der F nach § 812 I 1 Alt. 1 BGB zur Herausgabe des Erlangten verpflichtet. Erlangt hat M die Beförderungsleistung. 29

aa) Wertersatz, § 818 II BGB

Da sich die Beförderungsleistung zur Herausgabe nicht eignet, schuldet M gem. § 818 II Alt. 1 BGB Wertersatz. Er muss also den objektiven Wert der Beförderungsleistung ersetzen, mithin den üblichen Flugpreis zahlen.[14] 30

Hinweis: Insofern kommt entweder der von F verlangte und auf M anzuwendende Tarif[15] oder der Durchschnittspreis vergleichbarer Fluggesellschaften in Betracht. Sollten demnach minderjährigen Passagieren Sonderkonditionen eingeräumt werden, so wäre dies auch i. R. d. § 818 II BGB für die Bemessung des Wertersatzes zu berücksichtigen.[16] 31

bb) Entreicherung, § 818 III BGB

Fraglich ist aber, wie bereits beim Erlangten angedeutet, ob M sich gem. § 818 III BGB darauf berufen kann, nicht (mehr) bereichert zu sein. Der Entreicherungseinwand des § 818 III BGB trägt der Funktion des Bereicherungsrechts Rechnung, ungerechtfertigte Vorteile abzuschöpfen. An dieser Stelle ist nun zu prüfen, ob die Beförderungsleistung der F das Vermögen des M (noch) bereichert. Eine Bereicherung liegt vor, solange das erlangte Etwas bzw. wegen § 818 I, II BGB seine Nutzungen oder Surrogate noch in irgendeiner Weise im Vermögen des Empfängers vorhanden sind. Denn das Bereicherungsrecht soll nur ungerechtfertigte Bereicherungen abschöpfen. Deshalb entspricht es den grundlegenden Gerechtigkeitsprinzipien des Bereicherungsrechts, einen Anspruch auszuschließen, wenn die Bereicherung entfallen ist, wie dies § 818 III BGB anordnet. 32

Die Bereicherung entfällt ersatzlos, wenn der erlangte Gegenstand etc. zerstört oder entwendet wird. Das Gleiche gilt, wenn der Bereicherungsschuldner mit dem Erlangten Aufwendungen vornimmt, die er sich andernfalls nicht hätte leisten können (sog. 33

---

[12] Vgl. *Schwarz/Wandt*, § 11 Rn. 22; Staudinger/*Lorenz*, § 812 Rn. 3 m. w. N.

[13] Palandt/*Sprau*, § 812 Rn. 40; s. a. *BGH* NJW 1993, 1919 m. w. N.

[14] BGHZ 55, 128, 137.

[15] So etwa *BGH* NJW 1992, 1383 für die unberechtigte Stromentnahme, allerdings noch zu Zeiten von Gebietsmonopolen auf dem Energiemarkt.

[16] Vgl. *Dörner*, BGB Schuldrecht 2, 5. Aufl., 2002, Fall 3 (S. 28 f.).

Luxusaufwendungen), bzw. wenn er Dienstleistungen oder Gebrauchsvorteile in Anspruch nimmt, für die ihm die Mittel gefehlt hätten. Letzteres liegt hier bei M vor: Da er das Geld für den Flug nach New York nicht hatte, hätte er ihn sich ohne die Beförderung durch F nicht leisten können. Somit stellt der Flug eine Luxusausgabe dar, und M ist als entreichert anzusehen.

cc) Keine Berufung auf § 818 III wegen verschärfter Haftung

34 Zu prüfen bleibt, ob sich M auf die Entreicherung berufen kann. Ausgeschlossen wäre dies, wenn er nach §§ 819 I, 818 IV BGB verschärft haften würde. Denn der Kondiktionsausschluss nach § 818 III BGB erscheint dann nicht gerechtfertigt, wenn der Schuldner bereits auf Herausgabe verklagt war (§ 818 IV BGB) oder den Mangel des rechtlichen Grundes kannte (§ 819 I BGB).

35 **Hinweis:** Zwar sprechen die §§ 818 IV, 819 I BGB nicht von einem Ausschluss des Entreicherungseinwandes, sondern verweisen auf eine Haftung „nach den allgemeinen Vorschriften" (für die Haftung bei Rechtshängigkeit), also die §§ 291, 292 BGB. Daraus folgt aber, dass der Bereicherungsschuldner selbst dann haften soll, wenn er an sich entreichert wäre. Somit kann er sich nicht auf § 818 III BGB berufen.[17]

36 M war zwar nicht verklagt, doch war ihm bereits bei der Erlangung der Beförderungsleistung bewusst, dass er diese ohne rechtlichen Grund erlangte. Damit haftet er grundsätzlich nach § 819 I BGB „nach den allgemeinen Vorschriften". Allerdings stellt sich im Hinblick auf § 819 I BGB die Frage, ob und wie die Minderjährigkeit des M zu berücksichtigen ist. Denn der von den §§ 104 ff. BGB bezweckte Minderjährigenschutz muss auch bei der Rückabwicklung berücksichtigt werden.

37 Eine Möglichkeit kann darin bestehen, bei einer ungerechtfertigten Bereicherung stets § 828 BGB analog anzuwenden.[18] Es käme also auf die Kenntnis des Minderjährigen an, der nach § 828 III BGB der verschärften Haftung unterläge, wenn er über sieben und unter achtzehn Jahre alt ist und über die notwendige Einsichtsfähigkeit verfügt, also erkennen kann, dass er nicht berechtigt ist. Dies müsste man bei einem normal entwickelten Siebzehnjährigen wie M bejahen. Die Konsequenz davon wäre, dass der Minderjährige unter Umständen schlechter stünde als bei einem wirksamen Vertrag, weil er durch die verschärfte Bereicherungshaftung bei der Rückabwicklung des (wegen der Minderjährigkeit) gescheiterten Vertrages erheblich belastet würde. Dies widerspricht dem Schutzzweck der §§ 104 ff. BGB; außerdem geht es in § 828 BGB um die Verantwortlichkeit für Schäden, nicht um die Kenntnis.[19]

38 Vor diesem Hintergrund bietet es sich an, nicht auf die Kenntnis des Minderjährigen M, sondern seines gesetzlichen Vertreters abzustellen, arg § 166 I BGB. Dabei ist umstritten, ob dies auch im Falle einer Eingriffskondiktion zu gelten hat[20] oder ob dort wegen ihrer Nähe zum Delikt doch auf § 828 III BGB zurückzugreifen ist.[21] Der BGH hat im Flugreisefall damit argumentiert, dass M hier jedenfalls eine *vorsätzliche unerlaubte Handlung* begangen hat, und allein auf seine Einsichtsfähigkeit abgestellt; das steht in einem gewissen Widerspruch zur sonstigen Rspr., die bei der Leistungskondiktion eher den §§ 104 ff. BGB Vorrang einräumen und deshalb § 166 I BGB analog anwenden will. Dennoch erscheint es sachgerecht, dann ausnahmsweise auf den Minderjährigen selbst und § 828 III BGB abzustellen, wenn eine vorsätzliche uner-

[17] *Looschelders* Rn. 1123; MünchKomm/*Schwab*, § 818 Rn. 288.
[18] Vgl. Nachweise bei Erman/*Buck-Heeb*, § 819 Rn. 6.
[19] *Medicus/Petersen*, Rn. 176; Palandt/*Sprau*, § 819 Rn. 4.
[20] So Prütting/Wegen/Weinreich/*Leupertz*, § 819 Rn. 6; Bamberger/Roth/*Wendehorst*, § 819 Rn. 8.
[21] Staudinger/Jickeli/*Stieper*, § 104 Rn. 80 f.

laubte Handlung vorliegt, weil der vorsätzlich Handelnde nicht schutzwürdig ist[22] (a. A. vertretbar).

Hinweis: Insofern fällt die Begründung sicherlich leichter, wenn man von vornherein einen Eingriff annimmt. Bei konsequenter Anwendung der h. M. müsste man die verschärfte Haftung des M wohl doch verneinen, was dem sog. Gerechtigkeitsgefühl widerspricht. 39

e) Ergebnis:

M ist aus §§ 812 I 1 Alt. 1, 818 II, 819 I BGB der F zur Bezahlung der üblichen Vergütung für den Hinflug verpflichtet. 40

II. Ansprüche der F wegen des Rückflugs

1. Vertragliche Ansprüche: § 631 I BGB

Ein Anspruch der F gegen M auf Zahlung des Flugpreises gem. § 631 I BGB scheitert bereits daran, dass es am notwendigen Austausch von Willenserklärungen (Antrag und Annahme) fehlt. Die F hat den M in erster Linie wegen der Einreiseverweigerung durch die USA zurückbefördert, ein Flugticket wurde ihm für diesen Flug gerade nicht ausgestellt. Ein Vergütungsanspruch nach § 631 I BGB scheidet aus. 41

Hinweis: Nimmt man dennoch einen Vertragsschluss an, so ist dieser Vertrag endgültig unwirksam geworden, denn die Eltern des M haben die Genehmigung des nach § 108 I BGB zunächst schwebend unwirksamen Vertrags gegenüber F i. S. v. § 182 I BGB verweigert. 42

2. §§ 683 S. 1, 670 BGB (berechtigte GoA)

F könnte gegen M einen Aufwendungsersatzanspruch für die Beförderung aus berechtigter Geschäftsführung ohne Auftrag haben. 43

a) Objektiv fremdes Geschäft für F

An sich war es Sache des M, für seine Rückkehr nach Deutschland zu sorgen. Eine irgendwie geartete „Verantwortlichkeit" der F für den M ist nicht ersichtlich. Zwar hat F mit der Rückbeförderung des M möglicherweise auch eigene Belange wahrgenommen, weil sie aufgrund rechtlicher Bestimmungen gezwungen gewesen sein dürfte, den M wieder mitzunehmen. Damit liegt für die F aber jedenfalls *auch* ein Fremdgeschäft vor, auf das die §§ 677 ff. BGB ebenfalls anwendbar sind. 44

b) Fremdgeschäftsführungswille

Bei objektiv fremden Geschäften wird der Fremdgeschäftsführungswille vermutet. Diese Vermutung gilt nach h. M. auch bei objektiv fremden Geschäften, die *auch* eigene Geschäfte des Geschäftsführers sind.[23] 45

c) Ohne Auftrag oder sonstige Berechtigung

Fraglich ist, ob F ohne Auftrag oder sonstige Berechtigung gehandelt hat. Wie bereits unter 1. angesprochen, fehlt es hinsichtlich des Rückflugs an einem Beförderungsvertrag zwischen M und F. Insoweit hat F auch ohne Auftrag oder sonstige Berechtigung gehandelt. 46

---

[22] Staudinger/Jickeli/*Stieper*, § 104 Rn. 79 f.

[23] BGHZ 63, 167, 170; 110, 313, 314 f.; Palandt/*Sprau*, § 677 Rn. 6; zweifelnd *Schwarz/Wandt*, § 4 Rn. 33.

47 **Hinweis:** Geht man von einem Vertragsschluss aus, war der Vertrag aus oben (Rn. 5, 6) genannten Gründen endgültig unwirksam. Dann muss man allerdings kurz auf die Anwendbarkeit der GoA bei der Rückabwicklung unwirksamer Verträge eingehen (dazu v. a. Fall 17).

d) Berechtigte GoA?

48 Erforderlich ist für den Aufwendungsersatzanspruch nach § 683 S. 1 BGB außerdem, dass die Geschäftsführung dem Interesse und dem wirklichen oder mutmaßlichen Willen des M entsprach.

aa) Im Interesse des M

49 Im Interesse des Geschäftsherrn liegt, was für ihn objektiv nützlich ist. Da M nicht in die USA einreisen durfte, ein dauerhaftes Verbleiben auf dem Flughafen problematisch wäre und ihm Sanktionen seitens der US-Einwanderungsbehörde drohten, war der Rücktransport für ihn die einzige Möglichkeit und insofern nützlich.[24]

bb) Dem tatsächlichen oder mutmaßlichen Willen entsprechend

50 Letztlich ausschlaggebend ist der Wille des Geschäftsherrn, und zwar grundsätzlich sein tatsächlicher Wille, selbst wenn er unvernünftig ist.[25] Nur wenn der Wille des Geschäftsherrn nicht zu ermitteln ist, tritt an die Stelle des wirklichen der mutmaßliche Wille des Geschäftsherrn, der sich wiederum nach dessen objektivem Interesse bestimmt.[26] M hat gegen den Rücktransport protestiert, war damit also nicht einverstanden. Insofern widerspricht die Geschäftsführung seinem tatsächlichen Willen; jedoch könnte sein Wille hier gemäß § 679 BGB angesichts des (allerdings ausländischen) öffentlichen Interesses an seiner Rückführung unbeachtlich sein.

51 Allerdings stellt sich im vorliegenden Fall, da M minderjährig ist, vorrangig die Frage, ob es überhaupt auf seinen Willen oder vielmehr den seiner Eltern als gesetzliche Vertreter ankommt. Insofern ist nach dem Rechtsgedanken der §§ 104ff. BGB der Wille seiner Eltern maßgebend.[27] Da deren wirklicher Wille nicht zu ermitteln ist, kommt es auf ihren anhand des objektiven Interesses zu bestimmenden mutmaßlichen Willen an: Dem mutmaßlichen Willen der Eltern entspricht das, was im wohlverstandenen Interesse ihres minderjährigen Sohnes liegt (vgl. §§ 1626 I, 1631 I BGB),[28] und dies ist die sofortige Rückführung des M nach Deutschland.

cc) Zwischenergebnis

52 Damit liegt eine berechtigte GoA vor.

e) Rechtsfolge, § 683 S. 1 i.V.m. § 670 BGB

53 Somit kann F nach § 683 S. 1 „wie ein Beauftragter" Ersatz ihrer Aufwendungen verlangen, also gemäß § 670 BGB Ersatz der notwendigen Aufwendungen. Aufwendungen sind freiwillige Vermögensopfer.

54 Fraglich ist, ob die Beförderung als „Aufwendung" in diesem Sinne anzusehen und ersatzfähig ist. Denn wegen der Unentgeltlichkeit des Auftrags ist im unmittelbaren

---

[24] Ebenso *BGH* NJW 1971, 609, 612.

[25] *Medicus/Petersen*, Rn. 422; *Schwarz/Wandt*, § 5 Rn. 17; Palandt/*Sprau*, § 683 Rn. 5; zweifelnd *Brox/Walker*, BS, § 35 Rn. 26; a. A. *Larenz*, SchuldR II/1, § 57 I a.

[26] BGHZ 47, 370, 374; *Medicus/Petersen*, Rn. 423; *Schwarz/Wandt*, § 5 Rn. 14.

[27] Jauernig/*Mansel*, § 682 Rn. 3; Palandt/*Sprau*, § 682 Rn. 3; Staudinger/*Bergmann*, Vor § 677 Rn. 52, § 683 Rn. 16. – S. auch *BGH* NJW 1972, 475f. zum betrunkenen Geschäftsherrn.

[28] Vgl. *Schwarz/Wandt*, § 5 Rn. 92.

Anwendungsbereich des § 670 BGB anerkannt, dass ein Ersatz für aufgewendete Arbeitskraft nicht verlangt werden kann. Es erscheint allerdings zweifelhaft, ob man die Beförderung als Einsatz der Arbeitskraft der Fluggesellschaft, also einer juristischen Person, ansehen kann. Dies kann jedoch im Ergebnis dahinstehen, weil im Rahmen des § 683 S. 1 BGB anerkannt ist, dass ein Ersatzanspruch für Arbeits- und Dienstleistungen als Gegenstand der GoA möglich ist. Denn ähnlich dem Fall des § 1835 III BGB fehlt es bei der GoA im Gegensatz zum Auftrag an einer Abrede über die Unentgeltlichkeit.[29]

Somit kann F von M Ersatz ihrer Aufwendungen verlangen, d.h. in concreto wiederum die übliche Vergütung, also den von F verlangten Flugpreis.[30] 55

f) Ergebnis

F kann nach §§ 683 S. 1, 670 Ersatz ihrer Aufwendungen verlangen. Diese werden vom BGH ebenfalls mit der üblichen Vergütung beziffert. 56

Hinweis: Auch gegen die Eltern besteht ein Anspruch auf Erstattung der Rückflugkosten nach §§ 683 S. 1, 670 BGB. Denn die Eltern waren aufgrund der Personensorge (§ 1626 I BGB) verpflichtet, für die Rückführung ihres Sohnes zu sorgen, und mussten ihm über die Unterhaltspflicht (§ 1601 BGB) auch die erforderlichen Mittel zur Verfügung stellen.[31] 57

3. Anspruch aus § 812 I 1 Alt. 1 BGB

In Betracht käme an sich auch ein Anspruch der F gegen M aus § 812 I 1 Alt. 1 BGB. 58

a) Erlangt hat M wiederum eine Beförderungsleistung. 59

b) Dies geschah deshalb, weil F ihn (dieses Mal unproblematisch) wissentlich befördert hat. Es liegt wegen der Zurückweisung des F eine zweckgerichtete Zuwendung vor. 60

c) Fraglich ist, ob es an einem rechtlichen Grund für die Leistung fehlt. Ein Beförderungsvertrag hinsichtlich des Rückfluges wurde nicht geschlossen, hilfsweise wäre der Vertrag wegen der beschränkten Geschäftsfähigkeit des M (§§ 2, 106 BGB) und der verweigerten Genehmigung der Eltern des M (§§ 182 I, 184 I BGB) gem. § 108 I endgültig unwirksam (s.o. Rn. 42). 61

Hinweis: Rechtlicher Grund i.S.d. § 812 I 1 Alt. 1 BGB muss nicht immer ein Vertrag sein, auch gesetzliche Schuldverhältnisse wie die hier angesprochene berechtigte GoA kommen in Frage. 62

F hat den M aber in berechtigter Geschäftsführung ohne Auftrag transportiert. Diese stellt einen Rechtsgrund für Leistungen (und Eingriffe) dar.[32] 63

Da ein rechtlicher Grund vorliegt, scheidet ein Anspruch aus Leistungskondiktion aus; auch andere Bereicherungsansprüche kommen somit nicht in Betracht. 64

---

[29] BGHZ 143, 9, 16 m.w.N. = NJW 2000, 422.
[30] BGH NJW 1971, 609, 613 (insofern in BGHZ 55, 128 nicht abgedruckt).
[31] Vgl. Staudinger/*Bergmann*, Vor § 677 Rn. 308.
[32] *BGH* NJW 1993, 3196; Palandt/*Sprau*, Einf v § 677 Rn. 10.

Fall 14. Altlasten

Vgl. RGZ 60, 294ff.; BGH NJW 2006, 2839ff.

Sachverhalt

Großfabrikant K kauft mit notariell beurkundetem Vertrag von V ein Grundstück zum Preis von 20000 €, um dort eine Lagerhalle zu errichten. V unterhielt auf diesem Grundstück bis vor kurzem eine Lackiererei und hatte Industrieabfälle unsachgemäß gelagert, sodass Schadstoffe in das Erdreich gelangen konnten. Diese Verunreinigung ließe sich zwar beseitigen. Dennoch lässt V die Abfälle entsorgen und verschweigt im Notartermin die mit dem bloßen Auge nicht erkennbare Bodenbelastung gegenüber K, obwohl er weiß, dass dadurch die Erteilung einer Baugenehmigung für K zunächst ausgeschlossen ist. Wenig später überweist K den Kaufpreis wie vereinbart an V; auf dessen Konto wird sodann der Betrag gutgeschrieben.

Im Baugenehmigungsverfahren des K kommt kurze Zeit später die Wahrheit ans Licht. K unternimmt aber aus Zeitmangel erst einmal nichts. Als er anderthalb Jahre nach Bekanntwerden der Bodenbelastung gegenüber V die Anfechtung des Kaufvertrags erklärt, meint V, dass K damit reichlich spät komme. K verlangt daraufhin von V Rückzahlung des Kaufpreises.

Kann K von V Zahlung von 20000 € verlangen?

Gliederung

Lösung

Hinweise: Bei Überweisungen erfordert die juristische Qualifikation des erlangten Etwas eine kurze Begründung. Es wäre jedoch zu ungenau, das erlangte Etwas nur als „Geld“ oder „Kaufpreis“ zu bezeichnen. Die Gutschrift auf dem Konto begründet für V einen Auszahlungsanspruch aus einem abstrakten Schuldversprechen seiner Bank[1] (§§ 780, 781, 782 BGB) sowie nach bisheriger Auffassung auch aus §§ 700 I 1, 488 I 2 BGB.[2] Streng von diesen Ansprüchen *aus der Gutschrift* zu trennen ist der Anspruch des V gegen seine Bank aus dem Zahlungsdiensterahmenvertrag (i. d. R. ein Girovertrag) *auf Gutschrift* eingehender Zahlungen auf seinem Konto (§§ 675f II, 675t I 1 BGB).[3] Schreibt die Bank dem V die eingehende Zahlung gut, so erfüllt sie eine Hauptleistungspflicht aus diesem schon vor der Zahlung mit V geschlossenen Zahlungsdiensterahmenvertrag. Mit der Zahlung des K hat dies allerdings nichts zu tun; V hat diesen Anspruch aus dem Zahlungsdiensterahmenvertrag *auf Gutschrift* also nicht (durch eine mögliche Leistung des K) erlangt. Mit Problemen der Überweisung im Dreipersonenverhältnis beschäftigt sich Fall 18. 1

I. Anspruch des K gegen V gem. § 812 I 1 Alt. 1 BGB

Zu prüfen ist, ob K von V Zahlung von 20000 € gem. § 812 I 1 Alt. 1 BGB verlangen kann. 2

1. Durch Leistung erlangtes Etwas

V müsste von K etwas durch Leistung erlangt haben. K hat den Kaufpreis an V überwiesen; diesem wurden 20000 € auf dem Konto gutgeschrieben (Buchgeld). Das erlangte Etwas ist daher eine Forderung des Zahlungsempfängers V gegen seine Bank auf Auszahlung des Guthabens. 3

Hinweise: Weitergehende Ausführungen sind im Pflichtfachbereich kaum zu erwarten. Es wäre jedoch zu ungenau, das erlangte Etwas nur als „Geld“ oder „Kaufpreis“ zu bezeichnen (s. o. Rn. 1). 4

K müsste an V geleistet haben. Eine Leistung ist eine bewusste und zweckgerichtete Mehrung fremden Vermögens.[4] K wollte den Zahlungsanspruch des V aus dem Kaufvertrag (§ 433 II BGB) erfüllen und deshalb V durch die Überweisung eine Forderung gegen dessen Bank verschaffen. Darin liegt eine bewusste und zweckgerichtete Mehrung fremden Vermögens (Leistung *solvendi causa*). 5

Hinweise: Im bargeldlosen Zahlungsverkehr sind mehrere Rechtsverhältnisse zu unterscheiden:[5] Zwischen dem Überweisenden („Zahler“ als Zahlungsdienstenutzer, vgl. § 675f I BGB) und seiner Bank 6

---

[1] Palandt/*Sprau*, § 781 Rn. 10.
[2] Mittlerweile geht man davon aus, dass Zahlungsdiensterahmenvertrag und Verwahrung ein einheitliches Vertragsverhältnis sind. Vgl. Palandt/*Sprau*, § 675f Rn. 27.
[3] MünchKomm/*Casper*, § 676f Rn. 8; Palandt/*Sprau*, § 675t Rn. 4.
[4] Palandt/*Sprau*, § 812 Rn. 14 m. w. N.
[5] Vgl. Palandt/*Sprau*, § 675f Rn. 31.

(„Zahlungsdienstleister“) besteht das sog. Deckungsverhältnis, zwischen Zahler und Zahlungsempfänger das sog. Valutaverhältnis. Nur letzteres ist für den Bereicherungsausgleich bei einer rechtsgrundlosen Zahlung von Bedeutung. Das Kreditinstitut des Zahlungsempfängers ist im bargeldlosen Zahlungsverkehr nur Leistungsmittler, d.h. Zahlstelle („Zahlungsdienstleister“). Bereicherungsrechtlich spielt es daher keine Rolle, es besteht mithin kein Leistungsverhältnis zum Überweisenden (K).[6] Aus demselben Grund ist die Bank des V aus Sicht des K nicht Dritter i.S.d. § 362 II BGB.[7] – Umgekehrt leistet die Bank des K nicht selbst an V. Zwischen K und seiner Bank besteht zum einen ein Zahlungsdiensterahmenvertrag in der Form des Girovertrags (§ 675f II BGB). Zum anderen hat K hinsichtlich der Überweisung mit der Bank entweder einen „Einzelzahlungsvertrag“ (§ 675f I BGB) geschlossen oder realistischerweise der Bank innerhalb eines ohnehin bestehenden Girovertrags als Zahlungsdiensterahmenvertrag i.S.v. § 675f II BGB einen Zahlungsauftrag (§ 675f III 2 BGB) erteilt. Führt nun die Bank des K dessen Überweisungsauftrag aus, so erfüllt sie diesem gegenüber ihre Pflichten aus Giro- bzw. Einzelzahlungsvertrag (insofern ist auch dies zwischen K und dessen Bank eine „Leistung“!). Gleichzeitig leistet K an V.[8]

2. Ohne Rechtsgrund

a) Allgemeines

7 Die Leistung des K an V müsste ohne rechtlichen Grund erfolgt sein, § 812 I 1 Alt. 1 BGB. Ein rechtlicher Grund fehlt, wenn die Zuwendung dem Leistungsempfänger nach der ihr zugrunde liegenden Rechtsbeziehung nicht oder nicht endgültig zusteht.[9]

b) Kaufvertrag als rechtlicher Grund

8 Möglicherweise stellt der von K und V abgeschlossene Kaufvertrag einen rechtlichen Grund dar. Dann wäre ein Bereicherungsanspruch des K ausgeschlossen.

9 K und V haben einen zunächst wirksamen Kaufvertrag (§ 433 BGB) über das Grundstück geschlossen. Die Form der notariellen Beurkundung (§ 311b I 1 BGB) wurde beachtet, sodass der Vertrag grundsätzlich wirksam ist.

aa) Nichtigkeit des Vertrags gem. § 142 I BGB

10 Der Kaufvertrag könnte jedoch infolge der Anfechtung durch K gem. § 142 I BGB als von Anfang an nichtig anzusehen sein. Dazu müsste K einen Anfechtungsgrund gehabt und die Anfechtung innerhalb der Anfechtungsfrist erklärt haben.

(1) Anfechtungserklärung

11 K hat eine Anfechtungserklärung gegenüber V abgegeben, § 143 I BGB. Sein Wille war auf rückwirkende Beseitigung des Kaufvertrags gerichtet (§§ 133, 157 BGB).

12 **Hinweis:** Im Sachverhalt wird nur von der Erklärung der „Anfechtung“ gesprochen. Eine Auslegung bzw. gutachtenmäßige Prüfung ist daher entbehrlich.

13 Als Vertragspartner ist V der richtige Anfechtungsgegner (§ 143 II 1 BGB).

(2) Anfechtungsgrund

14 Es müsste ein Anfechtungsgrund vorliegen. In Frage kommt nur eine arglistige Täuschung durch V gem. § 123 I Alt. 1 BGB.

---

[6] Vgl. BGH NJW 2007, 914, 915.
[7] Vgl. Palandt/*Grüneberg*, § 362 Rn. 10.
[8] BGHZ 147, 269, 273 = NJW 2001, 2880, 2881.
[9] Vgl. Palandt/*Sprau*, § 812 Rn. 6 und 21.

V müsste den K getäuscht haben. Eine Täuschung liegt in einem Verhalten, das darauf abzielt, in einem anderen unrichtige Vorstellungen über Tatsachen hervorzurufen, zu bestärken oder zu unterhalten.[10] V hat dem K gegenüber die Verseuchung des Grundstücks mit Altlasten verschwiegen. Eine Täuschung kann nur dann durch Verschweigen von Tatsachen erfolgen, wenn eine entsprechende Aufklärungspflicht des Täuschenden bestand. Den Verkäufer trifft eine Offenbarungspflicht hinsichtlich solcher Umstände, die für die Entschließung des Käufers von entscheidender Bedeutung sind und deren Mitteilung dieser nach der Verkehrsauffassung erwarten durfte. Die Belastung des Grundstücks mit Schadstoffen ist für seine Verwendung von großer Bedeutung und stellt deshalb einen solchen offenbarungspflichtigen Umstand dar.[11] 15

K ging aufgrund des Verschweigens der Altlasten unbewusst von einem mangelfreien Grundstück aus und gab daraufhin seine Willenserklärung ab. Die für § 123 I Alt. 1 BGB erforderliche doppelte Kausalität liegt jedenfalls vor. 16

Die Täuschung müsste arglistig erfolgt sein. Arglist erfordert vorsätzliches Handeln. Der Täuschende muss daher die Unwahrheit seiner Antwort bzw. die Bedeutung der verschwiegenen Tatsache kennen oder wenigstens für möglich halten.[12] V hat die Altlasten wissentlich verschwiegen und deshalb arglistig gehandelt. 17

Die Voraussetzungen des § 123 I Alt. 1 BGB sind somit gegeben. 18

(3) Ausschluss der Anfechtung durch § 437 BGB?

Fraglich ist, ob die Anfechtung nach § 123 I BGB durch die §§ 437ff. BGB ausgeschlossen wird, wie es für die Anfechtung nach § 119 II BGB anerkannt ist. In Betracht kommt dies nur, wenn das Grundstück mangelhaft i.S.d. § 434 I 2 Nr. 2 BGB ist. Ein Grundstück mit Altlasten eignet sich nicht für eine gewöhnliche Verwendung durch Menschen, weil Gesundheitsgefahren bestehen, sodass ein Sachmangel vorliegt. Dies war bereits bei Gefahrübergang, also gem. § 446 S. 1 BGB bei der Übergabe, der Fall. Da dieser Mangel behebbar ist, wäre V primär zur Nacherfüllung (in Form der Mangelbeseitigung) verpflichtet, § 439 I Alt. 1 BGB. K hätte dem V daher vor einem Rücktritt eine Frist zur Nacherfüllung gem. § 323 I BGB setzen müssen; eine ernsthafte und endgültige Erfüllungsverweigerung ist im Verhalten des V wohl noch nicht zu sehen (§ 323 II Nr. 1 BGB). Insofern wird das „Recht zur zweiten Andienung" des V durch eine Anfechtung vereitelt. Doch ist der arglistig handelnde Verkäufer insofern nicht schutzwürdig. Daher wird das Anfechtungsrecht nach § 123 I BGB nicht durch Mängelrechte i.S.v. § 437 BGB verdrängt.[13] 19

(4) Anfechtungsfrist

Fraglich ist, ob die Anfechtungsfrist des § 124 I BGB gewahrt ist. Die Frist beginnt bei arglistigen Täuschungen gem. § 124 II 1 Alt. 1 BGB mit dem Zeitpunkt, in welchem der Anfechtungsberechtigte (K) die Täuschung entdeckt. Die Frist dauert gem. § 124 I BGB ein Jahr (Berechnung gem. §§ 187 I, 188 II Hs. 1 BGB). Nachdem seit der Entdeckung der Verseuchung mehr als ein Jahr vergangen ist, kann eine Anfechtung nicht mehr erfolgen. 20

Hinweis: Fristen sind stets so genau wie möglich zu berechnen. Nachdem im vorliegenden Sachverhalt Datumsangaben fehlen, kann keine genauere Berechnung erfolgen. Für die Lösung des Falles spielt dies jedoch keine Rolle. 21

---

[10] Palandt/*Ellenberger*, § 123 Rn. 2; *Köhler*, § 7 Rn. 39.
[11] *BGH* NJW 2001, 64.
[12] Palandt/*Ellenberger*, § 123 Rn. 11; *Köhler*, § 7 Rn. 43.
[13] Bamberger/Roth/*Faust*, § 437 Rn. 184 m.w.N.; Palandt/*Weidenkaff*, § 437 Rn. 54.

bb) Zwischenergebnis

22 Der Kaufvertrag zwischen K und V ist wirksam; die Wirkungen des § 142 I BGB treten wegen der verfristeten Anfechtung nicht ein. Der Kaufvertrag bleibt „rechtlicher Grund" i.S.d. § 812 I 1 Alt. 1 BGB.

3. Ergebnis

23 Ein Anspruch des K gegen V aus § 812 I 1 Alt. 1 BGB besteht nicht.

II. Anspruch des K gegen V gem. § 813 I 1 BGB

24 Eventuell kann K von V Zahlung von 20000 € gem. § 813 I 1 BGB verlangen.

1. Durch Leistung erlangtes Etwas

25 V müsste durch eine Leistung des K etwas erlangt haben. V hat eine Forderung gegen seine Bank erlangt. K leistete bewusst und zweckgerichtet zur Erfüllung der Forderung des V aus dem Kaufvertrag *(solvendi causa).*

2. Dauerhafte Einrede gegen Anspruch

a) Allgemeines

26 Dem Zahlungsanspruch des V aus § 433 II BGB müsste eine Einrede entgegenstehen, durch welche die Geltendmachung des Anspruchs dauernd ausgeschlossen ist.

27 Hier könnte die Arglisteinrede (§ 853 BGB) dem Anspruch des V entgegenstehen. § 853 BGB ist eine dauerhafte Einrede.[14] Wenn jemand durch eine von ihm begangene unerlaubte Handlung eine Forderung gegen den Verletzten erlangt hat, so kann dieser nach dem Wortlaut des § 853 BGB die Erfüllung auch dann verweigern, wenn der Anspruch auf Aufhebung der Forderung verjährt ist.

28 **Hinweise:** Weitere dauerhafte Einreden i.S.d. § 813 I 1 BGB sind beispielsweise die §§ 821, 1166, 1973, 1975, 1990ff., 2083, 2345 BGB.[15] Nicht unter § 813 I 1 BGB fallen insbesondere die Einreden aus §§ 273, 320 BGB; sie sind nur vorübergehender Natur. – Außerdem erfasst § 813 I 1 BGB nur rechtshemmende *Einreden.* Denn rechtshindernde und rechtsvernichtende *Einwendungen* wie etwa die Geschäftsunfähigkeit (§ 104 BGB) oder Anfechtung (unabhängig von ihrer Einordnung als Fehlen oder Wegfall des Rechtsgrundes) fallen unter die in § 812 I BGB geregelten Tatbestände.

29 Zu prüfen ist, ob die Tatbestandsmerkmale des § 853 BGB vorliegend erfüllt sind.

b) Durch unerlaubte Handlung erlangte Forderung

30 V müsste gegen K eine Forderung durch eine von ihm (V) begangene unerlaubte Handlung erlangt haben. Durch den täuschungsbedingten Abschluss des Kaufvertrags hat V eine Kaufpreisforderung gegen K erworben (§ 433 II BGB).

31 Fraglich ist, ob K seinerseits wegen eines Betrugs durch V die Aufhebung des Kaufvertrags (§ 823 II BGB i.V.m. § 263 StGB; § 826 BGB) verlangen kann.

aa) Verletzung eines Schutzgesetzes

32 V müsste gegen ein Gesetz verstoßen haben, das auch den Schutz des K bezweckt.

---

[14] Vgl. Palandt/*Sprau,* § 813 Rn. 3.
[15] Ausführlich dazu MünchKomm/*Schwab,* § 813 Rn. 7.

Als Schutzgesetz kommt § 263 StGB (Betrug) in Frage. Gesetz ist jede Rechtsnorm (Art. 2 EGBGB). § 263 StGB dient auch dazu, den Einzelnen vor Vermögensschäden zu bewahren. Die Vorschrift ist Schutzgesetz i.S.d. § 823 II BGB. 33

V müsste das Schutzgesetz verletzt haben. Er hat den K über die Beschaffenheit des Grundstücks getäuscht, dadurch einen Irrtum bei K erregt und diesen zu einer Vermögensverfügung veranlasst (Zahlung). Der Schaden des K liegt darin, dass er den Preis für ein einwandfreies Grundstück gezahlt hat, obwohl dieses mangelhaft ist und deshalb einen deutlich geringeren Wert hat. 34

V hat daher den objektiven Tatbestand des § 263 StGB erfüllt. 35

bb) Rechtswidrigkeit und Verschulden

Die Rechtswidrigkeit wird durch die Schutzgesetzverletzung indiziert. 36

V müsste ein Verschulden treffen, wobei der subjektive Tatbestand des Schutzgesetzes auch für § 823 II BGB maßgeblich ist.[16] Nachdem die Erfüllung der o.g. Tatbestandsmerkmale von V so beabsichtigt war, hat er vorsätzlich gehandelt (§ 15 StGB). Damit läge ausreichendes Verschulden vor. 37

cc) Zwischenergebnis

K könnte daher im Wege der Naturalrestitution (§ 249 BGB) von V die Aufhebung des Kaufvertrags verlangen. Dieser Anspruch des K ergibt sich aus § 823 II BGB i.V.m. § 263 StGB und wegen des Schädigungsvorsatzes des V auch aus § 826 BGB. 38

c) „Verjährung" der Forderung

Nimmt man den Wortlaut des § 853 BGB ernst, so sind dessen Voraussetzungen nicht erfüllt. Der Anspruch auf Aufhebung der Forderung (gemeint sind die Ansprüche des K aus § 823 II BGB i.V.m. § 263 StGB und § 826 BGB) ist derzeit noch nicht verjährt; die dreijährige regelmäßige Verjährungsfrist (§§ 199 I, 195 BGB) ist anderthalb Jahre nach Entdeckung des Mangels noch nicht abgelaufen. 39

Allerdings hat K die Anfechtungsfrist des § 124 I BGB versäumt. Fraglich ist, ob § 853 BGB auch darauf anzuwenden ist. Dies ist umstritten: 40

aa) Meinungsstand

Eine Ansicht wendet § 853 BGB in den Fällen der versäumten Anfechtungsfrist nicht entsprechend an. Sowohl § 853 BGB als auch § 124 I BGB seien ernst zu nehmen;[17] der Anfechtungsberechtigte hat sein Recht mit Fristablauf endgültig verloren und muss die Schadensersatzansprüche geltend machen. Hingegen dehnt die Gegenauffassung § 853 BGB auch auf den Fall der versäumten Anfechtungsfrist aus.[18] 41

bb) Stellungnahme

Der Gegenauffassung ist – zumindest im vorliegenden Fall – zu folgen. Die Besonderheit des Falles besteht nämlich darin, dass sich K zur Begründung der Arglisteinrede nicht nur auf ein versäumtes Anfechtungsrecht stützt. Eine Forderung aus unerlaubter Handlung besteht hier ebenfalls, und § 853 BGB spricht davon, dass *sogar* bei 42

---

[16] *BGH* NJW 1966, 2014, 2016; MünchKomm/*Wagner*, § 823 Rn. 358, 361.

[17] *BGH* NJW 1969, 604; MünchKomm/*Kramer*, § 124 Rn. 7; Staudinger/*Vieweg*, § 853 Rn. 7.

[18] RGZ 79, 194, 197; BGH NJW 1979, 1983, 1984 m.w.N.; Bamberger/Roth/*Spindler* § 853 Rn. 4; Palandt/*Sprau*, § 853 Rn. 1; *Schwarz/Wandt*, § 10 Rn. 46.

Verjährung dieser Forderung ein Leistungsverweigerungsrecht besteht. Dies bedeutet, dass es erst recht vorher besteht („auch dann“).[19]

43 Folglich sind die Tatbestandsmerkmale des § 853 BGB erfüllt.

3. Inhalt und Umfang des Bereicherungsanspruchs

44 Zu klären ist der Umfang des Bereicherungsanspruchs des K. V muss „das zum Zwecke der Erfüllung einer Verbindlichkeit Geleistete“ zurückerstatten (§ 813 I 1 BGB), d.h. er muss dem K 20000 € zurück überweisen.

4. Ergebnis

45 K kann von V Zahlung von 20000 € gem. § 813 I 1 BGB verlangen.

III. Anspruch des K gegen V gem. § 823 II BGB i.V.m. § 263 StGB

46 Fraglich ist, ob K von V Zahlung von 20000 € gem. § 823 II BGB i.V.m. § 263 StGB (Betrug) verlangen kann.

1. Verletzung eines Schutzgesetzes

47 Wie bereits oben geprüft, ist § 263 StGB ein Schutzgesetz i.S.d. § 823 II BGB. Das Schutzgesetz wurde durch V auch rechtswidrig und schuldhaft verletzt.

2. Ergebnis

48 K kann von V Zahlung von 20000 € gem. § 823 II BGB i.V.m. § 263 StGB verlangen.

IV. Anspruch des K gegen V gem. § 826 BGB

49 Im vorsätzlichen Betrug durch V liegt zugleich eine vorsätzliche sittenwidrige Schädigung i.S.d. § 826 BGB. Insofern kann der Zahlungsanspruch des K i.H.v. 20000 € auch darauf gestützt werden.

V. Anspruch des K gegen V gem. § 280 I i.V.m. §§ 311 II, 241 II BGB

50 In Betracht kommt ferner ein Schadensersatzanspruch des K gegen V gem. § 280 I i.V.m. §§ 311 II, 241 II BGB.

51 **Hinweis:** Vorvertragliche Pflichtverletzungen führen zu Schadensersatzansprüchen, die wegen der abweichenden Tatbestandsvoraussetzungen nicht durch die §§ 119–123 BGB ausgeschlossen sind.[20] Sie können in der Rechtsfolge nach § 249 I BGB auf Auflösung eines bestehenden Vertrags gerichtet sein. Das ist hier nicht erforderlich, weil K den Vertrag bereits durch Anfechtung vernichtet hat. Im konkreten Fall könnte durch Naturalrestitution allerdings noch die Rückzahlung des Kaufpreises erreicht werden.

1. Voraussetzungen

52 Das erforderliche Schuldverhältnis ist durch die Aufnahme von Vertragsverhandlungen zwischen V und K entstanden, § 311 II Nr. 1 BGB. Daraus folgten vorvertragliche Schutz- und Aufklärungspflichten i.S.v. § 241 II BGB. Im tatbestandsmäßigen

---

[19] RGZ 79, 194, 197; vgl. *BGH* NJW 1969, 604, 605.
[20] Vgl. *BGH* NJW 2006, 845, 847.

Betrug durch V liegt zugleich eine Verletzung dieser vorvertraglichen Aufklärungspflichten i.S.v. § 311 II i.V.m. § 241 II BGB.[21] Da V vorsätzlich gehandelt hat, wird ihm der Entlastungsbeweis nach § 280 I 2 BGB nicht gelingen.

2. Rechtsfolge

K kann somit Schadensersatz verlangen; V muss ihn also gem. § 249 I BGB so stel- 53
len, wie er ohne das schädigenden Ereignis – die vorvertragliche Verletzung der Aufklärungspflicht – stehen würde. Ohne den Betrug hätte K den Vertrag nicht geschlossen und somit auch den Kaufpreis nicht gezahlt.

3. Ergebnis

Somit kann K – unabhängig von seiner Anfechtungserklärung – den Zahlungsan- 54
spruch i.H.v. 20000 € gegen V auch auf die §§ 280 I, 311 II Nr. 1, 241 II stützen.

---

[21] Vgl. *BGH* NJW 1979, 1983f. (zum alten Schuldrecht).

Fall 15. Saldo nach Computerabsturz?

Sachverhalt

Die Veterinärmedizinstudentin Valentina (V) hat von ihren Eltern ein handliches neues Notebook geschenkt bekommen. Deshalb verkauft sie ihrem Kommilitonen Kasimir (K) ihr gebrauchtes Netbook für 150 €; dieser zahlt in bar und nimmt das Netbook mit. Auf dem Markt hat das Netbook einen Restwert von 130 €.

Als Kasimir das Netbook zu Hause ausprobiert, stellt er fest, dass es sich entgegen seiner Erwartung nicht um das Modell 1201n mit leistungsfähigerem Prozessor und 2 GB-Arbeitsspeicher, sondern um das ähnliche Modell 1201HA desselben Herstellers mit normalem Netbook-Prozessor und 1 GB-Arbeitsspeicher handelt.

Kasimir ruft sofort bei Valentina an und erklärt ihr, er hätte das Netbook nur gekauft, weil er es für ein anderes Modell gehalten habe. Er fechte den Kauf daher an und wolle sein Geld zurück, natürlich gegen Rückgabe des Netbooks. Valentina meint, sie wolle erst ihren Cousin Charles, der Jura studiere, fragen, ob das so richtig sei.

Kasimir macht sich sogleich auf den Weg zu Valentina, um ihr das Netbook zurückzubringen. Auf der Treppe, die auf eine Brücke führt, stolpert Kasimir ohne Verschulden und verliert dabei die Tasche, in der er das Netbook transportiert. Das Gerät rutscht aus der Tasche, hüpft ein paar Stufen hinab und fällt dann durch das Treppengeländer. Einige Meter weiter unten prallt es auf einen Gehweg. Von dem Netbook bleibt nichts Verwertbares mehr übrig.

Als Kasimir ihr das völlig zerstörte Netbook zeigt, ist Valentina nicht mehr bereit, die noch vorhandenen 150 € an ihn herauszugeben. Es könne doch nicht sein, dass sie das Risiko der Geschehnisse zu tragen habe, für die sie überhaupt nichts könne.

Kann Kasimir dennoch von Valentina Rückzahlung der 150 € verlangen?

Abwandlung: Wie wäre der Fall unter den folgenden Umständen zu beurteilen?
Kasimir ist erst siebzehn Jahre alt und hat das Netbook von seinem Taschengeld gekauft. Seine Eltern (E) sind mit der Anfechtung einverstanden.

Gliederung

Lösung

Hinweis: In diesem Fall bereitet weniger der Bereicherungsanspruch Probleme als vielmehr die Frage, wie unwirksame gegenseitige Verträge nach den §§ 812ff. BGB rückabzuwickeln sind. Die gesetzliche Regelung sieht keine Besonderheiten vor, sodass man mit ihrer Hilfe durchaus zu einem vertretbaren Ergebnis gelangt. Man muss allerdings wissen, dass seit Jahrzehnten diskutiert wird, ob man es bei dem Ergebnis belässt, dass sich aus den §§ 812ff., 818 BGB an sich ergibt, oder ob man es mit Hilfe der sog. Saldotheorie (oder auf andere Weise) korrigiert. Bereits beim Leistungsbegriff und der sog. Subsidiarität der Nichtleistungskondiktion hatte sich gezeigt, dass man die Parteien eines unwirksamen Vertrags bei der Rückabwicklung an ihrer privatautonomen Entscheidung für einen bestimmten Partner im Leistungsaustausch festzuhalten versucht. Dieser Grundgedanke spielt erneut eine Rolle, wenn es darum geht, dass eine Partei die von ihr empfangene Leistung nicht mehr herauszugeben vermag und womöglich sogar nach § 818 III BGB entreichert wäre. 1

Ausgangsfall: Anspruch des K gegen V auf Herausgabe von 150 € gem. § 812 I 1 Alt. 1 BGB

K könnte gegen V einen Anspruch auf Herausgabe der gezahlten 150 € gem. § 812 I 1 Alt. 1 BGB haben. 2

I. Etwas erlangt

3 V müsste etwas erlangt haben. K hat ihr den Kaufpreis von 150 € gezahlt, ihr also Banknoten mit entsprechendem Wert übergeben und nach § 929 S. 1 BGB übereignet. Damit hat V Eigentum und Besitz an den 150 € Bargeld erlangt.

II. Durch Leistung des K

4 Dies müsste durch Leistung des K geschehen sein, d.h. durch eine bewusste und zweckgerichtete Vermögensmehrung. Da K seine Verpflichtung aus dem Kaufvertrag erfüllen wollte, liegt eine Leistung *solvendi causa* vor.

III. Ohne rechtlichen Grund

5 Zu prüfen ist, ob K ohne rechtlichen Grund geleistet hat. Dies wäre dann der Fall, wenn der von den Parteien zunächst geschlossene Kaufvertrag infolge einer Anfechtung des K gem. § 142 I BGB als von Anfang an nichtig anzusehen wäre.

1. Anfechtungserklärung

6 K hat gegenüber seiner Vertragspartnerin V, die gem. § 143 II BGB Anfechtungsgegnerin ist, eine ausdrückliche Anfechtungserklärung i.S.v. § 143 I BGB abgegeben. Insbesondere hat er dabei zu erkennen gegeben, aus welchen Umständen er sein Anfechtungsrecht ableitet.

2. Anfechtungsgrund: § 119 II BGB

7 Zu prüfen ist, ob K zur Anfechtung berechtigt war. Als Anfechtungsgrund kommt ein Irrtum über verkehrswesentliche Eigenschaften des Netbooks i.S.v. § 119 II BGB in Betracht.

8 Eigenschaften i.S.v. § 119 II BGB sind gegenwärtige, prägende Merkmale tatsächlicher oder rechtlicher Art, die in der Sache selbst begründet sind und eine gewisse Beständigkeit aufweisen.[1] Dies kann man sowohl für die Art des in dem Netbook verbauten Prozessors als auch für die Größe des Arbeitsspeichers bejahen. Über beide Eigenschaften unterlag K einer Fehlvorstellung, also einem Irrtum.

9 Fraglich ist, ob die Eigenschaften auch verkehrswesentlich i.S.v. § 119 II BGB waren, also ob sie im Rechtsverkehr bei Netbooks üblicherweise als entscheidungserheblich angesehen werden.[2] Dies mag man zumindest beim Prozessor eines Netbooks zunächst bezweifeln, doch gibt es insofern Unterschiede in der Leistungsfähigkeit und im Energieverbrauch, der für den Akkubetrieb wichtig ist. Der verbaute Arbeitsspeicher beeinflusst u.a. die Arbeitsgeschwindigkeit sowie die Verwendbarkeit von Computerprogrammen.

10 Somit hat K über verkehrswesentliche Eigenschaften geirrt und ist, da er das Netbook ohne den Irrtum bei verständiger Würdigung der Umstände (§ 119 I a.E. BGB) nicht gekauft hätte, nach § 119 II BGB zur Anfechtung berechtigt.

3. Anfechtungsausschluss wegen Vorrangs der §§ 437ff. BGB?

11 Nach ganz h.M.[3] ist die Anfechtung nach § 119 II BGB ausgeschlossen, wenn das Fehlen der Eigenschaft zugleich einen Sach- oder Rechtsmangel i.S.v. §§ 434, 435 BGB

[1] Vgl. *Köhler*, § 7 Rn. 19; Palandt/*Ellenberger*, § 119 Rn. 24.
[2] Vgl. *Köhler*, § 7 Rn. 21 (str.).
[3] Überblick zum Meinungsstand bei Bamberger/Roth/*Faust*, § 437 Rn. 179.

darstellt, weil die Anfechtung dann das System der Gewährleistungsrechte nach den §§ 437ff. BGB einschließlich der Verjährungsregelung des § 438 BGB aushöhlen könnte. Daher ist zu klären, ob die Modellabweichung einen Sachmangel i.S.v. § 434 I BGB darstellt. Dafür ist nach § 434 I 1 BGB in erster Linie die Parteivereinbarung über die Beschaffenheit der Kaufsache relevant; allerdings haben die Parteien keine solche Vereinbarung getroffen und auch keinen bestimmten Gebrauch des Netbooks i.S.v. § 434 I 2 Nr. 1 BGB vorausgesetzt. Da das Netbook funktionierte und eine ganz typische Hardwarekonfiguration hatte, eignet es sich i.S.v. § 434 I 2 Nr. 2 BGB für den gewöhnlichen Gebrauch und weist die Eigenschaften auf, die man von einem Netbook erwarten kann. Ein Mangel liegt somit nicht vor, sodass der Vorrang der §§ 437ff. BGB nicht eingreift und die Anfechtung möglich bleibt.

4. Anfechtungsfrist, § 121 I 1 BGB

K hat die Anfechtung sofort erklärt, nachdem er seinen Irrtum entdeckt hatte, also i.S.v. § 121 I 1 BGB unverzüglich. **12**

5. Zwischenergebnis

K hat den Kaufvertrag mit V nach § 119 II BGB wirksam angefochten. Damit hat V die Leistung des K ohne rechtlichen Grund erlangt. **13**

IV. Inhalt und Umfang des Bereicherungsanspruchs

K kann also von V gem. § 812 I 1 Alt. 1 BGB Herausgabe des Erlangten verlangen, also des Besitzes und Eigentums an den unverändert vorhandenen 150 € Bargeld. **14**

Zu prüfen ist, ob K sich die Zerstörung des Netbooks entgegenhalten lassen muss. **15**

1. Gegenanspruch der V gegen K gem. §§ 812 I 1 Alt. 1, 818 II BGB

Aus dem Gesagten ergibt sich, dass V an sich gegen K ebenfalls einen Anspruch aus Leistungskondiktion gehabt hätte. Sie konnte von K Herausgabe von Besitz und Eigentum am Netbook verlangen. Da das Netbook zerstört wurde, ist die Herausgabe nicht mehr möglich. Daher schuldet K der V gem. § 818 II BGB Wertersatz. Abzustellen ist auf den objektiven Marktwert, also laut Sachverhalt 130 €. **16**

2. Entreicherung des K, § 818 III BGB

Zu prüfen ist, ob die Verpflichtung des K zur Herausgabe bzw. zum Wertersatz nach § 818 III BGB ausgeschlossen ist, weil er als Empfänger nicht mehr bereichert ist. Dies wäre dann der Fall, wenn im Vermögen des K nichts mehr vom ursprünglich Erlangten, auch kein Surrogat oder sonst eine Mehrung, vorhanden ist. Da das Netbook zerstört wurde, ist dies zu bejahen. Damit ist K i.S.v. § 818 III BGB entreichert. **17**

Hinweis: Im Ergebnis nicht anders entscheiden sollte man, wenn der Sturz des K von einem unerkannt entkommenen Radfahrer, Passanten oder Jogger verursacht worden wäre. Zwar hätte K dann als Ersatz i.S.v. § 818 I BGB für das Netbook einen Ersatzanspruch nach § 823 I BGB gegen den Verursacher erworben, den er (durch Abtretung nach § 398 BGB) an V herauszugeben hätte. Damit bestünde die Bereicherung des K an sich fort.[4] Anders verhält es sich jedoch, wenn die Forderung gegen den Dritten praktisch wertlos, insbesondere wirtschaftlich nicht werthaltig ist.[5] So verhält es sich auch mit einer Ersatzforderung gegen einen Dritten, dessen Identität nicht feststellbar ist. **18**

---

[4] Palandt/*Sprau*, § 818 Rn. 39.
[5] *BGH* NJW 1978, 2149, 2150; *OLG Frankfurt a. M.* NJW-RR 1995, 1348f.

3. Einbeziehung des Gegenanspruchs der V?

19 Fraglich ist, ob der Bereicherungsanspruch der V trotz der Entreicherung des K zu berücksichtigen ist. Dies ist für die bereicherungsrechtliche Rückabwicklung gegenseitiger Verträge seit langem umstritten.[6]

a) Strenge Zweikondiktionentheorie

20 Die (strenge) Zweikondiktionentheorie belässt es bei der Existenz der nebeneinander stehenden Bereicherungsansprüche. Zwar hat jede Partei die Möglichkeit, ihrer Inanspruchnahme den eigenen Gegenanspruch nach § 273 I BGB entgegenzuhalten. Denn es handelt sich um wechselseitige Ansprüche, die auf demselben rechtlichen Verhältnis, dem gescheiterten Vertrag, beruhen. Beide Ansprüche sind auch gleichzeitig nach § 271 I BGB sofort fällig. Das Zurückbehaltungsrecht nach § 273 I BGB muss allerdings vom jeweiligen Schuldner geltend gemacht werden; bei gleichartigen Ansprüchen, insbesondere Geldleistungen, ist eine Aufrechnung nach § 387ff. BGB erforderlich.

21 Im vorliegenden Fall hat V sinngemäß zunächst ihr Zurückbehaltungsrecht geltend gemacht. Dennoch verbliebe es nach dieser Ansicht dabei, dass der Gegenanspruch der V nach § 818 III BGB ausgeschlossen ist und somit auch das Zurückbehaltungsrecht entfällt. V müsste also an K die 150 € zurückzahlen und aufgrund der Wertung des § 818 III BGB das Risiko der Entreicherung des K tragen.

b) Eingeschränkte Zweikondiktionentheorie

22 Die eingeschränkte Zweikondiktionentheorie erkennt an, dass das Ergebnis der einfachen Zweikondiktionenlehre bei der Rückabwicklung gegenseitiger Verträge unbillig erscheint. Deshalb plädiert diese in der jüngeren Lehre häufig anzutreffende Ansicht für eine normative Einschränkung des § 818 III BGB nach dem Rechtsgedanken des § 346 III 1 Nr. 3 BGB.

23 Demnach wäre zu prüfen, ob das Risiko des Untergangs, das § 818 III BGB grundsätzlich dem Bereicherungsgläubiger (V) zuweist, aufgrund der Umstände ausnahmsweise dem Bereicherungsschuldner (K) zuzuweisen ist. Eine gesetzliche Regelung einer ähnlichen Situation findet sich bei der Rückabwicklung von Verträgen nach einem Rücktritt in § 346 III 1 Nr. 3 BGB; danach trifft das Risiko den Gläubiger nur dann, wenn dem Schuldner kein Verstoß gegen die eigenübliche Sorgfalt zur Last fällt. Für die Übertragung dieser Wertung ins Bereicherungsrecht spricht, dass es mehr oder weniger vom Zufall abhängt, ob die Rückabwicklung eines gescheiterten Vertrags nach den §§ 346ff. BGB oder über das Bereicherungsrecht erfolgt.

24 Ob man die Wertung des Rücktrittsrechts im Rahmen des § 818 III BGB übernehmen will, kann allerdings für den vorliegenden Fall dahinstehen: Die Zerstörung des Netbooks ist von K nicht verschuldet. Somit bleibt es auch nach der eingeschränkten Zweikondiktionenlehre beim Wegfall der Bereicherung des K.

c) Saldotheorie

25 Die immer noch herrschende sog. Saldotheorie berücksichtigt hingegen bei der Rückabwicklung unwirksamer gegenseitiger Verträge stets den wirtschaftlichen Zusammenhang der von den Parteien erbrachten Leistungen. Daher sind die wechselsei-

[6] Überblick zum Meinungsstand bei *Brox/Walker*, BS, § 39 Rn. 11ff.; *Larenz/Canaris*, § 73 III; *Medicus/Lorenz* II, Rn. 1184ff.; *Medicus/Petersen*, Rn. 224ff.; *Schwarz/Wandt*, § 12 Rn. 29ff.

tigen Bereicherungsansprüche untrennbar miteinander verbunden; es soll sich sogar nur um einen „einheitlichen" Bereicherungsanspruch handeln.

Dies führt zum einen dazu, dass bei ungleichartigen Leistungen (Kaufsache, Kaufpreis) der jeweilige Bereicherungsgläubiger von sich aus die Rückgewähr der von ihm empfangenen Gegenleistung Zug um Zug anbieten muss, wenn er seinen Bereicherungsanspruch geltend macht.[7] Im Ergebnis entspricht dies den Wertungen der §§ 273f., 320, 322 BGB; dem hat K im vorliegenden Fall Rechnung getragen, indem er Kaufpreisrückzahlung gegen Rückübereignung des Netbooks angeboten hat. 26

Zum anderen führt die These von einem einheitlichen Bereicherungsanspruch bei gleichartigen Leistungen dazu, dass die wechselseitigen Bereicherungsansprüche kraft Gesetzes miteinander verrechnet werden (daher Saldotheorie). Dies hat erhebliche Auswirkungen auch dann, wenn eine Partei selbst ganz oder teilweise zur Herausgabe des Empfangenen außer Stande ist. Denn nach der Saldotheorie erfolgt ein Vermögensvergleich zwischen den Situationen mit und ohne Leistungsaustausch, weshalb anstelle der tatsächlichen Leistungen ggf. nach § 818 II BGB deren Wert angesetzt wird. Anschließend werden die beiden Werte saldiert, sodass dieses Mal in der Tat nur zugunsten einer Partei *ein* Bereicherungsanspruch übrig bleibt. Die Möglichkeit einer Entreicherung nach § 818 III BGB ist damit von vornherein ausgeschlossen. 27

Im Ergebnis bedeutet dies für den vorliegenden Fall: K kann zwar an sich die Herausgabe der übergebenen und übereigneten 150 € verlangen. Davon abzuziehen ist aber im Rahmen der *kraft Gesetzes eintretenden* Saldierung der Wert des von ihm empfangenen Netbooks, mithin 130 €. Im Ergebnis kann K also nach der Saldotheorie von V nur noch 20 € verlangen. 28

Hinweis: Abzugsfähig sind nach der Rspr. auch Aufwendungen, die der Leistungsempfänger zum Erwerb oder zum Erhalt des Leistungsgegenstandes gemacht hat. Solche Aufwendungen sind hier aber nicht ersichtlich. 29

d) Stellungnahme

Bei der Rückabwicklung gegenseitiger Verträge sollte der Parteiwille trotz der Unwirksamkeit des Vertrags aus Gründen der Billigkeit berücksichtigt werden. Da die strenge Zweikondiktionentheorie dies völlig außer Acht lässt, ist sie abzulehnen. 30

Fraglich erscheint, ob man mit der Rspr. von einem einheitlichen Bereicherungsanspruch ausgehen sollte, der im Ergebnis bei gleichartigen Leistungen nur in der Person desjenigen besteht, zu dessen Gunsten sich ein positiver Saldo ergibt. Mit der gesetzlichen Regelung in den §§ 812ff. BGB lässt sich dies kaum begründen. Außerdem wird so ausgeblendet, ob die Entreicherung auf Zufall beruht oder auf ein Verschulden bzw. Verschulden der Partei gegen sich selbst zurückzuführen ist. Dies erscheint im Hinblick auf die Rechtslage beim Rücktritt vom Vertrag nach § 346 II, III BGB bedenklich; auch in anderen Rechtsordnungen wird der Umstand berücksichtigt. Dies spricht gegen die Saldotheorie, die zudem in bestimmten Fällen so offensichtlich unbillige Ergebnisse produziert, dass sie eingeschränkt werden muss. 31

Da die eingeschränkte Zweikondiktionentheorie somit zu den am ehesten angemessenen und außerdem klaren Ergebnissen führt, ist ihr zu folgen. Da den K beim Untergang des Notebooks kein Verschulden gegen sich selbst traf, ist der Wegfall seiner eigenen Bereicherung somit zu berücksichtigen (a. A. vertretbar). 32

Hinweis: Falls man der Saldotheorie folgen will, müsste man in etwa ausführen: Gegen die eingeschränkte Zweikondiktionentheorie spricht, dass der Gesetzgeber sie bei der Schuldrechtsmodernisierung 2001 nicht aufgegriffen hat und sie im Widerspruch zum Wortlaut der vorhandenen gesetzlichen 33

[7] BGHZ 146, 298, 307 = NJW 2001, 1127 = JuS 2001, 706 *(Emmerich).*

Regelung in § 818 III, IV und § 819 I BGB steht, der man entnehmen kann, dass ein Verschulden des Bereicherungsschuldners nur bei verschärfter Haftung eine Rolle spielen soll. Sie ignoriert zudem den Willen der Parteien, der auf Durchführung des Leistungsaustauschs gerichtet war, indem sie die von den Parteien vereinbarte Risikozuweisung aufgrund der Nichtigkeit des Vertrags aufhebt, was die Saldotheorie gerade vermeidet. Deshalb ist der Saldotheorie zu folgen.

4. Ergebnis

34 Da den K beim Untergang des Notebooks kein Verschulden gegen sich selbst traf, ist der Wegfall seiner eigenen Bereicherung zu berücksichtigen. Es bleibt dabei, dass er den gezahlten Kaufpreis in vollem Umfang zurückverlangen kann.

V. Zurückbehaltungsrecht der V, § 273 I BGB?

35 Da die V nicht einsieht, das Risiko der Geschehnisse tragen zu sollen, ist noch zu prüfen, ob ihr aus einem anderen Rechtsgrund ein Gegenanspruch gegen K wegen der Zerstörung des Netbooks zustehen könnte.

1. Schadensersatzanspruch gem. §§ 990 I, 989 BGB

36 Ein Schadensersatzanspruch der V gegen K gem. §§ 990 I, 989 BGB erfordert zunächst eine Vindikationslage zwischen den Parteien, also einen Herausgabeanspruch der V gegen K nach § 985 BGB.

37 V hat das Netbook jedoch gleich nach Abschluss des Kaufvertrags nach § 929 S. 1 BGB an K übereignet. Zu prüfen bleibt, ob die Übereignung gem. § 142 I BGB als von Anfang an unwirksam anzusehen ist, weil K sie wirksam angefochten hat. Dazu müsste ein Anfechtungsgrund hinsichtlich der Übereignung vorgelegen haben. Der oben behandelte Irrtum des K i.S.v. § 119 II BGB betrifft aber allein den Abschluss des Kaufvertrags, nicht die Übereignung, für die auch sonst kein Anfechtungsgrund ersichtlich ist. Da kein Fall der sog. „Fehleridentität“ vorliegt, ist also nur der Kaufvertrag nichtig, die Übereignung bleibt davon unberührt. Damit blieb K Eigentümer, sodass eine Vindikationslage ausscheidet.

2. Schadensersatzanspruch gem. § 823 I BGB

38 Ein Schadensersatzanspruch der V gegen K nach § 823 I BGB würde voraussetzen, dass K das Eigentum der V verletzt hat. Aus dem eben genannten Grund ist dies nicht der Fall. V erleidet nur einen Vermögensschaden, wenn sie den Kaufpreis zurückzahlen muss, ohne ein intaktes Netbook oder zumindest Wertersatz von K zu erhalten. Das Vermögen als solches ist aber von § 823 I BGB nicht geschützt.

3. Schadensersatzanspruch gem. § 280 I BGB

39 Denkbar wäre somit nur noch ein Schadensersatzanspruch der V nach § 280 I BGB, für den zunächst ein Schuldverhältnis mit K bestehen müsste.

40 Ein solches liegt mit dem gesetzlichen Schuldverhältnis nach § 812 I 1 Alt. 1 BGB vor, das mit der Anfechtungserklärung des K entstanden ist. Jedoch enthält § 818 II BGB für dieses Schuldverhältnis eine Sonderregelung, die § 280 I BGB – vorbehaltlich der §§ 818 IV, 819 I BGB – verdrängt. Damit dieser Vorrang nicht ausgehöhlt wird, verbietet es sich auch, auf den unwirksamen Vertrag als Schuldverhältnis i.S.v. § 311 II Nr. 3 BGB zurückzugreifen (a.A. vertretbar). Selbst wenn man dies anders sehen und in der Zerstörung des Netbooks eine objektive Verletzung einer Obhutspflicht i.S.v.

§ 241 II BGB sehen wollte, würde K der Beweis i. S. v. § 280 I 2 BGB gelingen, dass er die Pflichtverletzung nicht zu vertreten hat.

So oder so scheidet auch ein Ersatzanspruch gem. § 280 I BGB aus. 41

VI. Ergebnis

K kann von V gem. § 812 I 1 Alt. 1 BGB Herausgabe von Besitz und Eigentum an den gezahlten 150 € verlangen, ohne selbst etwas herausgeben zu müssen. 42

Hinweis: Nach der Saldotheorie kann K von V nur noch Herausgabe von 20 € verlangen. 43

Abwandlung

K könnte gegen V wiederum einen Anspruch auf Herausgabe der gezahlten 150 € gem. § 812 I 1 Alt. 1 BGB haben. 44

I. Etwas erlangt

Wie im Ausgangsfall hat V Eigentum und Besitz an den Banknoten im Gesamtwert von 150 € erlangt. Zwar könnte die Übereignung durch den minderjährigen K (§§ 2, 106 BGB) ohne Einwilligung der Eltern des K nach § 108 I BGB schwebend unwirksam sein, weil der Verlust des Eigentums an dem Geld für K rechtlich nachteilig (§ 107 BGB) ist. Doch hat K das Netbook von seinem Taschengeld bezahlt, also die vertragsgemäße Leistung mit Mitteln bewirkt, die ihm sein gesetzlicher Vertreter (§ 1629 I BGB) i. S. v. § 110 BGB zur freien Verfügung überlassen hatte. Es lag also eine Einwilligung i. S. d. §§ 107, 183 BGB in die Übereignung des Geldes vor. 45

II. Durch Leistung des K

Da K seine Verpflichtung aus dem Kaufvertrag erfüllen wollte, liegt eine Leistung *solvendi causa* vor. 46

III. Ohne rechtlichen Grund

Zu prüfen ist, ob K ohne rechtlichen Grund geleistet hat. Aus den oben (Rn. 45) genannten Gründen, ist auch der von V und K geschlossene Kaufvertrag nach § 110 BGB wirksam. Wie im Ausgangsfall ist er jedoch infolge einer Anfechtung des K gem. § 142 I BGB als von Anfang an nichtig anzusehen; die für die Anfechtungserklärung des K nach § 107 BGB erforderliche Einwilligung (§ 183 BGB) der Eltern liegt vor. 47

IV. Inhalt und Umfang des Bereicherungsanspruchs

K kann also von V gem. § 812 I 1 Alt. 1 BGB Herausgabe des Erlangten verlangen, also des Besitzes und Eigentums an den 150 € Bargeld. 48

Wiederum ist zu prüfen, ob K sich die Zerstörung des Netbooks entgegenhalten lassen muss. 49

1. Gegenanspruch der V gegen K gem. §§ 812 I 1 Alt. 1, 818 II BGB

Wie im Ausgangsfall schuldet K der V gem. § 818 II BGB Wertersatz für das an sich herauszugebende, aber zerstörte Netbook. 50

2. Entreicherung des K, § 818 III BGB

51 Zu prüfen ist, ob die Verpflichtung des K zur Herausgabe bzw. zum Wertersatz nach § 818 III BGB ausgeschlossen ist, weil er als Empfänger nicht mehr bereichert ist. Dies wäre dann der Fall, wenn im Vermögen des K nichts mehr vom ursprünglich Erlangten, auch kein Surrogat oder sonst eine Mehrung, vorhanden ist. Da das Netbook zerstört wurde, ist dies zu bejahen. Damit ist K i. S. v. § 818 III BGB entreichert.

3. Einbeziehung des Gegenanspruchs der V?

52 Fraglich ist erneut, ob der Bereicherungsanspruch der V trotz der Entreicherung des K zu berücksichtigen ist. Dies ist für die bereicherungsrechtliche Rückabwicklung gegenseitiger Verträge seit langem umstritten; insofern sei auf die Ausführungen zum Ausgangsfall verwiesen.

a) Strenge Zweikondiktionentheorie

53 Nach der strengen Zweikondiktionentheorie sind die wechselseitigen Bereicherungsansprüche selbständig, können aber über das Zurückbehaltungsrecht nach § 273 I BGB oder die Aufrechnung zueinander in Beziehung gesetzt werden. Das scheidet hier aber aus, weil der Gegenanspruch der V nach § 818 III BGB ausgeschlossen ist. V müsste also an K die 150 € zurückzahlen und – wie im Ausgangsfall – aufgrund der Wertung des § 818 III BGB das Risiko der Entreicherung des K tragen.

b) Eingeschränkte Zweikondiktionentheorie

54 Auch für die eingeschränkte Zweikondiktionentheorie ergibt sich aus der Minderjährigkeit des K keine Abweichung von der Lösung des Ausgangsfalls.

c) Saldotheorie

55 Nach der Saldotheorie besteht ein einheitlicher Bereicherungsanspruch des K gegen die V, bei dem vom Bereicherungsanspruch des K in Höhe von 150 € der Wert des von ihm an sich herauszugebenden Netbooks abzuziehen ist (oben Rn. 25 ff.). Damit bleibt das wirtschaftliche Ergebnis des privatautonom vereinbarten Leistungsaustauschs auch für die Rückabwicklung des nichtigen Vertrags erhalten.

56 Dieses Ergebnis wird allerdings eingeschränkt, wenn es aus übergeordneten allgemeinen Gesichtspunkten unbillig erscheint.[8] Anerkannt ist dies etwa bei Herausgabeansprüchen eines arglistig getäuschten Vertragspartners[9] oder beim Erwerb aufgrund wucherischer und wucherähnlicher Geschäfte.[10]

57 Im vorliegenden Fall stellt sich die Frage, ob die Saldotheorie deshalb nicht anzuwenden ist, weil K minderjährig ist und die Anwendung der Saldotheorie im Ergebnis dazu führen würde, dass er an dem unwirksamen Vertrag festgehalten wird. Aus diesem Grunde ist es anerkannt, dass die Saldotheorie nicht zulasten eines Geschäftsunfähigen bzw. beschränkt Geschäftsfähigen anzuwenden ist, wenn der Vertrag nach den §§ 105 ff. BGB unwirksam ist.[11] Dieser soll vielmehr seinen ungeschmälerten Bereicherungsanspruch behalten; der Gegner kann daher nur das Zurückbehaltungsrecht nach § 273 I BGB geltend machen oder aufrechnen, wie es V vorliegend getan hat.

---

[8] BGHZ 146, 298, 307 f.
[9] BGHZ 53, 144, 147; *BGH* NJW 1990, 2880, 2882; BGHZ 178, 66 = NJW 2009, 1266 Tz. 48.
[10] BGHZ 146, 298, 308 f.
[11] BGHZ 126, 105, 108; *BGH* NJW 2000, 3562.

Zu bedenken ist aber, dass der Vertrag zwischen V und K im vorliegenden Fall nicht nach § 108 I BGB infolge verweigerter Genehmigung durch die Eltern des K unwirksam ist. Unter dem Gesichtspunkt der Geschäftsfähigkeit ist der Vertrag vielmehr nach § 110 BGB wirksam. Die Unwirksamkeit folgt hier aus § 142 I BGB, weil K den Vertrag mit Einwilligung seiner Eltern nach § 119 II BGB angefochten hat. **58**

Damit erscheint das Ergebnis, das die Saldotheorie liefert, jedenfalls vom Standpunkt ihrer Vertreter aus aber völlig angemessen. Immerhin liegt die Ursache für die Unwirksamkeit in der Sphäre des K, nämlich in seinem Irrtum. Eine Einschränkung der Saldotheorie ist somit nicht geboten. **59**

d) Stellungnahme

Insofern sei auf die Ausführungen oben Rn. 30ff. verwiesen. **60**

V. Zurückbehaltungsrecht der V, § 273 I BGB?

Insofern ergibt sich kein Unterschied zum Ausgangsfall, ein Zurückbehaltungsrecht besteht mangels Gegenanspruchs nicht (oben Rn. 35ff. **61**

VI. Ergebnis

Im Ergebnis ergibt sich somit kein Unterschied zum Ausgangsfall, weil das Fehlen des rechtlichen Grundes nicht auf die beschränkte Geschäftsfähigkeit des K zurückzuführen ist: Nach den Zweikondiktionentheorien erhält K gem. § 812 I 1 Alt. 1 BGB die gezahlten 150 € zurück, nach der Saldotheorie hingegen nur 20 €. **62**

Fall 16. Anders als erwartet

Nach BGH NJW 2004, 512.

Sachverhalt

Beate (B) ist seit Jahren in Köln im Steuerberatungsbüro von Klaus (K) angestellt, der mit ihren Leistungen sehr zufrieden ist und sie deshalb zur Bürovorsteherin befördert hat. Am 1. Februar 2004 unterzeichnen die beiden eine Vereinbarung, die mit „Gesellschaft des bürgerlichen Rechts" überschrieben ist. Darin vereinbaren sie, zukünftig in Bonn gemeinsam ein Steuerberatungsbüro zu betreiben, dem Beate ihre volle Arbeitskraft zur Verfügung stellt und das Klaus durch seine persönliche Beratung und Mitarbeit fachlich unterstützt. Außerdem heißt es in dem Vertrag, dieser solle „automatisch mit der Zulassung der B als Steuerbevollmächtigte oder Steuerberaterin wirksam werden", sofern Beate sechs Monate vor der Zulassung noch in einem Anstellungsverhältnis zu Klaus gestanden habe. Die beiden haben außerdem mündlich abgesprochen, dass Klaus die Kosten der Ausbildung trägt und Beate im notwendigen Umfang von der Arbeit freistellt. Weitere Abreden bestehen nicht.

In der Folgezeit nimmt Beate die Ausbildung zur Steuerberaterin auf. Nach fünf Jahren besteht sie den schriftlichen Teil der Steuerberaterprüfung. Danach kündigt sie den Anstellungsvertrag mit Klaus zum Jahresende wegen einer Erkrankung. Im folgenden Februar besteht sie auch den mündlichen Teil der Steuerberaterprüfung.

Obwohl Klaus sie dazu auffordert, beantragt Beate ihre Bestellung als Steuerberaterin zunächst nicht und verweist auf die Fortdauer ihrer gesundheitlichen Probleme. Daraufhin erklärt Klaus im April die fristlose Kündigung des Gesellschaftsvertrages.

Im August 2010 beantragt Beate dann doch ihre Bestellung zur Steuerberaterin, die noch im selben Monat erfolgt, und eröffnet sodann in Bonn ein eigenes Steuerberatungsbüro.

Klaus verlangt von Beate Ersatz der Ausbildungskosten. Er meint, Beate habe das Wirksamwerden des Gesellschaftsvertrages treuwidrig vereitelt, indem sie trotz Bestehens der Steuerberaterprüfung zunächst keinen Antrag auf Bestellung zur Steuerberaterin gestellt und damit die sechsmonatige Frist aus der Vereinbarung vom 1. Februar 2004 habe verstreichen lassen; deshalb müsse sie sich so behandeln lassen, als sei der Gesellschaftsvertrag wirksam geworden. Jedenfalls aber schulde sie Ersatz der von ihm im Zusammenhang mit der Steuerberaterausbildung erbrachten Aufwendungen. Beate erwidert, sie habe nur von ihrem allgemeinen Vertragslösungsrecht Gebrauch gemacht, was man ihr nicht vorwerfen könne, und außerdem habe Klaus selbst mit der fristlosen Kündigung des Gesellschaftsvertrags das Zustandekommen der gemeinsamen Steuerkanzlei in Bonn verhindert.

Muss B dem K die Ausbildungskosten ersetzen?

Gliederung

Lösung

Hinweis: Je nach Sachverhaltskonstellation, und so auch hier, ist es im Vorfeld von Bereicherungsansprüchen unvermeidbar, zunächst nach einem vorrangigen, einen Rechtsgrund bildenden vertraglichen Anspruch zu suchen. 1

I. Anspruch des K gegen B aus Vereinbarung im Arbeitsvertrag?

K könnte gegen B einen Anspruch auf Rückzahlung der Ausbildungskosten aus einer vertraglichen Vereinbarung im Arbeitsvertrag haben. 2

Dazu müssten die Parteien, wie es bei Weiterbildungsmaßnahmen von Arbeitnehmern in der Praxis häufig geschieht, im Arbeitsvertrag oder einer zusätzlichen Vereinbarung eine Rückzahlungsklausel hinsichtlich der Ausbildungskosten bei Beendigung 3 des Arbeitsverhältnisses vor einem bestimmten Zeitpunkt vereinbart haben. Dies ist hier jedenfalls nicht ausdrücklich geschehen.

4 Sofern man eine konkludente Rückzahlungsvereinbarung für möglich hält, spricht dafür der nicht zu übersehende Zusammenhang zwischen dem Arbeitsvertrag, der Verpflichtung des K zur Finanzierung der Ausbildungskosten und der für die Ausbildung notwendigen Freistellung der B von ihrer Arbeitspflicht (§ 611 BGB) sowie dem Gesellschaftsvertrag, den die Parteien unter einer aufschiebenden Bedingung i.S.v. § 158 I BGB geschlossen haben. Doch ist der notwendige übereinstimmende Wille der Parteien – gerade vor dem Hintergrund der tatsächlich getroffenen Vereinbarungen – nicht feststellbar, insbesondere im Hinblick auf die Voraussetzungen und Modalitäten einer Rückzahlungsverpflichtung der B und eventuelle Ausnahmen.[1]

5 Zu prüfen ist, ob sich eine Rückzahlungsvereinbarung über eine ergänzende Auslegung der sicherlich unvollständigen Parteivereinbarungen konstruieren lässt. Man muss daher fragen, was vernünftige Parteien an der Stelle von K und B vereinbart hätten, wenn sie die Unvollständigkeit ihrer Abreden erkannt hätten. Insofern liegt eine Rückzahlungsklausel für die Ausbildungskosten nahe. Kaum zu klären ist aber, was sie im Detail vereinbart hätten; insbesondere hinsichtlich der Voraussetzungen und Modalitäten einer Rückzahlungsverpflichtung und eventueller Ausnahmen.

6 Damit scheidet ein vertraglicher Rückzahlungsanspruch aus.

II. Ersatzanspruch gem. § 280 I BGB wegen Pflichtverletzung im Arbeitsvertrag

7 K könnte gegen B einen Anspruch auf Schadensersatz wegen Pflichtverletzung nach § 280 I BGB in Höhe der Ausbildungskosten haben.

1. Schuldverhältnis

8 Mit dem Arbeitsvertrag bestand ein Schuldverhältnis zwischen den Parteien.

2. Pflichtverletzung

9 B müsste eine Pflicht aus dem Arbeitsverhältnis verletzt haben. Eine Pflichtverletzung ist für die Dauer des Arbeitsverhältnisses nicht ersichtlich; insbesondere hat B die Steuerberaterausbildung absolviert, falls man darin überhaupt eine arbeitsvertragliche Pflicht sehen will, was eher zweifelhaft erscheint.

10 Eine Pflichtverletzung könnte in der Beendigung des Arbeitsverhältnisses vor dem vollständigen Bestehen der Ausbildung bzw. dem Wirksamwerden des Gesellschaftsvertrags liegen, den die Parteien zusätzlich geschlossen hatten. Trotz des nicht zu leugnenden Zusammenhangs zwischen dem Arbeitsvertrag, dem aufschiebend bedingten Gesellschaftsvertrag und der von Klaus finanzierten Steuerberaterausbildung der B blieb diese berechtigt, den Arbeitsvertrag jederzeit nach den §§ 622ff. BGB zu kündigen. Denn eine Einschränkung des Kündigungsrechts durch eine der Abreden der Parteien ist nicht ersichtlich. Auch insofern scheidet eine Pflichtverletzung aus.

11 Ebenso wenig ist eine arbeitsvertragliche Pflicht der B ersichtlich, angesichts der Vereinbarungen im Gesellschaftsvertrag die Zulassung als Steuerberaterin sobald als möglich zu beantragen. Zudem hat B die Zulassungsvoraussetzungen erst mit dem Bestehen der mündlichen Prüfung erlangt, als das Arbeitsverhältnis bereits beendet war und keine Pflichten der B mehr begründen konnte.

---

[1] Näher *Preis,* in: Erfurter Kommentar zum Arbeitsrecht, 10. Aufl., 2010, § 611 BGB Rn. 436.

3. Ergebnis

Da B im Zusammenhang mit ihrer Steuerberaterausbildung keine Verpflichtungen aus dem Arbeitsvertrag verletzt hat, kann K von ihr nicht nach § 280 I BGB Schadensersatz in Höhe der Ausbildungskosten fordern. 12

III. Ersatzanspruch gem. § 280 I BGB wegen Pflichtverletzung im Gesellschaftsvertrag

K könnte gegen B einen Anspruch auf Schadensersatz in Höhe der Ausbildungskosten wegen Verletzung gesellschaftsvertraglicher Verpflichtungen nach § 280 I BGB haben. 13

1. Schuldverhältnis

Dazu müsste ein wirksamer Gesellschaftsvertrag vorliegen. Wie bereits erwähnt, haben die Parteien einen Gesellschaftsvertrag i.S.v. § 705 BGB (schriftlich) abgeschlossen, der „automatisch mit der Zulassung der Beklagten als Steuerbevollmächtigte oder Steuerberaterin wirksam werden" sollte, sofern B sechs Monate vor der Zulassung noch in einem Anstellungsverhältnis zu K gestanden habe. Die Wirksamkeit des Vertrags ist also von einer doppelten Bedingung abhängig, nämlich der künftigen Zulassung der B als Steuerberaterin, die spätestens sechs Monate nach einer eventuellen Beendigung des Arbeitsverhältnisses erfolgen musste. Insofern handelt es sich, da die Vertragswirksamkeit vom Eintritt eines künftigen ungewissen Ereignisses abhing, um eine aufschiebende Bedingung i.S.v. § 158 I BGB. Da B erst mehr als sechs Monate nach Beendigung des Arbeitsvertrags als Steuerberaterin zugelassen wurde, ist diese Bedingung nicht eingetreten bzw. sogar endgültig ausgefallen. Der Vertrag ist somit nicht wirksam. 14

Zu prüfen ist, ob die Bedingung gleichwohl nach § 162 I BGB als eingetreten gilt, weil B den Bedingungseintritt wider Treu und Glauben verhindert hat und dieser ihr zum Nachteil gereicht hätte. Der Bedingungseintritt hätte ihr insofern zum Nachteil gereicht, als das gesellschaftsvertragliche Wettbewerbsverbot dann verhindert hätte, dass sie allein ein Steuerberaterbüro hätte betreiben können. Unklar ist jedoch, ob B den Bedingungseintritt tatsächlich treuwidrig verhindert hat, mag der Gesamtablauf des Geschehens auch einen entsprechenden Verdacht nahelegen. Denn B hat das Arbeitsverhältnis mit K aus Krankheitsgründen beendet, und dem Sachverhalt ist nicht zu entnehmen, dass sie die Krankheit nur vorgetäuscht hat. War sie tatsächlich über einen längeren Zeitraum hinweg arbeitsunfähig krank und das Ende möglicherweise nicht absehbar, so war sie nach Treu und Glauben auch nicht gehalten, den Bedingungseintritt herbeizuführen, der bei fortdauernder Krankheit auch dem K keinen Nutzen gebracht hätte. 15

Insofern kommt als Schuldverhältnis der wirksam gewordene Gesellschaftsvertrag nicht in Betracht. Deshalb kann die Wirksamkeit der von K ausgesprochenen fristlosen Kündigung dahinstehen. 16

Jedoch bildet der von den Parteien aufschiebend bedingt geschlossene Gesellschaftsvertrag, der bis zum endgültigen Bedingungsausfall am 1. Juli 2010 schwebend unwirksam war, ein Schuldverhältnis i.S.v. § 311 II Nr. 1 oder 3 BGB.[2] 17

2. Pflichtverletzung im vorvertraglichen Schuldverhältnis

B müsste dadurch, dass sie innerhalb der sechs Monate nach Beendigung des Arbeitsvertrags ihre Zulassung als Steuerberaterin nicht herbeigeführt hat, gegen eine 18

---

[2] Vgl. *BGH* NJW 2005, 3208, 3209 m.w.N.; Palandt/*Grüneberg*, § 311 Rn. 24.

Pflicht i. S. v. § 241 II BGB verstoßen haben. Wie bereits zu § 162 I BGB ausgeführt, ist eine solche Pflichtverletzung hier aber nicht feststellbar.

3. Ergebnis

19 Damit scheidet eine Ersatzpflicht für die Ausbildungskosten nach § 280 I BGB auch im Hinblick auf den Gesellschaftsvertrag aus.

IV. Aufwendungsersatzanspruch gem. §§ 683 S. 1, 670 BGB

20 K könnte gegen B einen Aufwendungsersatzanspruch in Höhe der Ausbildungskosten nach §§ 683 S. 1, 677, 670 BGB aus berechtigter Geschäftsführung ohne Auftrag haben.

1. Geschäftsführung

21 Als Geschäftsbesorgung kommt jede Tätigkeit in Betracht, also sowohl rechtsgeschäftliches als auch rein tatsächliches Handeln.[3] Daher ist auch die Zahlung fremder Schulden – sofern K tatsächlich die Kosten der Ausbildung direkt bezahlt und nicht nur der B die entsprechenden Geldmittel zur Verfügung gestellt hat – als Geschäftsführung i. S. v. § 677 BGB zu betrachten.[4]

2. Fremdes Geschäft

22 Die (nach § 267 BGB zur Tilgung führende) Zahlung auf eine fremde Schuld ist ein fremdes Geschäft.[5] Geht man davon aus, dass K die Kosten des Kurses unmittelbar an den Veranstalter des von B besuchten Steuerberaterlehrgangs gezahlt hat, hat er somit ein objektiv fremdes Geschäft geführt.

23 Etwas anderes könnte gelten, wenn K sich gegenüber B zur Übernahme der Kosten verpflichtet hätte, weil er dann auch eine eigene Verbindlichkeit gegenüber der B getilgt hätte. Doch reicht ein sog. „auch-fremdes" Geschäft für die Anwendung der §§ 677 ff. BGB aus.[6]

3. Fremdgeschäftsführungswille

24 Die Rspr. vermutet sowohl bei objektiv fremden als auch bei „auch-fremden" Geschäften den nach § 677 BGB notwendigen Fremdgeschäftsführungswillen.[7] Für einen Fremdgeschäftsführungswillen des K spricht hier, dass in erster Linie die B selbst von der Bezahlung der Kurse profitierte, mag ihr Kursbesuch im Hinblick auf die künftige GbR auch dem K zugute gekommen sein. Jedenfalls lässt sich die Vermutung des auf die objektiven Umstände gestützten Fremdgeschäftsführungswillens nicht widerlegen.

4. Ohne Auftrag oder sonstige Berechtigung

25 Schließlich müsste K ohne Auftrag der B oder sonstige Berechtigung gezahlt haben. Hier war er aufgrund seiner Absprache mit B zur Zahlung nicht nur berechtigt, sondern sogar verpflichtet. Da es auf den Zeitpunkt der Übernahme der Geschäftsführung ankommt, vermag die spätere Entwicklung daran nichts zu ändern.

---

[3] BGHZ 38, 270, 275 = NJW 1963, 390, 391; Palandt/*Sprau*, § 677 Rn. 2, § 662 Rn. 6; *Schwarz/Wandt*, § 4 Rn. 1.

[4] Vgl. *BGH* NJW-RR 2003, 1192, 1195 m. w. N.

[5] Vgl. *BGH* NJW-RR 2003, 1192, 1195 f.

[6] *Lorenz*, NJW 1996, 883, 885; *Schwarz/Wandt*, § 4 Rn. 13.

[7] Etwa *BGH* NJW 2009, 2590 Tz. 18 m. w. N.

5. Ergebnis

Damit besteht kein Anspruch des K gegen B auf Aufwendungsersatz nach §§ 683 S. 1 i.V.m. § 670 BGB. 26

V. Wertersatzanspruch gemäß §§ 812 I 1 Alt. 1, 818 II BGB

Möglicherweise kann K aber im Wege der Leistungskondiktion von B Wertersatz für die geleisteten Zahlungen aus §§ 812 I 1 Alt. 1, 818 II BGB beanspruchen. 27

1. Erlangtes Etwas

Zunächst müsste B etwas erlangt haben. Die Zahlungen des K haben gem. §§ 362 I, 267 I BGB dazu geführt, dass ihre Verbindlichkeiten gegenüber dem Veranstalter der Steuerberaterkurse aus den Unterrichtsverträgen getilgt wurden. Erlangt hat B somit eine Befreiung von ihren Verbindlichkeiten gegenüber dem Kursveranstalter. 28

2. Durch Leistung des K

Dies müsste durch eine Leistung des K geschehen sein. Unter einer Leistung ist jede bewusste und zweckgerichtete Mehrung fremden Vermögens zu verstehen,[8] die K der B hier verschafft hat, indem er ihre Schulden getilgt hat. Dabei hat K im Verhältnis zu B auch eine Zweckbestimmung (Tilgungsbestimmung) getroffen, da er in Erfüllung der von den beiden getroffenen mündlichen Abrede gezahlt hat. 29

3. Ohne rechtlichen Grund

K müsste die Leistungen ohne rechtlichen Grund erbracht haben. Anlass seiner Zahlungen war die mündliche Abrede mit B, die u.a. vorsah, dass K die Kosten der Steuerberaterausbildung der B tragen würde. Insofern hat K im Verhältnis zu B mit Rechtsgrund geleistet. 30

Hinweis: Insofern unterscheidet sich der Fall vom Sachverhalt der zugrundeliegenden BGH-Entscheidung,[9] in welcher die von der Rspr. sonst oft herangezogene GoA nicht angesprochen ist.[10] 31

4. Ergebnis

Da K die Leistung mit Rechtsgrund erbracht hat, kann er nicht gem. §§ 812 I 1 Alt. 1, 818 II BGB Ersatz der gezahlten Ausbildungskosten verlangen. 32

VI. Wertersatzanspruch gemäß §§ 812 I 2 Alt. 2, 818 II BGB

Möglicherweise besteht eine Verpflichtung der B gegenüber K zum Ersatz der Ausbildungskosten unter dem Gesichtspunkt der Zweckverfehlungskondiktion, § 812 I 2 Alt. 2 BGB (condictio causa data causa non secuta oder condictio ob rem). Dazu müsste B etwas durch Leistung des K erlangt haben, und der mit der Leistung bezweckte Erfolg dürfte nicht eingetreten sein. 33

1. Erlangtes Etwas

B hat die Befreiung von ihren Verbindlichkeiten gegenüber dem Kursveranstalter erlangt (s.o.). 34

---

[8] *BGH* NJW 1964, 399; Palandt/*Sprau*, § 812 Rn. 14.
[9] Vgl. *BGH* NJW 2004, 512, 513.
[10] Insofern krit. *Schwarz*, Anm. LMK 2004, 151, 152.

2. Leistung

35 Dies geschah durch eine Leistung des K an die B (s.o.).

3. Bezweckter Erfolg

36 Ferner müsste nach § 812 I 2 Alt. 2 BGB mit der Leistung nach dem Inhalt des Rechtsgeschäfts ein (weiterer) Erfolg bezweckt gewesen sein.

a) Erfolg

37 Aus der Gegenüberstellung verschiedener Arten der Leistungskondiktion in § 812 I BGB ergibt sich, dass der „bezweckte Erfolg" nicht in der Tilgung einer Verbindlichkeit aus Rechtsgeschäft liegen kann. Zudem ist der bezweckte Erfolg von der Bedingung eines Rechtsgeschäfts (§ 158 BGB) abzugrenzen.[11] Eine Zweckverfehlungskondiktion kommt daher in zwei Fallkonstellationen in Betracht.

38 Unproblematisch ist die Anwendung des § 812 I 2 Alt. 2 BGB, wenn bewusst eine Leistung trotz fehlender Verbindlichkeit erbracht wird, um den anderen Teil zu einer rechtlich nicht erzwingbaren Gegenleistung zu veranlassen.[12] Im vorliegenden Fall hat K aber seine Verpflichtung aus der mündlichen Abrede mit B erfüllt, also nicht bewusst rechtsgrundlos geleistet (s.o.). Damit handelt es sich nicht um eine „Leistung ohne Verpflichtung".[13] Im Ergebnis wollte K die B darüber hinaus dazu veranlassen, die Steuerberaterausbildung erfolgreich abzuschließen und anschließend die Zulassung als Steuerberaterin zu beantragen. Dies war nicht ausdrücklich als Pflicht der B vereinbart, auch wenn es den Parteien ursprünglich darum ging, in Zukunft gemeinsam eine Steuerberatungskanzlei in Bonn zu betreiben; dies hatten sie bereits in dem Gesellschaftsvertrag vereinbart. Die Zulassung der B war nicht Bedingung für die Tragung der Ausbildungskosten, wohl aber für den davon zu trennenden Gesellschaftsvertrag.[14]

39 Ob die Zweckverfehlungskondiktion auch in einem solchen Fall anwendbar ist, in dem ein über die Vertragserfüllung hinausgehender Zweck (sog. angestaffelter Zeck) verfolgt wird, wird kontrovers beurteilt. Herrschende Lehre und Rspr. bejahen die Anwendbarkeit, weil eine Lösung der eingetretenen Zweckstörung mit den Mitteln des Vertragsrechts mangels vertraglicher Vereinbarung über den Zusatzzweck in der Regel ausscheidet.[15] Wie oben durchgeprüft, kommt man mit einer Auslegung bzw. ergänzenden Auslegung zu keinem klaren Ergebnis. Zwar könnte man auch noch versuchen, die Zweckstörung über § 313 BGB, also die Vertragsanpassung wegen einer Geschäftsgrundlagenstörung, zu lösen. Doch setzt die Anwendung des § 313 BGB nach h.M. voraus, dass zwar ein bezweckter Erfolg vorliegt, dieser aber – anders als bei § 812 I 2 Alt. 2 BGB – gerade nicht vereinbart ist. Somit schließen sich § 812 I 2 Alt. 2 BGB und § 313 BGB tatbestandlich aus.[16]

40 Da man mit Mitteln des Vertragsrechts zu keiner Lösung der vorliegenden Konstellation gelangt, erscheint es angemessen, § 812 I 2 Alt. 2 BGB anzuwenden. K hat mit der Vereinbarung über die Ausbildung der B und die Kostenübernahme einen über die

---

[11] *BGH* NJW 2004, 512, 513.

[12] *Schwarz/Wandt*, § 10 Rn. 58.

[13] So *Schwarz/Wandt*, § 10 Rn. 58 für den Fall, dass die Kostenübernahme nicht vertraglich vereinbart wurde; ähnlich *BGH* NJW 2004, 512, 513: Kostentragungspflicht weder aus dem Arbeits- noch aus dem Gesellschaftsvertrag.

[14] Missverständlich insofern *BGH* NJW 2004, 512, 513.

[15] *Schwarz/Wandt*, § 10 Rn. 60.

[16] *Schwarz/Wandt*, § 10 Rn. 60, aber str.

Kostenübernahme hinausgehenden Erfolg bezweckt, nämlich das Wirksamwerden ihres Gesellschaftsvertrags infolge der Zulassung der B als Steuerberaterin.[17]

b) Zweckvereinbarung

41 Der genannte Erfolg müsste gem. § 812 I 2 Alt. 2 BG auch Inhalt des Rechtsgeschäfts geworden sein. Dies setzt voraus, dass sich die Parteien zwar nicht rechtsgeschäftlich, wohl aber im Sinne einer tatsächlichen Willensübereinstimmung über den verfolgten Zweck geeinigt haben.[18] Die Zweckvereinbarung kann auch stillschweigend getroffen werden.[19] Dafür reicht es aus, wenn der Empfänger die Erwartung des Leistenden kennt und durch die Annahme der Leistung zum Ausdruck bringt, dass er die Zweckbestimmung billigt.[20] Die Zweckvereinbarung ist vom einseitigen Motiv, von der vertraglichen Verpflichtung und von der Geschäftsgrundlage abzugrenzen.[21]

42 Da die Motive des K, also die weitergehende Zweckbestimmung seiner Leistung, der B bekannt waren und sie die Leistung des K dennoch angenommen hat, hat sie die Zweckbestimmung des K gebilligt. Dadurch hat sie sich die Erwartungen des K zu eigen gemacht; ihre Zulassung als Steuerberaterin ist daher nicht nur ein einseitiges Motiv des K geblieben. Schließlich ist der von K bezweckte Erfolg auch nicht Gegenstand einer vertraglichen Verpflichtung, denn die mündliche Abrede beschränkt sich auf die Kostentragungspflicht des K und begründet keinen erzwingbaren Anspruch des K auf Herbeiführung des Erfolgs, also auf Zulassung der B als Steuerberaterin.[22] Aufgrund der tatsächlichen Willensüberstimmung ist der bezweckte Erfolg auch keine bloße Geschäftsgrundlage i.S.d. § 313 BGB. Geschäftsgrundlage ist nur das, was von den Parteien vorausgesetzt aber nicht vereinbart wurde.[23]

43 Somit war nach dem Inhalt des Rechtsgeschäfts ein bestimmter Erfolg bezweckt, nämlich das Wirksamwerden des Gesellschaftsvertrags infolge rechtzeitiger Zulassung der B als Steuerberaterin.

4. Nichteintritt des bezweckten Erfolgs

44 Der von den Parteien angestrebte Erfolg, nämlich das Wirksamwerden des GbR-Gesellschaftsvertrags und der gemeinsame Betrieb einer Steuerberaterkanzlei in Bonn, ist nicht eingetreten.

5. Rechtsfolge: Herausgabe bzw. Wertersatz

45 Damit ist B dem K zur Herausgabe des Erlangten nach § 812 I 2 Alt. 2 BGB verpflichtet. Da die Tilgung ihrer Verbindlichkeiten gegenüber dem Kursveranstalter nicht herausgabefähig ist, schuldet sie gem. § 818 II BGB Wertersatz, also mit anderen Worten Zahlung der Beträge, die K für sie aufgewendet und an den Kursveranstalter abgeführt hat.

6. Anspruchsausschluss, § 815 BGB

46 Die Rückforderung wegen Nichteintritts des mit einer Leistung bezweckten Erfolgs ist nach § 815 BGB ausgeschlossen, wenn der Eintritt des Erfolgs von Anfang an un-

---

[17] *BGH* NJW 2004, 512, 513.
[18] *BGH* NJW 2004, 512, 513; *Schwarz/Wandt*, § 10 Rn. 62.
[19] *BGH* NJW 2004, 512, 513; *Brox/Walker*, BS, § 37 Rn. 33; *Schwarz/Wandt*, § 10 Rn. 62.
[20] *Brox/Walker*, BS, § 37 Rn. 33.
[21] *Schwarz/Wandt*, § 10 Rn. 64.
[22] Vgl. *Schwarz/Wandt*, § 10 Rn. 66.
[23] *Schwarz/Wandt*, § 10 Rn. 67.

möglich war und der Leistende dies gewusst hat oder wenn der Leistende den Eintritt des Erfolgs wider Treu und Glauben verhindert hat. In Betracht käme im vorliegenden Fall allenfalls die zweite Alternative: Man könnte fragen, ob K selbst den Eintritt des bezweckten Erfolgs, also den gemeinsamen Betrieb einer Steuerberaterkanzlei, dadurch vereitelt hat, dass er den Gesellschaftsvertrag im April wegen des Verhaltens der B fristlos gekündigt hat, wie B geltend macht. Allerdings ist sehr fraglich, ob K den Erfolgseintritt wider Treu und Glauben verhindert hat. Denn er hat nur auf die mutmaßliche Unwilligkeit der B reagiert, die Voraussetzungen für den Erfolgseintritt herbeizuführen; außerdem erscheint es zumindest fraglich, ob für die fristlose Kündigung der notwendige wichtige Grund im Verhalten der B vorlag. War die Kündigung aber unwirksam, so hat K den Erfolgseintritt auch nicht verhindert. Insgesamt liegen die Voraussetzungen des § 815 BGB somit nicht vor.

7. Ergebnis

47 K kann von B gem. §§ 812 I 2 Alt. 2, 818 II BGB Erstattung der Kosten ihrer Steuerberaterausbildung verlangen.

Fall 17. Die schwarze Garage

Nach BGHZ 111, 308 = NJW 1990, 2542.

Sachverhalt

Manfred Mau (M) ist ein arbeitsloser Maurer. Er hat weder einen Gewerbebetrieb angemeldet noch ist er in die Handwerksrolle eingetragen. Zur Aufbesserung seiner Haushaltskasse führt er des Öfteren Maurerarbeiten durch. Ludwig Listig (L) beauftragt Mau, für 5000 € eine Garage auf seinem Grundstück zu mauern, wobei sich beide einig sind, dass die Leistungen des Mau „schwarz", also ohne Abführung von Steuern und Sozialversicherungsbeiträgen, erfolgen sollen. Die Baustoffe hat Listig selbst besorgt.

Als Mau die Hälfte der Arbeiten erledigt hat, zahlt ihm Listig einen Abschlag i. H. v. 2500 €. Nach Fertigstellung der Garage geraten die beiden wegen angeblicher Baumängel in Streit. Listig verweigert jegliche Zahlung; wer „schwarz" arbeite, habe ohnehin keinen Vergütungsanspruch. Mau meint, es sei trotz Schwarzarbeit unbillig, wenn Listig die erhaltene Leistung ohne Gegenleistung behalten dürfe. Listig erwidert, dafür könne er von Mau auch keine Mängelbeseitigung verlangen.

Kann Mau (M) von Listig (L) Zahlung von 2500 € verlangen?

Schwarzarbeitsbekämpfungsgesetz (SchwArbG) – Auszug

§ 1 Zweck des Gesetzes. (…) (2) „Schwarzarbeit leistet, wer Dienst- oder Werkleistungen erbringt oder ausführen lässt und dabei

1. als Arbeitgeber, Unternehmer oder versicherungspflichtiger Selbstständiger seine sich auf Grund der Dienst- oder Werkleistungen ergebenden sozialversicherungsrechtlichen Melde-, Beitrags- oder Aufzeichnungspflichten nicht erfüllt,
2. als Steuerpflichtiger seine sich auf Grund der Dienst- oder Werkleistungen ergebenden steuerlichen Pflichten nicht erfüllt (…)

§ 8 Bußgeldvorschriften. (1) Ordnungswidrig handelt, wer (…)

1. (…)
   e) ein zulassungspflichtiges Handwerk als stehendes Gewerbe selbständig betreibt, ohne in die Handwerksrolle eingetragen zu sein (§ 1 der Handwerksordnung) (…)
   und Dienst- oder Werkleistungen in erheblichem Umfang erbringt oder
2. Dienst- oder Werkleistungen in erheblichem Umfang ausführen lässt, indem er eine oder mehrere Personen beauftragt, die diese Leistungen unter vorsätzlichem Verstoß gegen eine in Nummer 1 genannte Vorschrift erbringen. (…)

Handwerksordnung (HandwO) – Auszug

§ 1. Ein Gewerbebetrieb ist ein Betrieb eines zulassungspflichtigen Handwerks, wenn er handwerksmäßig betrieben wird und ein Gewerbe vollständig umfasst, das in der Anlage A aufgeführt ist (…)

Anlage A zur HandwO – Verzeichnis der Gewerbe, die als zulassungspflichtige Handwerke betrieben werden können (§ 1 II)
1. Maurer (…)

Gliederung

Lösung

1 **Hinweis:** Auch hier steht wieder der vertragliche Anspruch an der Spitze, den man in aller Regel zuerst zu prüfen hat. Denn ein wirksamer Vertrag würde bereits Bereicherungsansprüche ausschließen und vor allem den Parteiinteressen grundsätzlich am besten Rechnung tragen.

I. Anspruch des M gegen L gem. § 631 I Hs. 2 BGB

2 Zu prüfen ist, ob M von L gem. § 631 I Hs. 2 BGB Zahlung von 2500 € verlangen kann.

1. Zustandekommen des Vertrags

M und L haben einen Vertrag über die Errichtung einer Garage durch M geschlossen; da M einen Erfolg schuldet, handelt es sich um einen Werkvertrag, § 631 BGB. 3

Hinweis: Ein Werklieferungsvertrag (§ 651 BGB) liegt nicht vor, weil die gemauerte Garage gem. §§ 946, 94 I 1, 93 BGB wesentlicher Bestandteil des Grundstücks wird und deshalb keine bewegliche Sache herzustellen oder zu erzeugen ist. 4

2. Nichtigkeit gem. § 134 BGB

Der Werkvertrag könnte gem. § 134 BGB i.V.m. § 8 I Nr. 1 lit. e, Nr. 2 SchwarzArbG nichtig sein. Dazu müssten M und L gegen das Schwarzarbeitsgesetz verstoßen haben und dieses ein Verbotsgesetz i.S.d. § 134 BGB sein. 5

a) Verstoß des M

Fraglich ist, ob M gegen § 8 I Nr. 1 lit. e) SchwarzArbG verstoßen hat. Dazu müsste er selbständig ein zulassungspflichtiges Handwerk als stehendes Gewerbe betreiben, ohne in die Handwerksrolle eingetragen zu sein, sowie Dienst- und Werkleistungen in erheblichem Umfang erbracht haben. 6

Hinweis: Bei § 134 oder § 823 II BGB ergibt sich immer das Problem, dass man Verbots- bzw. Schutzgesetze prüfen muss, die ggf. in der Aufgabe abgedruckt sind oder auf die zumindest hingewiesen wird. Dann muss man diese Normen prüfen, also versuchen, den jeweiligen Sachverhalt einfach unter sie zu subsumieren. Besondere Kenntnisse werden kaum einmal erwartet. 7

M tritt als selbständiger Unternehmer auf und ist für eigene Rechnung tätig. Eine arbeitsvertragliche Weisungsabhängigkeit liegt nicht vor, insbesondere ist M nicht in eine fremde Arbeitsorganisation eingegliedert.[1] Da seine Tätigkeit planmäßig, mit Gewinnerzielungsabsicht und dauerhaft erfolgt, übt er diese als Gewerbe aus. Als stehendes Gewerbe gelten alle Arten und Formen des Gewerbebetriebs, die weder dem Reisegewerbe noch dem Messe-, Ausstellungs- und Marktwesen zuzuordnen sind.[2] Eine Maurertätigkeit ist daher stehendes Gewerbe. 8

Hinweis: Die vorstehenden Ausführungen zum (stehenden) Gewerbe werden von Studierenden bei der Lösung bürgerlich-rechtlicher Fälle so natürlich nicht erwartet. 9

Außerdem müsste M ein zulassungspflichtiges Handwerk betreiben. Die Tätigkeit des Maurers ist in Anlage A zur Handwerksordnung als zulassungspflichtig aufgeführt und wird von M handwerksmäßig betrieben (§ 1 II HandwO). In die Handwerksrolle ist M nicht eingetragen. Indem er gegenüber L einen Auftrag mit einem Volumen von 5000 € übernommen hat, hat M auch Werkleistungen in erheblichem Umfang erbracht. M hat daher gegen § 8 I Nr. 1 SchwarzArbG verstoßen. 10

b) Verstoß des L

Möglicherweise hat auch L gegen das Schwarzarbeitsgesetz verstoßen. Er hat Werkleistungen in erheblichem Umfang ausführen lassen, indem er jemanden beauftragt hat, diese Leistungen unter vorsätzlichem Verstoß gegen § 8 I Nr. 1 lit. e SchwarzArbG zu erbringen (§ 8 I Nr. 2 SchwarzArbG). Letzteres trifft auf M zu. Daher hat auch L gegen das SchwarzArbG verstoßen. 11

---

[1] Vgl. näher Palandt/*Weidenkaff*, Einf vor § 611 Rn. 10.
[2] BGHZ 111, 308, 309.

c) SchwarzArbG als Verbotsgesetz i. S. v. § 134 BGB

12 Fraglich ist, ob das SchwarzArbG als Verbotsgesetz i. S. v. § 134 BGB anzusehen ist. Ein ausdrückliches Verbot enthält das Gesetz nicht. Deshalb wäre fraglich, ob bereits ein einseitiger Verstoß des M gegen das Schwarzarbeitsgesetz zu einer Nichtigkeit des Werkvertrags gem. § 134 BGB führen könnte.[3] Dies kann hier allerdings dahinstehen. Denn ein Gesetz kann jedenfalls dann als Verbotsgesetz i. S. v. § 134 BGB angesehen werden, wenn es ein Verhalten für beide Beteiligten mit Strafe bedroht bzw. als Ordnungswidrigkeit bezeichnet. Wie oben festgestellt, sieht § 8 SchwarzArbG sowohl die „Schwarzarbeit" selbst als auch ihre Entgegennahme als Ordnungswidrigkeit an. Daher ist zumindest bei einem beiderseitigen Verstoß gegen das SchwarzArbG dem Werkvertrag die Wirksamkeit zu versagen. Das SchwarzArbG will durch die Androhung von Geldbußen sowohl gegenüber dem Auftragnehmer als auch gegenüber dem Auftraggeber die Schwarzarbeit schlechthin verbieten und den Leistungsaustausch verhindern, was ein gewichtiges Indiz dafür ist, dass die Rechtsordnung einem das Verbot der Schwarzarbeit missachtenden Vertrag die Wirksamkeit versagen will.[4] Nur durch diese Nichtigkeit lässt sich der genannte Zweck des SchwarzArbG verwirklichen. Aus diesem Grunde ist das SchwarzArbG Verbotsgesetz i. S. d. § 134 BGB.

3. Ergebnis

13 Der Werkvertrag ist daher gem. § 134 BGB i. V. m. § 8 I Nr. 1 lit. e, Nr. 2 SchwarzArbG nichtig. M hat zumindest aus diesem Rechtsgrund keinen Anspruch.

II. Anspruch des M gegen L gem. §§ 683 S. 1, 677, 670 BGB

14 Fraglich ist, ob M gem. §§ 683 S. 1, 677, 670 BGB Zahlung von 2500 € von L verlangen kann.

1. Fremdes Geschäft

15 M müsste zunächst i. S. v. § 677 BGB ein fremdes Geschäft besorgt haben.

16 Der Geschäftsbegriff ist wie in § 662 BGB weit zu verstehen und umfasst jede Tätigkeit, also nicht nur Rechtshandlungen, sondern auch tatsächliche Dienstleistungen und sonstige Handlungen.[5] Maurertätigkeiten sind demnach „Geschäft" i. S. d. § 677 BGB.

17 Das Geschäft müsste für M fremd sein. Er hat auf dem Grundstück des L eine Garage gemauert, dies gehört ausschließlich zum Rechts- und Interessenkreis des Eigentümers L (§ 903 BGB). Das Geschäft war daher für M fremd (sog. *objektiv fremdes Geschäft*).

2. Fremdgeschäftsführungswille

18 Weitere Voraussetzung ist, dass M Fremdgeschäftsführungswillen hatte (vgl. § 687 I BGB). Bei objektiv fremden Geschäften wird der Fremdgeschäftsführungswille des Handelnden widerlegbar vermutet. Der äußere Geschehensablauf (Mauern einer Garage durch M auf dem Grundstück des L) deutet aufgrund der Lebenserfahrung typischerweise auf ein Handeln für einen anderen hin.[6]

---

[3] Offen gelassen von BGHZ 111, 308, 311.
[4] BGHZ 111, 308, 311 (noch zum SchwArbG a. F.).
[5] MünchKomm/*Seiler*, § 677 Rn. 2 m. w. N.
[6] *Schwarz/Wandt*, § 4 Rn. 30.

Fraglich ist aber, ob diese Regel auch dann gilt, wenn jemand handelt, um eine nur vermeintliche Verpflichtung aus einem nichtigen Vertrag zu erfüllen. Die Rspr.[7] vertritt die Ansicht, dass auch in diesen Fällen der Fremdgeschäftsführungswille zu vermuten sei. Das Schrifttum ist dagegen z.T. der Ansicht, es könne hier keinen Fremdgeschäftsführungswillen geben; denn wer aufgrund eines nichtigen Vertrags tätig werde, der wolle stets ein eigenes Geschäft führen.[8] 19

Für die letztgenannte Auffassung gibt das Gesetz in § 677 BGB allerdings keinerlei Anhaltspunkte. Deshalb ist mit der Rspr. davon auszugehen, dass ein Fremdgeschäftsführungswille auch dann vorliegen kann und zu vermuten ist, wenn sich der Geschäftsführer für verpflichtet hält.[9] Anhaltspunkte, die den Fremdgeschäftsführungswillen des M ausnahmsweise ausschließen könnten, sind nicht ersichtlich. 20

Hinweis: Die Gegenansicht ist ebenso gut vertretbar, doch endet für sie die Prüfung des § 683 S. 1 BGB an dieser Stelle. Um aus didaktischen Gründen noch möglichst viele weitere Probleme ansprechen zu können, wird hier der Standpunkt der Rspr. geteilt. 21

3. Interesse und Wille des L

Die Übernahme des Geschäfts durch M müsste dem Interesse und dem wirklichen oder mutmaßlichen Willen des L (§ 683 S. 1 BGB) entsprochen haben. L wollte, dass M die Garage für ihn mauert. Insofern entspricht dies sowohl dem wirklichen Willen als auch dem Interesse des L.[10] 22

4. Ohne Auftrag oder sonstige Berechtigung

Fraglich ist, ob M ohne Auftrag oder sonstige Berechtigung gehandelt hat. Der Werkvertrag zwischen ihm und L ist gem. § 134 BGB nichtig. Die Behandlung derartiger Fälle ist umstritten. 23

Die Rspr.[11] vertritt die Ansicht, bei unwirksamem Auftrag werde ebenfalls „ohne Auftrag" i.S.d. § 677 BGB gehandelt. Sie stützt sich dabei auf den Wortlaut der Vorschrift, der eine Einschränkung nicht trage. Die h.L. befürchtet, bei einer Anwendung der §§ 677ff. BGB in derartigen Fällen werde deren Anwendungsbereich zu weit ausgedehnt und wesentliche Vorschriften für die Rückabwicklung rechtsgrundloser Leistungen, wie beispielsweise §§ 814, 817 S. 2, 818 BGB, blieben unberücksichtigt.[12] 24

Hinweis: Folgt man hier der h.L. mit dem genannten Argument, ist der Anspruch zu versagen. 25

5. Erforderlichkeit der Aufwendungen

Folgt man der Ansicht der Rspr., so müsste M seine Aufwendungen für erforderlich i.S.d. § 670 BGB halten dürfen. Aufwendungen, die gegen ein Verbotsgesetz verstoßen und damit von der Rechtsordnung missbilligt werden, sind allerdings niemals erforderlich.[13] 26

Hinweis: Spätestens hier ist der Aufwendungsersatzanspruch nach allen Ansichten zu versagen. 27

---

[7] BGHZ 101, 393, 399; 140, 102, 109 m.w.N.; *BGH* NJW 2008, 3069 Tz. 27 m.w.N.; vgl. Palandt/*Sprau*, § 677 Rn. 11.
[8] Erman/*Ehmann*, § 677 Rn. 9; *Medicus/Petersen*, Rn. 412; vgl. *Schwarz/Wandt*, § 4 Rn. 31.
[9] Vgl. BGH NJW 1993, 3196; MünchKomm/*Seiler*, § 677 Rn. 47.
[10] Vgl. Palandt/*Sprau*, § 683 Rn. 4 m.w.N.: Entspricht die Geschäftsführung dem wirklichen Willen des Geschäftsherrn, so ist dessen Interesse daran zu unterstellen.
[11] BGHZ 37, 258, 262 = NJW 1962, 2010; *BGH* NJW 2008, 3069 Tz. 27 m.w.N.
[12] MünchKomm/*Seiler*, § 677 Rn. 48; Soergel/*Beuthien*, § 677 Rn. 16.
[13] BGHZ 37, 258, 263f.; 118, 142, 150 = NJW 1992, 2021; Palandt/*Sprau*, § 670 Rn. 5.

6. Ergebnis

28 M hat keinen Anspruch aus §§ 683 S. 1, 677, 670 BGB.

III. Anspruch aus § 823 II BGB i.V.m. § 263 StGB oder § 826 BGB

29 Möglicherweise kann M von L Zahlung von 2500 € gem. § 823 II BGB i.V.m. § 263 StGB (Betrug) oder gem. § 826 BGB verlangen.

30 § 263 StGB ist Schutzgesetz i.S.d. § 823 II BGB, denn Gesetz ist jede Rechtsnorm (Art. 2 EGBGB), und § 263 StGB dient auch dazu, den Einzelnen vor Vermögensschäden zu bewahren.

31 Der Betrug setzt zunächst eine Täuschungshandlung voraus. Diese könnte hier allenfalls darin liegen, dass L den M über eine von Anfang an fehlende Zahlungsbereitschaft getäuscht hat; da die Zahlungsverweigerung hier aber auf dem Streit über die Qualität der Leistungen des M beruht, liegt kein Eingehungsbetrug vor.

32 Das Schutzgesetz wurde durch L also nicht verletzt; M hat keinen Anspruch.

33 Mangels Schädigungsvorsatzes des L sind auch die Voraussetzungen des § 826 BGB nicht erfüllt.

IV. Anspruch aus §§ 817 S. 1, 818 II BGB

34 Fraglich ist, ob M gegen L einen Anspruch auf Zahlung von 2500 € gem. §§ 817 S. 1, 818 II BGB hat.

35 Dazu müssten zunächst die allgemeinen Voraussetzungen einer Leistungskondiktion gegeben sein, zusätzlich müsste L als Empfänger einer Leistung durch deren Annahme gegen ein gesetzliches Verbot verstoßen haben.

36 **Hinweis:** Der Anspruch aus § 817 S. 1 BGB kann auch nach § 812 I 1 Alt. 1 BGB geprüft werden; eine feste Aufbauregel gibt es insoweit nicht. Da § 817 S. 1 BGB ein spezieller Fall der Leistungskondiktion ist,[14] sollte er aber grundsätzlich als erstes behandelt werden. Die Rspr., die Aufbaufragen nicht beachten muss (Urteile, nicht Gutachten!), geht teils auf § 817 S. 1 BGB gar nicht ein. Die praktische Bedeutung des § 817 S. 1 BGB ist wegen der Überschneidungen mit § 812 I 1 Alt. 1 BGB einerseits und dem (dazu unten) Anspruchsausschluss nach § 817 S. 2 BGB andererseits gering.[15]

1. Allgemeine Voraussetzungen der Leistungskondiktion

37 L müsste *etwas erlangt* haben. M hat für L mit dessen Baustoffen eine Garage gemauert. Die Arbeitsleistung des M ist daher das „erlangte Etwas" i.S.d. § 817 S. 1 BGB.

38 **Hinweis:** Eigentum und Besitz an den Baustoffen (etwa wegen §§ 946, 94 I 1, 93 BGB) hat L im vorliegenden Fall nicht von M erlangt, denn er hatte die Baustoffe selbst besorgt.

39 L müsste den Arbeitseinsatz des M *durch Leistung*, d.h. durch bewusste und zweckgerichtete Vermögensmehrung durch M, erlangt haben. M wollte seine (vermeintliche) Verpflichtung aus dem Werkvertrag (§ 631 I Hs. 1 BGB) erfüllen und hat das Vermögen des L bewusst und zweckgerichtet gemehrt. Er hat daher *solvendi causa* an L geleistet.

40 Die Leistung des M an L müsste *ohne rechtlichen Grund* erfolgt sein. Der Werkvertrag als schuldrechtliches Kausalgeschäft ist gem. § 134 BGB i.V.m. § 8 I Nr. 1 lit. e), Nr. 2 SchwarzArbG nichtig (s.o.). Daher fehlt es an einem rechtlichen Grund.

---

14 *BGH* NJW-RR 1998, 1284 f.

15 Vgl. *Looschelders*, Rn. 1048 f.; Bamberger/Roth/*Wendehorst*, § 817 Rn. 10.

2. Gesetzes- oder Sittenverstoß durch Annahme der Leistung

Zu prüfen ist, ob L gerade durch die Annahme der Leistung des M gegen ein gesetzliches Verbot verstoßen hat. L hat die Leistungen des M entgegengenommen und dadurch gegen § 8 I Nr. 2 SchwarzArbG verstoßen;[16] diese Vorschrift verbietet gerade die Beauftragung von Schwarzarbeitern und Annahme von Schwarzarbeit. 41

3. Subjektive Voraussetzung?

Nach h.M. müsste L positive Kenntnis vom Gesetzesverstoß bzw. das Bewusstsein gehabt haben, sittenwidrig zu handeln, während eine im Vordingen befindliche Gegenansicht auf dieses Erfordernis in Einklang mit den Anforderungen der §§ 134, 138 BGB verzichten will.[17] Es war von L beabsichtigt, dass M „schwarz" und damit unter Verstoß gegen steuer- und sozialversicherungsrechtliche Vorschriften tätig werden würde. Damit hatte er positive Kenntnis vom Gesetzesverstoß; Kenntnis von der Nichtigkeit des Werkvertrags musste L dagegen nicht haben.[18] Somit braucht die Kontroverse um das Erfordernis der Kenntnis hier nicht entschieden zu werden. 42

4. Ausschluss des Bereicherungsanspruchs gem. § 817 S. 2 BGB

Möglicherweise ist der Bereicherungsanspruch aber gem. § 817 S. 2 BGB ausgeschlossen. § 817 S. 2 BGB betrifft Fälle des Verstoßes gegen gesetzliche Verbote. 43

Hinweis: Als rechtshindernde Einwendung ist § 817 S. 2 BGB von Amts wegen zu beachten.[19] 44

a) Tatbestand des § 817 S. 2 BGB

Nach § 817 S. 2 BGB ist die Rückforderung ausgeschlossen, wenn dem Leistenden M ebenfalls ein Gesetzes- oder Sittenverstoß zur Last fällt. Wie bereits festgestellt, hat nicht nur M gegen das SchwarzArbG verstoßen, sondern auch M (§ 8 I Nr. 1 lit. e SchwarzArbG). Diesem war ebenfalls bewusst, dass er gegen steuer- und sozialversicherungsrechtliche Vorschriften verstoßen wird. Daher sind die Voraussetzungen des § 817 S. 2 BGB erfüllt; der Anspruch aus § 817 S. 1 BGB ist grundsätzlich ausgeschlossen. 45

Hinweis: Auf die Frage, ob § 817 S. 2 BGB auch bei nur einseitigen Gesetzesverstößen anwendbar ist, muss daher nicht eingegangen werden.[20] 46

b) Einschränkung des § 817 S. 2 BGB

Fraglich ist, ob dieses Ergebnis wegen des Zwecks des § 817 S. 2 BGB und des Grundsatzes von Treu und Glauben (§ 242 BGB) korrekturbedürftig ist. Denn würde man den Anspruch des M ausschließen, hätte L die Arbeitsleistung des M erhalten, ohne dafür bezahlen zu müssen. L würde also, obwohl er gleichfalls gegen das Schwarzarbeitsgesetz verstoßen hat, einen Vorteil aus dem Gesetzesverstoß ziehen. 47

aa) Ansicht der Rechtsprechung

Die Rechtsprechung stellt auf den Zweck des jeweiligen Verbotsgesetzes ab. Das Gesetz zur Bekämpfung der Schwarzarbeit dient der Wahrung öffentlicher, vor allem 48

---

[16] Vgl. oben Rn. 11.
[17] Für die h.M. *BGH* NJW 1980, 452; Palandt/*Sprau*, § 817 Rn. 8. A.A. MünchKomm/*Schwab*, § 817 Rn. 67 m.w.N.
[18] Vgl. *BGH* NJW 1993, 2108.
[19] Palandt/*Sprau*, § 817 Rn. 19.
[20] Näher zu diesem Problem *Kropholler*, § 817 Rn. 4; *Schwarz/Wandt*, § 10 Rn. 35.

arbeitsmarktpolitischer Belange (vgl. § 1 II SchwarzArbG). Schwarzarbeit führt zu einer erhöhten Arbeitslosigkeit in vielen Berufszweigen, verursacht Steuerausfälle und schädigt die Sozialversicherungsträger.[21] Nach Ansicht des BGH ist mit dem Ausschluss vertraglicher Ansprüche der vor allem ordnungspolitischen Zielsetzung des Gesetzes weitgehend Genüge getan; zur Durchsetzung der Ziele des Gesetzes ist es nicht erforderlich, dass der Besteller die Leistung auf Kosten des vorleistenden Schwarzarbeiters unentgeltlich behalten darf.[22]

bb) Literaturmeinung

49 Eine Gegenauffassung in der Literatur nimmt die Kondiktionssperre des § 817 S. 2 BGB ernst und versagt einen Bereicherungsanspruch des M. Angesichts weit verbreiteter Schwarzarbeit sei eine Korrektur des § 817 S. 2 BGB nicht einzusehen; das Argument, dass der Schwarzarbeiter der wirtschaftlich schwächere Teil sei und seine Vorleistung dem Auftraggeber einen unentgeltlichen Vorteil bringe, reiche zur Ausschaltung des § 817 S. 2 BGB nicht aus, zumal bei Gesetzesverstößen vorausgesetzt werde, dass im Bewusstsein der Verbotswidrigkeit gehandelt wurde.[23] Hätte der Schwarzarbeiter Aussicht auf einen Lohn, würde er sich leichter entschließen, gesetzwidrig zu handeln.[24]

cc) Stellungnahme

50 Zuzustimmen ist der Ansicht der Rechtsprechung. Es gibt keinen Grund, den L gegenüber M bei einem beiderseitigen Gesetzesverstoß besser zu stellen bzw. zu belohnen. Die abschreckende Wirkung des Verbotsgesetzes wird bei konsequenter Anwendung des § 817 S. 2 BGB ebenso ausgehöhlt: In diesem Fall könnten Auftraggeber von Schwarzarbeit, die gegen § 8 I Nr. 2 SchwarzArbG verstoßen, zur Erteilung „schwarzer" Aufträge angespornt werden. Hinzu kommt, dass eine Besserstellung des Bestellers von Schwarzarbeit zur Durchsetzung der Ziele des SchwarzArbG nicht unabweislich geboten ist – der Ausschluss vertraglicher Ansprüche verbunden mit der Gefahr einer Strafverfolgung und der Nachzahlung von Steuern und Sozialabgaben bei Bekanntwerden der Schwarzarbeit entfaltet bereits die vom Gesetzgeber gewünschte generalpräventive Wirkung.[25]

51 **Hinweise:** Die Gegenauffassung ist mit den genannten Argumenten (mindestens) ebenso gut vertretbar. – Die Rspr. des BGH zum Schwarzarbeiter ist, wie das Gericht selbst betont, keineswegs ungesehen auf ähnliche Fälle übertragbar, weil sie nicht die Regel, sondern die Ausnahme darstellt.[26] Grundsätzlich ist also die Kondiktionssperre des § 817 S. 2 BGB ernst zu nehmen, so etwa beim (ebenfalls nach § 134 BGB i. V. m. § 23b I b StVO nichtigen) Kauf von Radarwarngeräten.[27]

52 § 817 S. 2 BGB ist daher im vorliegenden Fall ausnahmsweise nicht anzuwenden.

5. Inhalt und Umfang des Bereicherungsanspruchs

a) Naturalherausgabe

53 Die Herausgabe des erlangten Etwas in natura, wie sie (neben § 812 I 1 Alt. 1 BGB auch) § 817 S. 1 BGB anordnet, ist bei Arbeitsleistungen nicht möglich.

---

[21] BT-Drs. 9/192, S. 5.
[22] BGHZ 111, 308, 313.
[23] Staudinger/*Lorenz*, § 817 Rn. 10.
[24] *Tiedke*, NJW 1983, 713, 715.
[25] BGHZ 111, 308, 313.
[26] *BGH* NJW 1992, 2021, 2023; i. E. ebenso BAG NZA 2005, 1409, 1410f. (Rückabwicklung eines nichtigen Arbeitsvertrags wegen ärztlicher Tätigkeit ohne Approbation). – Die Kondiktionssperre bleibt auch ausgeschlossen bei sog. „Schenkkreisen", *BGH* NJW 2009, 1942 m. w. N.
[27] *BGH* NJW 2005, 1490.

b) Wertersatz

Der Bereicherungsanspruch ist daher gem. § 818 II BGB auf Ersatz des Wertes gerichtet, der dem L rechtsgrundlos zugeflossen ist. Fraglich ist, wie dieser Wertersatz zu bemessen ist. 54

Der BGH[28] geht davon aus, dass der Schwarzarbeiter im Wege des Bereicherungsausgleichs keinesfalls mehr erlangen kann, als er mit seinem Auftraggeber – in nichtiger Weise – als Entgelt vereinbart hatte. Dies gebiete bereits der Zweck des Schwarzarbeitsgesetzes. In aller Regel sind von der so ermittelten Summe ganz erhebliche Abschläge zu machen, was wegen der mit der Schwarzarbeit verbundenen Risiken angebracht ist. Insbesondere ist nach dem BGH stark wertmindernd zu berücksichtigen, dass vertragliche Gewährleistungsansprüche wegen der Nichtigkeit des Vertrages von vornherein nicht bestehen. Im Falle von Mängeln sind diese darüber hinaus im Rahmen der Saldierung in die Ausgleichsrechnung einzubeziehen. 55

Obergrenze des Bereicherungsanspruchs sind daher die noch „offenen" 2500 €, die L an M hätte bezahlen sollen. Wegen des Fehlens von Gewährleistungsansprüchen kann man einen Abzug von beispielsweise 1000 € ansetzen. L und M sind zwar wegen angeblicher Mängel in Streit geraten. Erwiesen sind diese allerdings nicht, sodass insofern kein Abzug zu erfolgen hat. 56

Hinweis: Hier ist selbstverständlich alles vertretbar, insbesondere im Hinblick auf die Höhe der Abzüge. Wichtig ist nur, dass diese Problematik angesprochen wird. 57

6. Ergebnis

M kann von L gem. §§ 817 S. 1, 818 II BGB die Zahlung von 1500 € verlangen. 58

V. Anspruch aus §§ 812 I 1 Alt. 1, 818 II BGB

Fraglich ist, ob M gegen L daneben einen Anspruch auf Zahlung von 2500 € gem. §§ 812 I 1 Alt. 1, 818 II BGB hat. 59

1. Allgemeine Voraussetzungen

Wie bereits bei § 817 S. 1 BGB geprüft, hat L Arbeitsleistungen rechtsgrundlos durch Leistung von M erlangt.[29] 60

2. Ausschluss des Bereicherungsanspruchs gem. § 814 BGB

Der somit bestehende Anspruch aus § 812 I 1 Alt. 1 BGB könnte gem. § 814 Alt. 1 BGB ausgeschlossen sein. Dies wäre dann der Fall, wenn M positiv gewusst hätte, dass er zur Leistung nicht verpflichtet war. M hat zum Zwecke der Erfüllung *(solvendi causa)* geleistet. An das erforderliche positive Wissen sind strenge Anforderungen zu stellen. M hätte die genaue Rechtslage kennen und daraus, jedenfalls in der Laiensphäre, die zutreffende juristische Folgerung ziehen müssen.[30] Wer „schwarz" arbeitet, geht (als Laie!) nicht automatisch von der Nichtigkeit des Werkvertrags aus. Die Voraussetzungen des § 814 Alt. 1 BGB sind daher nicht erfüllt. 61

Hinweis: § 814 BGB ist auf § 817 S. 1 BGB nicht anwendbar und wurde aus diesem Grund dort auch nicht angesprochen. Dies lässt sich mit der systematischen Stellung des § 817 nach § 814 BGB begründen. § 814 BGB erfasst zudem den Anwendungsbereich des § 817 S. 1 BGB nicht.[31] 62

---

[28] BGHZ 111, 308, 314.
[29] Vgl. oben Rn. 37ff.
[30] Palandt/*Sprau*, § 814 Rn. 3 m. w. N.
[31] *BGH* NJW-RR 2001, 1044, 1046.

3. Ausschluss des Bereicherungsanspruchs gem. § 817 S. 2 BGB

63 Zu prüfen ist, ob der Bereicherungsanspruch gem. § 817 S. 2 BGB ausgeschlossen ist.

a) Anwendbarkeit des § 817 S. 2 BGB auf § 812 I 1 Alt. 1 BGB

64 Fraglich ist zunächst, ob § 817 S. 2 BGB auf Ansprüche gem. § 812 I 1 Alt. 1 BGB anwendbar ist. Entgegen seinem Wortlaut schließt § 817 S. 2 BGB nicht nur Ansprüche aus § 817 S. 1 BGB aus, sondern nach ganz h.M.[32] gleichfalls solche aus § 812 I 1 Alt. 1 BGB. Begründen lässt sich dies mit der ansonsten geringen Bedeutung des § 817 S. 2 BGB: Der Gesetzgeber wollte in Fällen von Gesetzesverstößen eine Kondiktionssperre vorsehen. Wäre S. 2 bei beiderseitigem Gesetzesverstoß nur auf S. 1 anwendbar, so könnte dieses Ziel kaum erreicht werden.[33] Deshalb ist trotz systematischer Zweifel und abweichenden Lehren in Rechtsgeschichte und anderen Rechtsordnungen[34] der h.M. zu folgen. Somit wäre der Bereicherungsanspruch des M grundsätzlich gem. § 817 S. 2 BGB ausgeschlossen. Sowohl M als auch L haben gegen das Schwarzarbeitsgesetz verstoßen.

b) Einschränkung des § 817 S. 2 BGB

65 Wie bei der Anwendung im Rahmen des § 817 S. 1 BGB ist mit der Rspr. davon auszugehen, dass § 817 S. 2 BGB bei Schwarzarbeit einzuschränken ist. Es ist kein Grund ersichtlich, weshalb L gegenüber M bessergestellt werden sollte.[35]

4. Inhalt und Umfang des Bereicherungsanspruchs

66 L muss an M gem. § 818 II BGB Wertersatz i.H.v. 1500 € leisten.[36]

5. Ergebnis

67 M kann daher von L auch gem. §§ 812 I 1 Alt. 1, 818 II BGB die Zahlung von 1500 € verlangen.

---

[32] S. MünchKomm/*Schwab*, § 817 Rn. 10ff. m.w.N.; a.A. *Wazlawik*, ZGS 2007, 336, 340, 344.
[33] BGHZ 50, 90, 91; Bamberger/Roth/*Wendehorst*, § 817 Rn. 11; MünchKomm/*Schwab*, § 817 Rn. 10; Staudinger/*Lorenz*, § 817 Rn. 10.
[34] Näher *Wazlawik*, ZGS 2007, 336, 339ff. m.w.N.
[35] Vgl. oben Rn. 48.
[36] Vgl. oben Rn. 54.

Fall 18. Probleme im Zahlungsverkehr

Nach BGHZ 176, 234.

Sachverhalt

K schuldet dem E aus einem Kaufvertrag 100 €. Deshalb erteilt K seiner Bank B einen Überweisungsauftrag. Die Bank belastet das Konto des K mit diesem Betrag und schreibt ihn auf dem Girokonto des E gut, der sein Konto ebenfalls bei der B hat. Ein Rechnungsabschluss für dieses Konto hat seitdem noch nicht stattgefunden.

Variante 1: K stellt nun fest, dass der Kaufvertrag von Anfang an nichtig war.

Variante 2: Durch ein Versehen eines Bankangestellten werden dem E – bei entsprechender Belastung des Kontos des K – 1000 € anstelle der geschuldeten 100 € überwiesen.

Variante 3: K hat die B beauftragt, die Überweisung erst nach zehn Tagen auszuführen („Terminüberweisung"). Nach neun Tagen widerruft er seinen Überweisungsauftrag. Infolge eines Versehens eines Mitarbeiters der B erfolgt die Überweisung aber dennoch. E will das Geld behalten, weil K es ihm tatsächlich schuldet und er von dem Widerruf nichts wusste.

Wer kann jeweils von E die Rückzahlung verlangen?

Die AGB der Banken und Sparkassen sind nicht zu berücksichtigen.

Gliederung

Variante 1: Überweisungsauftrag und nichtiger Kaufvertrag

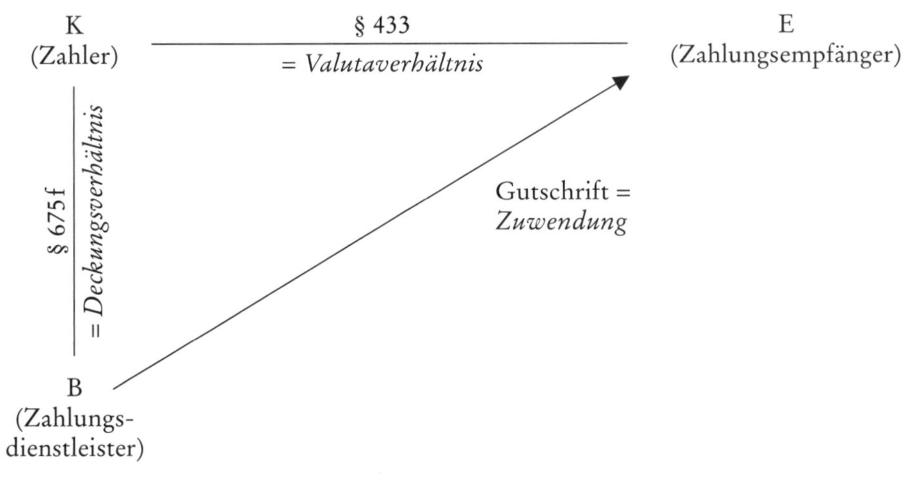

Variante 2: Zu-viel-Überweisung

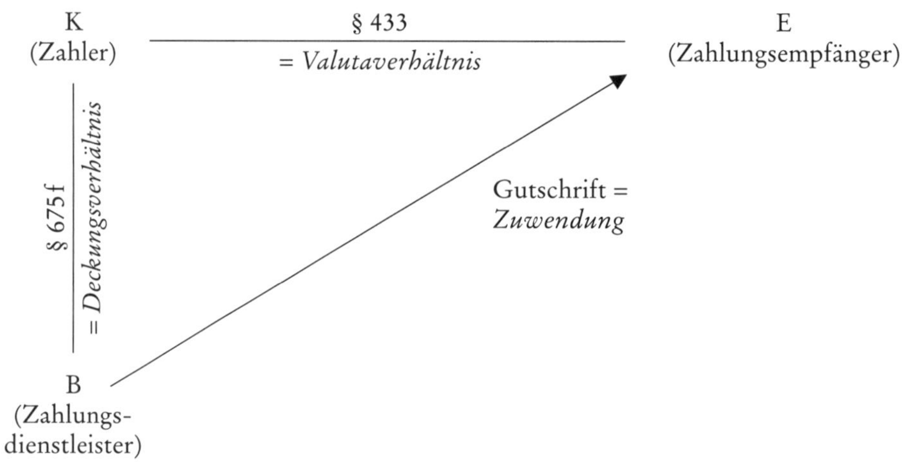

Variante 3: Widerruf der Anweisung (des Zahlungsauftrags)

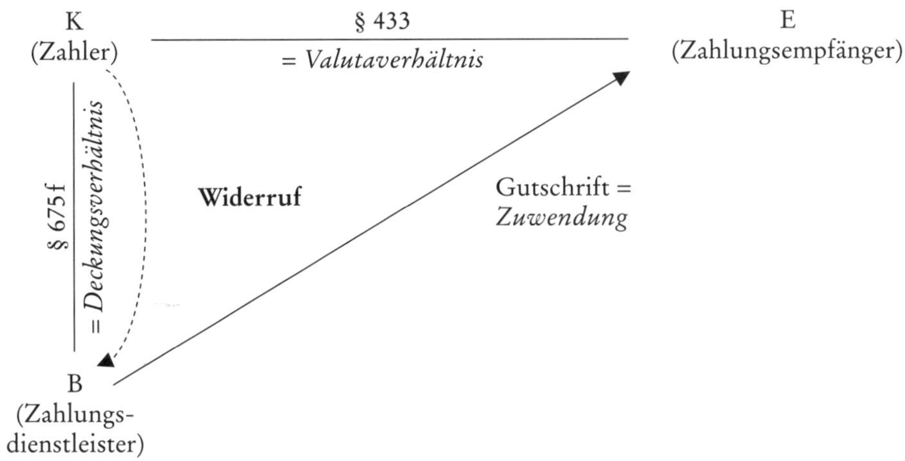

Lösung

Hinweis: Die Grundproblematik der Überweisung ist bereits aus Fall 14 bekannt. Hier geht es nun um einige Komplikationen in den Rechtsbeziehungen der verschiedenen Beteiligten zueinander. Man sollte sich bemühen, sich die im Folgenden dargestellten Grundsätze einzuprägen, weil man dann eine gute Argumentationsbasis hat, die man auf weitere Fallvarianten übertragen kann, die hier nicht dargestellt werden können und über deren Lösung Literatur und Rspr. meist uneinig sind. – Bereits die hier behandelten Aspekte sind für Studienanfänger sehr anspruchsvoll und wohl noch nicht prüfungsrelevant; mittlere Semester sollten sie sich aber für Fortgeschrittenenübungen aneignen. 1

Variante 1: Überweisungsauftrag und nichtiger Kaufvertrag

I. Anspruch des K gegen E gemäß § 812 I 1 Alt. 1 BGB

2 K könnte gegen E einen Anspruch auf Rückzahlung der 100 € aus § 812 I 1 Alt. 1 BGB haben. Dazu müsste E durch Leistung des K etwas ohne Rechtsgrund erlangt haben.

1. Erlangtes Etwas

3 Fraglich ist, ob und was E erlangt haben könnte. Durch die Überweisung des K weist das Konto des E nun einen Mehrbetrag von 100 € auf.

4 Das erlangte Etwas kann bei einem Überweisungsvorgang je nach dem Betrachtungszeitpunkt unterschiedlich zu beurteilen sein. Aus dem Überweisungsauftrag des Zahlers erlangt der Zahlungsempfänger zunächst einen Anspruch auf unverzügliche Gutschrift gemäß § 675t I BGB gegen seine Bank (den Zahlungsdienstleister). Nach Erteilung der Gutschrift auf seinem Konto, d.h. Erfüllung des Anspruchs aus § 675t I BGB durch die Bank, steht dem Empfänger ein Auszahlungsanspruch gegen die Bank aufgrund seines Girovertrages gemäß § 675f I, II BGB zu. Mit dem periodischen Rechnungsabschluss (vgl. § 354 HGB), der gewöhnlich einmal im Monat stattfindet, erteilt die Bank dem Empfänger als ihrem Kunden zudem ein abstraktes Schuldanerkenntnis i.S.d. §§ 780, 781, 782 BGB.

5 **Hinweis:** Das abstrakte Schuldanerkenntnis der Bank gemäß §§ 780, 781, 782 BGB begründet ein obligatorisches Recht, das als Vermögenswert im Sinne des Bereicherungsrechts anzusehen ist,[1] wie § 812 II BGB klarstellt.

6 Im vorliegenden Fall erlangte E aus dem Überweisungsauftrag des K also zunächst einen Anspruch auf unverzügliche Gutschrift gegen die Bank gemäß § 675t I BGB. Nachdem die Bank diesen Anspruch bereits durch Erteilung der Gutschrift auf dem Konto des E erfüllt hat, steht diesem ein Auszahlungsanspruch gegen die Bank aufgrund seines Girovertrages gemäß § 675f I, II BGB zu. Dies ist es, was E im Augenblick erlangt und unter Umständen nach § 812 BGB herauszugeben hat.

7 **Hinweise:** Vor Inkrafttreten der §§ 675c ff. BGB n.F. trennte man zwischen dem Girovertrag, aus dem der Anspruch *auf* Gutschrift abzuleiten war, und dem Anspruch *aus* der Gutschrift, der sich entweder aus dem genannten abstrakten Schuldanerkenntnis oder aus unregelmäßiger Verwahrung gem. §§ 700 I 1, 488 I 2 BGB ergeben sollte. Aufgrund der einheitlichen Regelung des Zahlungsvertrages erscheint es nun sinnvoller, statt Girovertrag und unregelmäßiger Verwahrung von einem einheitlichen Schuldverhältnis „Zahlungsvertrag“ zu sprechen, aus dem sich sowohl die Ansprüche *auf* (vgl. § 675t) wie auch *aus* der Gutschrift ergeben.[2] Streng zu trennen sind diese Ansprüche aber weiterhin.

2. Durch Leistung des K

8 E müsste den Auszahlungsanspruch gem. § 675f I, II BGB durch Leistung des K erlangt haben. Eine Leistung liegt vor, wenn K bewusst und zweckgerichtet das Vermögen des E vermehrt hat. K wollte durch die Überweisung seine vermeintliche Schuld aus dem Kaufvertrag erfüllen. Damit handelte er auch zweckgerichtet (Leistung *solvendi causa*). Somit hat K an E geleistet.

3. Ohne Rechtsgrund

9 Der Kaufvertrag zwischen K und E war von Anfang an nichtig. Damit fehlte der Zahlung ein Rechtsgrund.

---

[1] Vgl. Palandt/*Sprau*, § 812 Rn. 9; *Schwarz/Wandt*, § 10 Rn. 5.

[2] Palandt/*Sprau*, § 675f Rn. 27.

4. Inhalt und Umfang des Bereicherungsanspruchs

Zu klären ist der Umfang des Bereicherungsanspruchs des K. E muss das durch die Leistung des K Erlangte zurückerstatten (§ 812 I 1 BGB). Nachdem der Auszahlungsanspruch gegen die B aber nicht in natura herausgegeben werden kann,[3] ist gem. § 818 II BGB Wertersatz zu leisten. Im Ergebnis muss E dem K 100 € zurück überweisen.[4] 10

Hinweis: Ob man hier auf § 818 II BGB eingeht, ist Ansichtssache. Durch die Rücküberweisung wird dem K wieder ein Auszahlungsanspruch gegen seine Bank in der Höhe verschafft, wie er vor der rechtsgrundlosen Überweisung bestand. Man kann aber auch anders argumentieren: Die Auszahlungsansprüche des K vor der Überweisung und nach der Erstattung sind nicht identisch. E kann auch durch die Rücküberweisung den Zustand vor der Überweisung nicht mehr exakt wiederherstellen, deshalb ist die Rücküberweisung (oder eine Barzahlung) als Wertersatz i. S. d. § 818 II BGB anzusehen. 11

5. Ergebnis

Somit hat K gegen E Anspruch auf Rücküberweisung der 100 € aus §§ 812 I 1 Alt. 1, 818 II BGB. 12

II. Anspruch der B gegen E gemäß § 812 I 1 Alt. 1 BGB

Auch B könnte gegen E einen Anspruch auf Rückzahlung der 100 € gemäß § 812 I 1 Alt. 1 BGB haben. 13

1. Erlangtes Etwas

Wie bereits festgestellt, hat E einen Auszahlungsanspruch gem. § 675f I, II BGB gegen B erlangt. 14

2. Durch Leistung der B

Fraglich ist, ob auch B an E geleistet hat. Dazu müsste sie das Vermögen des E bewusst und zweckgerichtet gemehrt haben. B hat dem E 100 € auf seinem Konto gutgeschrieben. Dadurch hat B die Verpflichtung gegenüber K entweder aus einem mit ihm geschlossenen Einzelzahlungsvertrag gem. § 675f I BGB oder aus dem mit K geschlossenen Zahlungsdiensterahmenvertrag (§ 675f II, III 2 BGB) erfüllt (§ 362 I BGB). Insoweit hat B dem K und nicht dem E gegenüber eine Leistung *solvendi causa* erbracht, was einen Bereicherungsanspruch der B gegen E gem. § 812 I 1 Alt. 1 BGB ausschließen würde. 15

Möglicherweise hat aber B trotzdem auch an E geleistet. Nachdem E ebenfalls bei B ein Konto unterhält, hat E aus dem Zahlungsdiensterahmenvertrag (§ 675f II BGB) den Anspruch auf Gutschrift gem. § 675t I BGB gegen B. Auch diesen hat B durch die Gutschrift erfüllt (§ 362 I BGB) und insofern auch an E *solvendi causa* geleistet. Aus der maßgeblichen Sicht des Zuwendungsempfängers E[5] ist die Leistung der B ihm gegenüber allerdings eher technischer und untergeordneter Natur; B handelt als bloße Zahlstelle[6] und übermittelt die Tilgungsbestimmung (vgl. § 366 BGB) des K an E. Die Leistung der Valuta zur Erfüllung der Pflicht aus dem Kaufvertrag hat sich damit für E erkennbar nur im Verhältnis K-E abgespielt; B ist nur Hilfsperson und *insoweit* bereicherungsrechtlich irrelevant. Damit fehlt es hinsichtlich des fraglichen Bereicherungsanspruchs an einer Leistung der B. 16

---

[3] Vgl. *Grigoleit/Auer*, Rn. 578.
[4] Palandt/*Sprau*, § 818 Rn. 6.
[5] Palandt/*Sprau*, § 812 Rn. 14.
[6] Palandt/*Grüneberg*, § 362 Rn. 10.

17 **Hinweis:** Man kann diesen Fall zur Verdeutlichung vereinfachen. Wäre B keine Bank, sondern eine natürliche Person, und würde das Geschäft bar abgewickelt werden, so würde K dem B den Geldschein geben und dieser würde ihn dem E mit dem Hinweis aushändigen, dass K die Kaufpreisschuld begleichen will. B würde dann als Erklärungsbote des K eine Tilgungsbestimmung (vgl. § 366 BGB) an E übermitteln. Für E wäre damit klar, dass das Geld nicht von B, sondern von K stammt. Nichts anderes macht die Bank B gegenüber E, wenn der Betrag auf dem Konto des E gutgeschrieben wird und auf den Kontoauszügen der K als Zahler angegeben wird. – In der Realität werden zudem K und E ihre Konten bei unterschiedlichen Banken haben. Auch dadurch darf sich für die bereicherungsrechtliche Rückabwicklung jedenfalls bei einer von K veranlassten Zahlung nichts ändern.

3. Ergebnis

18 Mangels Leistung hat B gegen E keinen Anspruch auf Rückzahlung der 100 € gemäß § 812 I 1 Alt. 1 BGB.

III. Anspruch der B gegen E auf Rückzahlung der 100 € aus Nichtleistungskondiktion, § 812 I 1 Alt. 2 BGB

19 Zu prüfen bleibt, ob B von E nach § 812 I 1 Alt. 2 BGB Rückzahlung der 100 € verlangen kann.

1. Erlangtes Etwas

20 Wie bereits oben geprüft, hat E gegen B einen Auszahlungsanspruch gem. § 675f I, II BGB erlangt.

2. Erlangung in sonstiger Weise auf Kosten der B

21 E müsste diesen Anspruch in sonstiger Weise, d.h. nicht durch Leistung, erlangt haben. Eine Leistung seitens der B, also eine bewusste und zweckgerichtete Mehrung fremden Vermögens, liegt hinsichtlich der Valuta nicht vor.[7]

22 Vorliegend bestehen allerdings Leistungsbeziehungen sowohl zwischen K und B als auch zwischen K und E. Es liegt daher ein Mehrpersonenverhältnis vor. Grundsätzlich hat eine Rückabwicklung nur in diesen Leistungsbeziehungen stattzufinden, sog. Subsidiarität der Nichtleistungskondiktion.[8] Nachdem sich die Leistung der B an E auf die Kontoführung beschränkt und die Valuta von K an E geleistet worden ist, gibt es keinen Bereicherungsgegenstand mehr, den E ohne Leistung auf Kosten des B erlangt haben könnte. Eine Nichtleistungskondiktion der B gegen E muss daher ausscheiden.

3. Ergebnis

23 Demnach hat B gegen E keinen Anspruch gemäß § 812 I 1 Alt. 2 BGB.

Variante 2: Zu-viel-Überweisung

I. Anspruch des K gegen E gem. § 812 I 1 Alt. 1 BGB auf Rückzahlung von 900 €

24 K könnte gegen E einen Anspruch auf Rückzahlung der zu viel bezahlten 900 € aus § 812 I 1 Alt. 1 BGB haben. Dazu müsste E durch Leistung des K etwas ohne Rechtsgrund erlangt haben.

---

[7] Vgl. oben Rn. 15f.

[8] Näher *Schwarz/Wandt*, § 9 Rn. 18ff., § 13 Rn. 6ff.

1. Erlangtes Etwas

Wiederum hat E einen Auszahlungsanspruch gegen die B (§ 675f I, II BGB) erlangt, und zwar in Höhe von 1000 €. 25

2. Durch Leistung des K

Fraglich ist, ob dies durch eine Leistung des K geschehen ist. Der K hat B zwar einen Überweisungsauftrag erteilt, aber nur in Höhe von 100 €. Insofern wollte er eine bestehende Schuld gegenüber E erfüllen, es liegt daher jedenfalls i.H.v. 100 € eine Leistung *solvendi causa* vor. 26

Zu klären ist, ob auch hinsichtlich der restlichen 900 € geleistet worden ist. Diese Überzahlung hat K selbst nicht veranlasst. Aus seiner Sicht fehlt es daher an einer bewussten und auch zweckgerichteten Vermögensmehrung, was zunächst gegen eine Leistung spricht. Da die Überweisung von seinem Konto erfolgt, ist er allerdings dem E als Überweisender („Zahler") benannt worden, sodass sich die Dinge aus der Sicht des E ganz anders darstellen. 27

Fraglich ist daher, aus wessen Sicht die Frage zu beurteilen ist, ob jemand an einen anderen geleistet hat. Nach h.M. entscheidet die Sicht des Zahlungsempfängers (§§ 133, 157 BGB analog), denn der Bezug der Leistung zum Kausalverhältnis wird durch die Tilgungsbestimmung hergestellt, und diese ist als empfangsbedürftige Willenserklärung nach dem Empfängerhorizont auszulegen.[9] Dies spricht dafür, von einer Leistung des K auszugehen. 28

Möglicherweise muss dieses Ergebnis aus Zurechnungsgesichtspunkten[10] korrigiert werden. Soll eine Leistung vorliegen, so muss eine vernünftige Person in der Lage des Leistungsempfängers nach Treu und Glauben mit Rücksicht auf die Verkehrssitte von einer Leistung ausgehen dürfen;[11] auch dies ergibt sich aus der analogen Anwendung der §§ 133, 157 BGB. Man muss daher berücksichtigen, dass K dem E nur 100 € schuldete und E dies als Vertragspartner des K zwangsläufig wusste. Es liegt deshalb aus der Sicht des E der Verdacht nahe, dass es sich um ein Versehen des K oder der Bank B, nicht aber um eine Leistung des K im Sinne einer vollständig bewussten Zuwendung handelt. Somit ist eine Leistung des K an den E zu verneinen (a.A. vertretbar). 29

3. Ergebnis

K kann von E nicht nach § 812 I 1 Alt. 1 BGB Rückzahlung der 100 € verlangen. 30

II. Anspruch der B gegen E auf Rückzahlung der überzahlten 900 € aus § 812 I 1 Alt. 2 BGB

B könnte gegen E einen Anspruch auf Rückzahlung der 900 € aus § 812 I 1 Alt. 2 BGB haben. Voraussetzung hierfür ist, dass E auf Kosten der B etwas ohne Rechtsgrund erlangt hat. 31

1. Erlangtes Etwas

E hat einen Auszahlungsanspruch in Höhe von 1000 € gegen die B (§ 675f I, II BGB) erlangt. 32

---

[9] Vgl. Bamberger/Roth/*Wendehorst*, § 812 Rn. 49 m.w.N.; *Schwarz/Wandt*, § 10 Rn. 13.
[10] Vgl. näher Bamberger/Roth/*Wendehorst*, § 812 Rn. 44f.
[11] *BGH* NJW 2005, 60, 61 – Dirnenlohn; Palandt/*Sprau*, § 812 Rn. 14.

2. In sonstiger Weise auf Kosten der B

33 E müsste diesen Auszahlungsanspruch in sonstiger Weise auf Kosten der B erlangt haben. Die Bank wollte mit der Überweisung ihre Verpflichtung aus dem Zahlungsdiensterahmenvertrag (Girovertrag) mit K erfüllen und demnach eine Leistung an K erbringen. Die Gutschrift auf dem Konto des E war für sie demgegenüber eine reine Zuwendung, die trotz der Erfüllung des Anspruchs aus § 675t I BGB gegenüber E keine eigene bereicherungsrechtliche Leistungsbeziehung zu begründen vermag.[12] In Betracht kommt daher vorliegend nur ein Anspruch der B gegen E aus einer Nichtleistungskondiktion.

a) Grundsatz der Subsidiarität der Nichtleistungskondiktion

34 Fraglich ist, ob die Nichtleistungskondiktion im vorliegenden Fall wegen des Grundsatzes der Subsidiarität ausgeschlossen ist. Eine Nichtleistungskondiktion ist in Dreiecksverhältnissen nur dann zulässig, wenn keine anderweitigen Leistungsbeziehungen zwischen den Beteiligten bestehen. Dies beruht auf der Erwägung, dass die Beteiligten sich ihren jeweiligen Geschäftspartner im Rahmen ihrer Privatautonomie selbst ausgesucht haben und sie sich an dieser Auswahl auch bei der Rückabwicklung festhalten lassen müssen.[13] Außerdem dient der Vorrang der Leistungskondiktion dazu, Einwendungen auf bestehende Leistungsverhältnisse zu konzentrieren, Insolvenzrisiken gerecht zu verteilen und Prozessrollen und Prozessstoff sinnvoll zu ordnen.[14]

35 **Hinweis:** Als „Deckungsverhältnis" bezeichnet man das Rechtsverhältnis zwischen dem Zahler und seinem Zahlungsdienstleister, als „Valutaverhältnis" das zwischen dem Zahler und dem Zahlungsempfänger. Diese Rechtsverhältnisse sind in Überweisungsfällen stets zu unterscheiden.[15]

b) Ausnahmen vom Subsidiaritätsgrundsatz

36 Zu prüfen ist, ob es dabei verbleibt oder ob der Subsidiaritätsgrundsatz hier nicht anzuwenden ist. Denn er gilt nicht uneingeschränkt, sondern wird in einigen Konstellationen unter Zurechnungsgesichtspunkten nicht angewendet. Insbesondere wenn eine wirksame Anweisung zur Überweisung völlig fehlt und der Vorgang dem Überweisenden (K) auch nicht zuzurechnen ist, kann sich die Bank nach st. Rspr. ausnahmsweise mittels Nichtleistungskondiktion an den Zahlungsempfänger halten.[16]

37 Im vorliegenden Fall liegt jedoch dem Grunde nach ein wirksamer Überweisungsauftrag vor. Es hat lediglich die Bank bei der Ausführung einen Fehler gemacht, und sie steht dem Überweisenden näher als dem Zahlungsempfänger.[17] Insoweit kann der Fehler dem K zugerechnet werden, und ein Anspruch der B gegen E scheidet grundsätzlich aus.

38 **Hinweis:** Wie bereits erwähnt, haben K und E ihre Konten zufällig bei derselben Bank. Die nähere Stellung der B zu K erscheint deutlicher, wenn das Konto des E bei einer anderen Bank geführt werden würde. Es kann für die bereicherungsrechtliche Betrachtung aber keinen Unterschied machen, welche Bank das Konto des Zahlungsempfängers führt.

39 Jedoch kann man vorliegend mit guter Begründung annehmen, dass E den Mangel im Deckungsverhältnis kannte. Er kannte den vereinbarten Kaufpreis und konnte auch

---

[12] Vgl. oben Rn. 15f.
[13] BGHZ 176, 234 Rn. 9 = NJW 2008, 2331 = JuS 2008, 1029 *(K. Schmidt)*.
[14] *Grigoleit/Auer*, Rn. 562.
[15] Ausführlich *Grigoleit/Auer*, Rn. 407ff, 432f.
[16] BGHZ 176, 234 Rn. 10 m.w.N.
[17] BGHZ 176, 234 Rn. 17, 19.

nur mit einer Zahlung des K in dieser Höhe rechnen. Daher musste ihm bei dem zehnfachen Betrag klar sein, dass es sich nur um ein Versehen handeln konnte. Im Hinblick auf den allgemeinen Grundsatz von Treu und Glauben (§ 242 BGB) konnte E die Zahlung in Höhe von 900 € nicht als Leistung des K verstehen (§§ 133, 157 BGB analog).[18] In Höhe von 900 € ist die Nichtleistungskondiktion daher mangels einer Leistung an E nicht subsidiär.

Daher ist hier in dieser Höhe eine Nichtleistungskondiktion der B gegen E möglich 40 (a. A. vertretbar).

3. Ohne rechtlichen Grund

Für die Überweisung der 900 € bestand zwischen B und E kein Rechtsgrund. 41

4. Inhalt und Umfang des Bereicherungsanspruchs

Fraglich ist, welchen Inhalt der Bereicherungsanspruch der B hat. E muss das er- 42 langte Etwas herausgeben (§ 812 I 1 BGB). Da der Auszahlungsanspruch nicht in natura herausgegeben werden kann, muss E insoweit gem. § 818 II BGB Wertersatz leisten.[19] Im Ergebnis sind auch hier 900 € an B zu überweisen.

Hinweis: Auch hier muss man nicht zwingend auf § 818 II BGB eingehen. 43

5. Ergebnis

Folglich kann die Bank B gemäß § 812 I 1 Alt. 2 BGB Zahlung von 900 € von E ver- 44 langen.

Variante 3: Widerruf der Anweisung (des Zahlungsauftrags)

I. Anspruch des K gegen E auf Zahlung von 100 € gem. § 812 I 1 Alt. 1 BGB

Zu prüfen ist zunächst, ob K von E Zahlung von 100 € gem. § 812 I 1 Alt. 1 BGB 45 verlangen kann. Dazu müsste E etwas ohne Rechtsgrund durch Leistung des K erlangt haben.

1. Etwas erlangt

E hat wiederum durch die Gutschrift der 100 € auf seinem Konto einen Auszah- 46 lungsanspruch aus dem Zahlungsdiensterahmenvertrag (§ 675f I, II BGB) in entsprechender Höhe erlangt.

2. Durch Leistung des K

E müsste diesen Anspruch durch Leistung des K, d. h. durch bewusste und zweck- 47 gerichtete Mehrung fremden Vermögens, erlangt haben. K wollte zunächst seine Verpflichtung zur Zahlung des Kaufpreises gem. § 433 II BGB gegenüber E erfüllen.

Fraglich ist, ob der (zulässige) Widerruf der Terminüberweisung (§§ 675p III, 675n 48 II BGB) durch K gegenüber B nach neun Tagen daran etwas ändert. Dieser Widerruf führte aus Sicht des K zum Wegfall des Leistungswillens. B hat die Überweisung am zehnten Tag versehentlich dennoch durchgeführt. Ob eine Leistung vorliegt, ist nach

---

[18] Vgl. *BGH* NJW 1987, 185, 186.
[19] Vgl. oben Rn. 10.

dem oben Gesagten[20] nach dem objektiven Empfängerhorizont (entsprechend §§ 133, 157 BGB) zu bestimmen. E durfte nach Zugang der Tilgungsbestimmung von einer Leistung ausgehen. Insoweit wurde *solvendi causa* geleistet.

49 **Hinweis:** Die §§ 675p III, 675n II BGB gestatten bei sog. Terminüberweisungen abweichend von § 130 I 2 BGB den Widerruf der auf den Zahlungsauftrag gerichteten Willenserklärung des Zahlers bis zum Ende des Geschäftstags vor dem vereinbarten Zahlungstag. Die (abgegebene) Tilgungsbestimmung des K, welche die B als Erklärungsbotin überbringt,[21] ist dem E allerdings zugegangen, indem der K auf dem Kontoauszug als Zahler genannt wird. Empfänger dieser empfangsbedürftigen Willenserklärung war nicht B, sondern E (als Gläubiger), weshalb der Widerruf des K gegenüber B den Zugang und damit das Wirksamwerden der Tilgungsbestimmung nicht beeinflussen konnte (§ 130 I 2 BGB).

3. Ohne rechtlichen Grund

50 Die Leistung müsste ohne rechtlichen Grund erfolgt sein. Als rechtlicher Grund kommt hier der zwischen K und E geschlossene Kaufvertrag (§ 433 BGB) in Frage. Anhaltspunkte für dessen Unwirksamkeit liegen nicht vor.

51 Fraglich ist, ob die aus Sicht des K zu frühe Überweisung bzw. deren Durchführung trotz Widerrufs hieran etwas ändert. Mangels anderweitiger Abreden war die Forderung des E sofort fällig und K konnte die Leistung sofort bewirken, § 271 I BGB. Der rechtliche Grund für die Leistung bestand m. a. W. von Anfang an.

52 **Hinweis:** Auf § 813 II BGB kommt es nicht an. Die Vorschrift setzt den Gedanken des § 272 BGB fort und schließt die Rückforderung einer Leistung auf eine Forderung aus, die zwar noch nicht fällig war, aber im Übrigen einredefrei bestand.[22] Die Forderung des E war aber sowohl fällig als auch einredefrei.

4. Ergebnis

53 K kann von E keine Zahlung von 100 € gem. § 812 I 1 Alt. 1 BGB verlangen.

54 **Hinweis:** Einen Anspruch aus § 813 I 1 BGB muss man hier nicht ansprechen. Die Forderung des E war fällig und vor allem einredefrei, insbesondere ist keine dauerhafte Einrede des K ersichtlich.[23]

II. Anspruch der B gegen E auf Zahlung von 100 € nach § 812 I 1 Alt. 1 BGB

55 Fraglich ist, ob B von E die Zahlung von 100 € gem. § 812 I 1 Alt. 1 BGB verlangen kann. Dazu müsste E durch Leistung der B etwas ohne Rechtsgrund erlangt haben.

1. Etwas erlangt

56 E müsste etwas erlangt haben. Durch die Gutschrift der 100 € auf seinem Konto hat er einen Anspruch auf Auszahlung des gutgeschriebenen Betrags erlangt (§ 675f I, II BGB).

2. Durch Leistung der B

57 Zu prüfen ist weiter, ob E diesen Anspruch durch eine Leistung der B erlangt hat. Dazu müsste B das Vermögen des E bewusst und zweckgerichtet gemehrt haben. B ist vom Fortbestand des Überweisungsauftrages des K ausgegangen und hat deshalb nur gegenüber ihm einen Leistungszweck verfolgt. Legt man den Verständnishorizont des E zugrunde, so ändert sich nichts an diesem Ergebnis. Zwar leistet B hier insoweit, als

---

[20] Vgl. oben Rn. 26ff.
[21] Vgl. *Larenz/Canaris*, § 70 IV 3a; *Schwarz/Wandt*, § 10 Rn. 12.
[22] Bamberger/Roth/*Wendehorst*, § 813 Rn. 12; MünchKomm/*Schwab*, § 813 Rn. 16.
[23] Zu § 813 BGB vgl. Fall 14.

sie den Anspruch des E auf Gutschrift aus § 675t I BGB erfüllt. Hinsichtlich der Valuta musste ein vernünftiger Zahlungsempfänger nach Treu und Glauben von einer Leistung des (Kauf-)Vertragspartners K ausgehen. E wusste von den Vorgängen im Verhältnis zwischen B und K nichts und ging von der Erfüllung des Anspruchs aus § 433 II BGB aus.[24] Eine Leistung der B an E ist damit zu verneinen.

3. Ergebnis

B kann von E nicht Zahlung von 100 € gem. § 812 I 1 Alt. 1 BGB verlangen. 58

III. Anspruch der B gegen E aus § 812 I 1 Alt. 2 BGB

Zu prüfen ist weiter, ob B gegen E einen Anspruch auf Zahlung von 100 € aus 59 Nichtleistungskondiktion gem. § 812 I 1 Alt. 2 BGB hat. Dazu müssten die allgemeinen Voraussetzungen einer Nichtleistungskondiktion gegeben sein. Außerdem besteht ein derartiger Anspruch nur dann, wenn nicht eine bereicherungsrechtliche Abwicklung in bestehenden Leistungsverhältnissen vorrangig ist.

1. Tatbestand des § 812 I 1 Alt. 2 BGB

E müsste in sonstiger Weise auf Kosten der B etwas ohne rechtlichen Grund erlangt 60 haben. Durch die Gutschrift der 100 € auf seinem Konto hat E einen Anspruch auf Auszahlung des gutgeschriebenen Betrags erlangt (§ 675f I, II BGB). Nachdem E die Valuta erkennbar von K erhalten hatte, ist insoweit keine Leistung der B erkennbar. Zudem fehlt es an einem Rechtsgrund im Verhältnis B-E.

a) Grundsatz der Subsidiarität der Nichtleistungskondiktion

Fraglich ist, ob eine Nichtleistungskondiktion hier möglich ist, nachdem sowohl 61 zwischen K und E als auch zwischen K und B Leistungsbeziehungen bestehen. In diesem Falle muss grundsätzlich in den jeweiligen Leistungsverhältnissen („über das Dreieck") rückabgewickelt werden, denn die Beteiligten haben sich im Rahmen ihrer Privatautonomie ihre Geschäftspartner selbst ausgesucht und sind auch bei der Rückabwicklung an diese Auswahl gebunden.[25]

b) Ausnahmen vom Subsidiaritätsgrundsatz

Fraglich ist, ob man in besonders gelagerten Fällen vom o. g. Subsidiaritätsgrundsatz 62 Ausnahmen machen muss. Nach st. Rspr. ist es ungerechtfertigt, den Bankkunden (hier K) dann in die Abwicklung einzubeziehen, wenn die Anweisung ganz fehlt oder von Anfang an unwirksam ist. In diesem Fall hat der Anweisende (der Zahler) die Zahlung weder veranlasst noch einen Anschein dafür gesetzt.[26] Dem entspricht auch die heutige Regelung zur Zustimmung gem. § 675j I 1 BGB. Im vorliegenden Fall liegt aber eine Anweisung in Form eines Zahlungsauftrags (§ 675f III 2 BGB) vor. Diese war zunächst auch wirksam; K hatte in den Zahlungsvorgang eingewilligt (§§ 675j I 1, 2, 183 BGB).

---

[24] Vgl. BGHZ 176, 234 Rn. 12, 17. Zutreffend auch *Larenz/Canaris*, § 70 IV 2e: B „vermittelt" nur die Leistung des K an E.

[25] BGHZ 176, 234 Rn. 9; *Medicus/Lorenz* II, Rn. 1217; *Schwarz/Wandt*, § 13 Rn. 55. Vgl. schon oben Rn. 34.

[26] BGHZ 176, 234 Rn. 9f. m. w. N. Ausführlich zu dieser Fallkonstellation *Grigoleit/Auer*, Rn. 563.

c) Widerruf wirksamer Zahlungsaufträge

63 Zu prüfen ist, ob man den Fall des widerrufenen Zahlungsauftrags bzw. Zustimmung ebenso behandeln und damit einen Direktanspruch der B gegen E annehmen kann. Dies setzt voraus, dass der Widerruf der zunächst wirksamen Zustimmung rechtzeitig erfolgt ist und der Fehler der B dem K nicht zuzurechnen ist.

aa) Widerruflichkeit der Zustimmung

64 Fraglich ist, ob die Zustimmung des K wirksam widerrufen worden ist. Ursprünglich hatte K dem Zahlungsvorgang gegenüber B zugestimmt (§ 675j I 1 BGB). Nach neun Tagen hatte K Zahlungsauftrag und Zustimmung widerrufen (§§ 133, 157 BGB). Gem. § 675j II 1 BGB kann die Zustimmung so lange widerrufen werden, wie der Zahlungsauftrag widerruflich ist. Dies bestimmt sich nach § 675p BGB. Dessen Abs. 1 bestimmt die grundsätzliche Unwiderruflichkeit von Zahlungsaufträgen nach Zugang beim Zahlungsdienstleister des Zahlers und folgt damit der Regel des § 130 I 2 BGB. Abs. 2 lässt dagegen bei sog. Terminüberweisungen (§ 675n II BGB) den Widerruf noch bis zum Ende des Geschäftstags vor dem vereinbarten Zahlungstermin zu, mithin (aus Sicht des K) am neunten Tag nach Erteilung des Zahlungsauftrags. Insoweit war der Widerruf des K rechtzeitig und der Zahlungsauftrag war widerrufen und zugleich nicht mehr autorisiert (§ 675j I 1, II 1 BGB). B hat daher im Ergebnis ohne wirksamen Zahlungsauftrag gehandelt.

bb) Wirkungen des Widerrufs

65 Fraglich ist also, ob der rechtzeitig widerrufene Zahlungsauftrag dem von vornherein fehlenden Zahlungsauftrag gleichzustellen ist. M.a.W. ist zu prüfen, ob der widerrufene Zahlungsauftrag dem Zahler K zuzurechnen ist und deshalb ein Direktanspruch der B gegen E ausscheiden muss.

66 (1) Nach einer Ansicht ist eine derartige Gleichstellung generell anzunehmen, weil es für eine Zurechnung des Fehlers der Bank an den Zahler an einer Rechtsgrundlage fehle.[27]

67 (2) Nach h.M. hat K mit dem zunächst erteilten Zahlungsauftrag und der Zustimmung einen zurechenbaren Rechtsschein analog §§ 170ff. BGB geschaffen,[28] welcher für eine Zurechnung des Verhaltens der B an K sorgt und einen Bereicherungsanspruch ausschließen würde. Der Rechtsschein des Zahlungsauftrags besteht ab Vornahme der Gutschrift; seine Zurechenbarkeit ergibt sich aus der Erteilung eines zunächst wirksamen Überweisungsauftrags, auch wenn dieser widerrufen wird. Dafür spricht, dass der Empfänger E nur die Gutschrift auf seinem Kontoauszug sieht und von Vorgängen im Verhältnis zwischen dem Zahler und seiner Bank (B-K), insbesondere von einem Widerruf, keinerlei Kenntnis hat.

68 Das Versehen der B (Nichtbeachtung des Widerrufs) hebt diesen Rechtsschein nicht auf, weil gerade K dieses Risiko mit geschaffen hat. Das Versehen der Bank betrifft ausschließlich das Verhältnis K-B und berührt das durch den Rechtsschein geprägte Verhältnis K-E nicht. Anders ausgedrückt steht K als Anweisender (Zahler) dem Fehler der von ihm eingeschalteten Bank „näher" als der Zahlungsempfänger E. Letzterer hat insbesondere keinen Einblick in die Verhältnisse zwischen dem Zahler und dessen Zahlungsdienstleister. Allein der K (und nicht der E) hat durch den Zahlungsauftrag die Ursache für die fehlerhafte Zahlung gesetzt.[29]

---

[27] Vgl. Nachweise in BGHZ 176, 234 Rn. 14.
[28] Ausführlich zum Ganzen *Larenz/Canaris*, § 70 IV 3e m.w.N.
[29] BGHZ 176, 234 Rn. 17, 24.

Fraglich ist weiter, ob die für den Rechtsscheinstatbestand erforderliche Gutgläubigkeit des E gegeben ist. Denn wenn der Empfänger der Leistung vom Widerruf weiß und daher bösgläubig ist, stellt sich die Überweisung aus seiner (maßgeblichen) Sicht nicht mehr als eine Leistung des Bankkunden K dar. Sie kann dem K dann nicht mehr als seine Leistung an den Überweisungsempfänger zugerechnet werden.[30] **69**

E hatte eine entsprechende Forderung gegen K und vom Widerruf der Anweisung keine Kenntnis erlangt. Selbst wenn man § 173 BGB auf den Widerruf der Weisung analog anwendet, sodass fahrlässige Unkenntnis bereits schaden würde, ist Gutgläubigkeit zu bejahen. **70**

d) Zwischenergebnis

Wegen des von K erzeugten Rechtsscheins und der Gutgläubigkeit des E muss sich K den Fehler seiner Bank zurechnen lassen. Es bleibt daher beim Grundsatz der Subsidiarität der Nichtleistungskondiktion. **71**

2. Ergebnis

Ein (Durchgriffs-)Anspruch der B gegen E aus Nichtleistungskondiktion (§ 812 I 1 Alt. 2 BGB) scheitert am Vorrang der bereicherungsrechtlichen Rückabwicklung über das Dreieck (K-E, K-B). **72**

---

[30] Vgl. schon oben Rn. 47f.

Fall 19. Werbung von Otto-Optik

BGH NJW 1992, 2084 ff.

Lösung

Sieglinde Strahler (S) ist eine bekannte, stets freundlich lächelnde Fernsehmoderatorin. Ein Pressefotograf (P) fotografierte Strahler mit deren Einverständnis anlässlich einer Wohltätigkeitsveranstaltung für einen Zeitungsbericht über die Veranstaltung. Auf diesem Foto trug sie zufällig eine Brille aus der neuen Kollektion eines bekannten Brillenherstellers.

Der Fotograf erkannte, dass es sich bei der Brille um ein neues, teures Modell handelte und verkaufte einen Abzug des Fotos dem Optikermeister Otto (O), damit dieser es für seine Werbung verwenden kann. Auf Nachfrage von Otto erklärte er ihm wahrheitswidrig, Strahler sei mit der Verwendung des Fotos zu Werbezwecken einverstanden.

Kurz darauf erschien in einer örtlichen Tageszeitung eine Anzeige Ottos, die zu ca. einem Drittel aus der Aufnahme Strahlers bestand. Daneben war folgender Text zu lesen: „Sieglinde Strahler weiß, welche Brillen die besten sind. (…) Kommen Sie noch heute zu Otto-Optik und sehen Sie sich das neue Modell an. (…)"

Strahler ist der Meinung, Otto müsse ihr für die Verwendung des Fotos 1000 € bezahlen. Diese Summe verlangt sie üblicherweise für die Verwendung ihres Portraits in lokalen Werbeanzeigen. Otto entgegnet, er habe diese Summe schon an den Fotografen bezahlt, die Angelegenheit sei für ihn daher erledigt.

Kann Strahler (S) von Otto (O) Zahlung von 1000 € verlangen? Hat sie wegen der Anzeige weitere Ansprüche gegen Otto?

Kunsturhebergesetz (KUG) – Auszug

§ 22. Bildnisse dürfen nur mit Einwilligung des Abgebildeten verbreitet oder öffentlich zur Schau gestellt werden (…)

§ 23. (1) Ohne die nach § 22 erforderliche Einwilligung dürfen verbreitet und zur Schau gestellt werden:
1. Bildnisse aus dem Bereiche der Zeitgeschichte (…)

(2) Die Befugnis erstreckt sich jedoch nicht auf eine Verbreitung und Schaustellung, durch die ein berechtigtes Interesse des Abgebildeten (…) verletzt wird.

Gliederung

Lösung

I. Anspruch der S gegen O gem. § 687 II i.V.m. §§ 681 S. 2, 667 BGB

Fraglich ist, ob S von O Zahlung von 1000 € gem. § 687 II i.V.m. §§ 681 S. 2, 667 BGB verlangen kann. Dazu müsste O durch die Verwendung des Fotos ein fremdes Geschäft als sein eigenes behandelt haben, obwohl er gewusst hat, dass er dazu nicht berechtigt war. 1

1. Behandlung eines fremden Geschäfts als eigenes

a) Fremdes Geschäft

2 Zunächst müsste O ein fremdes Geschäft geführt haben, nämlich eines der S. Dies könnte er durch die Verwendung ihres Bildnisses zu Werbezwecken getan haben.

3 Das Recht am eigenen Bild ist eine besondere Ausprägung des allgemeinen Persönlichkeitsrechts[1] und in den §§ 22ff. des Kunsturhebergesetzes von 1907 geregelt. Nach § 22 S. 1 KUG dürfen Bildnisse nur mit Einwilligung des Abgebildeten verbreitet und öffentlich zur Schau gestellt werden. Die Vorschrift weist somit dem Abgebildeten die Befugnis zur Vornahme der genannten Handlungen ausschließlich zu.[2] Der Begriff des „Bildnisses" ist weit zu verstehen; er umfasst jedenfalls Fotografien.[3] Durch den Abdruck des Fotos in der Werbeanzeige hat O das Bildnis der S mit der Zeitung verbreitet sowie öffentlich zur Schau gestellt. Dies ist wegen § 22 S. 1 KUG grundsätzlich eine Tätigkeit im Interesse der S und damit ein für O fremdes Geschäft.

b) Angemaßte Eigengeschäftsführung

4 Des Weiteren dürfte keine berechtigte Eigengeschäftsführung vorliegen. O veröffentlichte und verbreitete das Bildnis nicht für die S, sondern zur Förderung seines eigenen Unternehmens. Er hat deshalb das fremde Geschäft als eigenes geführt.

5 Berechtigt wäre die Eigengeschäftsführung, wenn O aufgrund einer Einwilligung der S oder gem. § 23 I Nr. 1 KUG zur Vornahme der Veröffentlichung und Verbreitung des Bildnisses berechtigt gewesen wäre.

aa) Einwilligung

6 Fraglich ist, ob S in die konkrete Verwendung ihres Bildnisses eingewilligt hatte (§ 22 S. 1 KUG). Sie war zwar damit einverstanden, dass sie von P für einen Zeitungsbericht über die Veranstaltung fotografiert wurde und dieses Bild im Zusammenhang mit dem Bericht veröffentlicht wurde. Das umfasst allerdings nicht automatisch die Verwendung des Fotos für Werbezwecke Dritter.[4] Eine derartige Einwilligung wird im Zweifel nur in dem Umfang erteilt, wie dies zur Erfüllung des Aufnahmezwecks (hier Zeitungsbericht) erforderlich ist.[5] Eine ausreichende Einwilligung der S (§ 22 S. 1 KUG) liegt daher nicht vor.

bb) Ausnahme gem. § 23 I Nr. 1 KUG

7 Zu prüfen ist, ob O das Foto aufgrund der Ausnahmevorschrift des § 23 I Nr. 1 KUG verwenden durfte. Dazu müsste es sich um ein Bildnis aus dem Bereich der Zeitgeschichte handeln. Ob S als „Person der Zeitgeschichte" einzuordnen ist oder nicht, was bei einer Fernsehmoderatorin allerdings naheliegt,[6] kann hier letztlich dahinstehen. Denn § 23 I Nr. 1 KUG erfasst nicht die Verwendung eines Bildnisses zu Werbezwecken und damit zur Befriedigung eigener Geschäftsinteressen. Aus-

---

[1] BGHZ 171, 275 Tz 5 m. w. N. = NJW 2007, 1977.

[2] Vgl. *Fricke*, in: Wandtke/Bullinger, Praxiskommentar zum Urheberrecht, 3. Aufl., 2008, § 22 KUG Rn. 4.

[3] Vgl. *Fricke*, in: Wandtke/Bullinger, Praxiskommentar zum Urheberrecht, 3. Aufl., 2008, § 22 KUG Rn. 5.

[4] *BGH* NJW 1992, 2084.

[5] *Fricke*, in: Wandtke/Bullinger, Praxiskommentar zum Urheberrecht, 3. Aufl., 2008, § 22 KUG Rn. 16.

[6] Vgl. dazu etwa *Beuthien*, ZUM 2005, 352ff.; *Teichmann*, NJW 2007, 2917ff.

schließlicher Zweck der Vorschrift ist es, dem schutzwürdigen Informationsinteresse der Allgemeinheit nachzukommen.[7] Damit rechtfertigt auch § 23 I Nr. 1 KUG die Verwendung des Fotos durch O nicht.

2. Kenntnis der Nichtberechtigung

Weiter müsste O gewusst haben, dass er zur Eigengeschäftsführung nicht berechtigt ist. O ist aufgrund der Angaben des Fotografen davon ausgegangen, zur Verwendung des Fotos zu Werbezwecken berechtigt zu sein. Insoweit fehlt es jedenfalls an der erforderlichen positiven Kenntnis der Nichtberechtigung. 8

3. Ergebnis

Somit scheidet ein Anspruch der S gegen O nach § 687 II i.V.m. §§ 681 S. 2, 667 BGB aus. 9

II. Anspruch der S gegen O gem. §§ 677, 681 S. 2, 667 BGB

Fraglich ist, ob S von O Zahlung von 1000 € gem. §§ 677, 681 S. 2, 667 BGB verlangen kann. 10

1. Fremdes Geschäft

Das Verbreiten und Veröffentlichen des Bildnisses der S war ein für O fremdes Geschäft. 11

2. Fremdgeschäftsführungswille

O müsste zudem Fremdgeschäftsführungswillen gehabt haben. Fremdgeschäftsführungswille bedeutet, dass der Geschäftsführer (O) mit dem Willen handeln muss, im Interesse des Geschäftsherrn (S) tätig zu werden. Mit diesem Willen kann O aber nur dann handeln, wenn er sich der Fremdheit des Geschäfts überhaupt bewusst ist.[8] 12

O verwendet das Bildnis der S zu eigenbetrieblichen Werbezwecken und glaubt aufgrund der Angaben des P, dazu berechtigt zu sein. Anders ausgedrückt stützt O diese Berechtigung auf ein eigenes, von P erworbenes und gegenüber S wirkendes Nutzungsrecht, das allerdings nicht existiert. 13

O besorgt daher ein fremdes Geschäft in der Meinung, dass es sein eigenes sei. Gem. § 687 I BGB sind die §§ 677 bis 686 BGB in diesen Fällen nicht anwendbar. 14

3. Ergebnis

S hat keinen Anspruch gegen O gem. §§ 677, 681 S. 2, 667 BGB. 15

III. Anspruch der S gegen O gem. § 823 I BGB

Möglicherweise kann S die 1000 € gem. § 823 I BGB von O verlangen. 16

1. Verletzung des Rechts am eigenen Bild

Dazu müsste O ein sonstiges, absolutes Recht der S verletzt haben. In Frage kommt hier in erster Linie das Recht am eigenen Bild gem. § 22 KUG als besonderes Persön- 17

[7] *BGH* NJW 1992, 2084.
[8] Vgl. *Schwarz/Wandt*, § 4 Rn. 24.

lichkeitsrecht. Dieses Recht ist als „sonstiges Recht" i.S.d. § 823 I BGB anerkannt.[9] Wie bereits erläutert, hat O durch die Verbreitung und Veröffentlichung des Fotos Handlungen vorgenommen, zu denen gem. § 22 S. 1 KUG ausschließlich die S berechtigt gewesen wäre. Eine Einwilligung oder eine Ausnahme gem. § 23 I Nr. 1 KUG liegen nicht vor. O hat daher das Recht am eigenen Bild der S widerrechtlich verletzt.

18 **Hinweis:** Daneben kommt eine Verletzung des allgemeinen Persönlichkeitsrechts der S in Frage. Weil hinsichtlich der Rechtsfolgen aber kein Unterschied zum Recht am eigenen Bild besteht, wird hier nur auf letzteres eingegangen.

2. Verschulden

19 O müsste weiterhin schuldhaft gehandelt haben. Die Rechtsprechung[10] verlangt bei der eigennützigen Verwendung fremder Bildnisse eine besonders gründliche Prüfung der Befugnis: Dieser Prüfungspflicht genüge man nicht schon durch bloßes Erwerben eines Fotos von einem Berufsfotografen. Vielmehr müsse in vielen Fällen besonders nachgefragt werden. O hatte den P ausdrücklich auf eine Verwendung des Fotos zu Werbezwecken angesprochen. Zweifel an der Richtigkeit der Angaben des P musste O nicht haben. Ein Verschulden des O, insbesondere Fahrlässigkeit (§ 276 II BGB), ist daher nicht ersichtlich.

3. Ergebnis

20 S hat gegen O keinen Anspruch aus § 823 I BGB auf Zahlung von 1000 €. Wegen des fehlenden Verschuldens scheidet auch ein (grundsätzlich in Betracht kommender) Anspruch aus § 823 II BGB i.V.m. § 22 KUG aus.

IV. Anspruch der S gegen O gem. §§ 812 I 1 Alt. 2, 818 II BGB

21 In Frage kommt aber ein Anspruch der S aus allgemeiner Eingriffskondiktion (§ 812 I 1 Alt. 2 BGB).

22 **Hinweis:** Die sog. *Nichtleistungskondiktionen* sorgen für den bereicherungsrechtlichen Ausgleich von Zuständen, die mit der rechtlichen Güterzuordnung nicht in Einklang stehen[11] und die nicht durch Leistung geschaffen worden sind. Das Gesetz regelt folgende Einzelfälle: § 812 I 1 Alt. 2 BGB (Grundfall), § 816 I 1 BGB (wirksame entgeltliche Verfügung eines Nichtberechtigten), § 816 I 2 BGB (wirksame unentgeltliche Verfügung eines Nichtberechtigten), § 816 II BGB (dem Berechtigten gegenüber wirksame Leistung an einen Nichtberechtigen) und § 822 BGB (unentgeltliche Weitergabe des Erlangten durch Empfänger an Dritte).

1. Erlangtes Etwas

23 Fraglich ist, was O im vorliegenden Fall erlangt hat. Erlangtes Etwas kann hier nur die Nutzung des Bildnisses der S zu Werbezwecken sein, also nach § 100 BGB ein Gebrauchsvorteil eines Rechts. Da für die Werbenutzung von Fotos Prominenter üblicherweise zu zahlen ist, handelt es sich bei der Benutzung um einen Vermögensvorteil.

2. In sonstiger Weise auf Kosten der S

a) Abgrenzung zur Leistung des P

24 O müsste diese Nutzungen in sonstiger Weise, d.h. nicht durch Leistung, erlangt haben. Eine Leistung – also eine bewusste und zweckgerichtete Zuwendung – seitens

---

[9] Vgl. Palandt/*Sprau*, § 823 Rn. 84f.
[10] *BGH* NJW 1992, 2084.
[11] Vgl. *Kropholler*, § 812 Rn. 34.

der S liegt offensichtlich nicht vor. Fraglich ist aber, ob O diese Nutzungen durch eine Leistung des P erlangt hat. P wollte dem O ein (vermeintliches) Nutzungsrecht an dem Bildnis der S zu Werbezwecken verkaufen, was zunächst für eine Leistung spricht. Dieses Nutzungsrecht gab es jedoch nicht, daher konnte es P dem O auch nicht verschaffen. Mit den Worten des BGH[12] ausgedrückt bedeutet dies, dass nicht der Veräußerer des Fotos (P) dem O die Befugnis zur werbemäßigen Nutzung verschafft hat, sondern sich O durch den nicht durch Einwilligung gedeckten Eingriff in das Persönlichkeitsrecht der S die Kompetenz zur werbemäßigen Nutzung des Fotos vielmehr selbst angemaßt hat. O hat daher in „sonstiger Weise" in das Recht der S eingegriffen.

b) Eingriff auf Kosten der S

Voraussetzung für einen Anspruch aus Eingriffskondiktion ist ein Eingriff in den Zuweisungsgehalt einer Dritte ausschließenden Rechtsposition des Bereicherungsgläubigers (hier S).[13] 25

Hinweise: Das bekannteste Ausschließlichkeitsrecht ist das Sacheigentum. Seinen Umfang und Inhalt (den Zuweisungsgehalt) bestimmt § 903 BGB. § 22 KUG hat daher für das Recht am eigenen Bild dieselbe Funktion wie § 903 BGB für das Sacheigentum. Die „Zuweisungstheorie" hat zugleich die Funktion, Bereicherungsgläubiger und -schuldner zu bestimmen. Gläubiger ist der Inhaber des Rechts, in das eingegriffen wurde, Schuldner ist derjenige, der eingegriffen hat. 26

Diese ausschließliche Rechtsposition ist hier das Recht der S am eigenen Bild (§ 22 KUG). Es stellt ein vermögenswertes Ausschließlichkeitsrecht dar[14] und ist daher taugliches Eingriffsobjekt. Den Zuweisungsgehalt dieses Ausschließlichkeitsrechts bestimmt § 22 S. 1 KUG als das Verbreiten und das öffentliche Zurschaustellen von Bildnissen. O hat das Foto der S für seine Werbeanzeige verwendet und damit in den Zuweisungsgehalt des Rechts am eigenen Bild eingegriffen. 27

S hätte für die Verwendung ein Entgelt von O verlangen können; ihr Bildnis hat aufgrund ihrer Bekanntheit einen bestimmten Marktwert. Insbesondere durch diese wirtschaftliche Schlechterstellung der S wurde in den Zuweisungsgehalt des Rechts am eigenen Bild eingegriffen.[15] 28

Der Eingriff erfolgte daher auf Kosten der S. 29

c) Unmittelbarkeit der Vermögensverschiebung

Die Vermögensverschiebung müsste unmittelbar zwischen S und O stattgefunden haben. Aus den genannten Gründen hat O direkt in das Recht der S eingegriffen; insbesondere ist die „Mittelsperson" P mangels Leistung an O bereicherungsrechtlich irrelevant. Deshalb kann man auch nicht von einem „Durchgriff" der S auf O sprechen, weil nur diese beiden Personen von Bedeutung sind und daher kein Drei-, sondern nur ein Zweipersonenverhältnis gegeben ist. Eine unmittelbare Vermögensverschiebung liegt damit vor. 30

Hinweis: Die Rspr. stellt vor allem bei der Beteiligung mehrerer Personen unterstützend auf die „Unmittelbarkeit der Vermögensverschiebung" ab, um einen unmittelbaren Durchgriff in Bereicherungsketten auszuschließen.[16] Durch das Abstellen auf den Zuweisungsgehalt des Rechts am eigenen Bild hat sich diese Untersuchung allerdings weitestgehend erübrigt. 31

---

[12] *BGH* NJW 1992, 2084, 2085.
[13] Palandt/*Sprau*, § 812 Rn. 39.
[14] *BGH* NJW 1992, 2084, 2085.
[15] Vgl. Palandt/*Sprau*, § 812 Rn. 41.
[16] Vgl. näher *Schwarz/Wandt*, § 11 Rn. 14 m. w. N.

3. Ohne Rechtsgrund

32 O müsste die Nutzungen des Rechts der S ohne Rechtsgrund erlangt haben. Da O kein entsprechendes Nutzungsrecht hat, weil P ihm keines einräumen konnte, ist diese Voraussetzung erfüllt.

4. Inhalt und Umfang des Bereicherungsanspruchs

a) Naturalherausgabe

33 Die Herausgabe des erlangten Etwas in natura (§ 812 I 1 BGB) ist bei Nutzungen von Immaterialgütern bzw. Persönlichkeitsrechten wie dem Recht am eigenen Bild nicht möglich.

34 **Hinweis:** § 818 I BGB ist hier nicht einschlägig. Dieser meint Nutzungen (§ 100 BGB), die aus dem erlangten Etwas gezogen worden sind. Im vorliegenden Fall sind die herauszugebenden Nutzungen aber das erlangte Etwas selbst.

b) Wertersatz

35 Der Bereicherungsanspruch ist daher gem. § 818 II BGB auf Ersatz des Wertes gerichtet, der dem O rechtsgrundlos zugeflossen ist. Der Wertersatz ist auf der Grundlage einer fiktiven Lizenzgebühr zu bemessen. Abzustellen ist hinsichtlich der Höhe auf das ersparte Honorar, das der Verletzer dem Betroffenen hätte entrichten müssen, wenn er dessen Einwilligung in die Nutzung eingeholt hätte. Dabei ist ein Honorar zugrunde zu legen, das vernünftige Vertragspartner in der Lage der Parteien für die werbemäßige Verwertung des Fotos ausgehandelt hätten.[17]

36 S hätte für die Verwendung ihrer Fotos zu den konkreten Werbezwecken 1000 € verlangt. Ein Honorar in dieser Höhe hätten auch vernünftige Parteien in der Lage von O und S ausgehandelt.

c) Entreicherung des O

37 Fraglich ist, ob O durch die Zahlung von 1000 € an P gem. § 818 III BGB entreichert ist und dadurch der Wertersatzanspruch ausgeschlossen ist. Zwar sind Erwerbskosten weitestgehend als Abzugsposten i.R.d. § 818 III BGB anerkannt.[18] Leistungen an Dritte, insbesondere ein Erwerbspreis, können allerdings bei einer Nichtleistungskondiktion nicht anspruchsmindernd abgezogen werden. Insofern muss O sich mit P über das allgemeine Leistungsstörungsrecht auseinandersetzen und das Risiko einer Insolvenz des P tragen.[19] Wegen des Eingriffs ist kein Grund ersichtlich, weshalb S einen finanziellen Nachteil dadurch erhalten soll, dass O an P gezahlt hat. Das an P gezahlte Entgelt ist also nicht bereicherungsmindernd abzuziehen.

5. Ergebnis

38 S kann von O Zahlung von 1000 € gem. §§ 812 I 1 Alt. 2, 818 II BGB verlangen.

39 **Hinweis:** Dieser Fall zeigt noch einmal sehr anschaulich den Unterschied zwischen dem Schadensersatz- und dem Bereicherungsrecht. Schadensersatzansprüche sind i.d.R. verschuldensabhängig, Bereicherungsansprüche nicht. Auch wenn O von der Rechtmäßigkeit seines Handelns ausgegangen ist, muss er an S bezahlen und kann sich wegen der Zahlung an P nur an diesen halten.

---

[17] *BGH* NJW 1992, 2084, 2085.
[18] MünchKomm/*Schwab*, § 818 Rn. 135 m.w.N.
[19] MünchKomm/*Schwab*, § 818 Rn. 136; Palandt/*Sprau*, § 818 Rn. 43.

V. Weitere Ansprüche der S gegen O wegen der Anzeige

1. Beseitigungsanspruch analog § 1004 I 1 i.V.m. § 823 I BGB

S könnte gegen O einen Anspruch auf Beseitigung einer fortdauernden Beeinträchtigung ihres Persönlichkeitsrechts analog § 1004 I 1 i.V.m. § 823 I BGB haben. 40

a) Analoge Anwendung des § 1004 BGB

In § 1004 I BGB sind verschuldensunabhängige Ansprüche auf Beseitigung einer fortdauernden Eigentumsbeeinträchtigung und auf Unterlassung künftiger Beeinträchtigungen geregelt; solche Ansprüche enthalten auch § 862 I BGB für Besitzstörungen, § 12 BGB für Verletzungen des Namensrechts sowie die Gesetze zum Schutz von Immaterialgütern, z.B. § 97 I UrhG. Für die Verletzung anderer absolut geschützter Rechtsgüter, insbesondere des Persönlichkeitsrechts, fehlt eine vergleichbare Regelung. Da aber generell ein Bedürfnis nach solchen verschuldensunabhängigen Abwehransprüchen besteht, ist mittlerweile gewohnheitsrechtlich anerkannt, dass § 1004 I BGB auf andere absolut geschützte Rechtsgüter analog anwendbar ist,[20] ebenso auf Schutzgesetzverletzungen i.S.v. § 823 II BGB. 41

b) Verletzung des Persönlichkeitsrechts

Wie oben Rn. 17f. festgestellt, hat O das Recht der S am eigenen Bild und damit zugleich ihr allgemeines Persönlichkeitsrecht durch die Werbeanzeige verletzt. 42

c) Fortdauernder Störungszustand

Der Beseitigungsanspruch setzt voraus, dass die Verletzungshandlung zu einem in der Gegenwart fortdauernden Störungszustand geführt hat. Ob ein solcher hier vorliegt, erscheint zweifelhaft. Zwar ist die Anzeige mit dem Foto von S in der Zeitung erschienen und in den gedruckten Exemplaren noch präsent; da man Tageszeitungen aber in der Regel nur liest und kurz danach wegwirft, ist der von der unzulässigen Bildnisverwendung ausgehende Störungszustand von flüchtiger Natur und hat sich durch den Zeitablauf bereits wieder erledigt[21] (a.A. vertretbar). 43

d) Ergebnis

Einen Beseitigungsanspruch analog § 1004 I 1 BGB hat S gegen O nicht. 44

Hinweis: Ein Beseitigungsanspruch analog § 1004 I 1 i.V.m. §§ 823 II BGB, 22 KUG braucht man wegen des fehlenden Störungszustands nicht anzuprüfen. 45

2. Unterlassungsanspruch analog § 1004 I 2 BGB

S könnte gegen O einen Anspruch auf Unterlassung weiterer Verwendungen ihres Fotos zu Werbezwecken analog § 1004 I 2 i.V.m. § 823 I BGB haben. 46

a) Analogie

Die Existenz von Unterlassungsansprüchen analog § 1004 I 2 BGB zum Schutz des Persönlichkeitsrechts ist gewohnheitsrechtlich anerkannt. 47

---

[20] Vgl. *Brox/Walker*, BS, § 12 Rn. 1ff.; Jauernig/*Teichmann*, Vor § 823 Rn. 6f. m.w.N.
[21] Vgl. *Fritzsche*, in: Münchener Kommentar zum Lauterkeitsrecht, 2006, § 8 Rn. 159.

b) Verletzung des Persönlichkeitsrechts der S durch O

48 Wie oben Rn. 17f. festgestellt, hat O das Recht der S am eigenen Bild und damit zugleich ihr allgemeines Persönlichkeitsrecht durch die Werbeanzeige verletzt.

c) Besorgnis künftiger Beeinträchtigungen (Wiederholungsgefahr)

49 Der Unterlassungsanspruch erfordert analog § 1004 I 2 BGB außerdem, dass künftige Beeinträchtigungen zu besorgen sind. Diese sog. Wiederholungsgefahr ist nach ständiger Rspr. aufgrund einer ersten Verletzungshandlung zu vermuten; die Vermutung entfällt nur in Ausnahmefällen bzw. durch Abgabe einer mit einem Vertragsstrafenversprechen (§§ 339 I 2, 340 BGB) versehenen Erklärung, in der der Verletzer sich zur Unterlassung verpflichtet. Da es im vorliegenden Fall daran fehlt, verbleibt es bei der Vermutung der Wiederholungsgefahr.

d) Ergebnis

50 S kann von O analog § 1004 I 2 BGB i.V.m. § 823 I BGB Unterlassung weiterer Verwendungen ihres Bildes zu Werbezwecken verlangen.

3. Unterlassungsanspruch analog § 1004 I 2 i.V.m. § 823 II BGB, § 22 KUG

51 S kann von O auch analog § 1004 I 2 BGB i.V.m. § 823 II BGB, § 22 KUG Unterlassung weiterer Verwendungen ihres Bildes zu Werbezwecken verlangen. Wie in Rn. 17f. festgestellt, hat O durch die Verwendung des Bildnisses der S zu Werbezwecken gegen § 22 KUG verstoßen, der Schutzgesetz i.S.v. § 823 II BGB ist. Auch bei Schutzgesetzverletzungen besteht ein Bedürfnis nach vorbeugendem Rechtsschutz gegen weitere Verletzungshandlungen; daher ist auch hier die analoge Anwendung des § 1004 I BGB anerkannt.[22]

---

[22] Vgl. *Brox/Walker*, BS, § 12 Rn. 5.

Fall 20. Eingebaute Rollläden

Nach BGHZ 36, 30 = NJW 1961, 2252 und BGHZ 40, 272 = NJW 1964, 399.

Sachverhalt

E „kauft“ beim Bauunternehmer B ein Grundstück nebst schlüsselfertigem Haus zu einem Festpreis. Die Übereignung des Grundstücks von B an E findet bereits zu Beginn der Bauarbeiten statt; übergeben wird das Grundstück jedoch erst nach Fertigstellung und Abnahme des Hauses.

Im Zuge der Bauausführung kauft B die in das Haus einzubauenden Rollläden im Namen des E bei L. Dieser liefert das Material „wortlos“ an die Baustelle, wo die Rollläden von den Mitarbeitern des B eingebaut werden. Ohne die Rollläden bezahlt zu haben, wird B insolvent.

L verlangt deshalb von E Bezahlung der Rollläden. Zu Recht, wenn E jegliches Einstehen für „Bestellungen“ des B ablehnt?

Abwandlung: Hat L einen Zahlungsanspruch gegen E, wenn B dem L die Rollläden gestohlen und sie dann in das Haus des ahnungslosen E eingebaut hat?

Gliederung

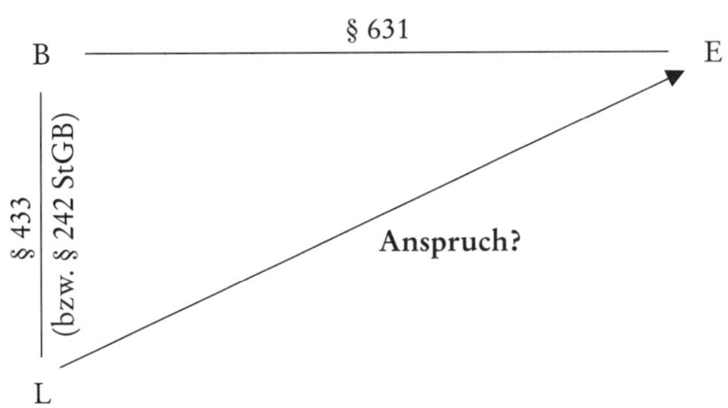

Lösung

Ausgangsfall

I. Anspruch aus § 433 II BGB

1 L könnte gegen E einen Anspruch auf Zahlung des Kaufpreises für die Rollläden gem. § 433 II BGB haben.

1. Vertragsschluss

2 Dazu müsste zwischen den Parteien ein wirksamer Vertrag bestehen. E selbst hat mit L keinen Kaufvertrag geschlossen; dies hat vielmehr B in seinem Namen getan.

Damit E aus diesem Vertrag zur Kaufpreiszahlung verpflichtet ist, müsste B ihn nach § 164 I 1 BGB wirksam vertreten haben. Zwar hat B eine eigene Willenserklärung im Namen des E abgegeben. Die notwendige Vertretungsmacht könnte sich für ihn nur aus einer Vollmacht (§ 166 II BGB) ergeben. Eine Vollmachtserteilung durch E nach § 167 I BGB ist jedoch nicht erfolgt; zwar kann eine Vollmacht auch konkludent erteilt werden, doch ist ein Verhalten, das man in diesem Sinne auslegen könnte, von Seiten des E nicht ersichtlich. Wer von einem Bauunternehmer „ein Haus" schlüsselfertig zu einem Festpreis „kauft", möchte nur den Bauunternehmer als Vertragspartner haben und nicht Dritten gegenüber zu weiteren Zahlungen verpflichtet sein. Damit hat B ohne Vertretungsmacht gehandelt. Der Vertrag war somit gem. § 177 I BGB zunächst schwebend unwirksam. Indem E die Bezahlung der Rollläden ablehnte, hat er konkludent die Genehmigung des Vertragsschlusses durch B verweigert (§ 182 I BGB), was zur endgültigen Unwirksamkeit des Vertrags geführt hat. 3

2. Ergebnis

Ein Zahlungsanspruch des L gegen E aus § 433 II BGB scheidet somit aus. 4

II. Aufwendungsersatzanspruch gem. §§ 677, 683 S. 1, 670 BGB

Möglicherweise kann L von E Aufwendungsersatz für die eingebauten Rollläden aus berechtigter GoA gem. §§ 677, 683 S. 1, 670 BGB beanspruchen. Dies setzt voraus, dass L ein Geschäft des E mit Fremdgeschäftsführungswillen geführt hat und die Geschäftsführung dem Willen und Interesse des E entsprach. 5

1. Geschäftsführung

Als Geschäftsbesorgung kommt jede Tätigkeit in Betracht, also sowohl rechtsgeschäftliches als auch rein tatsächliches Handeln.[1] Hier hat L die Rollläden auf die Baustelle des E geliefert und insofern ein Geschäft i. S. v. § 677 BGB geführt. 6

2. Fremdes Geschäft

Bei der Lieferung der Rollläden müsste es sich zudem um ein fremdes Geschäft, also ein Geschäft des E, gehandelt haben. Ein Geschäft ist objektiv fremd, wenn es nach seinem Gegenstand und äußeren Erscheinungsbild dem Rechts- und Interessenkreis eines anderen zuzurechnen ist.[2] Die Lieferung der Rollläden stand im unmittelbaren Zusammenhang mit der Verwirklichung des Bauvorhabens des E und fällt damit in dessen Rechtskreis. Problematisch erscheint aber, dass L die Rollläden in Erfüllung des vermeintlichen Kaufvertrags mit E geliefert hat und damit zugleich im eigenen Interesse tätig wurde. Grundsätzlich ist das sog. *auch fremde* Geschäft, bei dem der Geschäftsführer zugleich im eigenen und fremden Interesse tätig wird, tatbestandsmäßig i. S. d. § 677 BGB.[3] 7

Umstritten ist aber, ob die §§ 677 ff. BGB auch dann Anwendung finden, wenn der Geschäftsführung – wie hier – ein nichtiges Vertragsverhältnis zugrunde liegt. Die Rechtsprechung wendet häufig auch in diesem Fall die §§ 677 ff. BGB an und verweist zur Begründung auf den Wortlaut und Zweck dieser Vorschriften.[4] Die irrige Annahme einer eigenen Verbindlichkeit stehe der Führung eines fremden Geschäfts nicht 8

[1] BGHZ 38, 270, 275 = NJW 1963, 390, 391; Palandt/*Sprau*, § 677 Rn. 2, § 662 Rn. 6; *Schwarz/Wandt*, § 4 Rn. 1.
[2] Palandt/*Sprau*, § 677 Rn. 4; *Schwarz/Wandt*, § 4 Rn. 7.
[3] *Lorenz* NJW 1996, 883, 885; *Schwarz/Wandt*, § 4 Rn. 13.
[4] *BGH* NJW 1951, 269; 1962, 2010, 2011; 1990, 2542; 2000, 72, 73.

entgegen. Nach der hL sind Ansprüche aus GoA bei einer Geschäftsführung aufgrund eines nichtigen Vertrags hingegen ausgeschlossen.[5] Zur Begründung wird angeführt, dass das Bereicherungsrecht Spezialvorschriften für die Rückabwicklung bereithalte, welche die §§ 677ff. BGB verdrängen.

9 Der zuletzt genannten Auffassung gebührt der Vorzug. Für sie spricht insbesondere, dass die Wertungen des Bereicherungsrechts, namentlich die §§ 814, 817, 818 III BGB sowie das bereicherungsrechtliche Durchgriffsverbot im Dreipersonenverhältnis, nicht umgangen werden dürfen.[6] Folglich sind die §§ 677ff. BGB auf die Geschäftsbesorgung des L nicht anwendbar (a. A. vertretbar).

3. Fremdgeschäftsführungswille

10 Selbst wenn man ein fremdes Geschäft bejahen wollte, so scheitert ein Aufwendungsersatzanspruch des L gegen E aus berechtigter GoA jedenfalls am fehlenden Fremdgeschäftsführungswillen: L wollte primär seine eigene Verbindlichkeit aus dem vermeintlich mit E zustande gekommenen Vertrag erfüllen, also ein eigenes Geschäft führen. Folglich standen die eigennützigen Motive des L derart im Vordergrund, dass ein Fremdgeschäftsführungswille abzulehnen ist.[7]

4. Ergebnis

11 Damit besteht kein Anspruch des L gegen E auf Aufwendungsersatz nach §§ 677, 683 S. 1 i. V. m. § 670 BGB.

III. Schadensersatzanspruch gemäß §§ 989, 990 I BGB

12 Ein Schadensersatzanspruch des L gegen E aus §§ 989, 990 I BGB würde voraussetzen, dass im Zeitpunkt des Einbaus der Rollläden, der zum Eigentumsverlust des L geführt hat, eine Vindikationslage zwischen L und E bestand. Dazu müsste L im fraglichen Zeitpunkt Eigentümer der Rollläden und E Besitzer ohne Besitzrecht gewesen sein. Ursprünglich war L Eigentümer der Rollläden. Er könnte sein Eigentum nach § 929 S. 1 BGB durch die Lieferung der Rollläden auf das Grundstück des E verloren haben. Dazu müsste er die Rollläden dem E übergeben, diesem also den Besitz verschafft, und sich außerdem mit ihm über den Eigentumsübergang geeinigt haben. Für die rechtsgeschäftliche Übereignung gem. § 929 S. 1 BGB fehlt es jedenfalls an einer Übergabe. Denn im Zeitpunkt der Lieferung war E mangels Übergabe noch nicht Besitzer des Grundstücks und konnte daher auch keine tatsächliche Sachherrschaft an den darauf befindlichen Rollläden i. S. d. § 854 I BGB erlangen. L war somit noch Eigentümer der Rollläden, E aber nicht Besitzer. Damit fehlt es bereits an dem für einen Schadensersatzanspruch des L gegen E aus §§ 989, 990 I BGB notwendigen Eigentümer-Besitzer-Verhältnis.

IV. Schadensersatzanspruch aus § 823 I BGB oder § 831 I BGB

13 Schließlich kommt auch kein deliktischer Schadensersatzanspruch des L gegen E aus § 823 I BGB oder § 831 I BGB in Betracht. Zwar werden diese Normen aus dem zu §§ 990, 989 BGB genannten Grund nicht durch § 993 I HS 2 BGB verdrängt.

---

[5] Bamberger/Roth/*Gehrlein*, § 677 Rn. 18; Jauernig/*Mansel*, § 677 Rn. 6; *Lorenz*, NJW 1996, 883, 885; *Wieling/Finkenauer*, Fälle zum besonderen Schuldrecht, 6. Aufl. 2007, S. 111 Fn. 5; differenzierend nach Kenntnis des Geschäftsführers Palandt/*Sprau*, § 677 Rn. 11.

[6] *Lorenz*, NJW 1996, 883, 885; Bamberger/Roth/*Gehrlein*, § 677 Rn. 18; *Wieling/Finkenauer*, Fälle zum besonderen Schuldrecht, 6. Aufl. 2007, S. 111 Fn. 5.

[7] Vgl. *Lorenz*, NJW 1996, 883, 885; *Schwarz/Wandt*, § 13 Rn. 13.

14 Doch für einen Schadensersatzanspruch des L aus § 823 I BGB fehlt bereits die erforderliche Rechtsgutsverletzung durch ein Verhalten des E. Zwar ist L in seinem Eigentumsrecht verletzt, da er das Eigentum an den Rollläden infolge des Einbaus nach § 946 BGB verloren hat. Dieser Eigentumserwerb des E durch Verbindung beruht aber nicht auf einer Handlung des E, sondern des L. Auch steht der gesetzliche Eigentumserwerb nach § 946 BGB zwangsläufig im Einklang mit der Rechtsordnung.

15 Ein Schadensersatzanspruch des L gegen E aus § 831 I 1 BGB scheidet deshalb aus, weil B mangels sozialer Abhängigkeit und Weisungsgebundenheit nicht Verrichtungsgehilfe des E war.

V. Wertersatzanspruch gemäß §§ 951 I 1, 812 I 1 Alt. 1, 818 II BGB

16 Möglicherweise kann L aber im Wege der Leistungskondiktion von E Wertersatz für die Rollläden aus §§ 951 I 1, 812 I 1 Alt. 1, 818 II BGB beanspruchen.

1. Rechtsverlust des L

17 Gemäß § 951 I 1 BGB kann L eine Entschädigung nach Bereicherungsrecht verlangen, wenn er einen Rechtsverlust nach den §§ 946ff. BGB erlitten hat.

18 L könnte das Eigentum an den Rollläden gem. § 946 BGB an E verloren haben. Dies setzt voraus, dass die Rollläden infolge des Einbaus ein wesentlicher Bestandteil des Grundstücks des E geworden sind. Gem. § 94 II BGB werden die zur Herstellung eingefügten Sachen wesentliche Bestandteile des Gebäudes. Eine Sache ist zur Herstellung eingefügt, wenn das Gebäude nach der Verkehrsanschauung ohne sie noch nicht fertig gestellt wäre.[8] Dies ist bei Einrichtungs- und Ausstattungsgegenständen nur dann anzunehmen, wenn sie dem Gebäude ein bestimmtes Gepräge oder eine besondere Eigenart verleihen.[9] Es bedarf jedoch weder einer festen Verbindung mit dem Gebäude noch muss die Einfügung der Sache für die Fertigstellung des Gebäudes notwendig sein.[10] Entscheidend ist allein der Zweck des Einbaus. Hier diente der Einbau der Rollläden dazu, dem Haus die bereits im Vorfeld festgelegte besondere Eigenart zu verleihen. Daher wurden die Rollläden mit dem Einbau zum wesentlichen Bestandteil des Gebäudes, welches gem. § 94 I BGB wiederum wesentlicher Bestandteil des Grundstücks ist. Folglich erstreckt sich das Eigentum des E am Grundstück gem. § 946 BGB infolge des Einbaus auch auf die Rollläden, was mit einem Eigentumsverlust des L einhergeht.

2. Rechtsgrundverweisung

19 § 951 I 1 BGB stellt lediglich klar, dass die §§ 946ff. BGB keinen Rechtsgrund für den dort geregelten gesetzlichen Eigentumserwerb bilden und beinhaltet im Übrigen eine Rechtsgrundverweisung auf die §§ 812ff. BGB.[11] Im Folgenden sind daher die Voraussetzungen des § 812 I 1 Alt. 1 BGB zu prüfen.

20 Zwar ist umstritten, ob § 951 I 1 BGB nur auf die Nichtleistungskondiktion oder auch auf die Leistungskondiktion verweist.[12] Darauf kommt es jedoch im Ergebnis nicht an, da § 812 I 1 Alt. 1 BGB nach der Gegenauffassung unmittelbar anwendbar wäre und § 951 I 1 BGB keine weitergehenden Haftungsvoraussetzungen normiert.[13]

---

[8] *BGH* NJW 1964, 399; NJW 1984, 2277; Palandt/*Ellenberger*, § 94 Rn. 6.
[9] *BGH* NJW 1984, 2277; NJW 1987, 3178; NJW-RR 1990, 586.
[10] *BGH* NJW-RR 1990, 586, 587; Palandt/*Ellenberger*, § 94 Rn. 6.
[11] *BGH* NJW 1964, 399.
[12] Palandt/*Bassenge*, § 951 Rn. 2.
[13] *Grigoleit/Auer*, Rn. 127, 455.

3. Erlangtes Etwas

21 E hat etwas erlangt, nämlich Eigentum (s.o.) und Besitz an den Rollläden.

4. Durch Leistung des L

22 Fraglich ist, ob die Lieferung der Rollläden durch L, die den gesetzlichen Eigentumserwerb des E und den späteren Übergang des Besitzes auf E ermöglicht hat, eine Leistung darstellt. Unter einer Leistung ist jede bewusste und zweckgerichtete Mehrung fremden Vermögens zu verstehen.[14] L hat dem E bewusst einen Vermögensvorteil verschafft, indem er ihm die Rollläden geliefert hat. Dabei hat L auch eine Zweckbestimmung (Tilgungsbestimmung) getroffen, da er in Erfüllung einer vermeintlichen Verbindlichkeit aus Kaufvertrag geliefert hat. Problematisch erscheint aber, dass sich der anschließende Einbau der Rollläden aus Sicht des E als Leistung des B in Erfüllung des Werkvertrags über die Errichtung des Hauses darstellte, während L davon ausging, eine eigene Leistung an E auf der Grundlage eines Kaufvertrags zu erbringen. Fraglich ist somit, zwischen welchen Parteien hier eine Leistungsbeziehung besteht. Die Frage, aus wessen Sicht sich das Vorliegen einer Leistung beurteilt, ist umstritten.

a) Wille des Zuwendenden

23 Eine Ansicht stellt auf die innere Willensrichtung des Zuwendenden ab.[15] Vertreter dieser Auffassung sprechen sich dafür aus, auf die bereicherungsrechtlichen Rückabwicklungsansprüche die Wertung der §§ 366 I, 367 II, 267 BGB zu übertragen. Danach kommt dem Leistenden ein einseitiges Bestimmungsrecht hinsichtlich der Tilgungswirkung zu.[16] Zudem sei der Leistungsempfänger durch § 818 III BGB hinreichend vor den Folgen der Direktkondiktion geschützt. Unter Zugrundelegung dieser Auffassung liegt hier eine Leistung des L an E vor.

24 **Hinweis:** Folgt man dieser Auffassung, stellt sich die Frage, ob E seine Zahlungen an B dem L gem. § 818 III entgegenhalten kann. Jedenfalls dann, wenn auch ein „objektiver Durchschnittsbetrachter" eine Leistung des B angenommen hätte, wäre dies zu bejahen.

b) Objektiver Empfängerhorizont

25 Nach h.M. beurteilt sich das Vorliegen einer Leistung hingegen aus der Sicht eines objektiven Empfängers.[17] Es kommt also darauf an, wie eine vernünftige Person in der Lage des Empfängers die Zuwendung nach Treu und Glauben und mit Rücksicht auf die Verkehrssitte verstehen musste und durfte.[18] Dafür spricht, dass die Vorschriften über Rechtsgeschäfte auf die Zweckbestimmung entsprechend anwendbar sind.[19] Somit kommt auch der allgemeine Auslegungsgrundsatz gem. §§ 133, 157 BGB zur Anwendung, wonach auf den objektiven Empfängerhorizont abzustellen ist.[20] Vertreter dieser Ansicht berufen sich zudem auf die Wertung des § 179 BGB, wonach sich der Zuwendende an den vollmachtlosen Vertreter halten müsse.[21] Aus der Sicht eines objektiven Dritten in der Situation des E stellte sich die Lieferung der Rollläden als Leis-

[14] *BGH* NJW 1964, 399; Palandt/*Sprau*, § 812 Rn. 14.
[15] Vgl. MünchKomm/*Lieb*, 4. Aufl., § 812 Rn. 107ff. m.w.N.; Staudinger/*Lorenz*, § 812 Rn. 61.
[16] Vgl. *Grigoleit/Auer*, Rn. 493.
[17] *BGH* NJW 1964, 399; NJW 2005, 60f.; *Brox/Walker*, BS, § 37 Rn. 21; Palandt/*Sprau*, § 812 Rn. 14.
[18] *BGH* NJW 2005, 60f.
[19] Palandt/*Grüneberg*, § 362 Rn. 7; § 366 Rn. 7m.w.N.
[20] MünchKomm/*Schwab*, § 812 Rn. 50; *Schwarz/Wandt*, § 10 Rn. 13.
[21] *Grigoleit/Auer*, Rn. 494.

tung des Vertragspartner B dar, so dass nach dieser Auffassung von einer Leistung des B an E auszugehen ist.

c) Stellungnahme

Der h.M. ist zu folgen, da sie den schutzwürdigen Interessen des Zuwendungsempfängers Rechnung trägt. Nur durch den Ausschluss der Direktkondiktion wird das Insolvenzrisiko angemessen verteilt. E hat sich lediglich den B als Vertragspartner ausgesucht und soll nur hinsichtlich der Werkleistung das Insolvenzrisiko tragen. Infolge der Insolvenz des B bliebe der E nach der Gegenauffassung aber Zahlungsansprüchen des L ausgesetzt und müsste möglicherweise doppelt zahlen. L ist hingegen nicht schutzwürdig: Er hat sich die Vollmacht des E nicht vorlegen lassen und auf Kredit geliefert. Zudem hätte er im Zeitpunkt der Lieferung den Leistungszweck offenlegen können. Nach dem maßgeblichen objektiven Empfängerhorizont fehlt es folglich im Verhältnis zwischen E und L an einer Zweckbestimmung und damit an einer Leistung. 26

5. Ergebnis

Mangels Leistung des L scheidet eine Leistungskondiktion des L gegen E gem. §§ 951 I 1, 812 I 1 Alt. 1 BGB aus. 27

Hinweis: Hier kommt aber eine Anfechtung der Tilgungsbestimmung wegen Inhaltsirrtums gem. § 119 I BGB in Betracht. Der Irrtum besteht darin, dass L die Tilgungsbestimmung im eigenen Namen treffen wollte, nach der maßgeblichen objektiven Empfängerperspektive des E (§§ 133, 157 BGB) aber lediglich als Bote eine Tilgungsbestimmung des E übermittelt hat. Die Anfechtbarkeit der Tilgungsbestimmung ist indes umstritten.[22] Eine erfolgreiche Anfechtung würde zum Wegfall der Leistung führen, wodurch der Weg für eine Nichtleistungskondiktion geebnet wäre.[23] 28

VI. Wertersatzanspruch aus §§ 951 I 1 i.V.m. 812 I 1 Alt. 2, 818 II BGB

Fraglich ist, ob L von E im Wege der Nichtleistungskondiktion gem. §§ 951 I 1 i.V.m. 812 I 1 Alt. 2, 818 II BGB (sog. Verwendungskondiktion) Wertersatz für die Rollläden beanspruchen kann. 29

Wie oben erläutert enthält § 951 I 1 BGB eine Rechtsgrundverweisung auf die §§ 812ff. BGB, sodass dem L unter den Voraussetzungen des § 812 I 1 Alt. 2 BGB ein Wertersatzanspruch zusteht. 30

1. Erlangtes Etwas

E hat Eigentum und Besitz an den Rollläden, also etwas erlangt. 31

2. In sonstiger Weise

Dies müsste in sonstiger Weise geschehen sein, nämlich anders als durch Leistung. Nach dem Grundsatz des Vorrangs der Leistungskondiktion ist eine Bereicherung in sonstiger Weise ausgeschlossen, wenn der Empfänger den Gegenstand der Zuwendung durch Leistung eines Dritten erlangt hat (Subsidiarität der Nichtleistungskondiktion).[24] Im vorliegenden Fall beruht der gesetzliche Eigentumserwerb des E an den Rollläden nach dem maßgeblichen objektiven Empfängerhorizont auf einer Leistung des B. E ist daher nicht in sonstiger Weise bereichert, sondern durch Leistung des B. Die vorrangige Leistungsbeziehung zwischen E und B verbietet somit einen Rückgriff auf § 812 I 1 Alt. 2 BGB. 32

---

[22] Vgl. zum Streitstand *Grigoleit/Auer*, Rn. 495 m.w.N.

[23] *Schwarz/Wandt*, § 13 Rn. 13 Fn. 11.

[24] *BGH* NJW 1964, 399, 400; 1999, 1393, 1394; 2005, 60; Palandt/*Sprau*, § 812 Rn. 7; *Schwarz/Wandt*, § 13 Rn. 13.

33 **Vertiefungshinweis:** Der Vorrang der Leistungskondiktion kann aufgrund einer sachenrechtlichen Parallelwertung durchbrochen werden, da es sich bei den Bereicherungsansprüchen um eine Art Vindikationsersatz handelt.[25] Danach ist der Erwerb nur dann kondiktionsfest, wenn auch ein gutgläubiger Erwerb durch Rechtsgeschäft gem. §§ 932ff. BGB (hypothetisch) möglich gewesen wäre. Im vorliegenden Fall führt diese Parallelwertung zu einer interessanten sachenrechtlichen Problematik. Ohne den gesetzlichen Eigentumserwerb des E wäre nämlich ein gutgläubiger Erwerb von einer Scheingeheißperson zu prüfen, da nach dem maßgeblichen objektiven Empfängerhorizont B als Nichtberechtigter die Rollläden unter Einschaltung des L als Geheißperson an E übereignet hat. L hat sich aber nur scheinbar dem Geheiß des B untergeordnet, da er tatsächlich eine eigene Verbindlichkeit gegenüber E erfüllen wollte. Nach vorzugswürdiger Auffassung findet § 932 I BGB auf den gutgläubigen Erwerb von einer Scheingeheißperson Anwendung, sodass es hier beim Vorrang der Leistungskondiktion bleibt.[26]

3. Ergebnis

34 Folglich kann L von E auch nach §§ 951 I 1, 812 I 1 Alt. 2, 818 II BGB keinen Wertersatz für die Rollläden verlangen. Er muss sich stattdessen an B halten.

Abwandlung

35 **Hinweis:** Die Abwandlung führt tief in das Verhältnis des Bereicherungsrechts zum Sachenrecht, insbesondere zum EBV, hinein und ist daher nur für mittlere Semester, nicht aber für Anfänger geeignet.

I. Ansprüche aus § 433 II oder §§ 677, 683 S. 1, 670 BGB

36 Ein vertraglicher Zahlungsanspruch des L gegen E aus § 433 II BGB scheidet hier völlig aus, da nicht einmal Vertragsverhandlungen stattgefunden haben.

37 Ebenso wenig hat L eine Handlung vorgenommen, die man als Geschäftsführung i.S.v. § 677 BGB ansehen könnte. Damit scheidet auch ein Aufwendungsersatzanspruch des L gegen E aus berechtigter GoA gem. §§ 677, 683 S. 1, 670 BGB aus.

II. Schadensersatzanspruch aus §§ 989, 990 I BGB

38 Ein Schadensersatzanspruch des L gegen E aus §§ 989, 990 I BGB kommt nicht Betracht, da zwischen L und E im Zeitpunkt des Einbaus der Rollläden keine Vindikationslage bestand (s.o.).

III. Schadensersatzanspruch aus § 823 I BGB oder § 831 I BGB

39 Insofern ergeben sich keine Unterschiede zum Ausgangsfall. Bei § 831 I 1 BGB kommt noch hinzu, dass E den B nicht zum Diebstahl bestellt hat.

IV. Wertersatzanspruch aus §§ 951 I 1, 812 I 1 Alt. 1, 818 II BGB

40 Ein Anspruch des L gegen E auf Wertersatz für die eingebauten Rollläden aus §§ 951 I 1, 812 I 1 Alt. 1, 818 II BGB (Leistungskondiktion) scheidet von vornherein aus. Zwischen E und L bestand keine Leistungsbeziehung, da L dem E erkennbar nichts zugewendet hat. Vielmehr hat B dem L die Rollläden gestohlen und in das Haus des E eingebaut.

V. Wertersatzanspruch aus §§ 951 I 1, 812 I 1 Alt. 2, 818 II BGB

41 Möglicherweise kann L von E im Wege der Nichtleistungskondiktion gem. §§ 951 I 1, 812 I 1 Alt. 2, 818 II BGB (sog. Verwendungskondiktion) Wertersatz für die Rollläden beanspruchen.

---

[25] *Schwarz/Wandt*, § 13 Rn. 8.

[26] Vgl. zum Ganzen *Grigoleit/Auer*, Rn. 498 m.w.N.

1. Rechtsverlust gem. §§ 946ff. BGB

§ 951 I 1 BGB ist einschlägig, wenn L einen Rechtsverlust gem. §§ 946ff. BGB erlitten hat. L hat das Eigentum an den Rollläden gem. § 946 BGB an E verloren, da diese infolge des Einbaus gem. § 94 II BGB wesentlicher Bestandteil des Gebäudes geworden sind, welches gem. § 94 I BGB wiederum wesentlicher Bestandteil des Grundstücks des E ist (s. o.). Für einen vorherigen Rechtsverlust des L infolge rechtsgeschäftlicher Übereignung der Rollläden durch B an E bestehen im Sachverhalt keine Anhaltspunkte. Im Übrigen käme hier aufgrund der fehlenden Berechtigung des B allenfalls ein gutgläubiger Erwerb des E gem. §§ 932ff. BGB in Betracht, welcher aber gem. § 935 I 1 BGB am Abhandenkommen der Rollläden bei L scheitert. 42

2. Rechtsgrundverweisung auf § 812 I 1 Alt. 2 BGB

§ 951 I 1 BGB enthält eine Rechtsgrundverweisung auf die §§ 812ff. BGB und erschöpft sich im Übrigen in der Klarstellung, dass der gesetzliche Eigentumserwerb gem. §§ 946ff. BGB keinen Rechtsgrund für das Behaltendürfen darstellt.[27] Folglich besteht ein Wertersatzanspruch des L gegen E nur unter den Voraussetzungen des § 812 I 1 Alt. 2 BGB. 43

3. Erlangtes Etwas

E hat etwas erlangt, nämlich den Besitz und gem. §§ 946, 94 BGB das Eigentum an den Rollläden. 44

4. In sonstiger Weise

Dies müsste in sonstiger Weise geschehen sein. Die Zuwendung darf also nicht auf die Leistung eines Dritten zurückzuführen sein. 45

a) Vorrang der Leistungskondiktion

Aus der Gesetzesformulierung und der Wertung der §§ 816 I 2, 822 BGB ergibt sich ein Vorrang der Leistungskondiktion vor der Nichtleistungskondiktion. Danach ist eine Nichtleistungskondiktion ausgeschlossen, wenn der Gegenstand durch die Leistung eines Dritten erlangt wurde (Subsidiarität der Nichtleistungskondiktion).[28] Hier könnte E Eigentum und Besitz an den Rollläden durch Leistung des B, also durch bewusste und zweckgerichtete Mehrung fremden Vermögens,[29] erlangt haben. B hat bewusst und zweckgerichtet das Vermögen des E gemehrt, indem er letzterem in Erfüllung der Verbindlichkeit aus dem Werkvertrag (§ 631 I BGB) den Besitz an den Rollläden verschafft hat. 46

Fraglich und umstritten ist, ob daneben auch der Eigentumserwerb des E auf einer Leistung des B beruht. Eine Ansicht lehnt eine Leistung ab, wenn eine rechtsgeschäftliche Übereignung – wie hier – wegen § 935 I BGB überhaupt nicht möglich gewesen wäre.[30] Der Eigentumserwerb erfolge in diesen Fällen kraft Gesetzes und nicht durch Leistung des Nichtberechtigten, der zur Verschaffung des Eigentums gar nicht in der Lage gewesen wäre. 47

---

[27] *BGH* NJW 1971, 612, 613; Palandt/*Bassenge*, § 951 Rn. 2; *Schwarz/Wandt*, § 13 Rn. 17.

[28] *BGH* NJW 1964, 399, 400; 1999, 1393, 1394; 2005, 60; Palandt/*Sprau*, § 812 Rn. 7; *Schwarz/Wandt*, § 13 Rn. 13.

[29] *BGH* NJW 1964, 399; Palandt/*Sprau*, § 812 Rn. 14.

[30] *BGH* NJW 1971, 612, 613; *Schwarz/Wandt*, § 13 Rn. 17.

48 Nach der Gegenansicht ändert die Unmöglichkeit der rechtsgeschäftlichen Übereignung nichts am Leistungscharakter einer Zuwendung.[31] Der Rechtserwerb beruhe auch in den Fällen der §§ 946ff. BGB auf dem Willen des Zuwendenden.[32]

Die besseren Argumente sprechen für die letztgenannte Auffassung, denn die Merkmale der Leistung liegen auch dann vor, wenn der Zuwendende die Handlung vornimmt, die zum gesetzlichen Eigentumserwerb führt.

49 Folglich hat E sowohl den Besitz als auch das Eigentum an den Rollläden durch Leistung des B erlangt. Eine Direktkondiktion des L gegen E scheitert daher an sich am Vorrang der Leistungskondition.

b) Korrektur aufgrund sachenrechtlicher Parallelwertung

50 Möglicherweise bedarf das gefundene Ergebnis aber einer Korrektur, um sachenrechtlichen Wertungen Rechnung zu tragen. Da die Eingriffskondiktion gem. § 951 I 1 i.V.m. § 812 I 1 Alt. 2 BGB letztlich als Vindikationsersatz fungiert, ist der Erwerb des Zuwendungsempfängers nur dann kondiktionsfest, wenn in der betreffenden Fallkonstellation auch ein rechtsgeschäftlicher Erwerb möglich gewesen wäre. Im vorliegenden Fall kommt nur ein gutgläubiger Erwerb des E vom Nichtberechtigten B gem. § 932 I 1 BGB in Betracht. Dieser scheitert aber daran, dass die Rollläden dem L gestohlen wurden, also gem. § 935 I 1 BGB abhanden gekommen sind. Im Falle einer rechtsgeschäftlichen Übereignung könnte L die Rollläden gem. § 985 BGB bei E vindizieren. Die infolge des gesetzlichen Eigentumserwerbs des E untergegangene Vindikation setzt sich im Wertersatzanspruch gem. §§ 951 I 1 i.V.m. 812 I 1 Alt. 2 BGB fort. Daher ist die sachenrechtliche Wertung des § 935 I 1 BGB auch im Hinblick auf die Kondiktionsfestigkeit des gesetzlich erworbenen Eigentums zu berücksichtigen. Für eine sachenrechtliche Parallelwertung spricht auch, dass der Interessenkonflikt zwischen altem und neuem Eigentümer in den §§ 932ff. BGB abschließend geregelt ist.[33] Der gutgläubige Erwerber wird in seinem Vertrauen in das Eigentum des Nichtberechtigten nur dann geschützt, wenn die betreffende Sache dem wahren Eigentümer nicht gem. § 935 I BGB abhandengekommen ist. Diese gesetzliche Wertung ist auf die Verwendungskondiktion zu übertragen, zumal es oftmals nur vom Zufall abhängt, ob der Eigentumserwerb kraft Gesetzes erfolgt oder durch (konkludente) Übereignung.[34]

51 Die sachenrechtliche Parallelwertung führt folglich zu einer Durchbrechung des Subsidiaritätsgrundsatzes. Somit ist eine Direktkondiktion des L gegen E gem. § 812 I 1 Alt. 2 BGB ausnahmsweise trotz bestehender Leistungsbeziehung zwischen E und B zulässig.

5. Auf Kosten des L

52 Eine Verwendungskondiktion des L gegen E setzt weiterhin voraus, dass E auf Kosten des L bereichert ist. Dies ist zu bejahen, wenn E durch Eingriff in den Zuweisungsgehalt eines absoluten Rechts des L etwas erlangt hat.[35] Durch den gesetzlichen Eigentumserwerb des E gem. § 946 BGB wurden das Eigentum und der berechtigte Besitz des L an den Rollläden beeinträchtigt, also Rechte mit Zuweisungsgehalt.

53 Problematisch erscheint insofern, dass der Eingriff nicht durch E selbst erfolgt ist, sondern durch B. Aufgrund der Abschöpfungsfunktion des Bereicherungsrechts ist

---

[31] *Grigoleit/Auer*, Rn. 461.
[32] Palandt/*Bassenge*, § 951 Rn. 2.
[33] *BGH* NJW 1971, 612, 614.
[34] *Grigoleit/Auer*, Rn. 462.
[35] Palandt/*Sprau*, § 812 Rn. 43; *Grigoleit/Auer*, Rn. 463.

aber der durch den Eingriff Begünstigte stets passivlegitimiert i.S.d. § 812 I 1 Alt. 2 BGB, und zwar unabhängig davon, wer den Eingriff vorgenommen hat.[36] Dafür spricht auch der Wortlaut des § 951 I 1 BGB.

6. Ohne Rechtsgrund

E müsste Eigentum und Besitz an den Rollläden ferner ohne Rechtsgrund erlangt haben. Der Werkvertrag zwischen E und B gem. § 631 BGB stellt aufgrund der Relativität der Schuldverhältnisse keinen Rechtsgrund für das Behaltendürfen der Rollläden im Verhältnis zu L dar.[37] Auch der gesetzliche Eigentumserwerb des E gem. § 946 BGB begründet keinen rechtlichen Grund i.S.d. § 812 I 1 Alt. 2 BGB, wie § 951 I 1 BGB klarstellt. 54

7. Umfang des Bereicherungsanspruchs, §§ 818ff. BGB

Der Anspruchsumfang richtet sich nach den §§ 818ff. BGB. 55

a) Wertersatz, § 818 II BGB

Gem. § 812 I 1 Alt. 2 BGB müsste E das Erlangte an sich in natura herauszugeben, also die Rollläden an L zurückgeben und rückübereignen. Dies wird aber durch § 951 I 2 BGB gerade ausgeschlossen, um eine Zerschlagung wirtschaftlicher Werte zu verhindern.[38] Somit schuldet E gem. § 818 II BGB Wertersatz für die Rollläden. 56

b) Entreicherung, § 818 III BGB

Fraglich ist aber, ob der an B entrichtete Werklohn gem. § 818 III BGB bereicherungsmindernd zu berücksichtigen ist. Dies hätte zur Folge, dass die Wertersatzpflicht des E in Höhe des gezahlten Werklohns ausgeschlossen wäre. 57

Ein Wegfall der Bereicherung gem. § 818 III BGB setzt voraus, dass das ursprünglich Erlangte ersatzlos weggefallen ist oder zwar noch vorhanden ist, der Bereicherungsschuldner aber bereicherungsmindernde Vermögensnachteile erlitten hat.[39] Die Rollläden sind zwar noch im Vermögen des E vorhanden. Allerdings hat die Werklohnzahlung an B bei E zu einer Vermögensminderung geführt. Unter welchen Voraussetzungen derartige Folgenachteile berücksichtigungsfähig sind, ist umstritten. Nach einer Auffassung wirken sich sämtliche Vermögensnachteile bereicherungsmindernd aus, die mit dem Bereicherungsvorgang in einem adäquaten Kausalzusammenhang stehen.[40] Die vorzugswürdige Gegenauffassung berücksichtigt nur solche Vermögensnachteile, die im Vertrauen auf die Beständigkeit des Erwerbs entstanden sind.[41] Selbst nach der engeren Gegenauffassung führt der an einen Dritten entrichtete Erwerbspreis grundsätzlich zum Wegfall der Bereicherung, da dieser Preis gerade im Vertrauen auf das Behaltendürfen bezahlt wird. 58

Allerdings ist im vorliegenden Fall die Besonderheit zu berücksichtigen, dass die Eingriffskondiktion gem. §§ 951 I 1 i.V.m. 812 I 1 Alt. 2 BGB als Vindikationsersatz dient. Dem Herausgabeanspruch aus § 985 BGB könnte der an einen Dritten gezahlte Erwerbspreis nicht entgegengehalten werden. Für den Rechtsfortwirkungsanspruch 59

---

[36] *Grigoleit/Auer*, Rn. 463.
[37] *BGH* NJW 1971, 612, 614; *Schwarz/Wandt*, § 13 Rn. 17.
[38] Palandt/*Bassenge*, § 951 Rn. 14.
[39] *Schwarz/Wandt*, § 12 Rn. 15.
[40] BGHZ 118, 383 = NJW 1992, 2415, 2416.
[41] *Brox/Walker*, BS, § 39 Rn. 9; *Grigoleit/Auer*, Rn. 466.

aus §§ 951 I 1 i.V.m. 812 I 1 Alt. 2 BGB muss dieser Einwand ebenfalls ausgeschlossen sein, um eine ungerechtfertigte Privilegierung des gesetzlichen Erwerbs gegenüber dem rechtsgeschäftlichen Erwerb zu verhindern.[42] Gegen eine bereicherungsmindernde Berücksichtigung des Erwerbspreises spricht hier auch die Wertung des § 816 I 1 BGB.[43] Danach hat der nichtberechtigt Verfügende den erzielten Erlös vollständig, also ohne Abzug der für die Sache aufgewendeten Erwerbskosten, an den Berechtigten abzuführen.

60 Folglich kann der an B entrichtete Werklohn nicht bereicherungsmindernd berücksichtigt werden. E muss sich insoweit an B halten.

8. Ergebnis

61 L kann von E Wertersatz für die eingebauten Rollläden gem. §§ 951 I 1 i.V.m. 812 I 1 Alt. 2, 818 II BGB verlangen.

62 **Hinweis:** Zusätzlich könnte man noch an ein Wegnahmerecht des L bezüglich der Rollläden denken. Ein Wegnahmerecht aus §§ 951 II 1 i.V.m. 997 BGB scheidet von vornherein aus, da L nie Besitz am Grundstück des E innehatte und es somit an einem EBV fehlt. Daher könnte L allenfalls nach § 951 II 2 BGB zur Wegnahme berechtigt sein. Es ist jedoch umstritten, ob § 951 II 2 BGB lediglich das Wegnahmerecht aus § 997 BGB erweitert[44] oder ein selbständiges Wegnahmerecht begründet.[45] Nur im letztgenannten Fall wäre auch ein Nichtbesitzer, der sein Eigentum gem. §§ 946, 947 BGB verloren hat, zur Wegnahme berechtigt. Im Übrigen ist zweifelhaft, ob eine Wegnahme der Rollläden wirtschaftlich sinnvoll wäre, zumal L das Gebäude des E nach dem Ausbau der Rollläden gem. §§ 997 I 2 i.V.m. 258 BGB wieder in Stand setzen müsste. Deshalb ist nach zutreffender Auffassung das Wegnahmerecht ausgeschlossen, wenn der Wert der Sache abzüglich der Instandsetzungskosten den Anspruch aus § 951 I 1 BGB nicht übersteigt.[46] Daneben kommt ein Ausschluss des Wegnahmerechts wegen Nutzlosigkeit gem. § 997 II 2. Alt. BGB in Betracht.[47]

---

[42] *BGH* NJW 1971, 612, 615; *Grigoleit/Auer*, Rn. 467; *Schwarz/Wandt*, § 13 Rn. 17.

[43] *BGH* NJW 1971, 612, 615; *Schwarz/Wandt*, § 13 Rn. 17.

[44] *BGH* NJW 1964, 399, 400.

[45] So *Grigoleit/Auer*, Rn. 472; Palandt/*Bassenge,* § 951 Rn. 24 m.w.N.; Staudinger/*Gursky*, § 951 Rn. 67 m.w.N.

[46] Palandt/*Bassenge,* § 951 Rn. 24.

[47] Palandt/*Bassenge,* § 997 Rn. 5.

Fall 21. Treuloser Kollege

Sachverhalt

Rechtsanwalt Gerhard (G) muss auf Geheiß seines Arbeitgebers, der Kanzlei Golding Glamour, für ein halbes Jahr im Büro in New York arbeiten. Damit während dieser Zeit seine Wohnung nicht völlig ohne Aufsicht bleibt, bittet er seinen Kollegen Sigmar (S), ab und zu nach dem Rechten zu sehen. Vor seiner Abreise übergibt Gerhard dem Sigmar den Wohnungsschlüssel, der neben dem Briefkastenschlüssel am Ring eines Schlüsseltäschchens hängt. Das Täschchen hat noch ein Reißverschlussfach; darin befindet sich hinter Gerhards dickem Autoschlüssel ein schmaler wertvoller Ring. Den Ring will Gerhard weder mit nach New York nehmen noch in der Wohnung lassen, aber auch nicht dem Sigmar offiziell anvertrauen. Denn er hat gerade gerüchteweise gehört, Sigmar befinde sich seit längerem in finanziellen Schwierigkeiten. Deshalb verschweigt Gerhard dem Sigmar den Ring im Reißverschlussfach und behauptet, dort befänden sich nur ein paar Münzen für den Einkaufswagen.

Sigmar entdeckt den Ring nach einiger Zeit gleichwohl und beschließt, ihn gewinnbringend zu verkaufen. Es gelingt ihm, den Ring an Dagmar (D) zu verkaufen, die ihn für den Eigentümer hält und einen Liebhaberpreis von 15 000 € zahlt, obwohl der Ring tatsächlich nur 10 000 € wert ist. Sigmar übergibt und übereignet den Ring an Dagmar und zahlt von dem Kaufpreis einen Teil seiner Schulden ab.

Als Gerhard zurückkehrt und den ganzen Sachverhalt erfährt, wendet er sich an Rechtsanwalt Rathgeber mit der Bitte um Klärung der Frage, welche Ansprüche er gegen Sigmar (S) und Dagmar (D) hat. In erster Linie möchte er den Ring zurück.

Gliederung

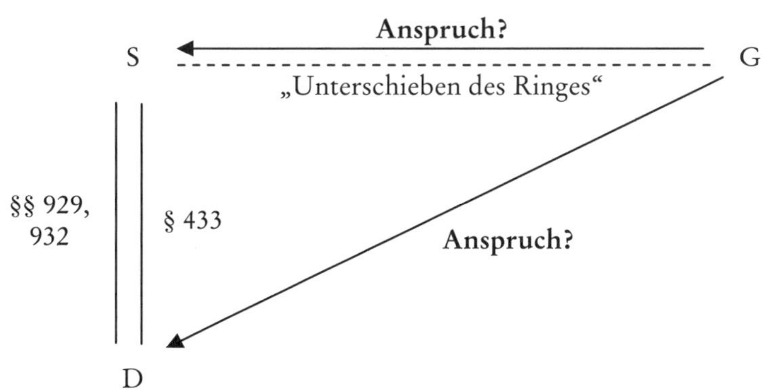

Lösung

Hinweis: Die Aufgabenstellung zielt auf die sog. Anwaltsperspektive: Mandant G möchte in erster Linie den Ring zurück, aber über all seine Ansprüche Klarheit erlangen. Letztlich ist also nichts anderes als ein Anspruchsgutachten zu erstellen. 1

Inhaltlich soll der Fall zunächst verdeutlichen, welche Tatbestände man im Falle der Verfügung eines Nichtberechtigten (§ 932 BGB) prüfen kann. Dabei muss man auch die Übereignungstatbestände für bewegliche Sachen (§§ 929ff., 932ff. BGB) beherrschen, und zwar auch, wenn die Vorlesung Sachenrecht noch nicht auf dem Lehrplan stand. Typischerweise bekommt man diese Vorschriften aber in einer Einführung ins Bürgerliche Recht oder, weil sich das kaum vermeiden lässt, in der Vorlesung zum BGB AT oder zumindest in einer Schuldrechtsvorlesung erklärt. Insofern gilt also, dass man sich diesen Stoff gleich einprägen sollte; er ist von elementarer Bedeutung. – Bei der Lösung des Falles treten außerdem die GoA – in ihrer Abart, der sog. „angemaßten Eigengeschäftsführung" – und das Deliktsrecht wieder auf den Plan. 2

I. Ansprüche des G gegen D auf Herausgabe des Ringes

Hinweis: Da G in erster Linie den Ring zurückhaben möchte, muss man zuerst prüfen, ob er von D die Herausgabe des Ringes verlangen kann. 3

1. Anspruch aus § 985 BGB

G könnte gegen D einen Anspruch auf Herausgabe des Ringes nach § 985 BGB haben. Dies setzt voraus, dass G Eigentümer des Ringes ist und D Besitzerin. Zudem dürfte D auch kein Besitzrecht i.S.d. § 986 BGB zustehen. 4

a) Eigentum des G

Zu prüfen ist zunächst, ob G noch Eigentümer des Ringes ist. 5

Ursprünglich war G Eigentümer. Da er unmittelbarer Besitzer des Ringes war, greift zu seinen Gunsten die Eigentumsvermutung des § 1006 I 1 BGB ein. Fraglich ist, ob er sein Eigentum verloren hat. Dies könnte durch eine Übereignung nach § 929 S. 1 BGB durch Einigung und Übergabe geschehen sein. 6

7 aa) Die Übertragung des unmittelbaren Besitzes am Ring auf S hatte, da es an einer Einigung über den Eigentumsübergang zwischen G und S fehlt, auf die Eigentumsverhältnisse keinen Einfluss.

8 bb) G könnte sein Eigentum aber infolge einer Übereignung des Rings nach § 929 S. 1 BGB durch S an D verloren haben. S hat sich mit D gemäß § 929 S. 1 BGB über den Eigentumsübergang geeinigt und ihr den Ring übergeben. Allerdings war S nicht, wie § 929 S. 1 BGB dies voraussetzt, Eigentümer des Rings (§ 929 S. 1 BGB).

9 cc) Damit kommt nur ein gutgläubiger Erwerb durch D vom Nichtberechtigten nach § 932 I 1 BGB in Betracht. D hat S bei der Übereignung nach § 929 BGB für den Eigentümer des Rings gehalten. Da sie vom fehlenden Eigentum des S nicht wusste und ihre Unkenntnis mangels irgendwelcher Verdachtsmomente auch nicht grob fahrlässig war, war D gutgläubig i.S.d. § 932 I 1, II BGB.

10 dd) Schließlich dürfte der Ring dem Eigentümer G nicht i.S.v. § 935 I 1 BGB abhandengekommen sein. Abhandenkommen meint einen unfreiwilligen Verlust des unmittelbaren Besitzes.[1] G hat den Besitz freiwillig auf S übertragen. Da S als unmittelbarer Besitzer den Ring freiwillig an D weitergegeben hat, scheidet auch ein Abhandenkommen i.S.v. § 935 I 2 BGB aus.

11 **Hinweis:** Die Vorschrift würde zudem einen mittelbaren Besitz des Eigentümers G voraussetzen. Das dazu notwendige Besitzmittlungsverhältnis i.S.v. § 868 BGB fehlt hier aber, weil G dem S den Ring heimlich untergeschoben hat.

12 ee) Folglich hat G sein Eigentum gemäß §§ 929 S. 1, 932 I 1 BGB an D verloren.

b) Ergebnis

13 Somit hat G keinen Herausgabeanspruch gegen D aus § 985 BGB.

2. Anspruch aus § 861 I BGB bzw. § 869 i.V.m. § 861 BGB

14 Ein Herausgabeanspruch des G gegen D aus § 861 I BGB würde voraussetzen, dass G im Zeitpunkt der Besitzerlangung durch D unmittelbarer Besitzer des Rings war. Dies war aber nicht der Fall.

15 Zwar könnte G auch als mittelbarer Besitzer gemäß §§ 869 S. 1, 861 I BGB den Ring von D herausverlangen. Dazu müsste er aber mittelbarer Besitzer i.S.v. § 868 BGB sein, was wegen des „Unterschiebens" des Rings ausscheidet. Außerdem müsste D den unmittelbaren Besitz durch verbotene Eigenmacht (§ 858 I BGB) vom unmittelbaren Besitzer S erlangt haben. Dieser hat jedoch den Besitz freiwillig auf D übertragen. Auch mangels verbotener Eigenmacht besteht der Anspruch nicht.

3. Anspruch aus § 1007 I BGB oder § 1007 II BGB

16 Damit G als früherer Besitzer von D als gegenwärtiger Besitzerin nach § 1007 I BGB die Herausgabe des Ringes verlangen kann, müsste D bei Besitzerwerb hinsichtlich ihres fehlenden Besitzrechts bösgläubig gewesen sein.[2] Sie war jedoch bei Besitzerwerb gutgläubig und hat sogar gutgläubig gem. §§ 929 S. 1, 932 I 1 BGB das Eigentum erworben. Damit scheidet ein Anspruch des G nach § 1007 I BGB aus.

17 Ein Herausgabeanspruch des G aus § 1007 II BGB würde voraussetzen, dass der Ring dem früheren Besitzer G abhandengekommen ist. Da G den unmittelbaren Besitz aber freiwillig aufgegeben hat (s.o.), scheitert auch dieser Anspruch.

---

[1] Soergel/*Henssler*, § 935 Rn. 2.
[2] Vgl. Palandt/*Bassenge*, § 1007 Rn. 5.

4. Anspruch aus § 812 I 1 Alt. 1 BGB

G könnte den Ring gem. § 812 I 1 Alt. 1 BGB von D kondizieren, wenn D ihn durch Leistung des G erlangt hat und kein Rechtsgrund für ein Behaltendürfen besteht. 18

a) Etwas erlangt

D hat Eigentum und Besitz an dem Ring erlangt. 19

b) Durch Leistung des G

Dieser Vermögenszuwachs bei D müsste auf eine Leistung des G zurückzuführen sein, also auf eine bewusste und zweckgerichtete Mehrung ihres Vermögens durch G.[3] Hier hat aber nicht G, sondern S das Vermögen der D in Erfüllung des Kaufvertrags vermehrt. Damit fehlt es an einer Leistung des G. 20

c) Ergebnis

Ein Herausgabeanspruch des G gegen D folgt auch nicht aus § 812 I 1 Alt. 1 BGB. 21

5. Anspruch aus § 816 I 1 BGB, § 816 I 2, § 816 II oder § 822 BGB

Hinweis: Die §§ 816 und 822 BGB sind speziell geregelte Fälle der Eingriffskondiktion und deshalb vor § 812 I 1 Alt. 2 BGB zu prüfen.[4] Eingehen muss man in der vorliegenden Sachverhaltskonstellation nur auf § 816 I 1 BGB; die anderen Normen werden hier für Anfänger kurz angeprüft. 22

Ein Anspruch des G aus § 816 I 1 BGB setzt voraus, dass D als Nichtberechtigte wirksam verfügt hat. Zwar liegt mit der Übereignung des Ringes die Verfügung eines Nichtberechtigten vor, die nach §§ 929, 932 I 1 BGB dem Berechtigten G gegenüber wirksam ist. Verfügt hat aber S und nicht D; gegen sie besteht der Anspruch nicht. 23

Auch ein Anspruch des G gegen D aus § 816 I 2 BGB scheidet aus, da hierfür eine *unentgeltliche* Verfügung des S über den Ring nötig wäre. 24

§ 816 II BGB ist von vornherein nicht einschlägig, da D die Leistung des S nicht als Nichtberechtigte empfangen hat. 25

Nach § 822 BGB könnte G den Ring von D im Wege der Direktkondiktion zurückverlangen. Dazu müsste S der D Eigentum und Besitz am Ring unentgeltlich und als Berechtigter zugewendet haben. Er tat dies aber in Erfüllung eines Kaufvertrags und als Nichtberechtigter. Auch § 822 BGB hilft G nicht. 26

6. Anspruch aus § 812 I 1 Alt. 2 BGB

Zu prüfen bleibt ein Anspruch des G gegen D auf Rückgabe und Rückübereignung des Ringes aus sog. Eingriffskondiktion, § 812 I 1 Alt. 2 BGB. 27

a) Etwas erlangt

D hat Eigentum und Besitz am Ring, also etwas erlangt. 28

b) In sonstiger Weise

Die Nichtleistungskondiktion ist nach h.M. nur anwendbar, wenn der Vermögenszuwachs nicht auf einer Leistung des Gläubigers oder eines Dritten beruht (Vorrang 29

[3] *BGH* NJW 1993, 3196.
[4] Palandt/*Sprau*, § 816 Rn. 1; *Schwarz/Wandt* § 9 Rn. 17.

der Leistungsbeziehung).[5] Hier hat D Eigentum und Besitz am Ring aber durch eine Leistung des S erlangt, der seinen Kaufvertrag mit D erfüllen wollte (s. o.). Diese Leistungsbeziehung hindert die Anwendung der Nichtleistungskondiktion auch im Verhältnis des G zu D. Andernfalls wären die Vorschriften in §§ 932ff. BGB über den gutgläubigen Eigentumserwerb obsolet.

c) Ergebnis

30 Somit kann G von D auch nicht nach § 812 I 1 Alt. 2 BGB die Rückgewähr des Ringes beanspruchen.

II. Ansprüche des G gegen D auf Schadensersatz

31 Zu prüfen ist, ob G von D wenigstens Schadensersatz wegen des Eigentumsverlustes am Ring verlangen kann.

1. Anspruch aus §§ 989, 990 I BGB oder §§ 992, 823 I BGB

32 Ein Schadensersatzanspruch des G gegen D aus §§ 989, 990 I BGB oder §§ 992, 823 I BGB setzt eine sog. Vindikationslage voraus, also das Bestehen eines Anspruchs nach § 985 BGB. Wie oben Rn. 4ff. festgestellt, fehlt es daran. Damit greifen auch die §§ 990 I, 989 und 992, 823 I BGB als Anspruchsgrundlagen nicht ein.

2. Anspruch aus § 823 I BGB

33 Fraglich ist, ob ein Schadensersatzanspruch des G gegen D gemäß § 823 I BGB besteht. Dazu müsste D zunächst rechtswidrig und schuldhaft den haftungsbegründenden Tatbestand des § 823 I BGB verwirklicht haben.

a) Rechtsgutsverletzung

34 Zunächst müsste eines der in § 823 I BGB genannten Rechtsgüter oder sonstigen Rechte des G verletzt sein. G könnte hier in seinem Eigentumsrecht beeinträchtigt sein, da ihm das Eigentum am Ring gemäß §§ 929 S. 1, 932 I 1 BGB entzogen und neues Eigentum der D begründet wurde. Auch Eingriffe in die rechtliche Zuordnung einer Sache stellen eine tatbestandsmäßige Eigentumsverletzung dar.[6] G ist folglich in seinem Eigentum verletzt.

b) Verletzungshandlung

35 Als Verletzungshandlung der D kommt ihre Mitwirkung am gutgläubigen Eigentumserwerb gemäß §§ 929, 932 I 1 BGB in Betracht.

c) Haftungsbegründende Kausalität

36 Da D ohne ihre Einigung mit S nicht gutgläubig das Eigentum an dem Ring erworben hätte, hat ihr Verhalten in adäquat kausaler und zurechenbarer Weise zum Eigentumsverlust bei G nach §§ 929, 932 BGB beigetragen.

d) Rechtswidrigkeit

37 Die Rechtswidrigkeit wird nach der h. L. vom Erfolgsunrecht durch die Rechtsgutsverletzung indiziert. Doch lässt das Gesetz den gutgläubigen Eigentumserwerb in den

---

[5] *Schwarz/Wandt*, § 9 Rn. 18.
[6] *Schwarz/Wandt*, § 16 Rn. 14.

§§ 932, 892 BGB ausdrücklich zu. Der gutgläubige *Erwerb* steht damit im Einklang mit der Rechtsordnung und stellt im Gegensatz zur unbefugten *Veräußerung* einer fremden Sache keine rechtswidrige Eigentumsverletzung dar.[7] Andernfalls würde die Wertung des § 932 II BGB unterlaufen, weil der redliche Erwerber bereits bei einfacher Fahrlässigkeit nach § 823 I BGB schadensersatzpflichtig wäre und das Eigentum im Wege der Naturalrestitution (§ 249 I BGB) zurückgewähren müsste.[8]

e) Ergebnis

Ein Schadensersatzanspruch des G gegen D ergibt sich auch nicht aus § 823 I BGB. **38**

III. Ansprüche des G gegen S auf Herausgabe des Erlöses

Zu prüfen ist, ob G zumindest von S den Veräußerungserlös i. H. v. 15 000 € herausverlangen kann. **39**

1. Anspruch aus § 285 I BGB

G könnte gegen S ein Anspruch auf Erlösherausgabe nach § 285 I BGB zustehen. **40**

a) Ausschluss einer Leistungspflicht des S nach § 275 I–III BGB

Dies setzt zunächst voraus, dass S gemäß § 275 I–III BGB von einer Leistungspflicht befreit ist. Dies kommt für eine Verpflichtung des S zur Rückgabe des Rings aus § 695 BGB in Betracht, welche voraussetzen würde, dass zwischen G und S ein (unentgeltlicher) Verwahrungsvertrag gemäß § 688 BGB zustande gekommen ist. Zwar kann man die Absprachen von G und S dahingehend auslegen, dass ein Auftrag mit dem Inhalt vorliegt, S möge sich um die Wohnung des G kümmern. Einen Verwahrungsvertrag über den Ring i. S. v. § 688 BGB wollte G aber ausweislich seiner Interessenlage gerade nicht mit S abschließen. Die „heimliche" Übergabe des Rings mit der wahrheitswidrigen Behauptung, es handele sich um Münzen für den Einkaufswagen, stellt sich aus Sicht eines objektiven Dritten an der Stelle des S (§§ 133, 157 BGB) auch nicht als konkludenter Antrag auf Abschluss eines Verwahrungsvertrags dar. Somit besteht kein Verwahrungsvertrag, der S gegenüber G zur Rückgabe des Rings gemäß § 695 BGB verpflichtet, und damit auch keine Leistungspflicht des S, die nach § 275 BGB ausgeschlossen sein könnte. **41**

b) Ergebnis

G kann den Veräußerungserlös i. H. v. 15 000 € nicht nach § 285 I BGB von S herausverlangen. **42**

2. Anspruch aus § 667 BGB

Ein Anspruch des G gegen S auf Herausgabe des Veräußerungserlöses könnte sich aus § 667 BGB ergeben. Doch müsste G den S dazu mit der Veräußerung des Rings beauftragt haben, was nicht der Fall ist. **43**

3. Anspruch aus §§ 687 II 1, 681 S. 2, 667 BGB

Ein Anspruch des G gegen S auf Herausgabe des Veräußerungserlöses könnte sich ferner aus §§ 687 II 1, 681 S. 2, 667 BGB ergeben. **44**

---

[7] *Schwarz/Wandt*, § 16 Rn. 15.
[8] *BGH* NJW 1967, 1660, 1661 f.; MünchKomm/*Wagner*, § 823 Rn. 106; *Schwarz/Wandt*, § 16 Rn. 15.

45 **Hinweis:** Diese Vorschriften sollte man sich im Zusammenhang mit Verfügungen eines Nichtberechtigten einprägen.

a) Angemaßte Eigengeschäftsführung gemäß § 687 II BGB

46 S müsste ein fremdes Geschäft als eigenes geführt haben. Als Geschäftsführung kommt grundsätzlich jedes tatsächliche oder rechtsgeschäftliche Verhalten in Betracht. S hat den im Eigentum des G stehenden Ring an D verkauft und übereignet, also ein Geschäft geführt. Die Übereignung ist aber ein Geschäft, das dem Eigentümer vorbehalten ist. Somit hat S ein objektiv fremdes Geschäft geführt.

47 Ferner müsste S das fremde Geschäft als eigenes geführt haben, obwohl er wusste, dass er nicht dazu berechtigt ist. Da S wusste, dass der Ring im Eigentum des G stand und G ihn nicht zur Veräußerung des Ringes ermächtigt (§ 185 I BGB) hatte, ist dies zu bejahen.

b) Folge: Herausgabeanspruch des G nach Auftragsrecht

48 Folglich kann G von S gemäß §§ 687 II 1, 681 S. 2, 667 BGB die Herausgabe des durch die Geschäftsführung Erlangten beanspruchen, also den gesamten Veräußerungserlös i.H.v. 15000 €.

c) Ergebnis

49 G hat gegen S einen Anspruch auf Herausgabe des Veräußerungserlöses i.H.v. 15000 € gemäß §§ 687 II 1, 681 S. 2, 667 BGB.

4. Anspruch aus § 816 I 1 BGB

50 Möglicherweise kann G den S auch nach § 816 I 1 BGB auf Herausgabe des Veräußerungserlöses in Anspruch nehmen. Dazu müsste S als Nichtberechtigter eine entgeltliche Verfügung über den Ring getroffen haben, die dem Berechtigten G gegenüber wirksam ist.

a) Verfügung eines Nichtberechtigten

51 S hat eine Verfügung getroffen, indem er das Eigentum am Ring gem. §§ 929 S. 1, 932 BGB auf D übertragen hat. Da S nicht Eigentümer des Ringes war und vom Eigentümer G auch nicht zur Übereignung ermächtigt war, hat er als Nichtberechtigter verfügt.

b) Entgeltlichkeit der Verfügung

52 Aus dem systematischen Zusammenhang mit § 816 I 2 BGB ergibt sich, dass § 816 I 1 BGB eine entgeltliche Verfügung verlangt.[9] S hat als Gegenleistung für die Übereignung des Ringes einen Kaufpreis i.H.v. 15000 € erhalten und damit eine entgeltliche Verfügung getroffen.

c) Wirksamkeit gegenüber dem Berechtigten

53 Die Verfügung des S ist dem Berechtigten G gegenüber wirksam, da D gemäß §§ 929 S. 1, 932 BGB gutgläubig das Eigentum am Ring erworben hat (s.o. I. 1. a).

---

[9] *Schwarz/Wandt*, § 11 Rn. 33.

d) Rechtsfolge: Herausgabe des Erlangten

Somit kann G von S die Herausgabe des durch die Verfügung Erlangten beanspruchen. Worin das Erlangte i.S.d. § 816 I 1 BGB genau besteht, wird in Rechtsprechung und Lehre allerdings kontrovers diskutiert.[10] 54

aa) Wertherausgabetheorie

Nach einer Mindermeinung erlangt der nichtberechtigt Verfügende nur die Befreiung von seiner Verbindlichkeit aus dem der Verfügung zugrundeliegenden Kausalgeschäft.[11] Da die Befreiung von der Verbindlichkeit nicht in natura herausgegeben werden kann, ist nach dieser Ansicht gemäß § 818 II BGB der objektive Wert des Gegenstands zu ersetzen, auf dessen Verschaffung die Verbindlichkeit gerichtet war, nicht aber der tatsächlich erzielte Veräußerungserlös. Vertreter dieser Auffassung berufen sich zunächst auf den Wortlaut des § 816 I 1 BGB. Durch die Verfügung erlangt sei nur die Befreiung von einer Verbindlichkeit und nicht der erzielte Gewinn. Letzterer beruhe vielmehr auf der Tüchtigkeit und dem Verhandlungsgeschick des nichtberechtigt Verfügenden und gebühre daher diesem. 55

Im vorliegenden Fall könnte G nach dieser Ansicht also nur den objektiven Verkehrswert des Ringes i.H.v. 10000 € von S ersetzt verlangen, da S durch die Übereignung von seiner Verbindlichkeit aus dem Kaufvertrag mit D gemäß § 433 I BGB frei geworden ist. Der von S erzielte Veräußerungserlös i.H.v. 15000 € wäre hingegen nicht vom Herausgabeanspruch des G umfasst. 56

bb) Gewinnherausgabetheorie

Rechtsprechung und h.L. betrachten hingegen auch den erzielten Veräußerungserlös als durch die Verfügung erlangt.[12] Danach ist der Anspruch aus § 816 I 1 BGB auch auf Gewinnherausgabe gerichtet. Auch diese Ansicht argumentiert mit dem Wortlaut des § 816 I 1 BGB. Unter Zugrundelegung des natürlichen Sprachgebrauchs sei auch der Veräußerungserlös durch die Verfügung erlangt, da die Veräußerung wirtschaftlich einen einheitlichen Vorgang bilde. Zudem trage der Berechtigte wegen § 818 III BGB das Risiko einer Veräußerung unter Wert, so dass ihm billigerweise auch ein erzielter Mehrerlös zustehe. 57

cc) Stellungnahme

Der zuletzt genannten Auffassung gebührt der Vorzug. Für sie spricht insbesondere, dass es sich bei § 816 I 1 BGB um einen Sonderfall der Eingriffskondiktion handelt. Letztere erstreckt sich aber üblicherweise auf alle Vermögensvorteile, die durch den Eingriff in den Zuweisungsgehalt eines fremden Rechts erlangt wurden. Die gewinnbringende Vermarktung einer Sache obliegt grundsätzlich ausschließlich dem Eigentümer. Durch die Veräußerung des Ringes hat S in des Zuweisungsgehalt des Eigentums des G eingegriffen und schuldet daher die Herausgabe des Veräußerungserlöses i.H.v. 15000 €. 58

e) Wertersatz gemäß § 818 II BGB

Die Herausgabe der konkret erlangten Geldscheine ist hier aber unmöglich, da S von dem Geld einen Teil seiner Schulden abbezahlt hat. Daher hat S gemäß § 818 II BGB Wertersatz in Höhe der entsprechenden Geldsumme (15000 €) zu leisten. 59

---

[10] Vgl. zum Ganzen Staudinger/*Lorenz,* § 816 Rn. 23ff.; *Schwarz/Wandt,* § 11 Rn. 37.
[11] Staudinger/*Lorenz,* § 816 Rn. 25; *Medicus/Petersen,* Rn. 723.
[12] BGHZ 29, 157; Palandt/*Sprau,* § 816 Rn. 20.

60 **Hinweis:** Wegen des Charakters der Geldschuld als sog. Wertverschaffungsschuld wäre auch die Ansicht vertretbar, dass S ohnehin nur einen Geld*wert* von 15 000 € schuldet und nicht nur die konkret erlangten Geldmittel.

f) Wegfall der Bereicherung gemäß § 818 III BGB

61 Allerdings wäre die Wertersatzpflicht des S nach § 818 III BGB ausgeschlossen, wenn S nicht mehr bereichert wäre. Die Frage, ob noch eine Bereicherung besteht, ist im Wege der Saldierung sämtlicher Vor- und Nachteile zu klären, die mit dem Bereicherungsvorgang in einem adäquat kausalen Zusammenhang stehen.[13] Vermögensnachteile sind dabei nur insoweit berücksichtigungsfähig, als sie dem Bereicherungsschuldner im Vertrauen auf die Beständigkeit des Rechtserwerbs entstanden sind. Eine Entreicherung i.S.d. § 818 III BGB liegt somit vor, wenn das Erlangte ersatzlos weggefallen ist oder zwar noch vorhanden ist, der Bereicherte aber bereicherungsmindernde Vermögensnachteile erlitten hat.[14] Im vorliegenden Fall könnte S dadurch entreichert sein, dass er den erzielten Kaufpreis zur Schuldentilgung eingesetzt hat. Allerdings ist er im Gegenzug von seiner Verbindlichkeit aus Darlehensvertrag i.H.v. 15 000 € frei geworden.[15] Die Tilgung eigener Schulden führt daher grundsätzlich nicht zur Entreicherung, sofern der rechtsgrundlose Erwerb für die Begleichung der Schulden ursächlich war.[16] Ohne den Veräußerungserlös hätte S seine Schulden nicht tilgen können. Die Schuldentilgung steht daher im Zusammenhang mit dem Bereicherungsvorgang, so dass eine Entreicherung des S ausscheidet. S ist folglich noch i.H.v. 15 000 € bereichert.

62 **Hinweis:** Selbst wenn man eine Entreicherung des S annehmen würde, könnte er sich nicht auf § 818 III BGB berufen, da er wegen seiner Bösgläubigkeit nach §§ 819 I, 818 IV verschärft haftet (dazu gleich).

g) Verschärfte Haftung gemäß § 819 I BGB

63 Über den Veräußerungserlös hinaus könnte G von S auch Zinsen verlangen, wenn S gemäß § 819 I BGB verschärft haften würde.

64 aa) S kannte den Mangel des rechtlichen Grundes, als er die 15 000 € entgegennahm. Er war somit bösgläubig i.S.d. § 819 I BGB.

65 bb) Daher haftet S gemäß § 819 I BGB wie bei Rechtshängigkeit des Herausgabeanspruchs (= Zustellung der Klageschrift an den Beklagten, §§ 261 I, 253 I ZPO), d.h. gemäß § 818 IV BGB nach den allgemeinen Vorschriften.

66 cc) Somit muss S die erlangten 15 000 € gemäß §§ 291, 288 I 2 BGB ab dem Zeitpunkt des Empfangs mit fünf Prozentpunkten über dem Basiszinssatz (§ 247 I 1 BGB) verzinsen, da er von Anfang an bösgläubig war.

h) Ergebnis

67 G kann von S gemäß §§ 816 I 1, 818 II, 819 I, 818 IV, 291, 288 I 2 BGB Zahlung von 15 000 € zuzüglich Zinsen i.H.v. fünf Prozentpunkten über dem Basiszinssatz ab Kaufpreiserlangung beanspruchen.

IV. Anspruch des G gegen S auf Schadensersatz

68 Schließlich kommen noch Schadensersatzansprüche des G gegen S wegen des Eigentumsverlustes am Ring in Betracht.

---

[13] Palandt/*Sprau*, § 818 Rn. 28 ff.
[14] *Schwarz/Wandt*, § 12 Rn. 15.
[15] Vgl. BGHZ 113, 383, 386 f.
[16] Palandt/*Sprau*, § 818 Rn. 38.

1. Anspruch aus §§ 280 I, III, 281 I 1 BGB

Ein Anspruch des G gegen S auf Schadensersatz statt der Leistung aus §§ 280 I, III, 281 I 1 BGB scheidet von vornherein aus. Wie festgestellt, haben G und S keinen Vertrag hinsichtlich des Ringes abgeschlossen. Ein Schuldverhältnis i.S.v. § 311 II Nr. 3 BGB würde einen mit den Nrn. 1 und 2 vergleichbaren ähnlichen Kontakt voraussetzen, mit dem das „Unterschieben" des Rings durch G nicht vergleichbar ist. 69

2. Anspruch aus §§ 687 II 1, 678 BGB

Ein Schadensersatzanspruch des G gegen S könnte sich aber aus §§ 687 II 1, 678 BGB ergeben. 70

a) Angemaßte Eigengeschäftsführung

Die Veräußerung des Ringes durch S stellt, wie oben ausgeführt, eine angemaßte Eigengeschäftsführung i.S.d. § 687 II 1 BGB dar. 71

b) Folge: Schadensersatzanspruch nach § 678 BGB

Folglich hat S dem G nach § 678 BGB den durch die Geschäftsführung entstandenen Schaden zu ersetzen. 72

aa) Übernahmeverschulden

Das für § 678 BGB erforderliche Übernahmeverschulden des S ist hier gegeben, da S erkennen musste, dass die Geschäftsführung dem Willen des G widersprach. Ein darüber hinausgehendes Verschulden („Ausführungsverschulden") wird in § 678 BGB nicht verlangt. 73

bb) Schaden, haftungsausfüllende Kausalität, Umfang der Ersatzpflicht

G hat *durch die Geschäftsführung* einen Schaden i.H.v. 10000 € erlitten, da er das Eigentum an dem Ring mit einem entsprechenden Verkehrswert gemäß §§ 929 S. 1, 932 BGB an D verloren hat. Nach § 249 I BGB hat der Schädiger grundsätzlich den Zustand wiederherzustellen, der ohne das schädigende Ereignis bestünde (Naturalrestitution). Im vorliegenden Fall müsste S also dem G das Eigentum an dem Ring wiederbeschaffen. Doch bestehen keine Anhaltspunkte dafür, dass S den Ring von D zurück erwerben oder eine gleichwertige Ersatzsache beschaffen kann. Auch § 249 II 1 BGB ist nicht einschlägig, da der Ring nicht beschädigt wurde. 74

c) Ergebnis

Daher hat S gemäß §§ 687 II 1, 678, 251 I Alt. 1 BGB Wertersatz für den Ring i.H.v. 10000 € zu leisten (sog. Schadenskompensation). 75

3. Anspruch aus §§ 989, 990 I 1 BGB

G könnte daneben nach §§ 989, 990 I 1 BGB von S Schadensersatz verlangen, wenn G zum Zeitpunkt des schädigenden Ereignisses (Veräußerung des Ringes) Eigentümer des Ringes war und S Besitzer ohne Besitzrecht. 76

a) Eigentum des G

G war im Zeitpunkt der Veräußerung noch Eigentümer des Ringes. Die Aufgabe des unmittelbaren Besitzes durch G hat keinen Einfluss auf die Eigentumslage. 77

b) Besitz des S ohne Besitzrecht nach § 986 BGB

78 S war im maßgeblichen Zeitpunkt unmittelbarer Besitzer des Ringes, da er die tatsächliche Sachherrschaft über den in der Schlüsseltasche befindlichen Ring innehatte (vgl. § 854 I BGB).

79 Schließlich dürfte S gegenüber G auch nicht zum Besitz berechtigt gewesen sein, § 986 I 1 BGB. Wie oben festgestellt, ist hinsichtlich des Ringes kein Verwahrungs- oder sonstiger Besitzüberlassungsvertrag zwischen G und S zustande gekommen. Auch ein anderweitiges obligatorisches oder dingliches Besitzrecht des S ist nicht ersichtlich. Folglich war S im Zeitpunkt der Veräußerung gegenüber G nicht zum Besitz berechtigt. Zwischen G und S bestand somit eine Vindikationslage.

80 **Hinweis:** Ein sachenrechtliches Problem würde sich ergeben, hätten G und S im vorliegenden Fall einen Verwahrungsvertrag (§ 688 BGB) über den Ring abgeschlossen. S hätte dann ein obligatorisches Besitzrecht i.S.d. § 986 I 1 BGB. Dieses könnte erloschen sein, als sich S durch die Veräußerung vom berechtigten Fremdbesitzer zum unberechtigten Eigenbesitzer aufgeschwungen hat. Die Frage, ob eine Vindikationslage durch die Umwandlung berechtigten Fremdbesitzes in unberechtigten Eigenbesitz entsteht, ist seit jeher umstritten. Der BGH wendet die §§ 987ff. BGB im Falle der Verwahrung entsprechend an, da § 695 BGB die Verschlechterung/Unmöglichkeit der Herausgabe nicht regelt.[17] Die h.L. hält die §§ 987ff. BGB zutreffend für nicht anwendbar, da die bloße Änderung der Willensrichtung des Besitzers nicht zum Wegfall des Besitzrechts führt. Der Eigentümer ist durch vertragliche Ansprüche bzw. die §§ 677ff., 812ff., 823ff. BGB hinreichend geschützt.[18]

c) Voraussetzungen der §§ 990 I 1, 989 BGB

81 Der zunächst gutgläubige S hat nachträglich von seinem fehlenden Besitzrecht Kenntnis erlangt, als er den Ring in der Schlüsseltasche entdeckt hat. Ab diesem Zeitpunkt war er bösgläubig i.S.d. § 990 I 2 BGB und haftet daher nach § 990 I 1 i.V.m. § 989 BGB auf Schadensersatz. Im vorliegenden Fall kann S den Ring nicht herausgeben, weil er ihn in Kenntnis der Eigentumsverhältnisse nach §§ 929 S. 1, 932 BGB an die gutgläubige D übereignet hat. Da S vorsätzlich und somit schuldhaft gehandelt hat, hat er dem G nach § 989 BGB den dadurch entstandenen Schaden zu ersetzen, also gemäß § 251 I Alt. 1 BGB den Wert des Ringes i.H.v. 10000 €.

d) Ergebnis

82 G kann somit von S nach §§ 990 I, 989 BGB Schadensersatz i.H.v. 10000 € für den Ring verlangen.

4. Anspruch aus § 992 i.V.m. § 823 I bzw. II BGB

83 Ein Schadensersatzanspruch des G gegen S nach § 992 i.V.m. § 823 I bzw. II BGB kommt nicht in Betracht, da sich S den Besitz am Ring weder durch verbotene Eigenmacht (§ 858 I BGB) noch durch eine Straftat verschafft hat.

5. Anspruch aus § 823 I bzw. § 823 II BGB i.V.m. § 246 StGB

84 Ein Schadensersatzanspruch des G gegen S aus § 823 I bzw. 823 II BGB i.V.m. § 246 StGB scheitert an der Sperrwirkung des EBV gemäß § 993 I a.E. BGB.

85 **Hinweis:** Die Übereignung des Ringes durch S stellt eine rechtswidrige Eigentumsverletzung dar, da das Gesetz in § 932 BGB zwar den gutgläubigen *Erwerb* privilegiert, nicht aber die Verfügung eines Nichtberechtigten.

---

[17] *BGH* LM Nr. 2 zu § 688.
[18] Palandt/*Bassenge*, Vorb v § 987 Rn. 3.

6. Anspruch aus § 826 BGB

Ein Schadensersatzanspruch des G gegen S könnte sich zuletzt noch aus § 826 BGB ergeben. 86

a) Anwendbarkeit

Die Sperrwirkung des EBV steht der Anwendung des § 826 BGB nicht entgegen, da der Besitzer im Falle einer vorsätzlich sittenwidrigen Schädigung des Eigentümers nicht schutzwürdig ist.[19] 87

b) Sittenwidrige Schädigungshandlung

S müsste eine sittenwidrige Schädigungshandlung begangen haben. Die unbefugte Veräußerung des wertvollen Ringes in Kenntnis der Eigentumsverhältnisse verstößt gegen das Anstandsgefühl aller billig und gerecht Denkenden,[20] zumal sie sogar den Tatbestand einer Unterschlagung gemäß § 246 StGB erfüllt (Aneignung durch Veräußerung). Eine sittenwidrige Schädigungshandlung liegt damit vor. 88

c) Kausaler Schaden

Die Übereignung des Ringes an die gutgläubige D hat in adäquat kausaler und zurechenbarer Weise zu einem Schaden des G i.H.v. 10000 € geführt. 89

d) Doppelter Vorsatz

S besaß Vorsatz sowohl hinsichtlich des Schadens als auch hinsichtlich der Umstände, welche die Sittenwidrigkeit begründen. 90

e) Umfang der Ersatzpflicht, §§ 249ff. BGB

Folglich hat S dem G gemäß § 251 I Alt. 1 BGB Wertersatz für den Ring i.H.v. 10000 € zu leisten. 91

f) Ergebnis

G kann S auch nach §§ 826, 251 I Alt. 1 BGB auf Schadensersatz i.H.v. 10000 € in Anspruch nehmen. 92

---

[19] MünchKomm/*Medicus*, § 993 Rn. 12.
[20] Vgl. Palandt/*Sprau*, § 826 Rn. 4.

Fall 22. Zwischenprüfung mit Folgen

Sachverhalt

Jurastudent Edgar Eifrig (E) schafft sich zur Vorbereitung auf die bevorstehende Zwischenprüfung ein Lehrbuch (Wert 40 €) an. Einige Tage vor der Prüfung muss Eifrig die Universität vorzeitig verlassen, um einen wichtigen Termin wahrzunehmen. Da er das Buch nicht mitnehmen möchte, bittet er seinen Kommilitonen Lars Lässig (L), das Buch bis zur Prüfung für ihn aufzubewahren. Lässig erklärt sich damit einverstanden und nimmt das Buch an sich. Als Lässig sich mit der Jurastudentin Susanne Strebsam (S) trifft, um den Prüfungsstoff noch einmal durchzugehen, ist diese von dem Lehrbuch hellauf begeistert. Sie bedauert, dass das Buch in der aktuellen Auflage vergriffen sei, und bittet Lässig, den sie für den Eigentümer hält, ihr das Buch zu überlassen. Da Lässig seiner Kommilitonin ihren Wunsch nicht abschlagen möchte und die letzten Tage vor der Prüfung ohnehin am Badeweiher zu verbringen gedenkt, schenkt er Susanne Strebsam das Buch in der Hoffnung, ihr auf diese Weise näher zu kommen. Strebsam nimmt das Buch dankend mit nach Hause. Als Eifrig nach der Zwischenprüfung das Buch von Lässig zurückfordert, beichtet ihm Lässig alles. Daraufhin tritt Eifrig an Strebsam heran und verlangt von ihr die Herausgabe des Buches.

Zu Recht?

Abwandlung: Wie ist der Fall zu beurteilen, wenn Lässig seiner Kommilitonin das Buch zum „Freundschaftspreis" von 5 € überlasst und beiden bewusst ist, dass der Preis deutlich unter dem wahren Wert des Buches liegt?

Gliederung

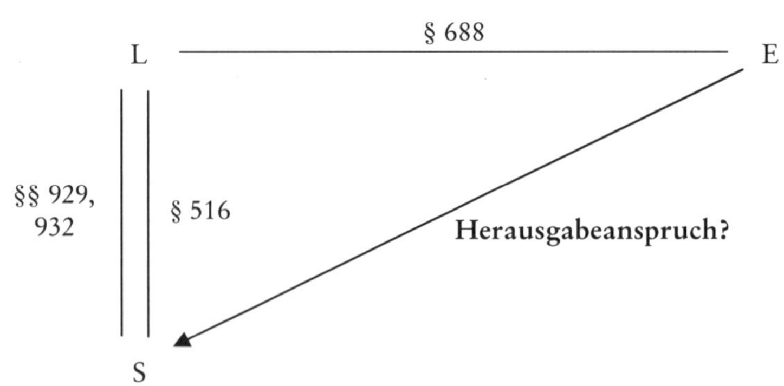

Lösung

I. Anspruch des E gegen S aus § 985 BGB

Möglicherweise kann E von S nach § 985 BGB die Herausgabe des Buches verlangen. Dies setzt voraus, dass E Eigentümer des Buches und S Besitzerin ohne Besitzrecht i.S.d. § 986 BGB ist. 1

1. Eigentum des E

Ursprünglich war E Eigentümer des Buches. Als unmittelbarer Besitzer konnte er sich sogar auf die Eigentumsvermutung des § 1006 I 1 BGB berufen. Die Übergabe des Buches an L aufgrund des schuldrechtlichen Verwahrungsvertrags gemäß § 688 BGB lässt die dingliche Eigentumslage unberührt. Allerdings könnte E sein Eigentum dadurch verloren haben, dass L das Buch gemäß §§ 929 S. 1, 932 I 1 BGB an S übereignet hat. 2

a) Übergabe, § 929 S. 1 BGB

L hat der S das Buch übergeben, § 929 S. 1 BGB. 3

b) Einigung über den Eigentumsübergang, § 929 S. 1 BGB

4 L und S haben sich auch konkludent über den Eigentumsübergang geeinigt (§ 929 S. 1 BGB), indem L der S das Buch in Erfüllung des Schenkungsvertrags überlassen hat.

c) Gutgläubigkeit der S, § 932 I 1, II BGB

5 Allerdings war L weder Eigentümer des Buches i.S.d. § 929 S. 1 BGB noch war er vom wahren Eigentümer E zur Übereignung ermächtigt (§ 185 I BGB). Somit kommt nur ein gutgläubiger Erwerb vom Nichtberechtigten gemäß § 932 I 1 BGB in Betracht. Ausweislich des Sachverhalts hat S den L für den Eigentümer des Buches gehalten. Es bestehen keine Anhaltspunkte dafür, dass S die fehlende Berechtigung des L grob fahrlässig verkannt hat. Daher war S im Hinblick auf das Eigentum des L gutgläubig i.S.d. § 932 II BGB.

d) Kein Abhandenkommen gemäß § 935 I BGB

6 Schließlich dürfte das Buch dem Eigentümer E nicht abhandengekommen sein. Abhandenkommen i.S.d. § 935 I BGB meint unfreiwilligen Verlust des unmittelbaren Besitzes.[1] E hat den unmittelbaren Besitz aber freiwillig in Vollzug des Verwahrungsvertrags auf L übertragen, sodass ihm das Buch nicht abhandengekommen ist. Auch ein Abhandenkommen beim unmittelbaren Besitzer L gemäß § 935 I 2 BGB scheidet aus, da L das Buch freiwillig an S übergeben hat.

7 Folglich hat S das Eigentum am Buch gemäß §§ 929 S. 1, 932 I 1 BGB gutgläubig von L erworben. E ist damit nicht mehr Eigentümer des Buches.

2. Ergebnis

8 Mangels bestehender Vindikationslage kann E das Buch nicht nach § 985 BGB von S herausverlangen.

II. Anspruch des E gegen S aus § 861 I BGB (i.V.m. § 869 BGB)

9 Ein (possessorischer) Besitzschutzanspruch des E gegen S aus § 861 I BGB (i.V.m. § 869 BGB) kommt von vornherein nicht in Betracht. Da sowohl E als auch L den unmittelbaren Besitz freiwillig aufgegeben haben, fehlt es an der dafür erforderlichen verbotenen Eigenmacht (§ 858 I BGB) gegen den unmittelbaren Besitzer.

III. Anspruch des E gegen S aus § 1007 I bzw. II BGB

10 Ein Herausgabeanspruch des früheren Besitzers E gegen die neue Besitzerin S aus § 1007 I BGB scheidet ebenfalls aus, da S aufgrund des gutgläubigen Eigentumserwerbs sogar objektiv zum Besitz berechtigt ist und daher insoweit bei Besitzerwerb nicht bösgläubig war.

11 E kann von S auch nicht nach § 1007 II BGB die Herausgabe des Buches verlangen, da das Buch weder E noch L (vgl. § 935 I 2 BGB) abhandengekommen ist (s.o.).

IV. Schadensersatzanspruch des E gegen S aus § 823 I BGB

12 Möglicherweise kann E sein Herausgabeverlangen gegenüber S auf einen deliktischen Schadensersatzanspruch nach § 823 I BGB (i.V.m. § 249 I BGB) stützen. Zwar

---

[1] Soergel/*Henssler*, § 935 Rn. 2.

ist E in seinem Eigentumsrecht verletzt, da er das Eigentum am Buch gemäß §§ 929 S. 1, 932 I 1 BGB an S verloren hat. Auch war die Mitwirkung der S am gutgläubigen Erwerb kausal für den Rechtsverlust des E. Die Eigentumsverletzung erfolgte aber nicht rechtswidrig, da der gutgläubige Erwerb in den §§ 892, 932 BGB im Gesetz verankert ist und daher im Einklang mit der Rechtsordnung steht.[2] (Vgl. dazu bereits Fall 21).

V. Herausgabeanspruch des E gegen S aus § 816 I 2 BGB

Fraglich ist, ob E die S nach § 816 I 2 BGB auf Rückgewähr des Buches in Anspruch nehmen kann. Dies setzt voraus, dass L als Nichtberechtigter eine unentgeltliche Verfügung zugunsten der S getroffen hat, die dem Berechtigten E gegenüber wirksam ist. 13

Hinweis: § 816 I 2 BGB gestattet ausnahmsweise einen Durchgriff auf den Erwerber trotz bestehender Leistungsbeziehung zwischen Erwerber und Nichtberechtigtem (sog. Direktkondiktion). Der Grundsatz vom Vorrang der Leistungskondiktion wird in den Fällen des § 816 I 2 BGB durchbrochen, da der unentgeltliche Erwerber, der für den Bereicherungsgegenstand nichts aufgewendet hat, weniger schutzwürdig ist als der entgeltliche Erwerber.[3] Die geringere Schutzwürdigkeit des unentgeltlichen Erwerbers ergibt sich auch aus der Wertung der §§ 134 InsO, 4 AnfG, 2287, 2329 BGB. 14

1. Verfügung

L müsste zunächst eine Verfügung getroffen haben. Unter einer Verfügung ist ein Rechtsgeschäft zu verstehen, durch das ein bestehendes Recht unmittelbar aufgehoben, belastet, inhaltlich verändert oder übertragen wird.[4] L hat hier das Eigentum am Buch gemäß §§ 929 S. 1, 932 I 1 BGB auf S übertragen und somit verfügt. 15

2. Nichtberechtigter

Da L nicht Eigentümer des Buches war und der wahre Eigentümer E ihn auch nicht zur Übereignung an S ermächtigt hatte (§ 185 I BGB), hat L als Nichtberechtigter über das Buch verfügt. 16

3. Unentgeltlichkeit der Verfügung

§ 816 I 2 BGB setzt überdies voraus, dass die Verfügung unentgeltlich erfolgt ist. Eine Verfügung ist unentgeltlich, wenn sie von keiner Gegenleistung abhängig ist.[5] Da die Übereignung im Zuge einer Schenkung i.S.v. § 516 I BGB vorgenommen wurde, ist die Unentgeltlichkeit zu bejahen. 17

4. Wirksamkeit gegenüber dem Berechtigten

Schließlich müsste die Verfügung des L dem Berechtigten E gegenüber wirksam sein. Da S gemäß §§ 929 S. 1, 932 I 1 BGB gutgläubig das Eigentum am Buch erworben hat, ist auch dies zu bejahen. 18

5. Rechtsfolge und Ergebnis

Folglich kann E von S im Wege der Direktkondiktion gemäß § 816 I 2 BGB die Herausgabe des unentgeltlich Erlangten beanspruchen, also des Eigentums und Besitzes am Buch. Der Vorrang der Leistungskondiktion steht einer Inanspruchnahme der 19

---

[2] *Schwarz/Wandt*, § 16 Rn. 15.
[3] *Schwarz/Wandt*, § 11 Rn. 39.
[4] Palandt/*Sprau*, § 816 Rn. 7.
[5] Palandt/*Weidenkaff*, § 516 Rn. 8.

S nicht entgegen, da § 816 I 2 BGB aufgrund der geringen Schutzwürdigkeit des unentgeltlichen Erwerbers ausnahmsweise einen Durchgriff gestattet.[6]

20 **Ergänzender Hinweis:** Ein interessantes Problem würde sich auch ergeben, wenn S das Buch aufgrund eines nichtigen Kaufvertrags von L erworben hätte. Höchst umstritten ist nämlich, ob § 816 I 2 BGB auf eine entgeltliche, aber rechtsgrundlose Verfügung eines Nichtberechtigten analog anwendbar ist.[7] Die Lehre von der Einheitskondiktion spricht sich für eine Gleichstellung der rechtsgrundlosen mit der unentgeltlichen Verfügung aus, da auch der rechtsgrundlose Erwerber nicht zur Gegenleistung verpflichtet sei bzw. eine bereits erbrachte Leistung kondizieren könne.[8] Zudem sei der rechtsgrundlose Erwerb noch weniger schutzwürdig als der unentgeltliche. Diese Auffassung trägt aber den schutzwürdigen Interessen des Erwerbers, der oftmals bereits ein Entgelt an den Nichtberechtigten entrichtet hat, nicht hinreichend Rechnung.[9] Würde man eine Direktkondiktion des Berechtigten gegen den Erwerber in analoger Anwendung des § 816 I 2 BGB zulassen, so würden dem Erwerber die Einwendungen abgeschnitten, die ihm im Verhältnis zum Nichtberechtigten zustehen. Die Lehre von der Doppelkondiktion lehnt daher eine Analogie zu § 816 I 2 BGB zu Recht ab.[10] Nach dieser Auffassung kann der Berechtigte vom Nichtberechtigten nach § 816 I 1 BGB die Abtretung des Bereicherungsanspruchs gegen den Erwerber fordern, den der Nichtberechtigte seinerseits durch die Verfügung erlangt hat (sog. Kondiktion der Kondiktion). Nimmt der Berechtigte den Erwerber nach der Abtretung auf Herausgabe des Verfügungsgegenstandes in Anspruch, muss er sich gemäß § 404 BGB die gegenüber dem Nichtberechtigten begründeten Einwendungen des Erwerbers entgegenhalten lassen.[11]

Abwandlung

I. Ansprüche des E gegen S aus §§ 985, 861 I, 1007, 823 I BGB

21 Bei den Herausgabeansprüchen des E gegen S aus §§ 985, 861 I, 1007 und 823 I i. V. m. 249 I BGB ergeben sich gegenüber dem Ausgangsfall keine Unterschiede.

II. Herausgabeanspruch des E gegen S aus § 816 I 2 BGB

22 Fraglich ist, ob E die S nach § 816 I 2 BGB auf Rückgewähr des Buches in Anspruch nehmen kann. Dies setzt voraus, dass L als Nichtberechtigter eine unentgeltliche Verfügung zugunsten der S getroffen hat, die dem Berechtigten E gegenüber wirksam ist.

1. Verfügung

23 Wie im Ausgangsfall hat L durch die Übereignung an S nach §§ 929 S. 1, 932 I 1 BGB über das Buch verfügt.

2. Nichtberechtigter

24 Da L nicht Eigentümer des Buches war und der wahre Eigentümer E ihn auch nicht zur Übereignung an S ermächtigt hatte (§ 185 I BGB), hat L als Nichtberechtigter über das Buch verfügt.

3. Unentgeltlichkeit der Verfügung

25 Ferner müsste die Verfügung gem. § 816 I 2 BGB unentgeltlich, also unabhängig von einer Gegenleistung, erfolgt sein. Dies ist hier problematisch, da L für die Übereignung des Buches von S einen „Freundschaftspreis" von 5 € erhalten hat. Auch wenn

---

[6] *Schwarz/Wandt,* § 11 Rn. 39.
[7] Vgl. Palandt/*Sprau,* § 816 Rn. 16; Staudinger/*Lorenz,* § 816 Rn. 16 ff.
[8] *Grunsky,* JZ 1962, 207 m. w. N.
[9] MünchKomm/*Schwab,* § 816 Rn. 59; Palandt/*Sprau,* § 816 Rn. 16 a. E.
[10] MünchKomm/*Schwab,* § 816 Rn. 59; Palandt/*Sprau,* § 816 Rn. 16; Staudinger/*Lorenz,* § 816 Rn. 21.
[11] Palandt/*Sprau,* § 816 Rn. 16; Staudinger/*Lorenz,* § 816 Rn. 21.

der Preis weit hinter dem objektiven Verkehrswert des Buches von 40 € zurückbleibt, hat L hier nicht ohne jegliche Gegenleistung verfügt.

Fraglich ist, wie ein derartiges Rechtsgeschäft mit einem objektiven Missverhältnis von Leistung und Gegenleistung rechtlich einzuordnen ist. Hier kommt sowohl ein Kauf zu einem günstigen Preis als auch eine gemischte Schenkung in Betracht. Anders als beim günstigen Kauf sind sich die Parteien bei der gemischten Schenkung der Wertdifferenz bewusst und einigen sich darauf, dass der überschießende Wert ohne Gegenleistung i.w.S. zugewendet werden soll.[12] Im vorliegenden Fall hat L der S das Buch ausdrücklich zu einem „Freundschaftspreis" angeboten, der für beide erkennbar weit unter dem Verkehrswert lag. Die Parteien haben sich also über die teilweise Unentgeltlichkeit geeinigt. 26

Hinweis: Im Übrigen wird die teilweise Unentgeltlichkeit eines Geschäfts auch vermutet, wenn wie hier ein auffälliges, grobes Missverhältnis zwischen Leistung und Gegenleistung besteht.[13] 27

Folglich beruht die Übereignung des Buches an S auf einer gemischten Schenkung, bei der die Anwendbarkeit des § 816 I 2 BGB umstritten ist. 28

a) Schwerpunkttheorie des BGH

Der BGH spricht sich für die einheitliche Anwendung des § 816 I 2 BGB aus, wenn der unentgeltliche Charakter überwiegt.[14] Liegt der Schwerpunkt auf dem unentgeltlichen Teil, hat der Empfänger nach dieser Auffassung den Verfügungsgegenstand nach § 816 I 2 BGB herauszugeben und muss sich wegen der Rückzahlung des Entgelts an den Nichtberechtigten halten. Diese Ansicht lässt sich mit einem Umkehrschluss aus § 822 BGB begründen. Denn im Gegensatz zu § 816 I 2 BGB („Herausgabe … des Erlangten") sieht § 822 BGB ausweislich seines Wortlauts („soweit") eine Aufspaltung des Geschäfts in einen entgeltlichen und einen unentgeltlichen Teil ausdrücklich vor. Dies spricht dafür, dass die bereicherungsrechtliche Rückabwicklung im Falle der gemischten Schenkung einheitlich entweder nach § 816 I 1 BGB zu erfolgen hat oder nach § 816 I 2 BGB. Setzt man im vorliegenden Fall die bezahlten 5 € zum wahren Wert des Buches von 40 € ins Verhältnis, so überwiegt der unentgeltliche Teil des Geschäfts. S müsste daher nach der Auffassung des BGH das Buch nach § 816 I 2 BGB an E herausgeben. 29

b) Trennungstheorie

Diese „Alles-oder-nichts-Lösung" des BGH ist in der Literatur auf heftige Kritik gestoßen. Es sei unbillig, dem Erwerber das Risiko aufzubürden, dass er das entrichtete Entgelt vom Nichtberechtigten nicht zurückbekomme.[15] Da der Bereicherungsgegenstand nur teilweise unentgeltlich erlangt sei, könne der Empfänger auch nur teilweise zur Herausgabe verpflichtet sein. Bei Unteilbarkeit des empfangenen Gegenstands – wie bei dem Buch im vorliegenden Fall – sei die Herausgabe des unentgeltliche Teils i.S.v. § 275 I BGB unmöglich. Daher bestehe anstelle der Herausgabe- eine Wertersatzpflicht nach §§ 816 I 2, 818 II BGB, die nur den unentgeltlichen Teil erfasse. Im Ergebnis spaltet die h.L. somit die Verfügung im Fall einer gemischten Schenkung in einen entgeltlichen und einen unentgeltlichen Teil auf (sog. Trennungstheorie):[16] Der 30

---

[12] *BGH* NJW 2002, 3165, 3166; NJW-RR 1996, 754, 755; Palandt/*Weidenkaff*, § 516 Rn. 13.

[13] *BGH* NJW 2002, 2469, 2470; 1987, 890.

[14] *BGH* WM 1964, 614.

[15] Bamberger/Roth/*Wendehorst*, § 816 Rn. 24.

[16] Bamberger/Roth/*Wendehorst*, § 816 Rn. 24; Staudinger/*Lorenz*, § 816 Rn. 28; wohl auch MünchKomm/*Schwab*, § 816 Rn. 67.

Nichtberechtigte schuldet dem Berechtigten nach § 816 I 1 BGB die Herausgabe des Entgelts. Daneben kann der Berechtigte vom Erwerber nach §§ 816 I 2, 818 II BGB im Falle der Unteilbarkeit des Erlangten Wertersatz für den unentgeltlichen Teil verlangen.[17] Der Erwerber kann die Wertersatzpflicht durch Rückgabe des Bereicherungsgegenstandes abwenden, wozu er aber nur Zug um Zug gegen Abtretung des Anspruchs gegen den Nichtberechtigten aus § 816 I 1 BGB verpflichtet ist.[18] Unter Zugrundelegung dieser Auffassung kann E die S nur hinsichtlich des unentgeltlichen Teils des Geschäfts nach § 816 I 2 BGB in Anspruch nehmen und muss sich im Übrigen gemäß § 816 I 1 BGB an L halten.

c) Stellungnahme

31 Der zuletzt genannten Auffassung gebührt der Vorzug. Die differenzierende Lösung der h.L. gewährleistet einen gerechten Interessenausgleich und trägt zugleich der Ratio des § 816 I 2 BGB Rechnung. Diese Norm lässt ausnahmsweise trotz bestehender Leistungsbeziehung eine Direktkondiktion zu, da der unentgeltliche Erwerber nicht schutzwürdig ist. Folglich ist ein Durchgriff auf den Empfänger einer gemischten Schenkung nur gerechtfertigt, soweit die Zuwendung unentgeltlich erfolgt ist.

4. Wirksamkeit gegenüber dem Berechtigten

32 Schließlich müsste die Verfügung des L auch dem Berechtigten E gegenüber wirksam sein. Die Übereignung des Buches durch L ist gegenüber dem bisherigen Eigentümer E wirksam, da S gemäß §§ 929 S. 1, 932 I 1 BGB gutgläubig das Eigentum am Buch erworben hat.

5. Rechtsfolge und Ergebnis

33 Folglich kann E von S im Wege der Direktkondiktion gemäß § 816 I 2 BGB die Herausgabe des unentgeltlich Erlangten beanspruchen. Der Vorrang der Leistungskondiktion steht einer Inanspruchnahme der S nicht entgegen, da § 816 I 2 BGB aufgrund der geringen Schutzwürdigkeit des unentgeltlichen Erwerbers ausnahmsweise einen Durchgriff gestattet.[19]

34 S hat Eigentum und Besitz an einem Buch im Wert von 40 € erlangt. Der Erwerb erfolgte allerdings teilweise entgeltlich, da S für das Buch 5 € an L bezahlt hat. Insoweit muss sich E gemäß § 816 I 1 BGB an L halten. Hinsichtlich des unentgeltlichen Teils hat S nach §§ 816 I 2, 818 II BGB Wertersatz i.H.v. 35 € zu leisten, da der Verfügungsgegenstand unteilbar ist. S kann den Wertersatzanspruch des E aber abwenden, indem sie ihm das Buch Zug um Zug gegen Abtretung des Anspruchs gegen L aus § 816 I 1 BGB zurückgewährt.[20]

---

[17] MünchKomm/*Schwab*, § 816 Rn. 67; Staudinger/*Lorenz*, § 816 Rn. 28; Bamberger/Roth/*Wendehorst*, § 816 Rn. 24.

[18] MünchKomm/*Schwab*, § 816 Rn. 67; Staudinger/*Lorenz*, § 816 Rn. 28.

[19] *Schwarz/Wandt*, § 11 Rn. 39.

[20] Vgl. *Larenz/Canaris* II/2, § 69 II 2c; Staudinger/*Lorenz*, § 816 Rn. 28: Es ist nämlich fraglich, ob S gegen L im Hinblick auf die Herausgabe nach § 816 I 2 BGB Ansprüche z.B. nach §§ 435, 437 BGB haben könnte.

Fall 23. Examen mit Folgen

Sachverhalt

Jurastudent Edgar Eifrig (E) schafft sich zur Vorbereitung auf die bevorstehende Staatsprüfung ein Lehrbuch (Wert 40 €) an. Drei Wochen vor der Prüfung schenkt und übereignet Eifrig dem Lässig (L) das Lehrbuch, da die beiden gut befreundet sind und Eifrig den Prüfungsstoff bereits perfekt beherrscht.

Nach der Bekanntgabe der Prüfungsergebnisse beschimpft Lässig den wesentlich erfolgreicheren Eifrig aus Ärger über sein schlechtes Abschneiden in der Prüfung. Da Eifrig die Beleidigungen des Lässig nicht auf sich sitzen lässt, kommt es zu einem heftigen Wortgefecht, in dessen Verlauf Lässig dem Eifrig mehrfach mit der Faust ins Gesicht schlägt.

Eifrig widerruft daraufhin den Schenkungsvertrag gegenüber Lässig und verlangt das Buch von Lässig zurück. Lässig hatte das Buch aber kurz zuvor, als er noch glaubte, ein besseres Ergebnis erzielt zu haben und es nicht mehr zu benötigen, an die von ihm verehrte Kommilitonin Jana Jung (J) verschenkt und übereignet.

Kann Eifrig das Buch von Jung herausverlangen?

Abwandlung: Eifrig widerruft den Schenkungsvertrag gegenüber Lässig und verlangt das Buch von Lässig zurück. Um den Anspruch des Eifrig zu vereiteln, übereignet Lässig das Buch zu einem „Freundschaftspreis" von 5 €, der erkennbar weit unter dem Verkehrswert liegt, an die Studienanfängerin Jana Jung (J).

Kann Eifrig das Buch von Jung herausverlangen? Hat er hilfsweise Ansprüche gegen Lässig?

Lösung

Ausgangsfall

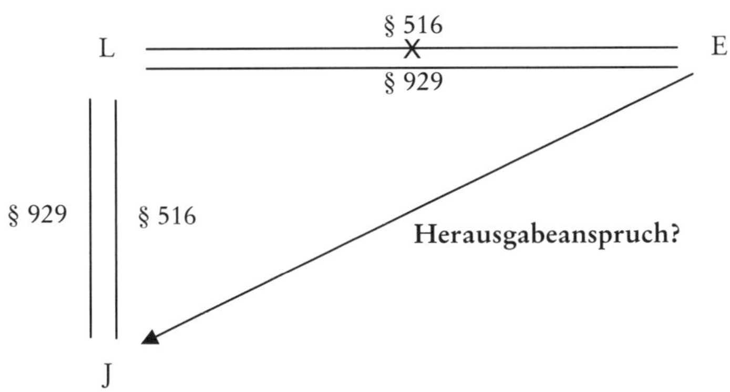

Lösung

I. Anspruch des E gegen J aus § 985 BGB

Ein Herausgabeanspruch des E gegen J aus § 985 BGB würde voraussetzen, dass E Eigentümer des Buches ist und J Besitzerin. Schließlich dürfte Letzterer kein Besitzrecht i.S.d. § 986 BGB zustehen. 1

1. Eigentum des E

Ursprünglich war E Eigentümer des Buches. Er könnte sein Eigentum aber bereits zu dem Zeitpunkt verloren haben, als er das Buch in Vollzug des Schenkungsvertrags (§ 516 I BGB) nach § 929 S. 1 BGB an L übereignet hat. E hat sich mit L über den Eigentumsübergang geeinigt und das Buch an L übergeben. Als Eigentümer war E auch zur Übereignung berechtigt. Somit ist das Eigentum am Buch auf L übergegangen. 2

Fraglich ist, welchen Einfluss der Widerruf des schuldrechtlichen Verpflichtungsgeschäfts nach §§ 530, 531 BGB auf die dinglichen Eigentumsverhältnisse hat. Der Widerruf begründet nach §§ 531 II i.V.m. 812 I 2 Alt. 1 BGB lediglich einen bereicherungsrechtlichen Herausgabeanspruch gegen den Beschenkten, also einen Anspruch auf Rückübereignung. Die dingliche Situation bleibt unverändert (Trennungsprinzip) und J Eigentümerin. Damit besteht keine Vindikationslage zwischen E und J. 3

2. Ergebnis

E kann von J nicht die Herausgabe des Buches nach § 985 BGB beanspruchen. 4

II. Anspruch des E gegen J aus § 861 I oder § 1007 I bzw. II BGB

Besitzschutzansprüche des E gegen J könnten nach § 861 I oder § 1007 I bzw. II BGB bestehen. Doch wurde zum einen gegenüber E keine verbotene Eigenmacht i.S.d. §§ 861 I, 858 I BGB verübt, da er den unmittelbaren Besitz an dem Buch freiwillig auf L übertragen hat. Aus demselben Grund scheidet ein Abhandenkommen des Buches i.S.d. § 1007 II BGB aus. Zum anderen fehlt es an der von § 1007 I BGB vorausgesetzten Bösgläubigkeit der gegenwärtigen Besitzerin J hinsichtlich ihres mangelnden Besitzrechts. J hat sogar das Eigentum am Buch durch Einigung und Übergabe nach § 929 S. 1 BGB vom damaligen Eigentümer L erworben und ist damit bereits objektiv zum Besitz berechtigt. 5

III. Anspruch des E gegen J aus § 823 I BGB

Ein Anspruch des E gegen J auf Rückgewähr des Buches nach § 823 I BGB würde zunächst eine Rechtsgutsverletzung voraussetzen. Verletzt sein könnte allenfalls das Eigentum des E, doch hat E das Eigentum am Buch freiwillig nach § 929 S. 1 BGB auf 6

L übertragen und kann schon deshalb nicht mehr in seinem Eigentumsrecht verletzt sein. Der Anspruch besteht nicht.

IV. Anspruch des E gegen J aus § 816 I 2 BGB

7 E könnte von J nach § 816 I 2 BGB die Rückgewähr des Buches verlangen, wenn L als Nichtberechtigter eine unentgeltliche Verfügung getroffen hätte, die dem Berechtigten E gegenüber wirksam wäre.

1. Verfügung eines Nichtberechtigten

8 Durch die Übereignung des Buches an J hat L eine Verfügung vorgenommen. Da er nach § 929 S. 1 BGB das Eigentum von E erworben hatte, tat er dies aber als Berechtigter.

2. Ergebnis

9 E kann von J nicht Herausgabe des Buches nach § 816 I 2 BGB verlangen.

V. Anspruch des E gegen J aus § 822 BGB

10 Möglicherweise kann E die J aber nach § 822 BGB auf Herausgabe des Buches in Anspruch nehmen. Dies setzt voraus, dass E zunächst ein Bereicherungsanspruch gegen den Ersterwerber L zustand, Letzterer den Bereicherungsgegenstand unentgeltlich der J zugewendet hat und infolgedessen aus Rechtsgründen nicht mehr haftet.

11 **Hinweis:** Im Unterschied zu § 816 I 2 BGB normiert § 822 BGB die subsidiäre Bereicherungshaftung eines Dritten, der durch die unentgeltliche Verfügung eines *Berechtigten* etwas erlangt hat.[1] Beide Vorschriften ermöglichen ausnahmsweise einen bereicherungsrechtlichen Durchgriff (Direktkondiktion) auf den Erwerber, da der Gesetzgeber den unentgeltlichen Erwerb als weniger schutzwürdig ansieht als den entgeltlichen (vgl. auch § 988 BGB).[2]

1. Bereicherungsanspruch gegen den Ersterwerber

12 Ein Bereicherungsanspruch des E gegen den Ersterwerber L könnte sich aus § 531 II i.V.m. § 812 I 2 Alt. 1 BGB (sog. condictio ob causam finitam) ergeben haben, wenn E den Schenkungsvertrag wirksam widerrufen hat.

a) Widerruf des Schenkungsvertrags

13 Fraglich ist also, ob E ein Widerrufsrecht nach § 530 I BGB zustand und er den Widerruf nach § 531 I BGB wirksam erklärt hat.

aa) Widerrufsrecht

14 Nach § 530 I BGB kann eine Schenkung wegen groben Undanks widerrufen werden, wenn der Beschenkte eine schwere Verfehlung begangen hat, die sich gegen den Schenker richtet und eine tadelnswerte, auf Undankbarkeit deutende Gesinnung offenbart.[3] Zwar bleibt hier unklar, ob bereits die Beleidigungen des L den für § 530 I BGB erforderlichen Schweregrad aufweisen. Dies kann aber dahinstehen, da die Faustschläge des L den Tatbestand einer vorsätzlichen Körperverletzung (§ 223 StGB) erfüllen und damit zweifelsfrei eine schwere Verfehlung darstellen. In dem Verhalten des L

---

[1] Palandt/*Sprau*, § 822 Rn. 1; *Schwarz/Wandt,* § 11 Rn. 48.
[2] *Schwarz/Wandt*, § 11 Rn. 48.
[3] Ständige Rspr., vgl. BGH NJW 1992, 183, 184 m.w.N.; Palandt/*Weidenkaff*, § 530 Rn. 5.

tritt auch eine tadelnswerte Gesinnung zutage, da er seinen damaligen Freund ohne nachvollziehbaren Grund körperlich misshandelt hat. Folglich war E nach § 530 I BGB zum Widerruf berechtigt.

bb) Widerrufserklärung

E müsste den Widerruf auch ordnungsgemäß erklärt haben. Der Schenkungswiderruf ist eine formlose, einseitige empfangsbedürftige Willenserklärung, § 531 I BGB.[4] Laut Sachverhalt hat E den Schenkungsvertrag ausdrücklich gegenüber L widerrufen. 15

b) Folge: Bereicherungsanspruch nach § 812 I 2 Alt. 1 BGB

Für den Fall des wirksamen Widerrufs enthält § 531 II BGB einen Rechtsgrundverweis[5] auf die §§ 812ff. BGB. E konnte somit von L unter den Voraussetzungen des § 812 I 2 Alt. 1 BGB die Rückgewähr des Buches verlangen. 16

Frage: Was ist eine Rechtsgrundverweisung, was eine Rechtsfolgenverweisung?[6] Die Rechtsfolgenverweisung verweist nur hinsichtlich der Rechtsfolgen auf andere Vorschriften. Das (allerdings umstrittene[7]) Paradebeispiel dafür ist die unberechtigte Geschäftsführung ohne Auftrag, für die § 684 S. 1 BGB anordnet: „Liegen die Voraussetzungen des § 683 nicht vor, so ist der Geschäftsherr verpflichtet, dem Geschäftsführer alles, was er durch die Geschäftsführung erlangt, nach den Vorschriften über die Herausgabe einer ungerechtfertigten Bereicherung herauszugeben." Der Tatbestand, der erfüllt sein muss, ist der des § 684 S. 1 BGB selbst, also eine Geschäftsführung ohne Auftrag, die nicht dem Willen des Geschäftsherrn entspricht. Es wird im Ergebnis vor allem auf die §§ 818, 819 BGB verwiesen, denn die Herausgabepflicht an sich folgt schon aus § 684 S. 1 BGB. Ein Tatbestand der §§ 812ff. BGB muss hingegen nicht zusätzlich erfüllt sein. Anders ist es bei der – u.a. in § 531 II BGB vorliegenden – Rechtsgrundverweisung. Hier muss man zusätzlich prüfen, ob die Tatbestandsvoraussetzungen eines Herausgabeanspruchs der §§ 812ff. BGB erfüllt sind. 17

aa) Etwas erlangt

L hat etwas erlangt, nämlich Eigentum und Besitz an dem Buch. 18

bb) Durch Leistung

Dies müsste durch Leistung des E geschehen sein. E hat L das Buch in Erfüllung des Schenkungsvertrags übergeben und übereignet, also bewusst und zweckgerichtet dessen Vermögen gemehrt. Eine Leistung des E liegt somit vor. 19

cc) Nachträglicher Wegfall des Rechtsgrundes

Zunächst bestand mit dem wirksamen Schenkungsvertrag gemäß § 516 I BGB ein Rechtsgrund für das Behaltendürfen. Die Nichteinhaltung der Formvorschrift des § 518 I BGB wurde durch den Vollzug der Schenkung nach § 518 II BGB geheilt. Allerdings ist der Schenkungsvertrag als Rechtsgrund für das Behaltendürfen des Buches infolge des wirksamen Widerrufs nach §§ 530, 531 BGB nachträglich weggefallen (s.o.). 20

dd) Rechtsfolge

L war dem E daher nach § 812 I 2 Alt. 1 BGB zur Herausgabe des Erlangten verpflichtet, also zur Rückgabe und Rückübereignung des Buches. 21

---

[4] Palandt/*Weidenkaff*, § 531 Rn. 1.
[5] H.M., MünchKomm/*Koch*, § 531 Rn. 4 m.w.N.
[6] Dazu *Wörlen/Leinhaus*, JA 2006, 22ff.
[7] Die h.M. nimmt eine Rechtsfolgenverweisung an, etwa *BGH* NJW 2001, 3184, 3185; Palandt/*Sprau*, § 684 Rn. 1. – A.A. MünchKomm/*Seiler*, § 684 Rn. 4 m.w.N. zum Streitstand.

c) Zwischenergebnis

22 Ursprünglich bestand somit ein Bereicherungsanspruch des E gegen L.

2. Unentgeltliche Zuwendung des Erlangten an einen Dritten

23 § 822 BGB setzt ferner voraus, dass der Erstempfänger den Bereicherungsgegenstand unentgeltlich einem Dritten zugewendet hat. L hat J das Buch unentgeltlich überlassen, da der Übereignung an J eine Schenkung zugrunde lag. L und J waren sich einig, dass das Buch unentgeltlich zugewendet werden sollte.

3. Ausschluss der Haftung des Erstempfängers

24 Schließlich müsste die bereicherungsrechtliche Haftung des Erstempfängers infolge der Zuwendung an den Dritten aus Rechtsgründen ausgeschlossen sein.[8]

a) Entreicherung des L, § 818 III BGB

25 Die Weitergabe des Buches an J könnte den Bereicherungsanspruch des E gegen L nach § 818 III BGB zum Erlöschen gebracht haben. Im vorliegenden Fall hat die Zuwendung des Buches an J zum ersatzlosen Wegfall des Erlangten geführt. L ist somit gemäß § 818 III BGB entreichert.

b) Verschärfte Haftung

26 Allerdings kann sich der Erstempfänger nicht auf Entreicherung nach § 818 III BGB berufen, wenn die Voraussetzungen einer verschärften Haftung vorliegen.[9] Hier kommt allenfalls eine verschärfte Haftung des L nach §§ 819 I, 818 IV BGB in Betracht. Dazu müsste L den Mangel des rechtlichen Grundes vor dem Wegfall der Bereicherung gekannt haben. Diese Kenntnis hatte er ab dem Zeitpunkt, als E den Schenkungsvertrag ihm gegenüber widerrufen hat. Da er das Buch bereits zuvor – und im Übrigen auch vor dem Vorfall, der den Widerruf auslöste – der J unentgeltlich zugewendet hatte, haftet er dem E nicht nach § 819 I BGB verschärft.

4. Ergebnis

27 Folglich kann E von J nach § 822 BGB Herausgabe des Erlangten, also des Besitzes und Eigentums am Buch, verlangen.

Abwandlung

I. Ansprüche aus §§ 985, 861 I, 1007, 823 I, 816 I 2 BGB

28 Bei diesen Ansprüchen ergeben sich in der Abwandlung keine Unterschiede zum Ausgangsfall.

II. Anspruch des E gegen J aus § 822 BGB

29 Fraglich ist aber, ob E die J nach § 822 BGB auf Herausgabe in Anspruch nehmen kann, *soweit* sie das Buch unentgeltlich erlangt hat. Dies setzt voraus, dass E zunächst ein Bereicherungsanspruch gegen den Ersterwerber L zustand, Letzterer den Bereiche-

---

[8] Palandt/*Sprau,* § 822 Rn. 7.
[9] *BGH* NJW 1971, 609, 611; Palandt/*Sprau,* § 822 Rn. 9, § 818 Rn. 53.

rungsgegenstand unentgeltlich der J zugewendet hat und infolgedessen aus Rechtsgründen nicht mehr haftet.

1. Bereicherungsanspruch gegen den Ersterwerber

Ein Bereicherungsanspruch des E gegen den Ersterwerber L ergibt sich aus § 531 II 30
i.V.m. § 812 I 2 Alt. 1 BGB (sog. condictio ob causam finitam), da E den Schenkungsvertrag wirksam widerrufen hat (vgl. oben Rn. 13ff.).

2. Unentgeltliche Zuwendung des Erlangten an einen Dritten

L müsste der J das Buch unentgeltlich zugewendet haben. Dies erscheint insofern 31
problematisch, als L von J einen „Freundschaftspreis" von 5 € für das Buch erhalten hat. Andererseits besteht hier ein auffälliges Missverhältnis zwischen dem von J bezahlten Preis von 5 € und dem objektiven Verkehrswert des Buches i.H.v. 40 €. Rechtsgeschäfte, bei denen ein objektives Missverhältnis von Leistung und Gegenleistung besteht, sind als gemischte Schenkung zu qualifizieren, wenn sich die Parteien der Wertdifferenz bei Vertragsschluss bewusst sind und sich darauf einigen, dass der überschießende Wert ohne Gegenleistung i.w.S. zugewendet werden soll.[10] Fehlt es an einer Einigung über die teilweise Unentgeltlichkeit, ist von einem günstigen Kauf auszugehen. Im vorliegenden Fall hat L der J das Buch ausdrücklich zu einem „Freundschaftspreis" angeboten, der für beide erkennbar weit unter dem Verkehrswert lag. Somit hat L der J das Buch zumindest teilweise unentgeltlich zugewendet. § 822 BGB ist auf eine gemischte Schenkung ohne weiteres anwendbar, da dessen Wortlaut („soweit") ausdrücklich eine Aufspaltung des Erlangten in einen entgeltlichen und einen unentgeltlichen Teil vorsieht.

Hinweis: Dagegen ist die Anwendbarkeit des § 816 I 2 BGB im Falle einer gemischten Schenkung umstritten, da der Wortlaut dieser Norm nicht von einer Teilbarkeit des Erlangten ausgeht. Nach der Schwerpunkttheorie des BGH ist § 816 I 2 BGB nur anwendbar, wenn der unentgeltliche Teil des Rechtsgeschäfts überwiegt. Begründet wird dies mit einem Umkehrschluss aus § 822 BGB. Die h. L. spaltet die gemischte Schenkung dagegen in einen entgeltlichen und einen unentgeltlichen Teil auf und wendet § 816 I 2 BGB nur auf den unentgeltlichen Teil an (sog. Trennungstheorie). Näheres dazu in Fall 22. 32

3. Ausschluss der Haftung des Erstempfängers

Schließlich müsste die bereicherungsrechtliche Haftung des Erstempfängers infolge 33
der Zuwendung an den Dritten aus Rechtsgründen ausgeschlossen sein.[11]

a) Entreicherung des L, § 818 III BGB

Die Weitergabe des Buches an J könnte den Bereicherungsanspruch des E gegen L 34
nach § 818 III BGB zum Erlöschen gebracht haben. Im vorliegenden Fall ist L nur noch i.H.v. 5 € bereichert, da die Zuwendung des Buches an J im Übrigen zum ersatzlosen Wegfall des Erlangten geführt hat. L ist somit teilweise gemäß § 818 III BGB entreichert.

b) Verschärfte Haftung

Allerdings kann sich der Erstempfänger nicht auf Entreicherung nach § 818 III 35
BGB berufen, wenn die Voraussetzungen einer verschärften Haftung vorliegen.[12] Hier

---

[10] *BGH* NJW 2002, 3165, 3166; NJW-RR 1996, 754, 755; Palandt/*Weidenkaff*, § 516 Rn. 13.
[11] Palandt/*Sprau*, § 822 Rn. 7.
[12] *BGH* NJW 1971, 609, 611; Palandt/*Sprau*, § 822 Rn. 9, § 818 Rn. 53.

kommt eine verschärfte Haftung des L nach §§ 819 I, 818 IV BGB in Betracht. L kannte den Mangel des rechtlichen Grundes ab dem Zeitpunkt, als E den Schenkungsvertrag ihm gegenüber widerrufen hat. Da er das Buch anschließend in Kenntnis des fehlenden Rechtsgrundes der J zugewendet hat, haftet er dem E nach § 819 I BGB verschärft. L kann dem Wertersatzanspruch des E aus §§ 812 I 2 Alt. 1, 818 II BGB daher nicht den Einwand der Entreicherung entgegenhalten. Die subsidiäre Haftung der J nach § 822 BGB kommt somit nicht zum Tragen, da die bereicherungsrechtliche Haftung des Erstempfängers L fortbesteht.

4. Ergebnis

36 Folglich kann E von J keinen Wertersatz für den unentgeltlichen Erwerb nach § 822 BGB verlangen. Er muss sich vielmehr an L halten.

III. Anspruch des E gegen L aus §§ 531 II i.V.m. 812 I 2 Alt. 1, 818 II BGB

37 Fraglich ist, ob E von L aus §§ 531 II i.V.m. 812 I 2 Alt. 1 BGB Ersatz für das Buch beanspruchen kann.

1. Anspruchsvoraussetzungen

38 Wie oben bereits festgestellt, besteht dem Grunde nach ein Anspruch des E gegen L aus §§ 531 II i.V.m. 812 I 2 Alt. 1 BGB, da L Eigentum und Besitz am Buch durch Leistung des E erlangt hat und der Rechtsgrund für das Behaltendürfen aufgrund des wirksamen Schenkungswiderrufs nachträglich entfallen ist.

2. Haftungsumfang, §§ 818ff. BGB

39 Der Umfang des Anspruchs bemisst sich nach den §§ 812 i.V.m. 818ff. BGB. An sich schuldet L nach § 812 I 2 Alt. 1 BGB Herausgabe des ursprünglich Erlangten, also des Eigentums und Besitzes am Buch. Infolge der Weitergabe des Buches an J ist ihm diese Herausgabe unmöglich. L schuldet daher gem. § 818 II BGB Wertersatz i.H.v. 40 €. Die Weitergabe des Buches an J hat zwar teilweise zum ersatzlosen Wegfall des Erlangten geführt, sodass L an sich gem. § 818 III BGB entreichert wäre. L kann sich hier aber nicht auf § 818 III BGB berufen, da er im Zeitpunkt der Überlassung des Buches an J vom Schenkungswiderruf wusste und somit bösgläubig i.S.d. § 819 I BGB war (s.o.). Der bösgläubige Bereicherungsschuldner haftet gem. §§ 819 I, 818 IV BGB verschärft nach den allgemeinen Vorschriften und kommt damit nicht mehr in den Genuss der Haftungsprivilegierung aus § 818 III BGB. Die bereicherungs- und verschuldensunabhängige Wertersatzpflicht gem. § 818 II BGB bleibt davon jedoch unberührt.[13]

3. Ergebnis

40 E kann somit von L Wertersatz für das Buch i.H.v. 40 € aus §§ 531 II, 812 I 2 Alt. 1, 818 II BGB verlangen.

IV. Schadensersatzanspruch des E gegen L aus §§ 819 I, 818 IV, 292 I, 989 BGB

41 E könnte daneben ein Schadensersatzanspruch gegen L wegen der Überlassung des Buches an J aus §§ 819 I, 818 IV, 292 I, 989 BGB zustehen. Dies setzt voraus, dass L

[13] *Grigoleit/Auer*, Rn. 141.

hinsichtlich des Wegfalls des rechtlichen Grundes bösgläubig war und die Unmöglichkeit der Herausgabe zu vertreten hat.

1. Bösgläubigkeit des L, § 819 I BGB

L hat der J das Buch in Kenntnis des Schenkungswiderrufs überlassen und war daher hinsichtlich des Wegfalls des Rechtsgrundes bösgläubig. 42

2. Haftung nach allgemeinen Vorschriften

Gemäß § 819 I, 818 IV BGB haftet der bösgläubige Bereicherungsschuldner nach den allgemeinen Vorschriften, zu denen insbesondere die §§ 291 und 292 BGB gehören.[14] Für Ansprüche des Gläubigers wegen Unmöglichkeit der Herausgabe verweist § 292 I BGB wiederum auf § 989 BGB, dessen Voraussetzungen daher im Folgenden zu prüfen sind: 43

In entsprechender Anwendung des § 989 BGB hat L den Schaden zu ersetzen, der dadurch entstanden ist, dass das Buch infolge seines Verschuldens nicht mehr herausgegeben werden kann. L hat das Buch trotz Kenntnis des mangelnden Rechtsgrundes an J weitergegeben und damit die Herausgabe des Buches an E vorsätzlich unmöglich gemacht. Damit schuldet er nach den §§ 249ff. BGB Schadensersatz. Da die Naturalrestitution i.S.v. § 249 I BGB – dies wäre Herausgabe – im Falle der §§ 818 II–IV, 819 I, 292, 989 BGB ausgeschlossen ist, schuldet L nach § 251 I Alt. 1 BGB Ersatz des Wertes des Buches, also 40 €. 44

3. Ergebnis

Folglich kann E von L Schadensersatz für den Verlust des Buches i.H.v. 40 € aus §§ 819 I, 818 IV, 292 I, 989 BGB verlangen. 45

V. Schadensersatzanspruch des E gegen L aus § 823 I BGB

Ein Schadensersatzanspruch des E gegen L aus § 823 I BGB setzt zunächst eine Rechtsgutsverletzung voraus. Denkbar wäre hier allenfalls eine Eigentumsverletzung. E war aber im Zeitpunkt der Überlassung des Buches an J nicht mehr Eigentümer des Buches, sodass eine Eigentumsverletzung ausscheidet. Hier wurde lediglich das Vermögen des E beeinträchtigt, welches durch § 823 I BGB aber nicht geschützt wird. Im Übrigen stünde hier auch die Sperrwirkung der §§ 989ff. BGB einem deliktischen Schadensersatzanspruch aus § 823 I BGB entgegen (vgl. § 993 I a.E. BGB). 46

Hinweis: Die Sperrwirkung des EBV, also der §§ 987ff. BGB, gehört an sich zum Stoff des Sachenrechts und muss von Studienanfängern, an deren Fakultät die gesetzlichen Schuldverhältnisse des 2. Buchs des BGB vor dem Sachenrecht gelehrt werden, noch nicht unbedingt gekannt werden. An sich sollte man – gerade in Fällen, in denen der Tatbestand des § 823 I BGB erfüllt wäre – auf § 993 I a.E. BGB ganz am Anfang der Ausführungen zu § 823 I BGB eingehen, um sich unnötige Ausführungen zu ersparen. 47

VI. Schadensersatzanspruch des E gegen L aus § 826 BGB

Ein Schadensersatzanspruch des E gegen L könnte sich aber aus § 826 BGB ergeben. Dies setzt voraus, dass § 826 BGB im vorliegenden Fall anwendbar ist und dass L dem E vorsätzlich und sittenwidrig einen Schaden zugefügt hat. 48

---

[14] *Medicus/Lorenz* II, Rn. 1180; Palandt/*Sprau*, § 818 Rn. 52.

1. Anwendbarkeit des § 826 BGB

49 Die Sperrwirkung der §§ 989ff. BGB steht einem Anspruch aus § 826 BGB nicht entgegen, da derjenige, der einen anderen vorsätzlich sittenwidrig schädigt, nicht schutzwürdig ist.[15]

2. Sittenwidrige Schädigungshandlung

50 Zu prüfen ist, ob L eine sittenwidrige Schädigungshandlung begangen hat, indem er J das Buch überlassen hat, um den Herausgabeanspruch des E zu vereiteln. Sittenwidrig ist, was gegen das Anstandsgefühl aller billig und gerecht Denkenden verstößt.[16] Das Verhalten des Schädigers muss also besonders verwerflich sein, wobei sich die Verwerflichkeit aus dem verfolgten Zweck, den verwendeten Mitteln, der zutage getretenen Gesinnung oder den eingetretenen Folgen ergeben kann.[17] Im vorliegenden Fall hat L das Buch nur deshalb zu einem weit unter Marktwert liegenden Preis der J überlassen, um den Rückgewähranspruch des E zu vereiteln. Damit hat L seine formale Eigentümerstellung dazu missbraucht, dem E das herauszugebende Buch dauerhaft vorzuenthalten. Ein berechtigtes Interesse des L an der Übereignung des Buches an J ist nicht ersichtlich. Das Verhalten des L ist daher als besonders verwerflich zu qualifizieren und stellt mithin eine sittenwidrige Schädigungshandlung dar.

3. Kausaler Schaden

51 Dem E ist ein Schaden entstanden, da sein Anspruch auf Rückgabe und Rückübereignung des Buches im Wert von 40 € infolge der Überlassung an J nicht mehr realisierbar ist.

4. Vorsatz bzgl. Sittenwidrigkeit und Schaden

52 Schließlich müsste L Vorsatz sowohl hinsichtlich der Sittenwidrigkeit als auch hinsichtlich des Schadens besessen haben, wobei dolus eventualis genügt.[18] L hat E vorsätzlich geschädigt, da er ihm das Buch im Wert von 40 € dauerhaft entziehen wollte. Zudem kannte L die o.g. Umstände, die sein Verhalten als sittenwidrig erscheinen lassen. Das Bewusstsein der Sittenwidrigkeit wird von § 826 BGB nicht vorausgesetzt.[19]

5. Umfang der Ersatzpflicht, §§ 249ff. BGB

53 Der Umfang der Ersatzpflicht richtet sich nach den §§ 249ff. BGB. Gem. § 251 I Alt. 1 BGB ist E dafür zu entschädigen, dass er das Buch im Wert von 40 € nicht mehr von L herausverlangen kann. L schuldet somit Schadensersatz i.H.v. 40 €.

6. Ergebnis

54 Folglich kann E von L Schadensersatz i.H.v. 40 € aus § 826 BGB verlangen.

VII. Ansprüche des E gegen L auf Erlösherausgabe

55 Möglicherweise kann E von L auch den erzielten Erlös i.H.v. 5 € herausverlangen.

---

[15] Staudinger/*Gursky*, Vor §§ 987ff. Rn. 40.
[16] Palandt/*Sprau*, § 826 Rn. 4.
[17] Palandt/*Sprau*, § 826 Rn. 4.
[18] Palandt/*Sprau*, § 826 Rn. 8, 10.
[19] Palandt/*Sprau*, § 826 Rn. 8.

Hinweis: Die folgenden Anspruchsprüfungen gehen über den klassischen Anfängerstoff hinaus und sind eher für mittlere Semester von Interesse, die auch das Sachenrecht bereits kennen. 56

1. Ansprüche aus §§ 816 I 1; 687 II, 681 S. 2, 667 oder 285, 985 BGB

Ein Anspruch des E gegen L auf Erlösherausgabe gem. § 816 I 1 BGB setzt voraus, das L als Nichtberechtigter über das Buch des E verfügt hat. Als L eine Verfügung getroffen, nämlich das Buch gem. § 929 S. 1 BGB an J übereignet hat, war L aber Eigentümer des Buches, da der widerrufene Schenkungsvertrag noch nicht nach § 812 I 2 Alt. 1 BGB rückabgewickelt worden war. L hat somit als Berechtigter verfügt, der Anspruch besteht nicht. 57

Aus dem gleichen Grund kommt auch ein Erlösherausgabeanspruch aus angemaßter Eigengeschäftsführung gem. §§ 687 II, 681 S. 2, 667 BGB nicht in Betracht. Die Verfügung des L über das Buch als Eigentümer ist kein fremdes Geschäft. 58

Schließlich scheitert auch ein Anspruch des E gegen L auf Erlösherausgabe nach § 285 I i.V.m. § 985 BGB bereits am Fehlen einer Vindikationslage, da E im Zeitpunkt der Überlassung des Buches an J, die zur Unmöglichkeit der Herausgabe führte, nicht Eigentümer des Buches war. 59

Hinweis: Auf die klassische Streitfrage, ob § 285 BGB auf den dinglichen Herausgabeanspruch aus § 985 BGB überhaupt Anwendung findet, kommt es somit nicht an.[20] 60

2. Anspruch aus §§ 819 I, 818 IV, 285 BGB

Allerdings könnte E gegen L einen Anspruch auf Herausgabe der 5 € nach §§ 819 I, 818 IV, 285 BGB haben. Der bösgläubige Bereicherungsschuldner haftet gem. §§ 819 I, 818 IV BGB nach den allgemeinen Vorschriften, zu denen auch § 285 BGB zählt.[21] L hat infolge der Überlassung des Buches an J, die zur Unmöglichkeit der Herausgabe geführt hat, 5 € als Ersatz für das Buch erhalten. Somit kann E von L die Herausgabe der 5 € aus §§ 819 I, 818 IV, 285 BGB verlangen. Gem. § 285 II BGB muss sich E dann aber die 5 € auf seinen Schadensersatzanspruch bzw. den inhaltsgleichen Wertersatzanspruch anrechnen lassen, um einen ungerechtfertigten Gewinn des E zu vermeiden.[22] 61

[20] Dies wird von der h. M. abgelehnt, vgl. Palandt/*Grüneberg* § 285 Rn. 4.
[21] Palandt/*Sprau,* § 818 Rn. 52; Staudinger/*Lorenz,* § 818 Rn. 50.
[22] Palandt/*Grüneberg,* § 285 Rn. 11.

Fall 24. Opa und das Sparbuch

Sachverhalt

Opa Otto Oppenheimer (O) hat zu seinem Enkel Elias Ellinger (E) ein inniges Verhältnis. Deshalb schließt er, als Elias fünf Jahre alt ist, mit der Sparkasse (S), bei der er sein Konto unterhält, eine Vereinbarung folgenden Inhalts:

Otto eröffnet bei der Sparkasse ein Sparkonto auf den Namen von Elias. Das zugehörige Sparbuch erhält zunächst Otto. Mit dem Tag seines 18. Geburtstags soll Elias automatisch Kontoinhaber sein und von Otto das Sparbuch erhalten.

Im Laufe der Jahre überweist Otto insgesamt 30000 € auf das Konto. Kurz vor dem 18. Geburtstag seines Enkels hebt Otto wegen eines finanziellen Engpasses unter Vorlage des Sparbuchs 5000 € von dem Sparkonto ab. Am Tag des 18. Geburtstags gratuliert Otto seinem Enkel Elias kurz nach Mitternacht telefonisch und informiert ihn auch, dass er nunmehr Inhaber eines Sparkontos sei, das sein Großvater bereits vor Jahren heimlich für ihn angelegt habe und für das er das Sparbuch im Tagesverlauf erhalten solle. Elias bedankt sich artig.

Am nächsten Morgen hebt Otto unter Vorlage des Sparbuchs nochmals 2000 € von dem Sparkonto ab, was er eigentlich tags zuvor hatte tun wollen, aber vergessen hatte. Anschließend übergibt Otto dem Elias das Sparbuch.

Dessen Freude über die 23000 € auf dem Sparkonto ist zunächst groß. Nachdem er aber zwei Semester Jura studiert hat, beginnt er, sich zu fragen, ob er von seinem Großvater theoretisch die Rückzahlung der abgehobenen Summen verlangen könnte.

Durch behutsame Nachfragen findet er heraus, dass Otto mit den ersten 5000 € Schulden bei verschiedenen Geschäften bezahlt hat. Von den weiteren 2000 € hat er eine neue Stereoanlage zum Preis von 1000 € gekauft und den Rest für ein Wochenende in Monte Carlo aufgewendet, das er sich sonst nicht hätte leisten können. Otto glaubte, nicht zuletzt wegen einer Auskunft des Sparkassenangestellten, auf das Sparkonto eingezahltes Geld wieder abheben zu dürfen, solange er Elias das Sparbuch noch nicht übergeben hatte. Denn der Sparkassenangestellte hatte auf seine Frage hin erklärt, dass er dies bei Vorlage des Sparbuchs problemlos tun könne.

Elias vermutet, dass diese Auskunft nicht zutreffend war. Denn bei seinen Überlegungen und Recherchen ist er auf die Vorschrift des § 808 BGB gestoßen, aus der sich seiner Meinung nach nicht ergibt, dass der Inhaber des Sparbuchs im Verhältnis zum Kontoinhaber zu Abhebungen berechtigt ist.

Könnte Elias von Otto Rückzahlung der abgehobenen Beträge verlangen?

Gliederung

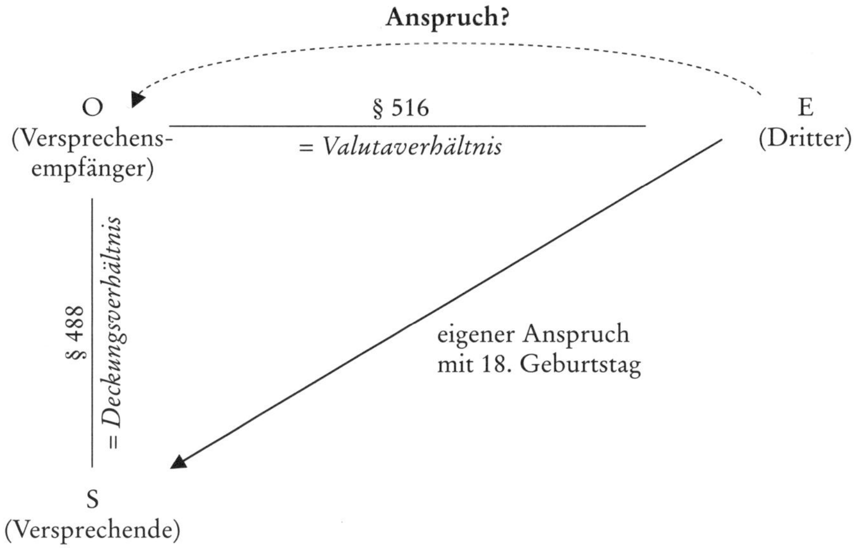
Anspruch?
O
(Versprechens-
empfänger)
§ 516
= Valutaverhältnis
E
(Dritter)
§ 488
= Deckungsverhältnis
eigener Anspruch
mit 18. Geburtstag
S
(Versprechende)

Lösung

1 **Hinweis:** Die Vorschrift des § 816 II BGB muss man als Studienanfänger, der eine Vorlesung zu den gesetzlichen Schuldverhältnissen bzw. zum Bereicherungsrecht gehört hat, bereits ohne weiteres kennen. Bei Fällen zu dieser Norm ergibt sich das Problem, dass sie meist nur als Annex zu einer vorgelagerten Problematik auftritt (wie im vorliegenden Fall auch). Denn § 816 II BGB setzt voraus, dass eine Leistung an einen Nichtberechtigten bewirkt wird, die dem Berechtigten gegenüber wirksam ist. Mit dem Ausdruck „bewirkt“ knüpft § 816 II BGB an § 362 I BGB an. Doch geht es um Fälle, in denen die Leistungsbewirkung nicht schon nach § 362 I BGB zum Erlöschen der Verpflichtung des Leistenden führt, weil gerade nicht – wie dort vorgesehen – an den Gläubiger als Berechtigten geleistet wird, es aber aufgrund spezieller gesetzlicher Anordnung dennoch zum Erlöschen des Forderungsrechts kommt. Für Anfänger bietet sich insofern § 816 II BGB im Umfeld der Forderungsabtretung (§ 398 BGB) an, wenn der Schuldner in Unkenntnis der Abtretung an den ursprünglichen Gläubiger leistet und dadurch nach § 407 I BGB befreit wird. Zu dieser Konstellation findet sich an anderer Stelle[1] bereits ein Fall, weshalb hier die Leistung gegen Vorlage des Sparbuchs gewählt wurde. Damit ist der Fall eher für mittlere Semester (und ambitionierte Anfänger) geeignet, da er § 816 II BGB mit Fragen des Vertrags zugunsten Dritter verknüpft. Was das Sparbuch angeht, weist der Sachverhalt den Bearbeiter auf eine wichtige Vorschrift und eine Frage hin, die sie für die Lösung des Falls aufwirft. Wie üblich muss man einen solchen Hinweis aufgreifen. – Weitere Normen, die im „Annex“ zu § 816 II BGB führen, finden sich in den §§ 370 und 851 BGB. – Was den Aufbau angeht, so sollte man erkennen, dass der achtzehnte Geburtstag des E eine erhebliche Bedeutung für die Falllösung hat. Deshalb bietet es sich an, Ansprüche wegen der zuerst abgehobenen 5000 € und wegen der später abgehobenen 2000 € getrennt zu prüfen. Will man anders aufbauen, muss man innerhalb der Anspruchsprüfung differenzieren.

I. Anspruch des E gegen O auf Zahlung der zuerst abgehobenen 5000 €

1. Aus §§ 687 II, 681 S. 2, 667 BGB

2 Ein Herausgabeanspruch des E könnte sich unter dem Gesichtspunkt der angemaßten Eigengeschäftsführung aus den §§ 687 II, 681 S. 2, 667 BGB ergeben.

a) Führung eines fremden Geschäfts?

3 Dazu müsste O mit der Abhebung ein Geschäft des E geführt haben. Da als Geschäftsführung i. S. v. § 687 II BGB grundsätzlich jedes rechtsgeschäftliche oder tatsächliche Verhalten in Betracht kommt, liegt jedenfalls eine Geschäftsführung vor.

[1] *Fritzsche*, Fälle zum Schuldrecht I, Fall 22.

Damit die Abhebung für O ein fremdes Geschäft war, müsste sie objektiv in den Rechtskreis des E gefallen sein. Dies wäre dann der Fall, wenn E Inhaber des Sparkontos und damit der Auszahlungsforderung gegen die Sparkasse gewesen wäre. Eröffnet wurde das Konto von O; dieser hat also einen Vertrag – nach h.M. einen Darlehensvertrag i.S.v. § 488 BGB[2] – mit der Sparkasse geschlossen. Dies spricht zunächst dafür, dass O selbst Inhaber des Kontos geworden sein könnte. Zwar soll schlussendlich E mit dem 18. Geburtstag Kontoinhaber werden, was einen Vertrag zu seinen Gunsten i.S.v. § 328 I BGB nahelegt. Da O mit der Sparkasse ausdrücklich vereinbart hat, dass E erst an seinem 18. Geburtstag Kontoinhaber werden soll, lässt die Auslegung der Vereinbarung nach §§ 133, 157 BGB keinen anderen Schluss zu, als dass zunächst O Inhaber des Kontos sein sollte. 4

Hinweis: Der Sachverhalt weicht zur Vereinfachung vom „üblichen" Fall ab. Dieser sieht so aus, dass ein Eltern- oder Großelternteil für das meist minderjährige Kind ein Sparkonto mit der Abrede eröffnet, das Kind solle das Geld mit dem Tod des Kontoeröffnenden erwerben (sog. Vertrag zugunsten Dritter auf den Todesfall). Dies ist eine Abrede i.S.v. § 331 I BGB, die der Abgrenzung zu § 2301 BGB bedarf. Weitere Details werden meist nicht eindeutig geregelt, sodass im Wege der Auslegung (§§ 133, 157 BGB) zu ermitteln ist, ob zunächst der Kontoeröffnende Inhaber des Kontos werden soll oder sogleich der Begünstigte. Dazu hat der BGH im Laufe der Zeit einige Auslegungskriterien entwickelt; insbesondere das Behalten des Sparbuchs durch den Kontoeröffnenden soll dafür sprechen, dass der Begünstigte zunächst noch nicht Kontoinhaber wird.[3] 5

Da O die ersten 5000 € vor dem 18. Geburtstag des E abgehoben hat, als er selbst noch Kontoinhaber war, hat er kein fremdes Geschäft geführt. 6

Hinweis: Hält man E für den Kontoinhaber, ist zu prüfen, ob O das Geschäft „Abhebung" als eigenes geführt hat, obwohl er um dessen Fremdheit positiv wusste. O hatte zwar das Konto auf den Namen des E eröffnet, hielt sich aber lt. Sachverhalt dennoch zumindest für verfügungsbefugt. Damit fehlt es an dem für § 687 II BGB erforderlichen Vorsatz, das fremde Geschäft als eigenes zu führen. Es liegt dann ein Fall der irrtümlichen Eigengeschäftsführung i.S.v. § 687 I BGB vor, der eine Anwendung der §§ 677ff. BGB ausschließt, und kein Fall des § 687 II BGB. 7

b) Ergebnis

Ein Anspruch nach §§ 687 II, 681 S. 2, 667 BGB besteht nicht. 8

2. Aus § 812 I 1 Alt. 1 BGB

E könnte gegen O einen Anspruch auf Herausgabe der von der Sparkasse an ihn ausgezahlten 5000 € aus Leistungskondiktion haben, § 812 I 1 Alt. 1 BGB. 9

a) Etwas erlangt

O hat mit der Auszahlung durch die Sparkasse Besitz und nach § 929 S. 1 BGB Eigentum an Geldwertzeichen im Wert von 5000 € erlangt. 10

Hinweis: Das Sparbuch bzw. die Forderung aus dem Sparvertrag hat O aufgrund des Vertragsschlusses mit der Sparkasse erlangt, nicht durch die Auszahlung. 11

b) Durch Leistung des E

Dies müsste durch eine Leistung des E geschehen sein, also durch eine bewusste und zweckgerichtete Vermögensmehrung. Unmittelbar zugewendet hat das Geld dem O aber die Sparkasse, die damit die Erfüllung ihrer Verbindlichkeit aus dem Sparvertrag 12

---

[2] Palandt/*Sprau*, § 808 Rn. 6; Staudinger/*Marburger*, § 808 Rn. 42 m.w.N. auch zur Gegenauffassung, die § 700 I BGB annimmt, der aber auf §§ 488 ff. BGB verweist.

[3] *BGH* NJW 1994, 931; 2005, 980 m.w.N.

(§ 488 I 2 BGB) bezweckte. Damit hat *die Sparkasse* eine Leistung an O bewirkt und nicht der E; dies stellt sich auch aus der Sicht des Zuwendungsempfängers O so dar und – was nach h. M. unerheblich ist – auch aus Sicht der Sparkasse. Eine Leistung des E an O liegt also nicht vor.

c) Zwischenergebnis

13 Ein Anspruch des E gegen O gem. § 812 I 1 Alt. 1 BGB besteht nicht.

3. Aus § 816 II BGB

14 Ein Anspruch des E gegen O könnte sich aus § 816 II BGB ergeben.

15 **Hinweis:** Es sei nochmals daran erinnert, dass man stets an § 816 BGB denken sollte, wenn man eine Leistungskondiktion abgelehnt hat, bevor man die allgemeine Nichtleistungskondiktion des § 812 I 1 Alt. 2 BGB prüft. – Der klassische Fall zu § 816 II BGB liegt vor, wenn der Gläubiger seine Forderung durch Abtretungsvertrag nach § 398 BGB auf einen Dritten überträgt und der Schuldner in Unkenntnis der Abtretung an den ursprünglichen Gläubiger leistet. Der Dritte muss diese Leistung dann nach § 407 I BGB gegen sich gelten lassen und die Leistung über den Anspruch nach § 816 II BGB vom ursprünglichen Gläubiger herausverlangen.[4]

a) Bewirkung einer Leistung

16 Wie festgestellt, hat die Sparkasse dem O Eigentum und Besitz an Geldwertzeichen im Wert von 5000 € zur Erfüllung ihrer Verbindlichkeit aus dem Sparvertrag geleistet.

b) An einen Nichtberechtigten

17 O als Anspruchsgegner des § 816 II BGB müsste Nichtberechtigter gewesen sein. Wie bereits zu § 687 II BGB festgestellt, war er vor dem 18. Geburtstag des E aber Kontoinhaber und somit Berechtigter.

c) Ergebnis

18 E hat gegen O keinen Anspruch aus § 816 II BGB.

4. Aus § 812 I 1 Alt. 2 BGB

19 Somit könnte E gegen O allenfalls noch einen Anspruch aus allgemeiner Eingriffskondiktion gem. § 812 I 1 Alt. 2 BGB haben.

20 Jedoch schließt nach h.M. das Vorliegen einer Leistung der Sparkasse an O eine Nichtleistungskondiktion auch im Verhältnis des E zu O aus. Selbst wenn man diesen Vorrang der Leistungsbeziehungen nicht anerkennen wollte, so würde der Anspruch letztlich scheitern: Zwar hätte O Besitz und Eigentum an den 5000 € Bargeld in sonstiger Weise erlangt, nämlich durch die Abhebung, also eine eigene Handlung, die man als Eingriff i. S. d. sog. Eingriffskondiktion werten könnte. Doch wäre weiter erforderlich, dass O das Erlangte auf Kosten des E erlangt hätte. Insofern kommt es wieder auf die Forderungszuständigkeit, also die Inhaberschaft am Konto an, die im Zeitpunkt der Auszahlung noch nicht bei E lag.

21 Damit scheidet auch ein Anspruch des E gegen O nach § 812 I 1 Alt. 2 BGB aus.

22 **Hinweise:** Keinesfalls darf man bei der Frage der Kontoinhaberschaft (oder stattdessen) auf das Geld abstellen und die §§ 929ff. BGB anwenden (insb. § 932 anstelle von § 808 BGB, auf den der Sachverhalt eigens hinweist). Man muss sich stets die Unterscheidung zwischen Sachen und Rechten bewusst machen und die Rechtsanwendung daran orientieren.

---

[4] Dazu ausführlich *Fritzsche*, Fälle zum Schuldrecht I, Fall 22.

5. Ergebnis zu den zuerst abgehobenen 5000 €

E hat gegen O keinen Anspruch auf Herausgabe der 5000 €. 23

II. Anspruch des E gegen O auf Zahlung der später abgehobenen 2000 €

1. Aus §§ 687 II, 681 S. 2, 667 BGB

Ein Herausgabeanspruch des E hinsichtlich der 2000 € könnte sich wiederum aus angemaßter Eigengeschäftsführung ergeben, §§ 687 II, 681 S. 2, 667 BGB. 24

a) Führung eines fremden Geschäfts?

Dazu müsste O mit der Abhebung ein Geschäft des E geführt haben. Da als Geschäftsführung i.S.v. § 687 II BGB grundsätzlich jedes rechtsgeschäftliche oder tatsächliche Verhalten in Betracht kommt, liegt jedenfalls eine Geschäftsführung vor. 25

Zu prüfen ist, ob die Abhebung für O ein fremdes Geschäft war, weil sie objektiv in den Rechtskreis des E fiel. Dies wäre dann der Fall, wenn E Inhaber des Sparkontos und damit der Auszahlungsforderung gegen die Sparkasse gewesen wäre. Wie bereits festgestellt, hatte O den Sparvertrag (§ 488 BGB) mit der Sparkasse im eigenen Namen geschlossen und war zunächst Kontoinhaber und damit Forderungsberechtigter geworden. Jedoch hatte O mit der Sparkasse des Weiteren ausdrücklich vereinbart, dass E mit seinem 18. Geburtstag „automatisch“ Kontoinhaber werden sollte. Dieses Ziel lässt sich nur erreichen, wenn man die Vereinbarung zwischen der Sparkasse und O insofern als Vertrag zugunsten Dritter i.S.v. § 328 I BGB auslegt. Denn E sollte mit seinem 18. Geburtstag Forderungsinhaber werden; er sollte also ein eigenes Forderungsrecht erwerben (vgl. § 328 I, II BGB), allerdings nicht schon mit Vertragsschluss, sondern erst später. O hat mit der Sparkasse also einen aufschiebend befristeten Forderungserwerb durch E vereinbart, was nach § 163 i.V.m. § 158 I BGB möglich ist. Mit der Vollendung seines 18. Lebensjahres ist E somit gem. §§ 328 I, 163, 158 I BGB Inhaber des Sparkontos geworden. 26

Hinweis: Der Forderungserwerb durch E vollzog sich tatsächlich „automatisch“, ohne dass es der Übergabe des Sparbuchs von O an E bedurfte. Das Sparbuch ist ein sog. „hinkendes Inhaberpapier“, bei welchem das Eigentum am Papier (Sparbuch) der Inhaberschaft an der Forderung folgt.[5] E kann daher nach Erwerb der Forderung das Sparbuch von O gem. §§ 985, 952 BGB herausverlangen. Erforderlich für den Erwerb der Forderung ist die Herausgabe allerdings nicht. 27

Damit war die Abhebung am 18. Geburtstag des E für O bereits ein objektiv fremdes Geschäft. 28

b) Angemaßte Eigengeschäftsführung?

Weiter müsste O das Geschäft als eigenes geführt haben, obwohl er um die Fremdheit des Geschäfts „Abhebung“ positiv wusste. Nach seinen eigenen Angaben sowie aufgrund der Auskunft des Sparkassenangestellten hielt sich O für berechtigt, auch nach dem 18. Geburtstag des E noch Abhebungen von dem Konto zu tätigen, solange er das Sparbuch noch besaß. O hielt sich also für weiterhin verfügungsbefugt, sodass ihm der für § 687 II BGB erforderliche Vorsatz fehlt, das fremde Geschäft als eigenes zu führen. Es liegt ein Fall der irrtümlichen Eigengeschäftsführung i.S.v. § 687 I BGB vor und kein Fall des § 687 II BGB. 29

---

[5] Vgl. Palandt/*Sprau*, § 808 Rn. 2, 6.

c) Ergebnis

30 Ein Anspruch nach §§ 687 II, 681 S. 2, 667 BGB besteht nicht.

2. Aus §§ 681 S. 2, 667 BGB

31 Da es sich um einen Fall der irrtümlichen Eigengeschäftsführung nach § 687 I BGB handelt, scheiden Ansprüche des E gegen O gem. §§ 681 S. 2, 667 BGB aus.

3. Aus § 816 II BGB

32 In Betracht kommt erneut ein Anspruch des E gegen O aus § 816 II BGB.

a) Bewirkung einer Leistung

33 Die Sparkasse hat an O zur Erfüllung ihrer Verbindlichkeit aus dem Sparvertrag geleistet (vgl. oben Rn. 12).

34 **Hinweis:** Da sich insofern kein Unterschied ergeben kann, erscheint eine erneute Prüfung der Leistungskondiktion entbehrlich.

b) An einen Nichtberechtigten

35 O müsste hinsichtlich der Entgegennahme der Leistung der Sparkasse Nichtberechtigter gewesen sein. Er dürfte also weder Kontoinhaber noch zur Entgegennahme der Auszahlung befugt gewesen sein.

36 Wie bereits festgestellt, war E mit seinem 18. Geburtstag aufgrund der Abreden des O mit der Sparkasse nach §§ 328 I, 163, 158 I BGB Inhaber der Forderung aus dem Sparvertrag geworden. Gemäß § 187 II 2 BGB ist bei der Berechnung des Lebensalters der Tag der Geburt nicht mitzurechnen, sodass nach § 188 II BGB das 18. Lebensjahr bereits mit dem Beginn des „Geburtstages“ erreicht wird.

37 Zu prüfen bleibt, ob O dennoch kraft Gesetzes oder aufgrund eines Rechtsgeschäfts mit dem Kontoinhaber E zur Entgegennahme der Leistung berechtigt war. Jedoch ist eine Konto- oder sonstige Vollmacht nicht ersichtlich, und auch der bloße Besitz des Sparbuchs begründet im Verhältnis des Abhebenden zum wahren Kontoinhaber keine Berechtigung. Auch aus § 808 BGB ergibt sich dies nicht; im Gegenteil stellt § 808 I 2 BGB klar, dass die Sparkasse zwar nach S. 1 an den Inhaber des Sparbuchs mit befreiender Wirkung leisten kann, der Inhaber aber kein Forderungsrecht hat.[6]

38 **Hinweis:** Damit hat § 808 BGB die gleiche Funktion wie § 407 I BGB nach einer Abtretung – der in Unkenntnis der wahren Rechtslage an den falschen Empfänger leistende Schuldner soll geschützt werden, indem er von seiner Verpflichtung gegenüber dem wahren Gläubiger frei wird, obwohl er die Leistung nicht an diesen erbringt, wie es § 362 I BGB verlangt. Über das Verhältnis zwischen E und O trifft § 808 BGB ebenso wenig eine Aussage wie § 407 BGB.

39 O hat die Leistung der Sparkasse somit als Nichtberechtigter erhalten.

c) Dem Berechtigten gegenüber wirksam

40 Zu prüfen bleibt, ob die Leistung der Sparkasse an den Nichtberechtigten O dem wahren Berechtigten E gegenüber wirksam ist. Dies könnte nach § 808 I 1 BGB deshalb der Fall sein, weil O bei der Auszahlung das über das Konto ausgestellte Sparbuch vorgelegt hat. Das Sparbuch ist eine Urkunde, in der der Gläubiger (E) benannt ist. Sparbücher werden zudem mit der Bestimmung ausgegeben, dass die in der Ur-

---

[6] Näher Staudinger/*Marburger*, § 808 Rn. 21, 53.

kunde versprochene Leistung – nämlich die Auszahlung des Guthabens – an jeden Inhaber bewirkt werden kann. Da O bei der Abhebung das Sparbuch vorgelegt hat, wurde die Sparkasse durch die Auszahlung der 2000 € an O gem. § 808 I 1 BGB gegenüber E von ihrer Verbindlichkeit aus dem Sparvertrag (§ 488 I 2 BGB) insoweit frei.

Hinweis: Die folgenden Ausführungen sind von Studierenden auch der mittleren Semester ohne Hinweise im Sachverhalt nicht zu erwarten und daher als vertiefende Information gedacht. 41

Die Befreiungswirkung des § 808 I 1 BGB wäre dann nicht eingetreten, wenn die Sparkasse als Ausstellerin des Sparbuchs die Nichtberechtigung des O kannte oder grob fahrlässig nicht kannte.[7] Insofern ist ihr das Wissen von vertretungsberechtigten Mitarbeitern nach § 166 I BGB zuzurechnen. Allein die Tatsache, dass O nicht Inhaber der Forderung aus dem Sparguthaben war, begründet allerdings eine Bösgläubigkeit der Sparkasse noch nicht, denn § 808 BGB soll es gerade ermöglichen, mit befreiender Wirkung an den Überbringer des Sparbuchs zu leisten. Einzig die Nachfrage des O beim Angestellten könnte (über § 166 I BGB) zu einer grob fahrlässigen Unkenntnis der Sparkasse führen. Eine solche liegt aber nur vor, wenn die im Verkehr erforderliche Sorgfalt in besonders schwerem Maße verletzt wird, wenn schon einfachste, ganz naheliegende Überlegungen nicht angestellt werden und das nicht beachtet worden ist, was im gegebenen Fall jedem hätte einleuchten müssen.[8] Rspr. und h. L. sind gerade bei Beträgen, die sich im Rahmen des üblichen Massengeschäfts halten, mit der Annahme derartiger grober Fahrlässigkeit eher zurückhaltend.[9] Für die Sparkasse gab es keinen Anlass, bei eher geringen Abhebungen an der Berechtigung des O zu zweifeln, zumal es sich hier nicht um einen der Sparkasse unbekannten Dritten, sondern um den Großvater des Kontoinhabers handelte. 42

Die Leistung an O ist daher dem Berechtigten E gegenüber wirksam. 43

Hinweis: Wegen des Hinweises im Sachverhalt muss man § 808 BGB sehen. Eine Anwendung der §§ 929ff. BGB, die nur für Sachen gelten, auf die Forderung aus dem Sparvertrag würde hingegen einen kapitalen Fehler darstellen. 44

d) Rechtsfolge und Anspruchsumfang

O ist E zur Herausgabe der erlangten 2000 € nach § 816 II BGB verpflichtet. 45

aa) Herausgabe in natura bzw. Wertersatz

Gem. § 816 II BGB müsste O das Erlangte in natura herausgeben. Nach h. M. sind auch Geldwertzeichen als Sache zu behandeln; daher wäre O zur Herausgabe von Eigentum und Besitz an den von der Sparkasse ausgezahlten Geldwertzeichen im Wert von 2000 € verpflichtet. Da O die empfangenen Geldwertzeichen nicht mehr besitzt, hat er nach § 818 II BGB Wertersatz zu leisten. 46

bb) Entreicherung, § 818 III BGB?

Zu prüfen bleibt, ob die Verpflichtung des O zum Wertersatz nach § 818 III BGB ausgeschlossen ist, weil O nicht mehr bereichert ist. Dazu dürfte der Bereicherungsgegenstand – also das erlangte Bargeld – wertmäßig im Vermögen des Bereicherungsempfängers in keiner Weise mehr vorhanden sein. 47

(1) Schuldentilgung i. H. v. 5000 €

Mit den ersten 5000 € hat O Schulden getilgt. Damit ist der Wert des Erlangten in anderer Form noch in seinem Vermögen vorhanden.[10] Allerdings besteht insofern, wie oben I. festgestellt, kein Herausgabeanspruch. 48

Hinweis: Insofern kann man diese eher didaktisch motivierten Ausführungen auch weglassen. 49

---

[7] Ganz h. M., vgl. MünchKomm/*Habersack*, § 808 Rn. 14ff., 28f.; Palandt/*Sprau*, § 808 Rn. 4 m. w. N.

[8] Vgl. Palandt/*Grüneberg*, § 277 Rn. 5 m. w. N.

[9] Vgl. MünchKomm/*Habersack*, § 808 Rn. 28f.

[10] *BGH* NJW 2000, 740, 741 m. w. N.; Palandt/*Sprau*, § 818 Rn. 38.

(2) Anschaffung der Stereoanlage für 1000 €

50 Auch die 1000 €, die O für die Anschaffung der Stereoanlage verwendet hat, sind in anderer Form noch in seinem Vermögen vorhanden.

(3) Reise nach Monte Carlo für 1000 €

51 Fraglich ist die Fortdauer der Bereicherung aber hinsichtlich der 1000 €, die O für die Reise nach Monte Carlo aufgewendet hat. Zwar kann eine wertmäßige Bereicherung auch in der Ersparnis von Ausgaben liegen, die der Bereicherungsempfänger sonst notwendigerweise auch gehabt hätte und von denen anzunehmen ist, dass er sie mit anderen verfügbaren Mitteln getätigt hätte.[11] Dagegen ist ein Wegfall der Bereicherung in der Regel dann anzunehmen, wenn das Empfangene in sog. Luxusausgaben geflossen ist, also für Sachen oder Leistungen aufgewendet wurde, die der Leistungsempfänger sich andernfalls nicht gegönnt hätte.[12] Dies ist bei der Reise des O nach Monte Carlo der Fall, sodass O im Umfang von 1000 € nach § 818 III BGB entreichert ist.

cc) Ausschluss des Entreicherungseinwandes nach §§ 819 I, 818 IV BGB?

52 Der Entreicherungseinwand hinsichtlich der 1000 € wäre dem O abgeschnitten, würde er für die Herausgabe des empfangenen Bargelds nach §§ 819 I, 818 IV BGB verschärft haften.

53 Da der Anspruch auf Herausgabe der 2000 € im Zeitpunkt der Reise noch nicht rechtshängig, d.h. gem. § 261 I ZPO: von O eingeklagt, war, kann sich eine verschärfte Haftung nach § 819 I BGB nur daraus ergeben, dass O den Mangel des rechtlichen Grundes kannte. Erforderlich ist dafür eine positive Kenntnis der Tatsachen, aus denen sich (hier) die Nichtberechtigung zum Empfang der Auszahlungsleistung ergibt, und der Rechtsfolgen der Nichtberechtigung; bloße Zweifel am Fortbestand der Berechtigung führen nicht zur verschärften Haftung.[13] Der Kenntnis gleichzustellen ist es, wenn der Empfänger sich der Einsicht in die Nichtberechtigung, gemessen an dem normativen Maßstab redlich Denkender, bewusst verschließt.[14]

54 Hier kannte O zwar die Tatsachen, aus denen sich seine Nichtberechtigung ergab, leitete aber eine Berechtigung aus der Inhaberschaft am Sparbuch ab. Ein bewusstes Sich-Verschließen vor der Einsicht seiner Nichtberechtigung kann man dem O insofern nicht vorwerfen (a.A. nur mit näherer Begründung noch vertretbar). Damit haftet O bzgl. der 1000 € nicht nach § 819 I BGB verschärft, sondern bleibt in diesem Umfang i.S.v. § 818 III BGB entreichert.

e) Ergebnis

55 E kann von O nach §§ 816 II, 818 II BGB Wertersatz für die abgehobenen 2000 € in Höhe von 1000 € verlangen; im Umfang von weiteren 1000 € ist der Anspruch gem. § 818 III BGB ausgeschlossen.

4. Schadensersatzansprüche

56 Zu prüfen bleibt, ob E die 2000 € im Wege des Schadensersatzes verlangen kann.

---

[11] *BGH* NJW 2003, 3271.
[12] Palandt/*Sprau*, § 818 Rn. 34 f.
[13] Palandt/*Sprau*, § 819 Rn. 2 m.w.N.
[14] BGHZ 133, 246, 251 f. = NJW 1996, 2652.

a) Aus Deliktsrecht?

Von den Anspruchsgrundlagen des Deliktsrechts kommt, da es an einer Eigentumsverletzung i. S. v. § 823 I BGB fehlt und eine Schutzgesetzverletzung i. S. v. § 823 II BGB nicht ersichtlich ist, für den Ersatz des vorliegenden Vermögensschadens allein ein Anspruch aus § 826 BGB in Frage, für den es aber sowohl an der objektiven Sittenwidrigkeit als auch am Schädigungsvorsatz fehlt. 57

b) Aus § 678 BGB?

Zwar widerspricht die Geschäftsführung „Abhebung" i. S. v. § 678 BGB dem Willen des Kontoinhabers und Geschäftsherrn E, doch liegt eine irrtümliche Eigengeschäftsführung vor, sodass gem. § 687 I BGB die §§ 677ff. BGB nicht anwendbar sind. 58

c) Aus § 280 I BGB?

Somit erlangt die – an sich zuerst zu prüfende – Frage Bedeutung, ob O dem E aufgrund einer Pflichtverletzung gem. § 280 I BGB Schadensersatz schuldet. 59

aa) Schuldverhältnis

Zwischen O und E kommt als Schuldverhältnis eine Schenkung i. S. v. § 516 I BGB in Betracht, die bei dem mitternächtlichen Anruf des O bei E erfolgt sein könnte. O hat dem E eine unentgeltliche Vermögenszuwendung angeboten, mit der E einverstanden war. Die Zuwendung erfolgte bereits in diesem Augenblick, da ein weiterer Vollzugsakt – wie bei einem Schenkungsversprechen i. S. v. § 518 I BGB – nicht mehr notwendig war. Denn aufgrund der Abreden zwischen O und der Sparkasse war E bereits seit Mitternacht Inhaber des Sparkontos und der daraus folgenden Forderungen; das erst später übergebene Sparbuch war zwar nach § 808 II 1 BGB grundsätzlich Voraussetzung für die Geltendmachung der Forderung, aber nicht Voraussetzung für die Inhaberschaft, wie man auch § 808 I 2 BGB entnehmen kann. Das Sparbuch steht vielmehr im Eigentum des jeweiligen Inhabers der Forderung, arg § 952 BGB. 60

Hinweis: O hat mit der Sparkasse einen Darlehensvertrag zugunsten Dritter (des E) geschlossen (oben Rn. 4, 26). Dies ist das sog. Deckungsverhältnis. Im hier fraglichen Verhältnis zwischen O und E, dem sog. Valutaverhältnis, sollte die Leistung des O an den E schenkweise erfolgen. Das Valutaverhältnis ist der Rechtsgrund für die Zuwendung an den E aus dem Vertrag zugunsten Dritter zwischen Sparkasse und O.[15] – Bei Verträgen zugunsten Dritter auf den Todesfall i. S. v. § 331 I BGB (z. B. Lebensversicherung oder Sparbuch) kommt das Valutaverhältnis oft dadurch zustande, dass der Versprechende den begünstigten Dritten nach dem Tode des Versprechensempfängers informiert. Damit übermittelt er ein Schenkungsversprechen des Versprechensempfängers i. S. v. § 518 BGB, das der begünstigte Dritte nicht ausdrücklich durch Erklärung (gegenüber den Erben des Versprechensempfängers) anzunehmen braucht: Weil das Schenkungsversprechen für den Beschenkten lediglich vorteilhaft ist, ist der Zugang einer Annahmeerklärung nach der Verkehrssitte nicht zu erwarten, § 151 S. 1 BGB.[16] 61

Da kein Schenkungsversprechen i. S. v. § 518 I BGB vorlag, bedurfte die Erklärung des O auch nicht der Form des § 518 I BGB. 62

Hinweis: Wenn man das nicht erkennt, muss man die Erklärung nach § 125 S. 1 i. V. m. § 518 I BGB für formnichtig halten. Allerdings wäre die Formnichtigkeit nach § 518 II BGB geheilt, da E aufgrund der Abrede des O mit der Sparkasse nach §§ 328 I, 163, 158 I BGB unmittelbar eine Forderung gegen die Sparkasse erworben hatte und das Versprechen des O somit vollzogen war.[17] 63

---

[15] Vgl. zu den genannten Rechtsverhältnissen etwa *BGH* NJW 2008, 2702 Tz. 19.
[16] Palandt/*Ellenberger*, § 151 Rn. 4.
[17] Die Übergabe des Sparbuchs war zur Heilung nicht erforderlich, vgl. schon Rn. 26f. und Palandt/*Weidenkaff*, § 518 Rn. 10.

bb) Pflichtverletzung

64 O müsste eine Pflicht aus dem Schenkungsvertrag verletzt haben. Fraglich ist aber, welchen genauen Inhalt dieser Vertrag hatte. O hatte, wie auch mit der Sparkasse vereinbart, dem E erklärt, dass er mit dem Tag seines 18. Geburtstags Kontoinhaber geworden sei. Damit war das Tagesguthaben dieses 18. Geburtstags (25000 €) zugewendet.[18] Folglich durfte O nichts mehr von dem Sparbuch abheben. Indem er dies aber dennoch tat und damit wegen § 808 I BGB die Forderung des E gegen die Sparkasse geschmälert hat, hat O eine Pflicht aus dem Schenkungsvertrag verletzt. Denn aufgrund des in der Hauptleistung bereits erfüllten Schenkungsvertrages durfte er die Vermögenszuwendung dem E nicht nachträglich mit Hilfe des Sparbuchs wieder entziehen (sog. *culpa post contractum finitum*).

cc) Vertretenmüssen

65 Zu prüfen bleibt, ob O diese Pflichtverletzung zu vertreten hat. Dies wird zwar gem. § 280 I 2 BGB vermutet, doch ist diese Vermutung widerleglich.

66 Dem Grunde nach hat jeder Schuldner gem. § 276 I 1 BGB Vorsatz und Fahrlässigkeit (siehe § 276 II BGB) zu vertreten, sofern nicht eine strengere oder mildere Haftung bestimmt ist. Da hier eine Schenkung vorliegt, bestimmt § 521 BGB, dass der Schenker O nur Vorsatz und grobe Fahrlässigkeit zu vertreten hat.

67 O ging irrigerweise davon aus, zur zweiten Abhebung dem E gegenüber berechtigt zu sein (sog. Rechtsirrtum), und könnte insofern die im Verkehr erforderliche Sorgfalt außer Acht gelassen, also i.S.v. § 276 II BGB fahrlässig gehandelt haben. Doch hatte er vor der Abhebung einen Sparkassenangestellten um Auskunft gebeten, ob eine derartige Abhebung zulässig sei. Diese Auskunft war nach dem bereits Gesagten unrichtig. Gleichwohl gab es keinen Anlass für O, die Richtigkeit der Auskunft anzuzweifeln; derartige Auskünfte gehören zum Alltagsgeschäft einer Sparkasse.

68 Selbst wenn man strengere Maßstäbe anlegen will, fehlt es jedenfalls an der erforderlichen *groben* Fahrlässigkeit des O. Eine solche liegt nur vor, wenn die verkehrserforderliche Sorgfalt in besonders schwerem Maße verletzt wird, wenn schon einfachste, ganz naheliegende Überlegungen nicht angestellt werden und das nicht beachtet worden ist, was im gegebenen Fall jedem hätte einleuchten müssen.[19]

69 **Hinweis:** Das wäre nur dann gegeben, wenn O beispielsweise Rat bei einem nicht fachkundigen Dritten oder überhaupt keinen Rat eingeholt hätte.

70 Auf die Auskunft eines Sparkassenangestellten muss man sich bei derartigen Fragen verlassen können. Insoweit fehlt es am Vertretenmüssen des O.

dd) Ergebnis

71 Ein Anspruch des E gegen O aus § 280 I BGB besteht somit nicht.

d) Ergebnis

72 Auch im Wege des Schadensersatzes kann E von O nicht die Erstattung der am Tag seines Geburtstages abgehobenen 2000 € verlangen.

---

[18] Dem entspricht die Lösung des Falles, soweit es um Zahlung der 5000 € geht: O konnte bis zum 18. Geburtstag abheben, ohne dass er etwas an K hätte zurückzahlen müssen. Bis dahin gab es keine Schenkung.

[19] Vgl. Palandt/*Grüneberg*, § 277 Rn. 5.

Stichwortverzeichnis

Die Zahlen bezeichnen die Nummern der Fälle.